국제무역보험

홍 승 린

형지사

머리말

국제무역보험은 무역과 관련한 분야에서 발생하는 보험사고와 그 손해보상에 대한 내용을 중심적으로 다룬다. 국내에서 이미 출간된 많은 교재들을 보면 얼마나 많은 노력을 기울여 저술하였는지를 실감하게 된다. 본인도 조그만 힘이나마 보험업계와 학계에 도움을 주고자 저술을 하게 되었다.

그동안 학계에서 활동하는 중에 생각하였던 여러 가지 내용을 반영하였다. 실제적으로 무역학과 또 유사 분야에서 이미 출간된 국제무역보험과 관련된 교재를 사용하면서 매우 어려운 분야라는 것을 실감한 점도 그 이유이다. 국제무역보험은 국제무역과 관련한 것으로 국제무역실무 이행 중에 이루어지는 국제운송과 연관성이 깊기 때문에 국제운송에 대한 내용을 중요하게 다루다 보면 일반보험에 대한 내용을 전달할 시간이 부족하다는 점도 지적할 수 있다.

일반 보험과 관련한 기초 내용을 숙지하지 못한 상태에서 전문성이 강한 국제무역보험에 접하게 되면 기본 보험용어의 내용도 생소한 상태에서 전문분야의 보험용어를 이해하기가 어려운 것은 당연한 일이다. 기본적인 보험분야의 내용이 방대하고 보험용어가 난해하다는 사실 또한 보험에 대한 접근성을 어렵게 만들고 있다. 그래서 기본적인 보험에 관한 내용을 먼저 이해하고 국제무역 분야에 접근할 수 있는 내용으로 저술하게 되었다.

본 책을 저술하면서 도움을 주신 학계의 선배 교수님과 출판사 관계자 분께 깊은 감사를 드린다. 아울러 본 책은 2019학년도 한성대학교 교내학술 연구비의 지원을 받아 출간하게 되었다는 점을 밝힌다.

2020. 8.

저 자 씀

차 례

제6부 수출입실무와 보험

제 1 부

보험의 기초

1
chapter

보험과 위험관리

제1절 보험의 개관

1. 보험의 의의

1) 보험의 의미

보험의 의미는 정확하게 정의를 내리기 어렵다. 경제적 측면에서는 위험의 결합을 통하여 위험을 감소시키는 경제제도로, 법적 측면에서는 법적 계약을 통하여 손실의 보전을 강구하는 제도로, 사회적 측면에서는 여러 사람이 기금을 축적하여 소수인의 손실을 분담하는 사회적 제도로 본다. 즉 보는 측면에 따라 그 의미를 다르게 해석할 수 있는 것이다.

그래서 보험은 경제상의 불안을 제거할 목적으로 동일한 우발적인 사고발생의 위험이 있는 다수의 경제주체가 통계적 기초에 의하여 산출된 금전을 미리 모금하여 공동준비재산을 형성하여 놓고 현실적으로 일정한 사고가 발생한 경우에 이 공동재산으로부터 재산상의 보상을 받는 경제제도라는 것이 일반적 견해이다.

2) 보험의 요건

보험은 우연한 사고로 인하여 경제적 손실이 발생할지도 모른다는 불안감을 제거하는 것이 목적이다. 우연한 사고라는 것은 개인이나 가계 또는 기업과 같은 개별경제주체의 관점에서 보아 발생 자체 및 발생 시기가 불확실한 사고이다. 그래서 보험에서는 우연한 사고에 의한 손실에 대해서만 보상을 한다.

보험은 우연한 사고의 발생으로 인하여 발생한 경제적 손해를 보상하거나 충족시켜 주는 제도이다. 즉 보험에서는 사고에 의한 경제적 손실에 대해서만 보상을 한다.

보험은 다수의 경제주체의 결합을 기반으로 하는 제도이기 때문에 다수의 경제주체가 결합한 보험단체 또는 위험단체의 존재가 필요하다. 다수는 보험의 대상이 되는 위험의 성질에 따라 다르지만 원칙적으로 대수의 법칙을 적용시킬 수 있는 정도의 수준으로 본다.

보험에서는 개인분담금을 축적하여 공동준비금을 준비한다. 보험단체가 준비한 공동준비금은 우연한 사고의 발생으로 경제적 피해를 당하여 손실을 입은 개별 가입자를 위하여 사용하는 것이다.

3) 보험의 기능

보험회사는 보험회사의 운영을 위하여 보험종사자를 모집하여 직업을 제공한다. 보험회사는 일반회사와 같은 다양한 조직으로 구성되기 때문에 고용기회를 다양하게 제공하게 된다. 그리고 보험산업이 발전하면 보험산업에 종사하는 자의 소득을 증대시킨다.

개인이나 기업은 보험에 가입하여 특정범위의 위험을 보험자에게 전가시키고 보험사고가 발생하여 피해를 입으면 그 피해에 대하여 보험금을 보상받아 보전할 수 있다. 이것은 경제주체가 위험의 존재유무와 관계없이 우발적 사고를 대비하여 경제적으로 필요한 공동기금을 준비하기 때문이다. 경제주체가 유동적으로 위험을 대비하여 준비하는 공동기금은 다목적적으로 사용할 수 있는 저축적 성격을 가지게 된다. 그리고 보험에서 우발적 사고에 의한 경제주체의 경제적 손실을 통계적 기초에 의해 각출된 공동기금으로 보전한다는 것은 소득재분배의 역할을 의미하는 것이다. 보험금의 지급이나 보험료의 수입은 국가 전체적인 화폐의 유동성에 영향을 준다. 더욱이 정책적인 보험의 개발인 경우 금융산업에 직접적인 영향을 주게 된다.

2. 보험이용의 제한 요소

1) 경제적 관점

보험수요자는 위험에 의하여 생기는 경제적 피해가 적다고 판단하면 보험을 이용하지 않는다. 그리고 자신이 소유하는 위험목적물에 대하여 스스로 위험단체를 구성하고 위험측정을 하여 공동준비금을 합리적으로 분담할 수 있다면 굳이 보험에 가입하지 않는 경향이 있다.

보험수요자가 보험료를 부담할 능력이 없다면 보험에 가입할 수 없다. 보험수요자는 위험발생률이 높더라도 그 위험과 관련하여 산정되는 보험료가 고액이 되면 보험가입을 포기하게 된다. 또한 위험발생률에 대한 측정이 불가능하거나 부정확하다면 보험단체에 축적되는 개인분담금의 총액과 보험단체에서 지급할 보험금 총액과의 불균형을 초래하면 위험사정이 양질인 경제주체는 불공평성을 인지하고 보험단체에서 이탈하게 되어 보험단체를 구성할 수 없게 된다.

2) 기술적 관점

보험시장의 거래매체는 보험상품이라고 하는 무형재 혹은 무형의 서비스이다. 보험시장에서는 사회적 환경변화에 쉽게 대응할 수 있도록 보험상품을 개발해야 한다. 그런데 보험에서 보험수요자가 부보를 요구하는 보험목적물에 대한 위험들은 이론상으로는 부보가 가능하지만 실제적으로는 보험부보가가 불가능한 경우가 많다. 보험자들은 위험의 발생빈도나 강도를 파악한 결과 보험자에게 불리한 위험에 대해서는 인수할 수가 없다.

보험은 다수의 경제주체의 결합에 의한 보험단체의 형성을 기반으로 성립한다. 다수의 개별경제주체가 결합하려면 경제주체 사이에 보험수요에 대한 경제적 공감대가 형성되어야 한다. 위험의 특성상 보험에 부보가 가능한 위험이라고 하더라도 그 위험에 조우하는 위험단위가 대량화되어야 한다. 즉 많은 수가 모이면 일정한 확률을 측정할 수 있다. 위험대량의 원칙이 달성되어도 위험단위가 이질의 것이라면 정확한 위험측정은 기대할 수가 없다. 위험에 대하여 보험단체를 구성하는 경우 가능한 한 완전한 독립성을 지닌 위험단위로 보험단체를 구성해야 한다.

3. 보험유사제도

저축은 발생 사실이나 발생 시기가 확실한 경제적 불안을 제거하려는 것이지 우연적 사고에 의한 경제적 불안의 가능성 제거라는 목적 달성에 적합한 수단은 아니다. 저축은 개별경제주체의 단독행위이기 때문에 다수 경제주체의 결합행위라는 보험요건을 결여하고 있다.

도박 및 복권은 개인의 자금을 투기를 목적으로 축적한 후에 우연한 일치성에 적중하면 금전적으로 급부를 하는 경제제도이다. 도박 및 복권은 우연성과 다수의 경제주체의 참가 그리고 전체로서의 수지가 상등하도록 분담금을 계산한다는 면에서 보험과 유사하다. 그러나 보험은 위험을 대비하여 우연성을 회피하는 것이 목적이고 도박 및 복권에서의 일확천금을 투기적으로 기대하여 우연성을 기대한다는 점이 다르다.

보증은 하자의 발생이나 채무불이행 또는 피용인의 부정행위 등과 같은 우연적 사고에 의해 매수인이나 채권자 또는 사용인에게 경제적 손실이 발생할지도 모른다는 불안감을 제거하는 것을 목적으로 한다는 점에서 보험의 성립요건을 충족시키고 있다. 그러나 보증은 보증인과 피보증인이라고 하는 쌍방의 경제주체간의 법률관계이기 때문에 다수의 경제주체의 결합이라고 하는 보험요건을 결여하고 있다.

자가보험(自家保險)은 다수의 선박이라든가 구축물 또는 차량이나 종업원 등을 보유한 경제주체가 단독으로 일정한 적립금을 적립하여 위험에 대처하는 제도이다. 그러나 자가보험은 개별경제주체의 단독 경제행위이기 때문에 다수의 경제주체의 결합이라고 하는 보험요건을 결여하고 있다.

공제(共濟)는 직업적 또는 지역적으로 관련이 있는 다수의 경제주체가 결합하여 조합이라고 하는 단체를 형성한 것이다. 공제는 상호구제를 목적으로 하여 개인분담금을 모아 위험에 대처하는 경제제도이다. 그런데 공제는 단체 구성원이 직업적 또는 지역적으로 한정되어 있어 다수의 경제주체라는 점을 충족시키지 못하는데다 공제를 구성하고 있는 목적에 따라 개인분담금이 산정되고 있어서 합리적 계산에 의한 개인분담금 산정이라는 보험요건을 결여하고 있다.

제2절 위험관리

1. 위험의 본질

1) 위험의 의미

위험(risk)의 의미에 대하여 보험학계에서는 많은 주장이 제기되어 왔다. 각 주장은 학자들의 견해대로 어느 정도의 일리성은 인정되지만 모든 학자들의 견해를 통일 시킬만한 주장은 아직 없다.. 대표적인 이론을 보면 위험은 기대에 대한 불리한 일탈의 가능성을 의미하는 것, 위험은 어떤 일정한 상황에서 일정기간 중에 일어날 수 있는 결과의 변동을 의미하는 것, 위험은 어떠한 사건의 발생에 관하여 존재하는 불확실성을 의미하는 것 등으로 주장하고 있다. 등 여러 주장이 있어 왔다.

그 중 보험학에서는 위험의 의미를 손해의 관점에서 정의하고 위험을 사고 발생에 대한 예상과 실제 결과와의 편차의 가능성으로 파악한다. 보험 경제주체의 경제력이 감소하거나 단순한 가능성으로만 예상하고 있던 것이 실제적인 손해로 나타나는 것을 의미한다. 즉 보험학에서는 위험을 손해를 야기하는 원인으로 정의하는 것이다. 그리고 보험에서는 위험을 우연한 사건과의 관계에서 파악하여 위험을 부보 가능한 것과 부보 불가능한 것으로 구분한다. 보험에서 사용하는 위험은 우연한 사고의 발생에 대한 불확실성 또는 확실성을 의미하는 것이다.

2) 손실의 원인

보험에서는 손실의 원인(peril)을 위험이라는 용어보다 더 중요하게 여긴다. 손실의 원인은 용어는 확률과 관련지어 사용한다. 손실의 원인은 손해를 일으킬 가능성이 있는 우연한 사고 또는 그 자체이다. 보험약관에서는 “손실의 원인을 손해의 원인이 되는 우연한 사고로 규정하고 있다. 만약 손실의 원인은 용어에 우연성과 불예측성이 부가되었다면 사고 혹은 우발사건이라는 용어를 사용한다.

3) 위험상태

위험상태(hazard)는 사고발생에 영향을 미치는 사정과 상태 및 조건 그리고 요인과 환경 등이다. 즉 위험을 발생시키는 손실의 원인의 증가 또는 손실의 원인이 되는 위험사정 혹은 위험상태이다. 위험상태는 물리적 위험상태, 도덕적 위험상태, 잠재성 도덕적 위험상태, 법률적 위험상태 등이 있다.

물리적 위험상태는 인간의 힘으로는 어찌할 수 없는 것이 대부분이다. 그러나 물리적 위험상태 중에는 인간의 지혜로 회피하거나 예방할 수 있는 것도 있다.

도덕적 위험상태는 인간의 개인적 비윤리적 성격이나 성향에서 비롯되는 것이다. 손실을 방지하거나 경감시키려고 생각만 하면 실행할 수 있는데도 불구하고 고의적으로 손실발생의 방지나 경감에 노력을 기울이지 않는 것이다. 도덕적 위험상태는 인간의 정신적 측면과 관련되고 있어 객관적으로 파악하기가 어렵다.

잠재성 도덕적 위험상태는 사고를 자주 일으키는 경향이 있는 사람에게 특유하게 볼 수 있는 잠재적인 정신적 태도 또는 상황이다. 잠재성 도덕적 위험상태는 사람이 갖고 있는 잠재적이고도 무의식적인 태도에 의하여 비의도적으로 우연히 발생할 수 있는 위험상태이다.

법률적 위험상태는 일상생활 중에 법률적인 위반이나 법적인 문제가 발생할 수 있는 상황이다. 개인적으로 사회적인 활동을 하는 과정 중에 법률적인 위반을 하여 법적인 책임을 부담하거나 손해를 배상해야 하는 경우이다.

4) 위험과 손실의 원인 그리고 위험상태와의 상호관계

위험(risk)과 손실의 원인(peril) 그리고 위험상태(hazard)와의 상호관계는 원인적인 측면에 차이가 있다. 위험은 손실의 원인이 되는 사고발생에 관한 불확실성이다. 그리고 불확실성에 의하여 예측할 수 없는 사정이나 상황이 위험상태이다. 이러한 위험상태는 손실의 원인을 유발시키거나 증가시키게 된다. 즉 불확실성으로 인한 위험상태에 의해 손실의 원인이 유발되거나 증가되는 것이다. 그리고 이것이 현실화되면 손해로 귀결되는 것이다. 이러한 상호관계 때문에 위험을 손실의 기회, 손실의 가능성, 불확실성, 예상과 실제결과와의 차이 등으로 정의를 내리기도 한다.

2. 위험의 분류

1) 순수위험과 투기위험

순수위험(pure risk)은 이미 존재하는 것으로 경제적 손실이 있거나 또는 경제적 손실이 없는 상태를 야기하는 위험으로 보험의 대상이 된다. 순수위험에 의하여 사고가 발생한 경우에는 기업에 손실만을 발생시키게 된다. 그러나 순수위험이 존재하더라도 사고가 발생하지 않은 경우에는 손실이 발생하지 않는다. 투기위험(speculative risk)은 이득의 가능성과 손실의 가능성을 동시에 포함하고 있는데 보험의 대상이 되지 못한다. 즉 위험에 내재된 불확실성의 측정가능성 여부를 가지고 구분하는 것이다.

2) 정적 위험과 동적 위험

정적 위험(static risk)은 사회경제적 변동이 없는 상태에서 자연환경의 변화, 개인의 실수 등으로 발생하는 위험이다. 동적 위험(dynamic risk)은 사회경제적 변동 속에서 인간 욕구의 변화나 기술 및 조직의 변화에 관련하여 발생하는 위험이다. 즉 사회경제적 변동의 영향을 기준으로 구분하는 것이다.

3) 기본적 위험과 특수적 위험

기본적 위험(fundamental risk)은 원인이나 영향이 개인적인 것이 아니고 집단적이고도 사회적인 것이다. 이미 이 사회에 존재하는 모든 위험이다. 특수적 위험(particular risk)은 원인과 결과가 개인에 연관되어 존재하는 위험이다. 즉 개인의 관련여부를 가지고 구분하는 방법이다.

4) 주관적 위험과 객관적 위험

주관적 위험과 객관적 위험은 측정 가능성을 기준으로 구분한다. 주관적 위험(subjective risk)은 개인의 정신적 또는 심리적 상태에서 발생하는 심리적 불확실성이다. 객관적 위험(objective risk)은 측정가능한 불확실성에 기인하는 위험이다.

3. 위험관리

1) 위험관리의 의미

위험관리(risk management)의 의미에 대하여 학계에서는 통일된 견해가 없다. 그만큼 위험관리에 대한 인식은 오래된 사고방식이 아니 새로운 경영목표를 위하여 탄생한 분야라고 할 수 있다. 위험관리에 대한 견해를 보면 위험관리는 개인이나 가계 또는 기업의 목표 내지 목적과 같이 순수위험의 악영향을 최소의 비용으로 최소화시키는 의미라는 것, 위험관리는 위험통제와 위험재무의 최적 조합에 의하여 순수위험의 비용을 최소화하도록 기업자금을 할당하는 경제적 과정의 의미라는 것, 위험관리는 기업의 궁극적 이익에 영향을 미치는 순수위험에 대한 경영자 관리기능의 의미라는 것, 위험관리는 부보가능한 위험과 부보할 수 없는 다수의 위험을 처리하는 최선의 방법을 산출하는 관리자의 직능이라는 의미위험관리는 기업의 도산을 방지하고 기업경영의 합리적 운영을 도모하기 위하여 행해지는 기업의 위험에 대한 과학적 관리의 의미라는 것 등이 있다. 이를 요약한다면 위험관리는 개인이나 기업의 목적을 달성하는 과정에서 발생하는 순수위험을 과학적으로 관리하는 것이라고 할 수 있다.

2) 위험관리의 목적

위험관리의 목적은 개인이나 기업이 활동과정 중에서 당면하는 순수위험으로 인하여 발생되는 손실을 방지하거나 최소의 비용으로 손실을 최소화시킴으로써 개인이나 기업의 이윤을 극대화하는 것이다. 이에 따라 기업의 일반 관리형태와 기업의 위험관리는 차이점이 있게 된다. 그러므로 기업의 일반 관리는 생산관리, 노무관리, 재무관리, 자재관리 등과 같이 이수익추구형인데 대하여 기업의 위험관리는 손실의 방지 내지 제거를 중시한다. 여러 가지의 각종 관리론이 일차적인 경영학, 즉 수익극대화 이론이라고 하면 위험관리론은 부차적인 경영학, 즉 손실극소화 이론이라고 할 수 있다. 즉 기업의 일반 관리는 기업의 경영목적에 따라 이루어지는 것이고 그 과정에서 발생하는 위험을 경감 또는 제거하는 것이 위험관리인데 경영목적을 수행하는 측면에서 보면 궁극적인 목적은 일치하는 것이다.

3) 위험관리의 기능

기업은 목표달성을 위하여 이윤과 경영 효율을 고려하며 성장에 노력한다. 기업이 위험관리를 수행하여 손실을 예방한다면 사고에 의한 생산의 감소나 회복비용을 경감시켜 기업의 이윤을 극대화시켜 기업의 성장을 촉진하는 역할을 하게 된다. 기업의 경영과 관련하여 실시하는 위험관리는 우발적인 사고가 발생하여 기업에게 가져다 주는 불이익적인 영향을 최소화시키는 기능을 담당한다. 그래서 위험관리는 계획, 조직, 지휘, 통제 등과 같은 과정을 통하여 손해를 최소화하는 가장 적합한 수단을 강구하게 된다. 기업의 위험관리는 기업의 이미지를 제고시키고 기업조직원의 단결을 강화시키는 역할을 한다. 또한 기업의 이익 및 자본흐름의 기복을 감소시키는 등 경영관리의 일부 기능을 분담할 수 있다. 즉 위험관리는 재무관리, 인사관리, 생산관리, 마케팅 관리 등과 관련한 정보를 해당 부서에 제공하는 역할을 할 수 있다.

4) 위험관리자의 역할

위험관리는 손실통제의 권한을 가진 위험관리자에 의해 실행된다. 위험관리자는 위험관리과정 전반을 지휘 감독하게 된다. 위험관리자는 위험관리를 위하여 첫 단계에서 위험을 확인하고 손실발생의 가능성이 있는 위험이 어떤 종류인지를 식별해야 위험을 처리할 기법을 선택해야 한다. 그리고 위험관리 과정 중에는 위험관리계획을 항상 재검토해야 하는데 경우에 따라서는 기록하여 보관 및 관리함으로써 위험관리에 대한 새로운 기술과 정보를 수집하여 기업의 이윤을 극대화시키는데 최선을 다해야 한다. 왜냐하면 위험관리자는 기업조직 내에서 위험관리대책에 대한 개발, 권고, 협조, 평가, 보고 등과 같은 역할을 할 필요가 있기 때문이다.

위험관리자는 최고경영자가 의사를 결정할 때에 의사결정이 올바르게 이루어질 수 있도록 조언과 조정을 하는 역할을 담당한다. 즉 위험관리자는 위험처리과정 중에 위험문제에 관련한 정보를 수집하여 기업의 위험의 중요성을 경영자에게 인식시켜야 한다. 그리고 이들 문제해결에 관한 방안을 준비하여 경영자에게 권고해야 할 경우도 있다. 그리고 이들 기업의 위험문제에 대하여 취해진 활동의 일체의 경과를 최고관리에 보고한 후 기록을 보관해야 한다.

5) 위험관리과정

위험관리의 첫째 단계는 위험의 확인이다. 기업의 위험확인은 기업의 물적 자산이나 인적 자산 또는 이익이나 배상책임 등과 관련한 위험으로부터 기업을 보호하기 위하여 지속적으로 수행된다.

위험관리의 둘째 단계는 위험의 분석이다. 위험을 분석할 때는 점검목록표(check-list card), 재무제표, 작업공정표(flow chart) 등을 사용한다. 점검목록표(check-list card)는 기업의 잠재적 위험을 확인하거나 보험으로의 이전이 가능한 위험을 발견하는데 적합하다. 재무제표를 이용하는 것은 대차대조표와 손익계산서 그리고 자금입출계산법 등과 같은 장부를 분석함으로써 기업의 물적 손실이나 인적 손실 혹은 배상책임 등과 같은 손실을 점검하려는 것이다. 작업공정표(flow chart)는 생산공정과정, 공급과 유통구조과정, 기업 내의 상호관계, 기업구조나 유통과정 등을 도표로 표시하여 기업에 잠재되어 있는 위험을 분석하는 방법이다.

위험관리의 셋째 단계는 위험의 측정이다. 기업에서는 위험으 빈도보다는 위험의 강도를 중시하는 경향이 있다. 위험의 빈도나 강도의 측정표시는 확률이항분포, 정규분포, 호아손분포 등으로 명확하게 표시할 수가 있다.

위험관리의 넷째 단계는 위험관리 방법의 선택이다. 위험관리의 방법은 크게 위험통제와 위험재무로 구분된다. 위험통제는 기업의 위험의 인적 자산이나 물적 자산 또는 이익이 상실되는 배상책임에 미치는 손실의 빈도와 강도를 예방하거나 경감시키는 것이다. 위험재무는 손실발생에 따른 비용을 최소화하거나 손실을 보전하는 방법이다.

위험관리의 마지막 단계는 위험관리에 대한 평가 및 기록의 보관이다. 위험에 대한 평가는 위험관리의 시행과 관련된 사항 등을 용이하게 확인(feed back)하도록 하고 다음 계획을 수립하는 데에 도움을 준다. 위험관리는 평가를 통하여 시행착오를 거쳐 문제점을 개선함으로써 최선의 방법을 강구하는 것이어야 한다. 위험관리의 실행과 관련한 모든 평가내용을 기록하여 보관함으로써 유사한 위험환경에서 활용할 수 있도록 해야 한다. 따라서 정확한 위험관리 결과의 기록을 보관하는 것은 다음의 위험관리계획을 수립하는데 도움을 주는 것이어야 한다.

6) 위험관리의 방법

(1) 위험통제

① 위험통제의 의미

위험통제(risk control)는 기업의 자산에 영향을 미치는 위험의 빈도 및 강도를 예방하거나 경감시키는 조치이다. 기업이 경영비용과 관련한 일정 기간 중의 위험발생 통계에서 위험률을 산출할 수 있다면 위험의 빈도와 위험의 강도에 대한 위험통제가 용이하게 된다. 위험빈도의 통제는 발생할 수 있는 위험상태에 대한 통제이다. 위험통제는 장래 일어날 가능성이 있는 특별한 위험사정을 통제하는 것이 아니라, 위험이 경영에 영향을 주어 제반여건을 혼란하게 되지 않도록 통제하는 것이 목적이다.

② 위험통제계획 수립

위험통제계획의 기본적 목적은 불성실, 무관심, 과실 등에 의한 기업자산의 손실을 예방 또는 경감하는데 있다. 그러므로 기업의 특성에 맞는 효과적인 위험통제를 하기 위해서는 적정한 계획수립이 필요하다.

기업이 위험통제계획을 수립할 때는 무엇이 당해 기업에 있어서 손실인가, 무엇을 대상으로 통제계획을 수립하는가를 명확히 해야 한다. 효과적인 위험통제계획의 수립을 위해서는 정보의 수집과 분석이 필요하다. 위험통제계획의 수립에 있어서는 계획책임에 대한 기본적 분리가 이루어져야 한다. 그러므로 물적 대상을 조작하는 업무와 위험을 확인하고 기록하여 보관하는 작업 등을 분산시켜 책임을 분리해야 한다. 위험통제계획 수립은 기업의 경영원칙을 고려해야 한다. 사실상 위험통제계획 수립이 경영목적과 별개로 이루어지는 것은 아니다. 위험통제계획은 경영목적과 상호 밀접한 관계에 있기 때문에 이윤의 극대화라는 목적을 달성하기 위한 방편으로 수립되어야 한다. 위험통제계획은 기술적 경영목적 수행을 위하여 개개의 기업의 특성에 맞추어 효과적으로 수립되어야 된다. 효과적인 위험통제를 하기 위해서는 위험통제계획의 수립과정중 기업내부의 업무에 정통한 사람과 협조를 해야 한다. 또한 기업의 특성상 기업 내부의 협조만으로 위험통제계획을 수립할 수 없는 경우에는 외부의 전문가로부터 협조를 받아야 한다.

③ 위험통제의 방법

㉠ 위험의 회피

위험의 회피는 손실 발생 가능성이 있는 위험을 회피하여 그 가능성을 제거하는 예방책이다. 위험의 회피는 자유위험통제(free loss control)라는 개념과 일치하는 것으로 기업이 향후 직면할지도 모를 경제적 위험과 기업환경에서 발생하는 불안 및 법적 책임문제 등으로부터 회피하거나 제거하기 위한 것이다.

㉡ 위험의 경감

위험의 경감은 위험의 강도를 경감 또는 제거하는 것이 주목적이다. 위험의 경감은 거점위험통제(post loss control)라는 개념과 일치하는 것으로 이미 현실화한 손실로부터 신속하고 안전하게 회복을 꾀하는 것이다. 따라서 사고가 발생한 경우에 대응해야 할 방법(Manual)의 작성이나 손실을 최소화하기 위한 사고의 분석 및 기록의 보관 등이 위험을 경감시키는 조치가 된다. 이와 같이 위험의 경감은 위험강도의 통제를 목적으로 한다. 따라서 일정기간 중 어느 장소에 존재하는 사항이나 비용을 증대시킬 수 있는 사항이 집결된 것을 통제하게 된다.

㉢ 위험의 결합

위험의 결합은 손실발생 가능성이 있는 위험을 결합시킴으로써 손실발생에 대한 예측을 통하여 손실을 최소화시키는 방법이다. 즉 대수의 법칙을 적용하여 발생가능성을 예측하여 위험을 통제하는 조치이다. 분산되어 있는 위험을 결합하면 전체적인 빈도 또는 강도를 쉽게 파악할 수 있는 점에 착안하여 수행하는 방법이다. 개개의 위험으로는 너무 미미하여 그 빈도 또는 강도를 파악하기 어려운 경우에 위험을 결합하여 파악하는 방법이다. 동일한 위험을 결합하여 그를 대상으로 발생빈도 등을 산출하여 통제의 기초 자료로 이용하는 것이다.

㉣ 위험의 분리

위험의 분리는 손실 발생 가능성이 있는 위험을 분리시켜 손실의 규모를 최소화하는 방법이다. 즉 관리대상이 되는 위험에 가해지는 영향을 약화시키기 위하여 실시하는 조치이다.

(2) 위험재무

① 위험재무의 의미

위험재무(risk financing)는 최소의 비용으로 최대의 효과를 올리기 위하여 자금을 활용하여 자본상의 위험을 과학적으로 제거하려는 조치이다. 기업에서는 위험예방을 위하여 최선을 다한다고 하더라도 기업의 위험을 완전하게 회피하거나 경감시키지는 못하는 위험이 존재하게 마련이다. 그런 경우에는 기업은 자금, 즉 경상비 또는 기금 등을 활용하여 기업의 위험을 대비하게 된다.

② 위험재무의 방법

㉠ 위험의 보유

위험의 보유는 적극적인 보유와 소극적인 보유가 분류된다. 적극적인 보유는 위험관리 계획에 의하여 능동적으로 실행되는 조치이다. 그런데 소극적인 보유는 태만 또는 직무유기 등으로 이미 현실화되어 인수할 수밖에 없게 되어 수동적으로 실행되는 조치이다.

기업이 위험이 잠재하고 있다는 사실을 인식하지 못하는 경우, 당해 기업의 위험을 대상으로 하는 보험시장이 존재하지 않은 경우, 등이 발생하면 위험을 보유하게 된다.

기업이 위험을 보유하는 경우, 외부자금의 활용은 기업이 사칙에 의거하여 준비한 차입금을 위험의 보유에 활용하는 것이다. 내부자금을 활용하는 방법으로는 경상비의 이용을 들 수 있다.

기업이 손실에 대한 복구를 할 때 보험비용을 경감시키기 위하여 자회사를 활용하기도 한다. 위험의 보유와 관련한 자회사의 유형으로는 순수형 자회사, 진화형 자회사, 집단형 자회사, 전략형 자회사 등이 있다.

무보험은 보험에 가입하지 않는 위험의 보유상태이다. 그러나 무보험 상태를 계속적으로 유지하기 위해서는 위험보유에 따르는 손실이 경상비로 충당될 수 있는 범위 내에서만 이루어져야 한다. 위험의 보유방법으로 적립준비금을 선택하는 경우 과거에 발생한 기업의 손실에 대한 정확한 자료를 근거로 사고가 발생했을 경우에 지급해야만 하는 자금을 충분히 적립해 두어야 한다.

기타의 위험보유방법으로 활용되는 것으로는 보험의 면책조항 특약을 이용한 일부보험 등을 들 수 있다.

㉡ 보험 이전

보험 이전은 기업의 자금으로 보험상품을 구입하는 방법으로 이루어진다. 보험상품에 대한 보험료를 소액으로 지급하고 보험사고 발생시에는 보험금이라는 축적된 금전을 보상받게 된다. 기업의 위험 이전에 활용되는 보험은 보험상품의 특성과 기업의 위험관리적 측면을 고려하여 결정하게 된다.

어느 시점에서 사고가 발생하였다 하더라도 그 시점 이후가 불확실한 위험, 사고가 발생하는 것은 분명하지만 언제 발생할 것인가에 대하여 시간적으로 불확실한 위험, 사고가 발생할 것이 예측되고 시간적으로도 어느 정도 예측 가능하지만 그 강도가 불확실한 위험, 사고를 발생시킨 위험은 보험의 원칙이 적용될 수 있는 위험은 위험의 이전 대상이 된다.

기업의 위험을 보험에 이전시킬 수 있는가에 대한 여부의 결정은 기업의 재무적 안정성과 이익성 그리고 보험 이전의 비용과 수익에 의하여 결정된다. 즉 보험계약자는 보험료의 수준을 분석하여 부담가능한 경우에만 보험상품을 구입할 수 있다는 것이다.

보험료는 고정비와 변동비를 포함한다. 보험료의 적정성은 보험자의 이윤과 관련한 것이어서 보험계약자가 이를 분석한다는 것은 어려운 일이다. 따라서 보험계약자는 피보험자가 보험에 부보한 손실에 대하여 보상을 받기 위하여 지출되는 손해배상청구(cliam)비용, 피보험자가 받은 재산손실에 대한 정산비용 및 서비스비용 그리고 제3자 배상책임의 구상에 대한 법률상의 정당방위를 위하여 지출된 비용 등과 같은 손해정산비용, 보험서비스의 제공, 손실에 관한 통계자료, 손실방지 서비스 등과 같이 보험자가 보험모집을 위하여 지출하는 계약모집비용, 보험에 이전할 때에 서비스 받는 조세 및 일반 경비, 보험자의 건전성을 기초로 한 보험금 지급에 대한 안심감 등을 고려하여 결정한다.

보험 이전의 경우에는 위험의 빈도와 강도를 고려해야 한다. 또한 위험을 흡수하는 기업의 재무능력도 검토해야 한다. 그리고 다른 위험재무기법의 사용가능성을 충분하게 검토한 다음 보험 이전의 의사를 결정해야 한다. 보험자를 선택할 때는 보험자가 제시한 보험료와 자산력 및 보험자가 제공하는 서비스의 질과 양 등을 고려하여 결정해야 한다.

보험 이전을 하는 경우에는 각 보험의 위험담보의 내용과 담보범위, 면책사항, 특약, 보험상품 종류, 무엇을 위하여여 부보할 것인가, 어느 정도 부보할 것인가, 어떻게 부보할 것인가 등을 고려하여 결정해야 한다. 이러한 사항들은 보험 이전 업무의 효율화와 깊은 관계를 갖고 있는 것들이다.

㉢ 보험 외 이전

보험 외 이전은 위험을 인수하는 것을 주업무로 하지 않는 경제주체에 다른 경제주체의 손실위험에 대한 재무적 부담 내지 법적 책임을 계약이라고 하는 형태로 이전하는 것이다. 위험재무에서 보험 외 이전은 경제주체에 발생한 손실을 계약에 의하여 다른 경제주체에 이전하는 것으로 모든 자금에 대한 책임은 이전을 시키는 자에게 귀속한다. 보험 외 이전의 방법을 활용하는 경우에는 보험 외 이전을 포함한 계약당사자의 책임에 대한 명확성, 이전을 받는 당사자의 법적 책임능력, 이전계약을 포함한 가격의 적정성, 이전계약의 법적 강제력, 타 위험재무기법과의 비교우위성 등과 같은 사항을 유의해야 한다.

2
chapter

보험과 보험용어

제1절 보험계약자와 보험자

1. 보험계약자와 피보험자

1) 보험계약자

보험계약자(policy holder)는 보험자, 즉 보험자와 보험계약을 체결하고 보험료를 납입하는 자이다. 보험계약자는 보험상품을 구입하는 직접적인 당사자로서 보험자에게 보험보호를 위한 대가로 보험료를 납입하고 법적으로 보험의 보호를 받는다. 이 때에 보험계약자는 자신을 위하여 보험계약을 체결할 수도 있고, 또한 원한다면 자기 이외의 타인을 보험보호의 이익을 향유하는 자, 즉 타인을 위하여 보험계약을 체결할 수 있다.

2) 피보험자

(1) 피보험자의 의미

피보험자(assured, insured)는 보험에 의한 피보험이익을 갖는 자, 즉 손해의 보상을 받을 권리가 있는 자이다. 피보험자는 보험사고가 발생한 경우 경제적 가치로 산정된 피보험이익을 수혜하는 자이다.

(2) 기명피보험자

기명피보험자(named insured)는 보험계약을 체결할 때에 보험사고가 발생한 경우 보험금을 수령할 수 있는 자로 보험증권의 피보험자란에 기재한 사람이다. 개인배상책임보험에서는 기명피보험자가 보험계약에 의하여 보험사고가 발생한 경우 보험금을 수령할 수 있는 당사자로 존재하게 된다. 자동차보험에 있어서의 기명피보험자는 피보험 자동차의 소유자나 할부에 의한 매수인과 같이 법적인 자격을 가지고 있는, 타인에 대해서 피보험 자동차의 사용을 승낙하는 권한을 가지고 있는 사람이다. 피보험자가 여럿인 경우에 기명피보험자는 피보험자 중 핵심이 되는 사람이기도 하다.

(3) 피보험자와 보험수익자

보험수익자는 보험금을 수령하는 자이다. 상해보험의 사망보험금 급부에서는 보험사고에 의하여 사망한 피보험자 자신은 당연히 보험금을 수령할 수 없다. 그러므로 피보험자를 대신하여 사망보험금을 수령한 보험수익자는 보험보호의 혜택을 직접적으로 받은 자라고 할 수 있다. 보험수익자는 보험계약의 효과로서 발생하는 보험에서의 권리 및 의무관계의 당사자이다.

3) 보험계약자와 피보험자

(1) 보험계약자와 피보험자가 동일인 경우

보험계약자가 보험계약을 체결할 때에 피보험자를 자신으로 하는가 아니면 타인으로 하는가에 따라 보험계약체결 내용이 다르게 된다. 왜냐하면 보험계약이 체결된 이후에 보험사고가 발생하여 보험자가 지급하는 보험금 수령하는 자가 다르게 되기 때문이다.

보험계약자와 피보험자가 동일인 경우는 자기를 위하여 부보하는 보험이기 때문에 자가보험이라고도 한다. 그래서 보험계약체결 후에 보험사고가 발생하여 보험자가 지급하는 보험금을 보험계약자인 피보험자가 수령한다. 운임·보험료 포함 인도거래규칙(CIF) 또는 운송비·보험료 포함 인도 거래규칙(CIP)에서는 매도인이 매수인을 위하여 보험에 부보하게 되지만 본선 인도 거래규칙(FOB)과 운임포함 인도 거래규칙(CFR) 등에서는 매수인이 필요한 경우 해상보험계약을 체결해야 하기 때문에 자신을 피보험자로 하여 보험에 부보한다. 이러한 경우 보험계약자와 피보험자가 동일하게 된다.

(2) **보험계약자와 피보험자가 동**일인이 아닌 경우

보험계약자와 피보험자가 동일인이 아닌 경우에는 타인을 위하여 부보하는 보험이라고 한다. 보험계약을 체결할 때에 타인을 위하여 부보하는 보험에서는 보험료를 부담하는 보험계약자가 보험보호의 이익을 직접적으로 향유하는 자가 되지 않는다. 즉 보험계약자가 피보험자가 되는 것이 아니기 때문에 보험계약을 체결하는 자와 보험금을 수령하는 자가 다르게 된다. 그렇지만 보험계약자는 타인에게 발생하는 보험사고에 대하여 보험계약을 근거로 관여하게 된다. 운임·보험료포함 인도 거래규칙(CIF)과 운송비·보험료지급 인도 거래규칙(CIP)에서는 매도인이 매수인을 위하여 보험계약을 체결하고 보험료를 납입해야 한다. 해상운송 중에 보험사고가 발생하여 보험자가 지급하는 보험금에 대한 수취권은 매수인에게 귀속되기 때문에 보험계약자와 피보험자가 다르게 된다.

2. 보험자

1) 보험자의 의미

보험자(insurer, assurer, underwriter)는 보험계약의 당사자로서 보험사고가 발생한 경우에 보험금을 지급할 의무를 부담하는 자로, 보험계약을 인수하는 주체를 의미한다. 즉 보험료를 받고 우연한 사고로 인하여 발생한 손해에 대하여 보상을 하는 자이다. 일반적으로 보험자는 보험자 또는 보험자라고 통칭된다. 보험자는 그 용어의 특징상 사람을 지칭하는 것으로 해석할 수 있는데 용어의 원어적 해석에 따른 것으로 보험업계에서는 정착되어 있다. 실제적으로 보험자라는 용어는 보험회사를 의미한다.

보험계약에서 보험자의 책임은 당사자 사이에 다른 약정이 없으면 최초의 보험료의 지급을 받은 때로부터 개시하는 것이 일반적이다. 보험자는 보험금액의 지급에 관하여 약정기간이 있는 경우에는 그 기간 내에 약정기간이 없는 경우에는 통지를 받은 후 즉시 지급할 보험금액을 정하고 그 정하여진 날부터 10일 내에 피보험자 또는 보험수익자에게 보험금액을 지급해야 한다. 보험자는 보험사고로 인하여 부담할 책임에 대하여 다른 보험자와 재보험계약을 체결할 수 있다. 이 재보험계약은 원보험계약의 효력에 영향을 미치지 아니한다.

2) 보험자의 협력자

(1) 보험대리점

보험대리점(insurance agent)은 특정의 보험자를 대리하여 보험업무를 수행하는 자이다. 그래서 보험대리점은 보험자의 대리인 자격으로 보험계약자와 보험계약을 체결한다. 보험설계사 또는 보험중개사로 등록된 자, 다른 보험회사 등의 임직원, 그 밖에 경쟁을 실질적으로 제한하는 등 불공정한 모집행위를 할 우려가 있는 자 등은 보험대리점이 되지 못한다. 보험대리점의 구분, 등록요건, 영업기준 및 영업보증금의 한도액 등에 관하여 필요한 사항은 대통령령으로 정한다.

(2) 보험중개사

보험중개사(insurance broker)는 보험자와 보험계약자 사이에서 보험계약의 체결을 중개하는 자이다. 보험중개사는 보험실무에서 일반적으로 보험자는 여러 명이고 보험계약자는 한 사람인 경우가 대부분이기 때문에 여러 보험자의 견적을 받아 보험료가 가장 저렴한 보험자에게 보험을 인수시키고 보험자로부터 수수료를 취득하는 단독법인의 형태이다. 보험대리점은 보험자의 대리인으로서 보험계약을 체결하지만, 보험중개사는 보험계약자의 이익을 대표하여 보험자와 교섭하고, 양질의 보험계약을 저렴한 보험료로서 체결하는 역할을 담당하는 자이다.

(3) 보험설계사

보험설계사는 보험상품에 대하여 보험전문지식과 자격을 가지고 보험에 대한 상담과 자문을 하면서 보험회사를 위하여 보험계약자를 모집하는 자이다. 보험업법에 저촉되는 자는 등록에 제한을 받는다. 보험설계사는 보험업법에 따라 금치산자 또는 한정치산자, 파산선고를 받은 자로서 복권되지 아니한 자, 금고 이상의 형의 집행유예를 선고받고 그 유예기간 중에 있는 자, 보험설계사 · 보험대리점 또는 보험중개사 등록취소 처분을 2회 이상 받은 경우 최종 등록취소 처분을 받은 날부터 3년이 지나지 아니한 자, 법인 또는 법인이 아닌 사단이나 재단으로서 그 임원이나 관리인 중에 위의 사유에 해당하는 자가 있는 자, 이전에 모집과 관련하여 받은 보험료, 대출금 또는 보험금을 다른 용도에 유용한 후 3년이 지나지 아니한 자 등은 되지 못한다.

제2절 보험증권과 보험약관

1. 보험증권

1) 보험증권의 의미

보험증권(policy)은 보험계약을 체결함에 있어 그 계약이 성립되었음과 그 내용을 증명하기 위하여 보험회사가 작성하여 기명 날인한 후 보험계약자에게 교부하는 증서이다. 보험계약자가 보험계약을 체결할 때에는 보험청약서를 계약자 본인이 직접 작성해야 하며 서명란에 자필로 기재하고 날인을 해야 한다. 보험증권을 수령하면 청약한 내용과 위배되는 사항이 없는지 확인해야 한다. 보험계약자가 보험료를 납입한 후에는 반드시 보험자가 발행한 소정의 영수증이나 은행이 발행한 입금증 등을 받아야 한다. 보험계약자는 보험에 가입 후 기재사항에 변동이 생기면 즉시 보험자에 알린 후 보험증권에 확인을 받아야 한다. 우리나라 상법에 따르면 계약이 성립된 후 보험계약자의 청구가 있으면 보험증권을 교부하도록 되어 있지만 실제로는 보험계약자의 청구 의사와는 상관없이 보험증권을 발행하여 교부한다.

2) 보험증권의 특성

보험증권은 보험가입자가 보험목적물을 보험회사 및 보험자와 보험계약을 체결할 경우, 보험회사나 보험자가 발급하는 계약증명서류이다. 보험증권은 보험계약성립의 증거로서 보험자가 피보험자의 청구에 의하여 교부하는 것이다. 보험증권은 유가증권이 아니고 단지 보험계약을 체결하였다는 증거증권으로서 배서나 인도에 의하여 양도된다. 보험증권은 보험회사가 사전에 인쇄한 서식에 보험계약자가 청약을 한 경우에 청약사항을 기록하여 보험계약 체결의 사실을 인정하는 증권이기 때문에 이를 분실한다거나 해도 보험의 효력에는 아무런 영향을 미치지 아니한다.

3) 보험증권의 내용

보험증권은 보험계약자가 작성하여 제출하는 보험계약청약서의 기재내용에 따라 작성되는 표지의 보험계약자 성명과 주소, 피보험자의 성명과 주소, 보험에 붙여진 목적물, 보험계약기간, 보험금액, 보험료 및 보험계약 체결일자 등이 들어가는 부분과 보험회사가 보상하는 손해, 보상하지 아니하는 손해 등의 계약내용이 인쇄되어 있는 보통보험약관과 어떠한 특별한 조건을 더 부가하거나 삭제할 때에 쓰이는 특별보험약관으로 구성되어 있다.

2. 보험약관

1) 보험약관의 의미

보험약관은 보험회사와 보험계약자 당사자 사이에 권리의무를 규정하여 약속하여 놓은 것이다. 보험약관에는 계약의 무효, 보상을 받을 수 없는 경우 등 여러 가지 보험계약의 권리와 의무에 관한 사항들이 적혀 있다. 보험약관을 검토할 때는 보험계약 당사자 사이에 합의된 사항이 기술되어 있는가를 중점적으로 살펴야 한다. 보험증권에 명시된 보험약관에는 보험계약을 체결할 때에 합의된 사항과 보험자가 인수할 사항 및 조건들이 명시되어 있다. 만약 보험약관의 내용이 계약조건과 일치하지 않으면 보험자가 보상해야 할 의무가 없다.

2) 보험약관의 유형

보험회사는 다수의 보험가입자가 집단을 형성 또는 조직되어 있어 개개인마다 서로 다른 내용의 다른 보험계약을 체결하기는 사실상 불가능하여 사전에 보험계약의 조건, 보험계약의 내용을 정한 보험약관을 작성하여 일반적으로 계약체결 완료 후 보험증권과 함께 이를 보험계약자에게 전달한다.

보험약관은 보통보험약관과 특별보험약관으로 구분된다. 보통보험약관은 보험회사가 보험계약의 내용을 미리 정형적으로 정하여 놓은 약관이다. 보통보험을 보충, 변경 또는 배제하기 위한 보험약관을 특별보험약관이라고 한다.

제3절 보험목적물과 피보험이익

1. 보험목적물

보험목적물은 보험입법 내지는 계약상의 술어로서 쓰이는 경우에는 보험사고발생의 객체이다. 보험목적물이라는 용어는 재산보험에 관해서 쓰이며, 인보험에서는 사용되지 않는다. 선박보험에서는 선체, 적하보험에서의 화물, 화재보험에서의 건물, 가재, 상품 등이 이것에 해당된다. 보험목적물은 보험사고가 발생하였을 때에 피보험이익을 발생시키는 대상이라고 할 수 있다.

보험목적물과 보험의 목적과는 어떠한 차이가 있을 것인가. 보험목적물은 보험계약을 체결할 때에 부보대상이 되는 존재를 의미하는 것이다. 보험관계 협약이나 약관에서는 subject-matter(제재, 테마, 내용, 주제)에 대하여 보험의 목적 이라는 표현을 사용한다. 이러한 경우 목적이라는 용어에 대한 의미를 일반적인 측면에서 명확한 의도와 강한 결의를 수반하는 목적을 나타내는 가장 일반적인 말을 의미한다. 그러므로 보험의 목적이라는 용어는 오해의 소지가 있다. 즉 보험의 목적이라고 하였을 때에 보험이 추구하는 목적으로 오해할 수 있다는 것이다. 그래서 보험의 입장에서는 이러한 오해의 소지를 없애기 위해 보험목적물로 사용하는 것이 타당하다고 본다. 즉 보험계약을 체결할 때에 보험목적물이라는 용어를 사용하여야 보험에 부보하는 대상으로서의 존재를 의미하는 것으로 파악하기 쉽다는 것이다. 사실상 보험업계에서 사용하는 용어는 난해한 경우가 많아 순수한 우리용어로 사용하는 관례를 만드는 것도 필요하다.

보험부보의 대상이 되는 보험목적물이 하나의 개체로 인정될 때에 보험목적물에 보험사고가 발생하여 손해를 입은 경우 보험자가 가지는 경제적 가치가 피보험이익이라는 개념이 명확해지는 것이다. 즉 보험목적물과 연관하여 나타나는 이해관계가 피보험이익이라는 것인데 그 이해관계는 단순하게 보험사고가 발생하여 손해를 입었다는 사실 보다는 보험목적물에 대하여 피보험자가 갖는 가치를 의미하는 것이다..

2. 보험목적물의 부보제한

1) 손해의 보상제한

보험에서는 보험계약에서 약정한 의하여 보험사고의 원인이 되는 위험을 담보하고 있다. 그러나 일부 보험사고에 의한 손해에 대해서는 보상을 하지 않는 것도 있다. 화재보험에서는 화재로 인한 직접적인 손해는 보상하지만 간접적인 손해는 보상하지 않는다. 자동차보험에서는 충돌로 인한 손해를 보상한다고 할지라도 충돌로 타인의 물건에 입힌 손해는 포함하지 않는다.

2) 보험목적물의 부보제한

보험에서는 보험계약에서 약정한 일정한 위험과 그 위험으로부터 발생한 손해를 보상하는 것이지만 그 담보책임은 일정한 종류의 물건에 한정된다. 보험에서 부보대상을 제한하려는 이유는 첫째, 한 개의 보험목적물을 별개의 계약으로 부보시키려는 경우 보험자가 의도적으로 제한하는 경우가 있다. 자가용 자동차보험증권의 담보범위에서 택시로 사용되는 자동차는 제외되고 있다. 둘째, 보험목적물이 물리적 또는 도덕적 위험 가능성이 높거나 특히 손해를 입기 쉬운 상태인 경우 제한을 하게 된다. 화재보험에서는 현금, 증서, 어음, 지금(持金) 즉 금을 보유하고 있는 것 및 원고의 화재손해를 부보대상으로 하지 않는다. 건물에 대한 화재보험은 건물에 수용된 물품을 담보하기로 약정하지 않는 한 수용된 물품은 부보대상으로 하지 않는다. 셋째, 보험목적물에 손해가 발생할 때 그 가액을 정확히 평가하기 곤란하여 제외시키는 경우도 있다. 자동차보험에서는 차내 장착물품의 부보에 대하여 제한을 하고 있다.

3) 위험발생지역의 부보제한

보험에서는 보험계약을 체결할 때에 보험사고가 발생한 경우 부보범위를 일정지역으로 한정시키고 있다. 보험계약자의 보험목적물이 약정된 장소 이외에 소재할 경우에는 보험자가 면책된다. 자동차보험에서 한국에 소재하는 자동차만을 담보하였는데 자동차를 유럽으로 이동시켰다면 담보가 중단되는 것과 마찬가지이다.

3. 피보험이익

1) 피보험이익의 의미

피보험이익(insurable interest)의 의미에는 보험계약과 보험목적물 그리고 보험사고에 의한 손해보상 등과 같은 많은 내용과 관계가 있기 때문에 일정한 견해로 통일된 것이 없다. 해상보험에 관한 사항을 판단할 때에 관습적으로 사용되는 영국 해상보험법(MIA 1906)에 따르면 해상사업에 이해관계가 있는 자는 모두 피보험이익을 갖는다. 특히 해상사업에 대하여 또는 해상사업에서 위험에 노출된 일체의 피보험재산에 대하여 어떤 자가 보통법 또는 형평법상 관계에 있는 경우, 그 결과로 인하여 피보험재산의 안전이나 예정시기의 도착으로 이익을 얻거나, 피보험재산의 멸실이나 손상 또는 억류로 손해를 입거나, 또는 피보험재산에 관하여 배상책임을 발생시키는 자는 해상사업에 이해관계가 있다.

이에 따르면 보험자는 해상보험계약을 체결한 후에 보험사고가 발생하면 담보위험에 의하여 입은 보험목적물에 대한 손해를 피보험자에게 보상하지만 피보험자가 보험목적물과 이해관계가 없다면 보상하지 않는다. 보험계약자와 보험자가 보험계약을 체결할 때는 금전으로 산정할 수 있는 이익을 보험계약의 목적물로 할 수 있다. 그래서 보험계약자와 피보험자는 소유권 이외에 재물에 피보험이익이 존재하고 있다는 것을 입증할 필요가 있다.

피보험이익이 무엇인가에 대해서는 다음과 같이 다양한 견해가 존재한다.

첫째, 보험목적물에 대하여 보험사고가 발생함으로써 피보험자가 손해를 입게 되는 경우에 그 보험목적에 대하여 피보험자가 가지는 경제적 이해관계라는 견해이다.

둘째, 피보험자가 보험목적에 대하여 보험사고가 발생하면 손해를 입게 되는 경우에 피보험자와 그 보험목적과의 관계라는 견해이다.

셋째, 보험사고가 발생하면 피보험자에게 재산적 손해를 야기 시키는 관계가 있기 때문에 사고가 발생하지 아니하는 동안에 그 피보험자는 경제적 이익을 가진다고 할 수 있으며, 피보험이익은 바로 이 경우에 피보험자가 보험목적물에 대하여 가지는 이익 또는 가치라는 견해이다.

넷째, 객관적으로는 사고가 생기지 않는 경우의 재화의 속성으로서의 이익이고, 주관적으로는 구체적인 재화의 가치라는 견해이다.

이러한 견해를 종합하여 본다면 어떠한 사람이, 어떠한 재물에 대하여 우연사고의 발생으로 손해를 입게 되는 적극적 관계에 놓이게 되거나, 혹은 우연한 사고가 발생하지 않는 경우에는 손해를 입지 않는 소극적 관계에 놓이게 되거나, 또는 이와 같은 이익에 대하여 이해관계를 갖고 있는 경우 그 사람은 피보험이익을 갖고 있다고 할 수 있다. 즉 보험목적물과 그 보험목적물에 관계된 자 사이의 이해상관관계이다. 결국, 피보험이익은 일정한 재산에 해당하는 보험목적에 위험이나 보험사고가 발생하여 피보험자에게 경제상의 손해를 입히는 경우 피보험자와 보험목적물 사이에 나타나는 이해상관관계라고 할 수 있다.

2) 보험목적물과 피보험이익

경제주체가 보험에 부보를 하는 것은 위험에 의하여 경제주체가 갖고 있는 이익에 손해가 발생할 가능성이 있기 때문이다. 이러한 손해를 사전에 방지하거나 감소시키기 위하여 보험에 부보를 하는 것이다. 손해보험에서 손해보상이 이루어지기 위해서는 보험목적에 손해가 발생해야 한다. 그런데 피보험이익이 보험목적물에 대하여 법률상의 관계를 가져야 하는 것은 아니기 때문에 보험목적물에 대하여 소유권, 채권 등을 가진 자와 사실상의 이익을 갖고 있는 자도 피보험이익의 주체가 될 수 있다.

보험목적물은 보험계약의 대상인 재화이고 피보험이익은 그 목적에 대하여 피보험자가 가지는 이익이다. 그러므로 보험목적물인 재화는 한 개이더라도 동시에 다수의 피보험이익이 존재할 수 있기 때문에 그 각각에 대하여 보험에 부보할 수 있다. 동일한 보험목적물이라 하더라도 피보험자가 누구인가에 따라 피보험이익이 달라진다. 보험목적물의 내용이 명확하지 않을 경우에는 소유자의 피보험이익이 계약의 목적이라고 간주한다.

보험입법 내지는 보험계약에서 보험목적물이라는 용어를 사용하는 경우에는 보험사고발생의 객체를 의미한다. 즉 피보험이익을 보험계약의 목적이라고 하는 경우에는 보험목적물과는 구별해야 한다. 선박보험에서는 선체, 적하보험에서의 화물, 화재보험에서의 건물, 가재, 상품 등이 보험목적물에 해당된다. 그런데 보험계약의 목적이라는 것은 손해보험계약에 있어서의 피보험이익을 의미한다. 즉 보험계약의 대상이 선박이나 적하와 같은 보험목적물이지만, 보험계약의 목적은 이러한 보험목적물에 대한 특정인이 갖는 이해관계이다. 따라서 피보험이익은 보험계약의 목적이지만 보험목적물은 보험사고발생의 대상인 물건 또는 재산으로서 부보되는 경제상의 재화를 의미한다.

제4절 보험료와 보험요율

1. 보험료

1) 보험료의 의미

보험료(premium)는 보험계약자가 보험계약을 체결한 후 보험자가 산정한 보험요율에 의거하여 부담하는 금액이다. 보험료는 보험자가 보험상품을 공급할 때에 보험경영활동에 소요되는 고정비용과 변동비용을 기초로 산출한 보험원가이다. 보험료는 보험자의 위험부담에 대한 대가로서 보험계약자가 보험자에게 지급하는 금전을 의미한다. 보험료는 일반적으로 보험계약을 체결할 때 확정되지만, 경우에 따라서는 계약체결 후에 협정되기도 한다. 또한 당사자가 합의하여 추가보험료를 지급할 것을 조건으로 보험담보의 범위를 확장하는 경우도 있다. 보험계약자가 보험료를 지급해야 할 의무와 보험자가 보험증권을 발행할 의무는 쌍무적이므로 보험자는 보험계약자자가 보험료를 납부할 때까지는 보험증권을 발행할 의무가 없다.

2) 보험료의 구성

(1) 영업보험료

영업보험료 또는 총보험료(gross premium)는 보험자가 경영목적을 달성하기 위하여 고정적으로 지출되는 고정비와 부가적으로 지출되는 부가보험료를 요소로 산정한 보험요율에 따라 보험계약자가 부담하는 보험료에서 영업활동을 위하여 순수하게 지출하는 부분이다. 영업보험료는 순보험료와 부가보험료로 구성된다. 순보험료는 장래의 보험금 지급에 충당할 금액이며, 보험사업의 목적을 수행하기 위하여 직접 필요한 금액이다. 부가보험료는 보험사업의 목적을 수행하는 과정 중에 부차적으로 사업비에 충당하는 금액이다. 그러므로 순보험료 이외에 필요한 비용을 부가하여 보험계약자에게 부담시키는 보험료이다.

(2) 순보험료

순보험료(net premium)는 보험료 중 보험금 지급을 위하여 준비되는 보험료인데 위험에 대한 산출액이다. 순보험료는 예정위험률과 예정이율을 근거로 계산된다. 보험회사에서 예정대로 경영이 행하여진 경우에는 순보험료의 수입을 기준으로 과부족없이 보험금의 지급이 가능한 것이다. 즉 순보험료 총액과 지급보험금 총액 사이에는 수지상등의 원칙이 성립되는 것이다.

(3) 부가보험료

부가보험료(loading premium)는 보험사업의 운영에 필요한 비용을 충당하는 데 이용하는 금액으로 순보험료에 부가하여 보험계약자에게 부담시키는 보험료이다. 따라서 수노험료 이외에 부험료에 추가시키는 보험료라고 할 수 있다. 부가보험료에는 신계약비, 유지비, 집금비, 안전할증금, 주식회사에서의 영업이득 등이 있다.

(4) 자연보험료

자연보험료는 각 연령별 사망률에 기초를 두고 1년마다 수지의 균형을 이루도록 계산한 보험료이다. 사망률은 연령이 많을수록 높아지기 때문에 매년 갱신조건부 1년 정기보험에 가입한 경우 자연보험료 금액은 매년 커지게 된다.

(5) 평균보험료

평균보험료는 보험료를 납입해야 하는 전기간의 보험료를 균등하게 계산, 책정한 것이다. 자연증가 위험률을 계속 적용할 경우 고율이 되는 자연보험료가 증가하여 보험계약자의 부담이 증가하는 단점을 시정하기 위하여 평균보험료가 고안된 것이다.

(6) 보험료 적립금과 미경과 보험료

자연보험료를 채택한 경우에는 각 보험연도의 수입보험료와 지급보험금이 균형을 이룬다. 그러나 평균보험료를 채택한 경우에는 각 해당연도의 수지잔액은 반드시 적립된다. 이와 같이 장래의 보험금 지급을 위하여 적립된 금액이 보험료 적립금이다. 그리고 수입보험료 중 보험자의 책임이 잔존하고 있는 기간을 위하여 준비된 보험료가 미경과 보험료이다.

(7) 특약보험료

생명보험에서 특약은 주계약의 보험상품에 부가하는 것인데, 부가함으로써 주계약의 납부내용을 확대하고, 피보험 범위를 넓히게 되는 것이 일반적이다. 특약을 부과한 경우, 대개는 주계약 보험료와는 별도로 거기에 따른 할증 보험료를 지급하게 되어 있다. 이 보험료를 특약 보험료라고 한다.

(8) 최저 보험료

보험료는 보험금액에 대한 비율로 계산되지만, 이렇게 산출된 보험료가 지나치게 적은 경우에는 보험증권의 발행 등에 소요되는 계약 1건당 최소한의 필요경비를 충당할 수 없다. 따라서 보험계약 건당 최저 보험료를 정하여 두고, 산출된 실제 보험료가 최저 보험료에 미달하는 경우에는 최저 보험료가 적용된다.

3) 보험료 불가분의 원칙

보험료는 보험료기간을 단위로 해서 평균적인 위험률을 바탕으로 산정되고 있기 때문에 그 단위기간 내에서 위험을 분할하여 분할기간에 상응하는 보험료를 산출하기는 곤란하다. 따라서 단위기간의 중도에 계약이 소멸되어도, 보험자는 그 단위기간 전부에 대한 보험료 전액을 청구할 권리를 갖게 되는데, 이것을 보험료 불가분의 원칙이라고 한다.

4) 보험료 영수증

보험료 영수증(premium receipt)은 보험계약을 체결하고, 보험계약자로부터 보험료를 영수할 때에 보험회사가 발행하는 일정 양식의 증서이다. 일반적으로 보험계약이 성립되어도 보험료의 납입이 없는 경우에는 그 동안에 발생한 보험사고로 말미암은 손해는 담보되지 않도록 되어 있기 때문에 보험료 영수증은 보험료 수령의 사실을 증명하는 이외에 보험증권이 발행될 때까지의 보험책임 부담의 증거가 될 수 있는 증서이다. 보험계약을 체결하고 보험계약서를 작성할 때에 보험료를 납입하고 보험료납부영수증을 수령하였다고 하더라도 대부분은 보험모집종사자와 보험계약을 체결한 것이기 때문에 본사로부터 보험증권을 받아야 보험계약이 유효한 것이다.

2. 보험요율

1) 보험요율의 의미

보험요율은 보험금액에 대한 보험료의 백분비율을 표시한 것이다. 보험요율은 계약보험금액, 보험종류, 성별, 연령별로 다르다. 계약보험금액이 합의되어 있는 상태에서 보험료가 적어질수록 보험요율은 낮아질 것이다. 동일한 가정하에 보험료가 많아질수록 보험요율은 높아질 것이다. 보험요율을 적용할 때는 비고율의 원칙, 비저율의 원칙, 비차별의 원칙이 적용된다. "비"라는 용어는 그렇게 하지 말라는 의미이다.

2) 보험요율의 원칙

(1) 비고율의 원칙

위험의 상황을 고려하여 보험수요자가 부담할 수 없을 정도의 고율의 보험요율을 적용하지 않는 것이 비고율(not excessive)의 원칙이다. 보험요율이 보험수요자가 감당할 수 없을 정도로 일정한 수준 이상이 되면 보험수요자가 보험의 필요성을 인식하면서도 보험을 이용하지 못하는 경우가 발생할 수 있다. 이와 같은 모순점을 해결하고 보험계약자를 보호하는 관점에서 고율의 보험요율을 배격하는 원칙이라 할 수 있다.

(2) 비저율의 원칙

위험의 상황을 고려하여 보험자가 건전한 경영이 어려울 정도의 저율의 보험요율을 적용하지 않는 것이 비저율(not inadequate)의 원칙이다. 만약 보험요율이 낮아서 보험료의 수입만으로 보험자의 경영이 어렵게 된다면 보험자의 존립도 문제가 되고 보험의 경제적·사회적 사명을 달성할 수 없을 것이다. 그러므로 보험자를 보호하기 위한 관점에서 저율의 보험요율을 배격하는 원칙이라고 할 수 있다.

(3) 비차별의 원칙

보험요율은 모든 보험계약자에 대하여 공평하게 적용해야 한다는 것이 비차별(not unfair discriminatory)의 원칙이다. 즉 위험의 대소에 의한 차이를 제외하고는 모든 계약자에 대하여 보험요율은 동일해야 한다는 원칙이다.

제5절 보험가액과 보험금액

1. 보험가액

보험가액(insurable value)은 보험목적의 시가(時價)로서 피보험이익을 금전으로 표시한 금액을 의미한다. 따라서 화물소유자의 피보험이익을 대상으로 하는 적하보험에서는 화물의 가격이 보험가액이기 때문에 보험사고가 발생한 경우에 피보험자가 입을 수 있는 손해의 최고한도액이 된다. 그리고 손해보험에서는 보험에 의하여 피보험자가 이익을 취하는 것을 허용하지 않기 때문에 보험가액은 보험자의 손해보상책임의 최고한도액이 된다.

그런데 대량거래를 기초로 하는 보험거래에서는 개개의 상품에 대하여 객관적이고도 개별적인 평가를 하는 데에 한계가 있기 때문에 피보험이익의 가치를 평가하기는 어렵다. 그래서 보험가액은 손해가 발생한 장소에서 그때의 시가에 따라 평가되는 것을 원칙으로 한다.

2. 보험금액

보험금액(sum insured, insurance money)은 보험사고가 발생한 경우에 보험자가 책임을 부담하는 최고한도액으로서 보험계약자가 보험계약을 체결할 때에 보험가액에 대한 보험료 부담이 과중한 경우 이를 피하기 위하여 보험가액의 범위 내에서 보험자와 협의하여 결정하는 것이 대부분이다. 그래서 보험가입금액이라고도 하는데 전 보험기간 중, 또는 한 번의 보험사고 발생시에 보험자가 보상할 금액의 한도이다. 보험사고가 발생한 경우에 보험자가 피보험자 내지는 보험수익자에 대하여 지급하는 실제의 금액을 보험금이다. 보험금액과 보험금의 개념은 실무에서 항상 동일하게 사용되기 때문에 구별해야 할 이유는 없지만 부보금액과 확정금액의 차이를 나타내는 의미에서는 구별을 한다.

제 6 절 보험기간과 보험료 기간

1. 보험기간

보험기간(duration of risk, period of insurance)은 보험회사가 보험사고에 대하여 보상책임을 질 것을, 보험계약상에서 정한 일정기간을 의미하며 책임기간 또는 위험기간이라고도 한다. 보험기간은 보험자의 위험부담책임의 존속기간이다. 보험자는 보험기간 내에 발생한 담보위험에 의하여 발생한 손해를 보상한다. 그러므로 손해가 보험기간 중에 발생하더라도 그 원인이 되는 담보위험이 보험기간 전에 발생하면 그 손해는 보상하지 않는다. 반대로 보험기간 중에 담보위험이 발생하면 그것에 의한 손해가 보험기간 이후 일정기간 내에 발생해도 그 손해를 보상한다.

2. 보험료 기간과 보험료 납입기간

1) 보험료 기간

보험료 기간은 보험료를 산출할 때에 위험률 측정의 표준이 되는 일정기간이다. 보험료 기간은 보험료를 산출하는 성질상 보험료 기간 내의 보험료는 분할할 수 없다. 그래서 보험계약자가 보험기간이 개시되어 종료할 때까지의 중도에 보험료의 납입이 중단되어 보험자가 보험료의 납입이 중단된 이후의 위험을 부담하지 않을 경우, 보험자는 보험료 기간 중에 보험료의 납입이 중단된 시점 전까지 납입된 보험료는 환급하지 않는 것을 원칙으로 한다. 그리고 보험자는 보험료를 분할 납부하기로 약정한 경우에는 보험료 기간 중에 보험료의 납입이 중단된 시점 전까지 수납되지 않은 분할보험료에 대하여 청구의 권리를 갖는다. 그러므로 보험료 기간은 보험계약자가 보험료를 납입할 기간 중에 실제로 보험료를 납입한 기간으로 판단하면 된다.

2) 보험료 납입기간

보험료 납입기간(premium paying period)은 보험계약자가 보험료를 납입할 의무가 있는 기간으로, 보험계약의 조건으로 정해져 있다. 보험료 납입기간을 보험기간과 동일한 기간으로 정할 경우에는 전기(全期)납입 조건의 보험상품이 된다. 그런데 보험료 납입기간이 20년이고 보험기간이 30년이라면 보험계약자가 20년 동안 보험료를 납입하면 보험료 납입기간은 종료하지만 보험기간은 이후 10년이 지나야 30년 만기가 되기 때문에 보험자의 책임기간과 서로 틀리게 된다. 그러므로 보험료 납입기간은 보험기간과 동일하거나 짧을 수가 있다.

3) 보험료 납입 유예기간

보험료 납부유예기간(grace period)은 보험에서 보험료 납부마감일을 지키지 않았다고 바로 보험계약의 효력을 상실시키지 않고 일정기간까지 납입을 유예시켜 주는 기간이다. 장기화재보험 및 생명보험에서는 2회부터의 보험료는 납입일이 속하는 달의 다음 달 말일까지 보험료 납입유예기간을 두며, 이 유예기간이 경과하면 그 다음날부터 계약의 효력을 상실하게 되어 있다.

3
chapter

보험거래와 보험시장

제 1 절 보험거래

1. 보험거래의 의의

보험거래는 보험공급자와 보험수요자가 보험상품을 거래하는 것이다. 보험거래에서 거래의 대상이 되는 보험상품은 각각 독자적인 특성과 기능을 보유하지만 궁극적으로는 위험을 대비해야 하는 심리를 반영한 산물이라고 할 수 있다. 손해의 보상이라는 개념을 정확하게 적용하면서 보험거래의 의미를 찾는다는 것은 어려운 일이다. 그렇다고 해서 보험의 원칙을 무시하면서 보험거래의 정의를 내린다는 것도 비현실적인 것이다.

보험거래는 보험경제의 잠재적 기능을 근거로 하여 사회경제의 발달에 따라 점차 증가하여 왔다. 보험거래가 증가하여 온 것은 위험발생의 객체인 보험의 목적, 담보위험의 적용범위, 보험계약에 의한 보험상품의 선택범위 등을 확대한 것에서 이유를 찾을 수 있다. 보험거래는 보험자가 상대방으로부터 보수를 받고 우연한 사고가 생긴 경우에 상대방 또는 제3자에게 약정한 금액을 지급하기로 한다는 유상주의적 특징으로서 법적 보호를 받고 있다. 현실적으로는 보험업법 범위 밖에서 보험거래가 이루어질 가능성도 충분히 있다.

2. 보험거래의 당사자

1) 보험공급자

보험공급자는 보험자이고 다양한 위험에 직면하는 당사자인 보험수요자를 위하여 보험상품을 공급하는 자이다. 보험자는 경제와 산업 환경의 변화에 대응하면서 기업의 경영목표를 달성하기 위하여 보험시장에 다양한 보험상품을 공급한다. 즉 보험공급자는 보험기업의 수익을 창출할 수 있는 보험상품을 개발하고 그 상품을 보험수요자에게 공급하여 판매하는 역할을 수행한다.

2) 보험수요자

보험수요자는 보험료를 대가로 하여 보험자로부터 위험을 부담하는 조건의 무형재인 보험상품을 구입한다. 보험수요자는 보험상품을 구입하는 보험계약을 체결함으로써 위험을 보험자에게 이전시키는 것이다.

3. 보험거래 상품의 공급과 수요

1) 보험거래 상품의 공급

보험거래 상품의 공급은 보험자가 개발하여 보험시장에서 판매하는 보험거래 상품의 공급이다. 보험거래 상품의 공급은 보험거래 상품상품에 따라 상당한 차이가 있기 때문에 보험자가 임의로 보험거래 상품을 공급하면 경제적 혼란이 가중시킬 가능성이 있다. 이에 따라 보험자의 보험거래 상품의 공급은 보험행정기관의 감독 및 행정규제 등과 같은 규제가 가해지게 된다. 왜냐하면 보험은 사회복지적 성격을 보유하고 있기 때문이다.

보험자는 양질의 위험을 전제로 보험거래 상품을 공급한다. 양질의 위험이어야 위험발생률이 낮고 보험자의 수지도 적정하게 유지할 수 있다. 보험수요자도 위험발생률이 낮아야 보험료가 저렴하게 되어 보험거래 상품의 구입에 적극성을 보일 수 있다. 그러므로 보험자가 일방적으로 보험거래 상품을 공급할 수는 없다. 보험자는 보험수요자의 수요를 참조하지만 보험회사의 운영도 고려하여 보험거래 상품을 공급하게 된다.

2) 보험거래 상품의 수요

보험거래 상품의 수요는 보험소비자가 보험거래 상품의 구입을 원하는 것, 즉 보험에 부보하기를 원하는 것이다. 보험거래 상품의 수요는 개인과 가계 그리고 기업의 성향에 따라 상당한 차이를 보이게 된다. 보험에서 보험거래 상품의 수요를 측정할 수 있는 정확한 기준이나 방법은 없다. 보험거래 상품의 수요를 산출할 때는 경제원리에 입각한 수요원칙을 기초로 계산한다. 보험거래 상품은 장래의 불확실한 사고를 기초로 한 추상적인 상품이다. 보험에서는 각종의 위험을 대비할 수 있는 보험상품을 계속적으로 공급함으로써 보험의 수요창출에 적극적으로 기여하고 있다.

3) 보험거래 상품의 가격

보험거래 상품의 가격은 보험의 공급과 수요에 의하여 결정되지만 행정규제적인 가격이 대부분이다. 보험거래 상품의 가격에 대한 수요탄력성은 보험상품의 종류에 따라 차이가 있다.

보험자가 보험의 공급을 할 때 결정하는 보험료, 즉 보험거래 상품의 가격은 보험운영을 위한 비용을 고려해야 한다. 보험의 유지를 위한 비용은 고정비와 변동비로 지출된다. 보험은 보험거래 상품의 추상성과 보험거래 상품에 대한 수요가 긴급한 것이 아니라는 점이 보험가격결정에 큰 영향을 준다. 따라서 보험거래 상품의 가격은 보험판매정책에서 중요한 역할을 한다. 강제보험의 보험거래 상품가격은 그 목적에 따라 여러 가지 사항이 배제되기 때문에 판매정책에는 영향을 받지 않는다. 그런데 임의보험의 보험거래 상품가격은 그 목적에 따라 다양한 요소들을 고려하여 결정하기 때문에 판매정책의 영향을 직접적으로 받는다.

개인이나 가계 또는 기업과 같은 개별경제주체가 우발적인 사고에 따른 손실을 보전하기 위한 경제적 필요성을 충족시키기 위하여 위험준비금제도를 활용하는 경우에는 당해 위험으로 발생될 수 있는 손해의 규모와 일치하는 금전을 적립해야 한다. 그런데 보험에 부보가 가능한 위험의 경우에는 손해발생 확률이 항상 1보다도 작다. 즉 부보위험이 반드시 발생하는 것이 아니기 때문에 매년의 보험료는 위험준비금으로 적립하는 금액보다 적은 것이다.

4. 보험거래 상품의 종류

1) 생명보험과 손해보험

(1) 생명보험과 손해보험의 분류기준

상법, 보험법, 보험학분야 등에서는 사람의 생명을 보험목적으로 하는가 아니면 자산의 손실을 보험목적으로 하는가에 따라 생명보험과 손해보험으로 대별하여 규정하고 있다. 보험이 사법상으로 실천 가능한 것인지 혹은 공법상으로 실천 가능한 것인지가 명확한 것은 아니다. 따라서 생명보험과 손해보험의 유형을 포괄적으로 분류하기는 어려운 실정이기 때문에 보험상품의 종류에 대한 기준은 각종 보험에 따라 각각 다르게 적용할 수밖에 없다. 즉 어떠한 체계적 사고에 의거한 분류도 할 수 없고 단지 보험상품의 특성을 여러 관점에서 표현한 것으로 여겨야 할 것이다.

(2) 생명보험과 손해보험의 부보대상

생명보험은 인체에 가해지는 위해(危害)로 발생하는 소득의 감소나 소득의 중지에 따른 손해를 부보대상으로 하는 보험이다. 개인의 잠재적 소득능력은 가계에서 중요한 역할을 한다. 그래서 일정기간 동안에는 인보험이라고 지칭하던 시기가 있었다. 생명보험의 대상이 되는 손해의 원인으로는 조기사망, 질병, 상해, 노령화, 실업 등을 들 수 있다. 생명보험에는 사망보험, 질병보험, 건강보험, 연금보험, 실업보험 등이 있다. 상해보험, 건강보험 등은 사람에게 발생하는 인체의 가치상실을 담보하기보다는 치료에 요하는 비용을 담보하는 비용보험적 성격을 갖고 있다.

손해보험은 재산상의 손해보상을 목적으로 보험으로서 유형이 매우 다양하고 담보범위도 넓다. 손해보험으로는 화재보험, 해상보험, 항공보험, 철도보험, 육상보험, 도난보험, 재산보험 등을 들 수 있다. 재산보험은 손해보험을 대표하는 보험으로서 재산상에 직접 혹은 간접으로 발생하는 손해를 보상대상으로 하는 보험이다. 재산보험은 재산의 개념을 필요로 하지만 재산보험의 대상이 되는 손해의 원인은 경제적인 변화에 따라 다양하게 나타난다.

2) 가정보험과 기업보험

가정보험과 기업보험은 보험이 실시되는 목적이나 보험료를 누가, 무엇으로 부담하는가 등을 기준으로 구분하는 것이다.

가정보험은 가정생활의 경제적 보장을 달성하기 위한 보험이다. 보험료는 가계의 소득에서 충당하게 된다. 기업보험은 기업경영의 경제적 보장의 달성하기 위한 보험이다. 보험료는 기업의 이윤에서 충당하게 된다.

3) 비용보험과 저축보험

비용보험과 저축보험은 보험수요자가 무엇으로 보험료를 충당하는가를 기준으로 구분하는 방법이다.

비용보험에서는 보험료를 회계상의 비용으로 판단한다. 즉 보험료를 비용이라고 인식하는 것이다. 저축보험에서는 보험료를 회계상의 저축으로 판단한다. 즉 보험료의 납입을 저축과 같은 개념으로 인식하는 것이다.

4) 영리보험과 비영리보험

영리보험과 비영리보험은 보험사업자의 경영목적이 영리에 있는가 아니면 비영리겡 있는가를 기준으로 구분하는 방법이다.

민영보험사업자가 보험사업을 하는 것은 영리를 목적으로 공급하는 보험상품은 영리보험이라고 할 수 있다. 그런데 민영보험자가 운영하는 것 중에 상호회사의 보험사업은 비영리적인 성격을 갖는다. 공영보험사업자가 공공정책의 목적을 수행하기 위하여 공급되는 보험상품은 비영리보험이라고 할 수 있다. 즉 정부나 자치단체에 의하여 공급되는 대부분의 보험상품은 비영리보험이라고 할 수 있다.

5) 정액보험과 비정액보험

정액보험과 비정액보험은 보험사고가 발생한 경우에 손해의 정도와 관계없이 보험계약을 체결하였을 때에 결정된 일정 금액의 보험금을 지급하는가 혹은 손해의 정도에 따라 산정된 손해액을 보험금으로 지급하는가를 기준으로 구분하는 방법이다.

정액보험의 대표적인 것이 생명보험이고 비정액보험의 대표적인 것이 손해보험이다. 정액보험과 비정액보험은 필요충족설를 근거로 보험사고가 발생하여 손실보전에 필요한 금액을 보험계약을 체결할 때에 설정하여 놓고 보험계약자에게 손해보상을 하는 것이 정액보험이라는 측면에서 비정액보험을 대응시킨 것이다. 정액보험은 사람의 사망 또는 상해 등과 같은 사고로 발생한 보험계약자의 경제적 가치의 상실을 객관적으로 평가하기 어렵기 때문에 정액보상제도를 용인한 것이기 때문이다. 필요충족설에 의한 구분이 되건 손해보상의 관점에 의한 구분이 되건 정액보험을 거래하는 보험사업자와 비정액보험을 거래하는 보험사업자간에는 경영목적상 차이가 발생하게 된다.

6) 단기보험과 장기보험

단기보험과 장기보험은 보험사업자가 위험을 부담하는 책임기간을 기준으로 구분하는 방법이다.

단기보험으로 대표적인 것은 손해보험이다. 보험기간이 단기간이기 때문에 보험사업자로서는 사고발생에 따른 손해액을 산정하여 지급을 해야 한다는 점 때문에 양질의 위험을 전제로 보험계약을 체결하게 된다. 장기보험으로 대표적인 것은 생명보험이다. 보험기간이 장기간이고 대개의 보험금 지급도 정액으로 확정되어 있어 보험사업자로서는 장기간에 걸친 보험료의 수입을 재원으로 활용할 수 있다는 장점이 있다.

7) 개별보험과 단체보험

개별보험과 단체보험은 보험사업자와 보험계약자가 보험계약을 체결할 때의 계약주체를 기준으로 구분하는 방법이다.

개별보험은 보험사업자가 개별적인 계약주체와 보험계약을 체결하는 보험이다. 이에 따라 개별보험에서는 보험가입 신청자들을 엄선하여 위험의 동질화를 도모하고자 보험계약을 체결한다. 단체보험은 보험사업자가 단체 또는 집단을 계약주체로 하여 보험계약을 체결하는 보험이다. 이에 따라 단체보험에서는 일정의 위험조건을 갖춘 집단을 포괄적으로 보험에 가입시키고자 한다. 그런데 개별보험과 단체보험은 보험인수 내지 보험사업자의 경영에 따라 단체보험이나 집단보험에서는 위험을 집단적으로 관찰하게 된다.

8) 사보험과 공보험

사보험과 공보험은 보험제도나 보험사업을 운영하는 주체가 누구인가를 기준으로 분류하는 방법이다. 사보험은 사영보험 또는 민영보험이라고도 하고 공보험은 공영보험 또는 국영보험이라고도 한다.

사보험은 보험사업자 내지 보험운영주체가 개인 또는 민간단체이다. 공보험은 보험사업자 내지 보험운영주체가 지방자치단체나 국가이다. 이러한 이유로 공보험을 공영보험 또는 국영보험이라고 하며 비영리보험를 목적으로 하는 보험이 대부분이다.

9) 임의보험과 강제보험

임의보험과 강제보험은 보험수요자가 보험계약을 체결하는 동기가 임의적인가 강제적인가를 기준으로 구분하는 방법이다.

임의보험은 보험수요자가 필요에 의하여 임의로 보험사업자를 선택하여 보험계약을 체결하는 보험이다. 강제보험은 보험수요자의 필요성과는 관계없이 자치단체나 정부에 의하여 강제적으로 보험계약이 체결되어지는 보험이다. 강제보험의 대표적인 것은 의료보험이다. 그런데 도로교통법에 따라 행해지는 책임보험은 민간보험사업자가 운영하는 민영보험이라고 하더라도 정부가 법제화하였기 때문에 재보험 혹은 강제보험이라고 하는 특징을 지니고 있다.

10) 보통보험과 경제정책보험

보통보험과 경제정책보험은 보험에 국가 및 사회의 진보나 개선을 목적으로 하는 정책의도가 존재하는가의 여부를 기준으로 구분하는 방법이다.

보통보험은 정책의도가 존재하지 않는 보험이다. 일반적으로 민영보험사업자에 의하여 행해지는 보험거래는 보통보험이다. 그런데 우체국과 같은 곳에서 취급하는 간이보험은 공영이긴 해도 가입이 강제되지 않는 보통보험이다. 경제정책보험은 정책의도가 존재하는 보험이다. 경제정책보험은 산업진출보험과 사회보험 등으로 구분된다. 자동차 손해배상과 관련한 책임보험은 정책보험이다.

11) 원수보험과 재보험

원수보험(原受保險)과 재보험은 보험사업자가 보험수요자와 최초로 보험을 인수하였는가 아니면 다른 보험회사로부터 보험을 인수하였는가를 기준으로 구분하는 방법이다. 원수보험과 재보험은 보험사업자의 경영상황이나 경영목적과도 밀접한 관련을 가지고 있기 때문에 원수보험과 재보험은 특정한 보험상품을 의미하는 것이 아니다.

원수보험은 보험사업자와 보험수요자간에 직접 보험계약을 체결하는 보험거래형태이다. 그러므로 원수보험에서 원수보험계약의 피보험자는 보험계약에 관한 모든 권리를 행사할 수 있다. 재보험은 원수보험사업자의 보험금 지급책임을 피보험이익으로 하는 보험상품이다. 즉 원수보험사업자가 보험계약상 보험계약자에게 지급할 가능성이 있는 보험금에 대한 지급책임의 일부 또는 전부를 제2의 보험사업자인 재보험사업자에게 이전시키는 보험거래형태이다. 따라서 원수보험계약의 피보험자는 재보험계약에 관한 하등의 권리도 갖지 못한다. 재보험은 보험의 보험이 되는 것으로서 복수의 보험자가 수직적인 협력을 통하여 보험인수의 합리화를 실현하려는 것이다.

12) 단독보험과 공동보험

단독보험과 공동보험은 보험사업자와 보험수요자간에 보험계약을 체결할 때 보험사업자의 수를 기준으로 구분하는 방법이다. 보험계약을 체결하는 보험사업자의 수를 기준으로 구분하는 것이기 때문에 특정한 보험상품을 의미하는 것이 아니다.

단독보험은 한 보험사업자와 보험수요자가 보험계약을 체결하는 보험거래형태이다. 공동보험은 다수의 보험사업자와 보험수요자가 보험계약을 체결하는 보험거래형태이다.

13) 가액협정보험

가액협정보험은 인플레에 의한 물가의 상승과 부동산 시장의 호황에 의한 건물의 가격상승 등에 따라 전부보험계약을 체결한 시점에서 산정한 보험가액 이후 손해가 발생하였을 때 보상받을 보험금액을 초과하여 보험가액 전체를 볼 때에 일부보험이 되는 결과가 됨으로써 비례보상주의의 적용을 받는 피보험자의 불이익을 시정하려는 보험상품이다. 즉 보험가액에 따라 보험금을 지급하기로 협정한 보험이다.

제 2 절 보험시장

1. 원수보험시장

1) 원수보험시장의 의미

원수보험시장은 재보험 이외의 모든 보험계약이 체결되는 시장이다. 즉 원수보험거래가 이루어지는 시장이다. 보험수요자와 보험자 사이에 보험상품을 대상으로 최초의 보험계약이 체결되는 시장이다.

2) 원수보험시장의 특성

원수보험시장은 민영보험자를 중심으로 발전하여 왔다. 민영보험자 중 보험시장의 주도권을 갖고 있는 것은 주식회사 형태의 보험회사이다. 원수보험시장의 발전은 수입보험료와 보유계약고의 증가율 등을 기준으로 판단한다. 내부적으로는 위험의 다양화, 신상품의 개발, 부보대상의 증대, 보험요율의 인상 등에 영향을 받는다. 외부적으로는 보험인수조건의 개선, 부보율의 상승, 보험모집기구의 정비 확대, 보험사고방식의 보급, 국내소득의 상승, 경기변동 등에 영향을 받는다.

2. 재보험시장

1) 재보험시장의 의미

재보험시장은 거래대상인 재보험상품을 가지고 거래주체로서의 재보험을 가입하는 보험자와 재보험을 인수하는 보험자간의 거래가 이루어지는 시장이다. 재보험시장에서는 지진재보험이나 자동차배상책임재보험 등에서 재보험의 인수에 정부가 관여하는 경우도 있다. 이 외에는 회사형태의 보험자가 시장의 주도권을 갖고 있다. 우리나라의 손해보험분야에서는 손해보험회사의 모든 보험상품이 재보험거래의 대상이 되고 있다.

2) 재보험시장의 특성

동질적인 위험집단에서의 보험사고 발생은 그 빈도와 손해의 규모에 대한 어느 정도 예측이 가능하나 예기치 못한 대형이재의 발생 등으로 보험영업실적의 급격한 악화를 초래할 경우 보험자의 경영은 안정성이 크게 저해된다. 그래서 보험자는 위험의 규모에 따라 자사가 부담할 수 있는 책임한도액을 정하고 그 한도액을 초과하는 부분은 재보험을 활용하여 다른 보험자에게 보상책임을 전가시킴으로써 경영의 안정성을 도모하고 있다.

보험자는 자사의 제한된 담보능력으로 인하여 대형위험 등 특정위험에 대한 보험계약인수가 불가능할 때 보험영업에 많은 지장을 받게 된다. 이와 같은 담보력의 부족문제는 재보험을 이용하여 해결할 수 있다.

보험자가 보험을 인수 한 후 보험사고가 발생하여 보험금을 지급해야 함에도 불구하고 재정이 악화되어 보험금을 지급할 수 없는 상태가 된다면 보험계약자나 피보험자는 큰 피해를 입게 된다. 그런데 보험자가 인수한 보험에 대하여 재보험에 부보하였다면 최초로 보험을 인수한 보험자가 파산하였다 하더라도 보험계약자나 피보험자는 재보험자가 인수한 부분에 대해서는 보상을 받을 수 있게 된다.

3. 공동보험시장

1) 공동보험시장의 의미

공동보험시장은 보험기술의 적용이 한 보험자의 경영만으로는 곤란하다고 생각되는 위험에 대하여 복수의 보험자가 공동으로 대처하기 위하여 이용한다. 개별 보험자가 보험부보 수요자의 보험부보 의사를 전달받고 협의를 하는 과정 중에 보험가액이 보험자의 부담한계를 초과하는 경우에는 보험인수가 어려울 수밖에 없다. 그러므로 보험인수를 하기 위해 다른 보험자와 공동으로 보험인수를 시도하게 된다. 공동보험시장은 사전에 보험자간에 정해진 계약에 따르거나 보험계약자가 일정의 위험에 대하여 복수의 보험자와 보험계약을 체결한 경우에 형성된다. 공동보험에서는 간사회사를 정하여 보험계약자와의 교섭창구를 단일화하고 있다. 간사회사는 보험증권의 발행, 보험료의 수수, 보험금의 지급 등과 같은 사무를 행한다. 이후 간사회사와 다른 공동보험자간 사이에 정산을 한다.

2) 공동보험시장의 특성

공동보험시장에서는 재보험 풀(pool)이 결성되는 경우와 마찬가지로 보험약관이나 보험요율 등은 사전에 합의한 범위 내에서 설정된다. 공동보험시장에서는 보험자들이 공동행위를 취하게 된다. 이것은 독점금지법에 저촉되는 것이지만 위험의 대량성과 동질성 및 손해에 대한 보상 등을 고려해야 하는 손해보험자들에게는 필요한 행위이다. 예를 들면 화재보험, 해상보험, 항공보험 등에서 보험금액이 거액이 되는 경우에 보험조건이나 보험요율 등의 치열한 경쟁 때문에 보험자 사이에 합의하여 공동보험으로 인수하는 경우가 이에 해당한다.

공동보험시장에 참여하는 보험자들은 계약체결에서부터 보험금 지급에 이르기까지 계약의 유지 및 관리에 관한 일체의 업무를 처리할 수 있다. 이에 의하여 공동보험자들은 단독보험자와 같은 입장에서 보험계약을 체결할 수 있는 것이다. 공동보험시장에서 공동보험자들이 보험계약자 및 피보험자의 입장을 위하여 보험업무를 합리적으로 운영할 수 있는 것이다. 예를 들면 영국의 로이즈보험조합은 개인보험자들이 구성한 조합이 공동업무를 수행하고 있기 때문에 로이즈에서 대규모의 위험을 인수할 수 있는 것이다.

제 2 부

해상보험과 해상위험

4
chapter

해상보험의 발전

제 1 절 해상보험의 기원

1. 해상보험의 의의

1) 해상보험의 의미

해상보험(marine insurance)은 해상사업에 관련된 사고로 인하여 야기된 손해를 보상할 것을 목적으로 하는 손해보험의 일종이다. 즉 해상보험은 선박을 운송수단으로 하여 화물을 운송하는 중에 발생한 사고로 야기된 손해를 보상하는 손해보험이다. 해상보험은 적하보험과 선박보험을 통칭하는 개념이다. 적하보험은 화물의 운송 중에 발생하는 위험을 부보대상으로 한다. 그런데 육상운송수단이나 항공운송수단 또는 해상운송수단으로 화물을 운송하는 중에 발생하는 위험은 각각 다른 양상을 띠게 된다. 선박보험은 운송수단인 선박 그 자체에 관련되어 발생하는 손해를 보상하는 보험이다.

2) 해상보험의 특징

(1) 소급보상 가능

해상보험에서 어느 시점을 기준으로 보험계약자가 그 이전 시점부터 보험자가 위험을 담보하는 조건으로 해상보험계약을 체결하는 경우에 소급보상이 가능하다. 보험계약 당사자가 소급을 조건으로 해상보험계약을 체결한 경우, 보험계약을 체결하기 전에 이미 적하에 손해가 발생하였더라도 보험계약당사자가 그 사실을 전혀 알지 못하였던 것이라면 보험자에게 위험부담책임이 존재한다. 이를 해상보험의 소급보상의 원칙이라고 한다. 그러나 해상보험계약을 체결할 때에 보험계약자가 이미 손해가 발생한 사실을 알고 있었음에도 불구하고 그 사실을 보험자에게 고지하지 않았다면 보험자의 위험부담책임은 소멸한다.

(2) 영국의 해상보험법과 관습 준수

해상보험에서 영국의 해상보험법은 해상보험과 관련한 다양한 판례를 집대성하여 제정한 세계 최고의 불문법이다. 해상보험업계에서 영문해상보험증권을 사용하는 경우, 해상보험사고와 관련한 문제들을 해결할 때에는 영국의 법률이나 판례를 따르는 것이 일반적이다. 왜냐하면 현재 사용하고 있는 영문해상보험증권의 보험약관이 해상보험업계에서 발생한 수많은 보험사고와 관련된 판례를 반영하여 제정된 것이지만 그 근원은 결국 영국의 해상보험법과 관습이기 때문이다.

(3) 해상위험의 특수성

해상보험에서 담보의 전제가 되는 위험은 일반 보험에서 취급하는 위험의 유형과는 다르다. 또한 육상이나 항공에서 발생하는 위험과도 다른 유형이다. 해상위험은 바다에서 발생하는 위험이기 때문에 바다의 특수성을 먼저 인식해야 한다. 예를 들어 침몰이라고 할 때에 선박의 침몰이라고 사용하지만 육상이나 항공에서 자동차나 기차 또는 항공기가 침몰하였다는 용어는 사용하지 않는 것과 같다. 그래서 해상보험에서 보험자가 해상위험의 담보를 제한하는 것이다. 보험자가 담보하는 해상위험의 범위는 해상보험계약을 체결할 때에 확정하여 해상보험증권에 기재된다.

2. 해상보험의 태동

1) 서민조합의 출현

서민조합(collegia tenuiorum)이라는 서민계층을 위한 공제조합 형태의 제도가 로마제정시대에 있었다. 서민조합에서는 조합원이 입회금과 매월 일정액의 회비를 납부하고 조합원이 사망한 경우에는 장례비를 유족들에게 지급하였다. 조합원의 사망에 대하여 장례비를 지급하는 기능은 오늘날 생명보험에서 보험계약자가 사망한 경우에 지급하는 사망보험금과 유사한 형태이다.

2) 길드와 보험

길드(guild)라고 하는 것은 중세기에서 근세기 초기에 유럽에 있었던 제도이다. 길드는 개인들이 상호부조 정신으로 결성한 사적 결합조직이다. 이때의 길드는 사적인 재판 내지 복수도 행하는 사회적, 종교적 성격을 겸비하고 있었다. 그런데 국가질서가 점차 회복되고 기독교 교회와 결탁한 직권적 교화정책이 시행되면서 쇠퇴하였다.

11세기에 이르러 서유럽의 상업활동이 활발해지자 옛 봉건도시 영주들의 보호와 동시에 착취를 당하던 성안의 시민과는 별개로 주로 성 근처의 대상인들이 주축이 되어 길드를 형성함에 따라 길드법이라는 관습이 탄생되었다. 상인 길드는 그 경제력과 정치적 영향력을 배경으로 옛 영주지배하의 소시민과 수공업자들을 통합하여 발전시킨 것이다. 상공업자들은 이 과정 중에 영주와의 반목과 갈등을 반복하면서 영향력을 계속 증대시키게 되었다. 이와 같이 상공업자가 중심이 된 초기의 길드는 도시의 자치에 큰 공헌을 하였다. 주도권은 주로 부유한 상공업자가 갖고 있었다. 이후 길드는 도시의 자치권을 행사하는 과정 중에 동종 직업별로 조직하는 경향을 보이게 된다.

12~13세기에 이르러서는 수공업자의 길드조직이 강화되었는데 초기에는 적극적이며 개방적이었다. 그러나 도시경제의 발전이 한계점에 이르자 가입 및 활동을 억제시키는 등 회원 수를 제한하고 규제를 강화하였다. 길드에서는 조합원에게 행사권한을 주었으며 조합원이 사망, 질병, 화재, 도난 등과 같은 위험을 당하면 그에 대한 급부를 제공하였다. 이것은 오늘날의 보험기능과 같은 것이다.

3) 모험대차

모험대차(冒險貸借; bottomry; respondentia)는 그리스·로마시대에 지중해 지방에서 행해지던 금전 소비대차의 일종이다. 대차는 꾸어오거나 꾸어주는 것을 의미하는데 주(借主)가 대주(貸主)의 것을 이용한 뒤 그것을 반환해야 하는 계약을 통틀어 이르는 말이다. 그러므로 .그리스·로마시대에 지중해 지방에서 번성하였던 모험대차는 선박 또는 적하를 담보로 항해모험을 통하여 사업을 완수한 후에 원리금을 상환해야 하는 대차를 의미한다. 즉 금전을 빌린 선주 또는 화주가 항해가 무사히 종료되면 차용한 원금에 이자를 붙여 상환하는 것이다. 그러나 선박이 항해 도중에 해난이나 해적 등과 같은 해상사고로 인하여 전손이 된 때에는 원리금을 상환하지 않아도 되는 조건이었다. 항해 자체를 하나의 모험으로 하여 대차행위를 하였던 것이다.

모험대차는 융자와 위험부담이라고 하는 두 가지 기능, 즉 은행과 보험회사의 기능을 겸한 것이었다. 모험대차에서의 이자는 일반금리보다 고율로서 1항해당 22%에서 33 1/3%까지였다고 한다. 이 모험대차의 이율과 일반금리의 차액이 말하자면 해상보험료에 상당하는 것이다. 모험대차는 지중해상업의 발전에 따라 13세기 초까지는 번창하였다. 그런데 1230년경 이자징수를 죄악시하는 교회법에 의하여 로마법왕 그레고리우스 9세(Gregorius IX)가 이자금지령을 포고하면서 일체의 이자징수가 금지되자 모험대차도 금지되었다.

초기의 모험대차는 대부업자가 항해 전에 선박 또는 화물의 매수인이 되고 모험대차의 차용자인 항해업자가 매도인이 되어 매수인이 매도인에게 대금을 지급한 후 항해가 무사히 종료하면 매매계약은 해제되고 대금인 차입금을 반제하는 방식이었다. 그런데 항해 도중에 해난, 해적, 전쟁 등으로 인하여 항해가 완료되지 않은 때는 매매계약이 해제되지 않았다. 이런 경우 매도인은 대금을 반제할 필요가 없게 된다.

이러한 이유로 자본가들이 곤경에 빠지게 되자 융자를 한 후 해상위험이 발생하게 되었을 경우의 손해보상 방법을 강구하게 되었다. 그리고 무역과 교통의 발달과 더불어 무역업자나 항해업자도 해상대차에 의한 위험보장과 연결된 융자인 경우에도 해상위험을 보장해야 하는 사정이 발생되었다. 이와 같은 문제를 해결하는 과정에서 해상보험제도가 출현하게 되었던 것이다.

제 2 절 해상보험의 발전

1. 해상보험계약의 등장

1) 해상보험계약의 시작

14세기에 이탈리아 북부, 지중해 연안의 상업도시인 베네치아, 피사, 제노아 등에서 상인들이 보험회사가 되어 영리보험계약을 시작한 것이 해상보험계약의 시작이다. 해상보험은 이탈리아, 스페인, 프랑스, 포르투칼 등과 같이 대서양 연안에 위치한 여러 도시와 무역경로를 따라 한자동맹 도시까지 파급되었다. 선주나 무역업자들은 감항성이 부족한 선박으로 무역상품을 운송해야 했던 시기였기 때문에 자본유지나 수익의 확보를 위하여 해상위험에 따른 손해가능성을 전가시킬 수 있는 방안이 필요하였다. 상업자본주의 시대에 상인들이 해상위험을 비용으로 계산하여 위험을 전가시키는 해상보험의 합리성을 인정한 이후, 해상보험은 이탈리아의 여러 도시에서 발전하였으나 독립된 보험사업으로 영업할 정도의 기반은 확립하지 못했다.

2) 해상보험계약의 최고 자료

해상보험업계에서 해상보험계약을 체결하였다는 증거로 인정되는 최고의 자료는 다음과 같다.

첫째, 기록형식은 소비대차계약으로 되어 있지만 실질적으로는 해상보험계약 형태인 제노아의 공증기록에 의한 1347년 10월 23일부의 선박보험계약에 관한 증서와 1348년 1월 15일자의 적하보험계약에 관한 증서가 있다. 이 증서는 무상의 소비대차를 가장하고 있는데 실질적인 보험회사가 피보험회사로부터 실제로 금전의 수수는 없지만 무이자로 일정금액을 차용한 것으로 하고, 선박이나 화물이 6개월 또는 4개월 이내에 목적항에 도착하지 않은 경우, 즉 해상사고가 발생한 경우에는 실질적으로는 보험금의 지급에 해당하는 차입금을 반제하고, 선박 또는 화물이 무사히 목적항에 도착한 경우에는 계약은 무효가 되는 것으로, 즉 실질적으로는 보험계약이 소멸하는 형식이었다.

둘째, 기록형식은 매매계약으로 되어 있지만 실제로는 해상보험계약으로 되어 있는 증서가 있다. 이것이 1370년 7월 12일부로 발행된 제노아 공식증서이다. 제노아 공식증서는 매매를 가장하고 있는 해상보험계약 증서인이다. 즉 보험회사가 피보험회사로부터 화물을 매입하고 그 대금은 6개월 이내에 지급할 것을 약속하지만 화물이 목적지에 무사히 도착하여 양륙되면 계약은 무효가 되어 대금을 지급할 필요가 없었다.

셋째, 기록형식에 있어서 실질적인 면이나 형식적인 면에서 해상보험계약으로 되어 있는 증서가 있다. 1350년 이탈리아 팔레르모(palermo)에서 3월 15일부로 발행된 적하해상보험증권, 이탈리아 피사에서 1384년 7월 11일부로 발행된 해상보험증권 등이 있다. 이 증서에서는 오늘날의 보험계약의 형식을 취하고 있다. 즉 보험회사가 피보험회사에 대하여 해상사고로 인하여 생길 손해를 보상할 것을 약속하고 그 대가로서 보험료를 수취했다고 하는 형식을 취하고 있다.

2. 로이즈 보험의 출현

1) 개인보험회사 활동

해상보험을 영국에 전해 준 것은 롬바르드 상인이었고 해상보험 거래도 이들에 의하여 이루어졌다. 영국은 엘리자베스 1세 시대(1558~1603년)가 시작되기 전까지는 주로 농업에 치중하는 경제정책을 수행하고 있었기 때문에 영국의 무역 및 금융은 외국상인, 주로 롬바르드 상인들이 영국의 무역 및 금융을 지배하고 있었다. 롬바르드 상인은 이탈리아 북부 롬바르드 지방에서 거주하던 사람들이었는데 영국으로 이주하여 롬바르드 거리에 상주하면서 붙여진 이름이다.

해상보험은 1547년과 1548년에 발행된 보험증권의 기록에 비추어 볼 때 이미 16세기 초에 시행되었던 것으로 보고 있다. 또한 1547년과 1548년에 발행된 보험증권 모두 본문은 이탈리아어이고, 보험회사 인수란만 영어로 기재되어 있어 영국에서 최초로 해상보험을 영위한 자가 이탈리아인임을 말해 주고 있다. 그러나 영국 상인은 롬바르드 상인의 번영을 시기하여 1483년 이후 롬바르드 상인을 억압하는 법률을 여러 번 제정함으로써 그들의 지위가 극도로 제한되었다.

보험거래 시장은 롬바르드 거리에서 엘리자베스 여왕에 의하여 1568년 개소된 왕립거래소(royal exchange)로 이전되어 해상보험 거래도 여기서 행해지게 되었지만 해상보험사업은 전문화되지 못하였고, 상인이나 은행가의 부업으로 영위되었다. 결국 엘리자베드 여왕 1세 시대에 영국의 상권을 롬바르드 상인과 한자 상인 등 외국인의 수중으로부터 회수하는 경제정책이 진행되어 롬바르드 상인은 영국에서 퇴거하였고 무역을 독점하고 있던 한자 상인도 엘리자베스 여왕에 의하여 국외로 추방됨으로써 영국의 무역, 보험, 금융의 실권은 이윽고 1597년 영국인이 장악하게 되었다. 이에 따라 17세기 후반부터는 해상보험 거래가 왕립거래소 밖에서 이루어지는 경우가 많아졌다. 그래서 개인 상인이 부업으로 해상보험 거래를 하는 형태가 등장하였다.

2) 로이즈 보험

(1) 로이즈 보험회사 출현

17세기 후반, 영국의 테임즈 강변에 위치한 로이즈 커피점을 선주, 상인, 은행가 등 기타의 해상사업 관계자들이 거래장소로 이용하였다. 그러므로 로이즈라는 거리 전체를 지칭하는 것이지 한 건물 등을 지칭하는 용어는 아니다. 즉 로이즈 커피점에서 개인 보험회사들이 보험거래를 하였던 까닭에 로이즈 커피점 로이즈 보험회사의 전신으로 부르게 되었던 것이다.

(2) 2대 특허회사의 설립과 로이즈

1720년 영국에서는 세계에서 가장 오래된 해상보험회사인 왕립거래 보험회사(Royal exchange assurance corporation)와 런던 보험회사(London assurance corporation), 즉 2대 특허회사가 설립되어 19세기 전반에 이르기까지 약 100년간, 로이즈 개인사업자와 함께 영국의 해상보험업을 독점하였다.

1774년에 로이즈는 해상보험 거래를 왕립 거래보험회사 내로 이전시켰다. 이것이 로이즈 보험의 시초이다. 1781년에는 국회의 입법을 통하여 법인격을 부여한 로이즈 조합이 설립되었고 로이즈 보험시장이 근대화되었지만 로이즈 보험회사 각자가 보험인수 책임의 주체라는 사실은 변함이 없었다. 이후 보험인수액이 거액이 되면서 기업조합 조직에 의한 인수방식으로 전환하였다. 1820년에는 해상보험에 관한 로이즈의 독점권이 소멸하였다.

3. 영국 해상보험법의 제정

1) 바르셀로나 법령

해상보험에 관한 거래상의 관습과 관련된 1435년 바르셀로나의 법령은 당시의 해상보험거래의 관습을 성문화시킨 세계 최초의 체계적인 해상보험법전이었다. 이후 바르셀로나의 법령은 이탈리아에서 무역활동 및 해상사업 활동이 활발한 지역의 여러 도시로 파급되었다.

2) 로이즈 보험증권

1779년에 로이즈 조합은 해상보험 거래를 할 때 보험회사에 의하여 이용되던 보험증권을 로이즈의 정식적인 보험증권으로 결정하였다. 이것이 로이즈 보험증권 (Lloyd's Ship & Goods Policy: Lloyd's S.G. Policy)인데 유럽의 법령을 기초로 하여 여러 지중해 약관의 실질적인 내용을 계승시킨 증권이다. 그 후 현재에 이르기까지 3개의 약관이 추가되고 보험증권의 문언이 1850년경에 "in the name of god, amen"에서 "be it known that"으로 변경되었다.

3) 함부르크보험 및 해손법

영국에서는 도박보험의 악폐를 우려하여 법적조치를 취하여 해상보험 계약의 대상을 선박 및 적하의 직접손해로 제한하였다. 이에 따라 보험사업은 산업경제의 현저한 성장이나 항해에 관한 기술적 정보가 발전한 18세기 이후이다. 해상보험에서 선박 또는 적하에 대한 다양한 이해관계까지 부보의 대상으로 인정한 것은 함부르크보험 및 해손법(Hamburgische Assekuranz und Havereyordnung)이 제정된 1731년의 일이었다.

4) 영국 해상보험법

로이즈 보험증권은 2,000개 이상의 판례를 참조한 것으로 해상보험증권과 보통 보험약관의 합체라고 할 수 있다. 그런데 영국은 주로 판례에 의존하여 왔었지만 성문화된 해상보험법전이 없었기 때문에 1906년에 94개 조항의 영국해상보험법(MIA)를 제정하였다.

4. 각국의 해상보험 발달

1) 영국의 해상보험

15세기 말, 콜럼버스의 아메리카대륙 발견과 바스코다카마의 인도항로 발견 당시에 앤트워프는 스페인령이었지만 그곳에서 발달한 해상보험거래 상관습은 북유럽의 해상보험 시장에서도 따를 정도로 세계무역을 주도하였다. 16세기에서 17세기까지는 오란타가 세계무역의 주도권을 장악하였다. 그 후 암스테르담이 무역 및 해상보험의 세계적 중심시장이 되었다. 17세기 후반부터 18세기 후반까지는 영국이 세계무역과 해외식민지 경영에서 주도권을 쥐고 빅토리아여왕 시대에 이르러서는 세계 상공업의 패권을 장악하였는데 런던이 이 시기부터 세계 해상보험의 중심지가 되었다.

2) 독일의 해상보험

독일에는 16세기 말엽 함부르크에 이주한 오란타 상인이 해상보험을 전하여 17세기 이후 여러 도시로 전파되었다. 독일에서 최고의 해상보험증권은 함부르크의 보험회사가 체결한 오란타 어로 작성된 1583년의 오란타 증권이다. 독일 최초의 해상보험회사는 1765년에 설립된 제1함부르크 해상화재보험회사(erste hamburger assekuranz-compagnie für see-risiko und feu ers-gefahr)였는데 영국 계통의 주식조직 회사였다. 또한 같은 해에 해상보험 전문회사인 베를린 보험회사가 설립되었다.

3) 프랑스의 해상보험

프랑스에서 15세기경 해상보험을 최초로 도입한 도시는 마르세이유이다. 16세기에는 볼토, 로란, 낭트 및 센마조로 파급되었다. 1686년에는 정부 주도로 프랑스 일반 보험모험 주식회사(compagnie générale pour les assurances et grosses adventures de france)가 설립되고, 1753년에는 해상보험과 화재보험을 운영하는 개인적인 일반 보험회사(sociéte d'assurances générales)가 설립되었다.

4) 미국의 해상보험

미국에서는 1792년에 해상보험, 화재보험 및 생명보험 등 각종 보험사업 경영을 목적으로 북미 보험회사(insurance company of north america)가 설립되어 1794년에 펜실바니아 주에서 특허장을 얻었다. 초기에는 해상보험 인수를 주요업무로, 화재보험 인수를 부수업무로 취급하였다. 생명보험 인수업무는 행해지지 않았기 때문에 중지되고 손해보험만을 주로 취급하였다. 이 회사는 주식조직으로 설립된 미국 최고의 영리보험회사이다.

5) 일본의 해상보험

일본은 1859년에 가나가와(神奈川), 나가사끼(長崎), 하꼬다떼(函館)의 3개 자유무역항을 개항하였다. 그 이전부터 외국의 보험회사가 이들 3개 항구에 대리점을 설치하여 외국인의 수출입화물에 대한 해상보험 업무를 수행하고 있었다. 명치유신시대에 이르러 일본인에 의한 해상보험업무가 행해졌다.

1873년 1월에 호잉샤(保任社)가 북해도 개발을 목적으로 설립되었다. 오오사까(大阪), 도쿄(東京), 하꼬다떼(函館)간의 해상운송과 관련되는 적하의 해상청부 및 화물의 거래대금과 관련된 업무를 하였으나 다음 해에 중지되었다. 호잉샤에 의한 해상사업은 일본인에 의한 해상보험업무의 효시가 되고 있다.

1873년에 합작회사 코메이샤(宏盟社)가 설립되어 도쿄(東京), 이토(伊豆), 사가미(相模), 셋토(傍總)의 해상의 선박 및 화물에 관한 해난보상 업무를 취급하였다. 코메이샤의 해난보상 업무는 실질적인 해상보험업무 역할을 하였다. 1977년에는 제1 국립은행이 국립은행 본지점간 화물의 거래대금에 대한 해상수급 업무를 시작하였는데 실질적인 해상보험 업무에 해당한다. 1879년에 현재의 도쿄(東京)해상화재 보험주식회사의 전신인 도쿄(東京)해상보험회사가 설립되어 화물보험에 대한 업무를 개시하였다. 선박보험에 대한 업무는 1884년부터 시작하였다.

1893년에는 일본카이리쿠(海陸)보험주식회사, 테이코쿠(帝國)보험주식회사, 오오사까(大阪)보험주식회사 및 호쿠리코(北陸)해상보험주식회사가 설립되었다. 이 회사들이 주로 동경의 해상보험시장을 주도하였다. 1896년에는 니혼(日本) 해상보험주식회사가 설립되었다. 이후 도쿄(東京)해상, 테이코쿠(帝國)해상, 니혼(日本)해상 등은 대회사로 발전하였다.

6) 우리나라의 해상보험

(1) 우리나라의 해상보험 태동

우리나라에서 해상보험은 모두 조선 왕조 말의 개국과정에서 영국계 및 일본의 보험회사 대리점이 진출하면서 시작한 것으로 보고 있다. 왜냐하면 1880년대에 조선 왕조 말에 여러 나라와 체결한 통상조약 및 그 부록에 명시된 규정에서 해상적하보험을 및 다른 보험에 관련된 조항을 찾아볼 수 있기 때문이다. 조선왕조 말에 협정한 통상조약에 따라 부산, 원산, 인천 등의 항구가 차례로 개항되었다.

이때 일본 및 서구의 현대식 은행과 무역상사 등이 진출하여 부수적으로 보험인수 업무를 개시하였다. 즉 전문적인 보험회사가 보험인수 업무를 수행한 것이 아니라 조선에 진출한 은행과 무역회사들이 보험대리점을 겸하는 수준의 보험인수 업무였다. 그래서 화재보험과 해상보험 등과 같은 손해보험을 인수할 수 있는 전문적인 보험회사가 필요하게 되었던 것이다. 개항 이후 1900년을 전후하기 까지 우리나라에서의 외국 보험회사들의 활동은 영국을 중심으로 한 일부의 유럽 및 미국계의 회사가 주를 이루었는데, 일본의 보험회사들보다 더 활발하게 활동을 하였다. 일본의 보험회사로서 한국에 대리점을 설치한 것은 1880년 1월 동경해상이 최초이다. 그 이후 고베(神戶)해상, 니혼(日本)해상 등이 대리점을 설치하여 해상적하보험을 인수하였다.

우리나라에서 해상보험을 취급한 보험회사의 효시는 1922년에 설립된 조선화재 해상보험 주식회사이다. 현재의 동양화재 해상보험 주식회사 전신으로 할려지고 있다. 그런데 동사의 발기인은 일본인 금융·실업가가 중심이었고 대주주도 일본인 중심의 법인과 개인으로 구성되어 있었다. 동사는 사실상 화재보험에만 주력하였고 해상보험에 참여할 능력은 부족하였다.

이와 같이 해방 전까지 우리나라의 해상보험은 일본계 보험회사들의 독점무대였다고 할 수 있다. 해방 이후에 이르러 10여 개의 보험회사가 설립되었다. 그렇지만 미군정하에서의 일반 무역상품에 대한 해상보험은 이들 국내 보험회사가 취급하지 않았다. 해상보험 부보는 모두 수출입 상대국의 무역상사에 의뢰하거나 또는 국내에 있는 외국 보험회사의 대리점에 의존하였다.

(2) 우리나라의 해상보험 성장

1952년부터는 전시 무역체제의 변화와 외국 원조물자의 도입 등으로 해상보험의 개업을 재무부에서 권고하였다. 그러나 해상보험에 대한 경험부족, 자료부족 및 영업수지상의 문제로 인하여 기업연합(pool) 체제의 운영방식을 도입하였다. 즉 1952년 12월에 해상보험 기업연합 체제 운영을 위하여 대한해상운송보험 공동사무소가 발족되었다.

1953년 1월에는 기업연합 협정이 발효되고 2월 1일부터 개업을 하였다. 이것이 우리나라가 독자적으로 해상보험을 인수하기 시작한 시초이다. 당시 해상보험 기업연합에 가담한 회사는 종래 화재보험만을 취급하던 동양, 신동아, 대한, 한국, 국제, 고려, 제일, 안보 등 8개사와 신설된 해동이 1953년 11월 추가로 참가함으로써 총 9개사가 되었다.

1955년에 설립된 동방 해상보험(주)과 1959년에 설립된 범한 해상보험(주)은 해상보험의 영업전망이 밝아짐에 따라 해상보험만을 취급하기 위하여 설비된 보험 전문회사이다. 해상보험만을 전업으로 하던 이들 두 회사도 1963년부터 화재보험을 취급하게 되었다. 대한 해상운송보험 공동사무소도 1964년에 해체됨에 따라 이후에는 개별회사들이 단독으로 해상보험을 취급하게 되었다.

5
chapter

해상위험과 해상손해

제 1 절 해상위험

1. 해상위험의 의의

해상위험은 해상보험의 대상이 되는 위험으로 해상의 항해에 기인하거나 부수하는 위험, 즉 해상고유의 위험, 화재, 전쟁위험, 해적, 표도, 강도, 포획, 나포, 군주 및 인민의 억류 또는 억지, 투하, 선원의 악행 및 상기와 동일 종류의 위험 또는 보험증권에 기재된 기타 일체의 위험이다. 일체의 선박, 화물 또는 동산이 해상위험에 노출되는 경우, 일체의 화물운임, 여객운임, 수수료, 이윤 또는 기타 금전적 이익의 수입이나 취득, 또는 일체의 전도금이나 대출금 또는 선비를 위한 담보가 피보험재산이 해상위험에 노출됨으로써 위험에 직면하는 위험 등이다. 즉 해상사업을 영위하는 과정 중에 조우하는 위험에는 그 특성상 화물을 운송하는 과정 중에 발생하는 위험, 여객을 운송하는 과정 중에 발생하는 위험, 화물과 여객을 운송하는 운송수단, 즉 선박에만 발생하는 위험 등이 있다.

해상위험은 바다에서 발생할 수 모든 위험을 통칭하는 개념이다. MIA에서는 해상고유의 위험과 해상위험으로 구분을 한다. 해상고유의 위험은 바다에서만 유일하게 발생하는 위험이고 해상위험은 바다에서 뿐만 아니라 육상 또는 항공에서도 발생할 수 있는 화재, 폭발, 도난 등과 같은 손해를 야기하는 일반적인 위험과 침몰, 좌초 등과 같은 해상고유의 위험을 포함하고, 해상사업에 부수하는 육상이나 내수로 항해에 관한 사고까지 포함한다.

2. 해상위험의 유형

1) 해상고유의 위험

(1) 침몰 및 전복

해상고유의 위험(perils of the seas)이라는 것은 구체적으로 풍파의 작용에 의한 난파, 침몰, 좌초, 교사(膠砂), 촉초(觸礁), 충돌, 그 밖에 풍파에 의한 적하의 손해, 적재선박의 행방불명 등과 같이 바다에서만 발생하는 위험이다. 그러므로 화물의 운송 중에 발생한 위험이 바다 이외의 장소에서도 발생할 수 있는 것이라면 해상위험이 되는 것이다. 그런데 해상고유의 위험에 해상의 우연한 사고 또는 재난을 포함시키지만 풍파의 통상적인 작용은 제외한다.

해상고유의 위험에 해당하는 침몰(沈沒; sinking)은 선박이 부력을 상실하고 수중에 가라 앉아 항해가 불가능한 상태를 의미한다. 이는 우연적으로 발생한 것이어야 하며 선박의 운반능력 이상으로 선적하여 부력을 상실하고 침몰한 것은 예외이다. 또한 선박의 불감항성에 기인한 침몰도 제외된다.

침몰은 심몰과 천몰로 구분된다. 심몰(深沒; foundering)은 심해에 가라 앉아 구조가 불가능한 상태로서 현실전손으로 인정되는 것이다. 천몰(淺沒; submersion)은 천해(淺海), 즉 얕은 바다에 가라앉아 구조가 가능한 상태로서 추정전손으로 인정되는 것이다. 또한 해상고유의 위험에 해당하는 전복(顚覆)은 해상에서 선박이 뒤집혀 선저가 위로 향하는 것으로 항해가 불가능한 상태이다.

(2) 좌초 및 교사

해상고유의 위험에 해당하는 좌초(坐礁; stranding)는 선박이 암초나 그 밖의 견고한 물체에 얹혀 일정기간 진퇴가 불가능한 상태를 의미한다. 해상고유의 위험에 해당하는 교사(膠沙; grounding)는 모래나 진흙 등과 같이 견고치 않은 물체에 얹혀 있어 일정기간 진퇴가 불가능한 상태를 의미한다. 좌초나 교사는 선박의 항행이 일정기간 불가능한 상태라는 공통점 때문에 영미법에서는 좌초와 교사를 구분하지 않고 혼용하여 사용하고 있지만 보험업계에서는 보상을 할 때에 엄연히 구분을 한다.

촉초(觸礁; touch and go)는 선박이 암초 등의 물체에 잠시 얹혔다가 자체로 항진하는 힘에 의하여 저절로 이초(離礁; refloating)할 수 있는 상태이다. 촉초는 해상고유의 위험에는 속하지 않는다. 촉초가 좌초로 되기 위한 조건은 15~20분 이상 정지된 상태로 있어야 한다.

(3) 충돌

해상고유의 위험에 해당하는 충돌(collision, running down)은 협의의 개념과 광의의 개념으로 구분된다. 협의의 충돌은 선박과 타 선박간의 충돌만을 의미하는 것으로 로이즈 보험증권상의 충돌이다. 광의의 충돌은 선박과 타 선박간의 충돌뿐 아니라 난파물, 암벽 등과 같은 일체의 다른 물체와 충돌하는 것인데 다른 물체에는 물이 포함되지 않지만 얼음은 포함된다. 충돌의 원인은 과실기준으로 일방과실에 의한 충돌, 쌍방과실에 의한 충돌, 무과실에 기인하는 불가항력에 의한 충돌, 원인불명의 충돌 등으로 구분할 수 있다.

(4) 악천후

해상고유의 위험에는 해상에서 발생하는 풍파의 이례적인 작용과 악천후(heavy weather)가 해당된다. 악천후는 폭풍우를 동반한 갑작스런 기상악화이기 때문에 화물의 해수침손이나 갑판적화물의 풍랑유실 및 악천후에 의한 곰팡이 손해 등을 야기한다. 따라서 악천후에 대한 기상예보가 있었음에도 불구하고 이를 무시하고 항해를 하다가 손해가 발생된 경우에는 보험자가 책임을 부담하지 않기 때문에 유의해야 한다.

2) 해상위험

(1) 화재

화재(fire)는 불에 의하여 발생하는 손실로서 보험목적물 또는 그 부근에 있는 것의 연소를 의미한다. 화재가 발생하여 보험목적물이 소실되거나, 화염에서 발생한 연기나 열로 손해가 발생하거나, 소방수가 화재를 진압하기 위하여 주입한 물로 인하여 손해가 발생하는 경우에도 동종제한의 원칙에 따라 담보된다. 화재는 로이즈 보험증권이나 협회적하약관(ICC)에서 보상되는 위험이다. 다만, 화재의 원인이 자연발화나 피보험목적물의 고유의 하자 또는 성질을 근인으로 하는 멸실 혹은 손상의 경우에는 보상되지 아니한다.

(2) 투하

투하(jettisons)는 항해를 하는 선박에 화물이 적재되어 있던 중 현실적으로 중대한 해상위험이 도래하여 선장이 공동의 이익을 위하여 임의로 화물을 바다에 던지는 행위이다. 투하라 하더라도 화물의 고유 성질이나 하자 때문에 실시한 투하는 공동해손 희생의 대상이 아니다. 투하는 가장 전형적인 공동해손 희생의 형태이다. 투하에 대한 설명은 공동해손에서 하고 있다.

(3) 선장 또는 선원의 악행

선장 또는 선원의 악행(barratry)은 선주 또는 용선자에게 손해를 줄 수 있는 선장의 부정행위 내지 선원의 반항적 폭력행위 등을 의미한다. 그리고 선원의 악행에 의하여 선주나 용선자에게 손해를 줄 수 있는 선장 또는 선원의 고의에 의한 모든 부정행위를 포함한다. 즉 선박을 밀수목적으로 사용하거나 방화, 고의적인 좌초, 침몰, 천공, 고의적인 이로, 선박을 갖고 도주하는 행위, 사기의 목적을 가지고 화물을 화주의 의사와는 관계없이 매각처분하는 행위 등이 선원의 악행에 해당한다. 물론 고의가 아닌 단순과실은 선원의 악행에 해당하지 않는다.

(4) 해적행위

해적행위(piracy)는 해적의 가해행위를 의미한다. 그리고 해적은 사리사욕을 위해 무차별적으로 약탈을 하는 자를 가리키며, 폭동을 일으키는 여객 및 해안에서 선박을 습격하는 폭도를 포함한다. 즉 자기 이익을 위하여 해상에서 타인의 선박을 탈취하거나 선박에 적재된 화물을 약탈하거나 여객의 소유품 등을 약탈하는 자이다.

(5) 표도

표도(剽盜: rovers)는 무기 등을 소지한 채 힘으로 으르고 협박하여 약탈을 하려고 해상을 배회하는 자를 의미하는데 해적과 같은 개념으로 판단하면 된다. 해적도 바다에서 도적을 목적으로 하는 자들이다. 따라서 표도나 해적이 해상에서 약탈을 하는 행위가 발생하면 이것이 해적행위에 해당하는 것이다. 과거에는 이러한 위험들이 해상운송 중 만날 수 있는 가장 중요한 위험이었으나, 오늘날에는 선박이 대형화되어 극동해안을 제외하고는 거의 보기 힘든 위험이 되었다.

(6) 강도

강도(thieves)는 폭력으로 타인의 물건 등을 약탈하는 사람이다. 따라서 강도를 당했다고 하면 강도로부터 폭력을 동반한 습격을 받아 화물 등을 강탈당하였다는 것과 동일한 개념이다. 강도와 은밀한 절도나 승선자의 절도는 다르다. 그런데 비밀리에 행해지는 절도와 선원이든 선객이든을 불문하고 승선한 자에 의한 절도는 강도에 포함되지 않는다.

3) 전쟁위험

(1) 포획과 나포

포획(捕獲; capture)은 적국에 의하여 선박이나 적하의 소유권 또는 재산권을 그 소유자 또는 기타 권리자로부터 탈취할 의사를 갖고 이루어지는 점유의 탈취행위이다. 즉 포획은 전시에 전리품을 획득하려는 목적으로 행하는 강제적인 탈취이다. 나포(拿捕; seizure)는 포획보다 넓은 뜻으로 일체의 강제적인 점유 탈취행위를 의미한다.

(2) 강류 등

강류(强留; arrest), 억지(抑止; restraint) 또는 억류(抑留; detainment)는 동의어로 사용되는 용어이다. 궁극적으로 소유자에 반환할 의사를 가고 강제적으로 행해지는 재산의 일시적인 유치이다.

(3) 적대행위 등

적대행위는 적으로 대하는 행동으로 반드시 군사들이 일으키는 행위는 아니다. 군사적 행동은 선전포고의 유무에 관계없이 국제법상으로 인정되는 전쟁이 발생하여 군사적으로 공격행동을 취하든 방어행위를 취하든 불문하고, 실제적으로 전쟁을 수행하기 위하여 실시하는 모든 행위이다.

(4) 내란 등

내란, 혁명, 모반, 반란 또는 이로 인하여 생기는 국내투쟁 등은 한 국가 내에서 이념적으로 국가의 이념과 다른 집단이 정부의 전복 또는 국권을 탈취하려는 목적을 가지고 무력을 동원하여 국권에 반항하는 변란위험이다.

(5) 기뢰 등

기뢰(mines), 어뢰(torpedoes), 폭탄 또는 기타의 전쟁무기는 전시나 평화시를 불문하고 유기된 각종 무기에 의하여 생기는 일체의 위험을 의미한다. 미사일, 폭탄, 포탄 혹은 어뢰, 고정되어 있거나 부유하고 있던 기뢰와의 접촉, 외국에 거주하는 적국인이 선박 내에 장치한 폭탄의 폭발이나 화재 등으로 발생한 손해이다.

4) 동맹파업위험

(1) 동맹파업

동맹파업(strike)은 노동자들이 단결하여 노동을 거부하거나 정상적인 노동을 거절하는 것을 의미한다.

(2) 직장폐쇄

직장폐쇄(lock-out)는 동맹파업과 반대로 사용자가 노동자들로 하여금 자기의 조건에 응할 때까지 노동을 하지 못하게 하는 것이다. 공장의 경우는 공장을 폐쇄하는 것이다.

(3) 소요

소요(騷擾; riots)는 사적인 어떤 계획을 실행하기 위하여 이에 반대하는 자에 대항하기로 상호협조를 약속하고 결성한 3인 이상의 집단이 일반 대중에게 공포감을 주는 폭력을 사용하여 사적인 계획을 실행에 옮기는 평화를 교란시키는 격렬한 행동인데 그것이 합법적이든 불법적이든 불문한다.

(4) 폭동

폭동(civil commotion)은 국가권력을 찬탈할 수 있을 정도의 찬탈력(簒奪力; usurped power)을 가지고 있지만 모반(謀叛; rebellion)에는 이르지 않는 일반집단의 목적을 달성하기 위하여 이루어지는 국민의 반란을 의미한다.

(5) 노동분쟁

노동분쟁(labour disturbances)은 동맹파업이나 직장폐쇄보다는 범위가 넓지만 소요, 폭동보다 격렬함이 적은 사용주와 노동자간의 분쟁을 의미한다.

5) 부가위험

(1) 도난 · 발하 · 불착

도난 · 발하(拔荷) · 불착(theft, pilferage and non-delivery: TPND)은 다양한 위험을 복합시켜 놓은 부가위험이다.

도난(theft)은 화물 전체를 포장채로 도둑맞는 것으로 강탈적 의미가 포함되어 있다. 따라서 폭력수단 등을 동원하여 물건을 빼앗기는 경우도 해당된다.

발하(pilferage)는 포장내용물의 일부만을 훔쳐가고 외형적으로는 정상상태처럼 위장하는 행위이다. 즉 상자 속에서 한두 개를 훔치고 포장상태를 감쪽같이 원상태대로 해놓아 외형상으로는 분별할 수 없도록 위장하여 놓는 행위이다.

불착(non-delivery)은 화물이 목적지가 아닌 다른 항구에서 양륙되었거나 분실하여 포장 전체의 화물이 수화인에게 도착하지 않은 상태이다. 화물은 도착했지만 일부가 파손되었거나 기타의 사유로 인하여 내용물의 일부 또는 전부가 분실 또는 유실된 상태인 화물의 부족(shortage)과는 다르다.

(2) 빗물손 또는 담수손

빗물손과 담수손(rain &/or fresh water damage: RFWD)은 화물이 바닷물 이외의 민물에 젖어 발생한 손해이다. 빗물이 담수(淡水)와 나란히 표기된 경우의 담수는 빗물을 제외한 모든 담수를 의미한다. 그러나 담수만 표기되어 있는 경우의 담수는 빗물을 포함한 모든 담수를 의미한다.

(3) 유류 및 타물과의 접촉

유류 및 타물과의 접촉(contact with oil &/or other cargo: COOC)은 선박의 연료 등에 의하여 화물이 입게 되는 유손(油損; oil damage), 적재된 다른 화물에 직접 접촉함으로써 피보험화물에 흠이 생기거나 파손 또는 오손되는 등과 같은 위험이다.

타물과의 접촉은 다른 화물과의 접촉손해를 의미한다. 화물을 적재할 때에 화물사이에 충격 흡수장치나 충격 완화장치가 제대로 설치되지 않거나 작동하지 않아 발생하는 손해이기도 하다.

(4) 갑판유실

갑판유실(washing over board: WOB)은 갑판에 적재한 화물이 해수나 파도에 의하여 유실되는 위험이다. 갑판에 적재하는 화물은 파도가 심한 경우 해수나 파도에 의하여 유실될 가능성이 높게 된다. 갑판에 적재하는 경우에는 화물의 유실을 방지하기 위하여 설비를 이용하여 고정시키지만 갑판 위에 장치된 설비가 노후화 하였거나 설비자재의 강도가 약하여 견인하고 있는 장치가 풀리는 경우에는 화물을 고정시키지 못하여 유실되기도 있다. 따라서 갑판이 적재하는 화물은 갑판 아래의 선창에 적치하는 화물보다는 유실위험이 높게 된다. 따라서 화물을 갑판에 적재하는 경우에는 이러한 유실위험에 대비하여 갑판적재 자체를 제한하고 있다. 또한 보험에서도 갑판적재를 하는 경우에는 보험요율을 높게 부과하고 있다.

(5) 갈고리 손해

갈고리 손해(hook & hole)는 하역작업 중 갈고리를 사용함으로써 생기는 손해이다. 즉 화물을 하역하거나 운반할 때 인부들이 갈고리로 마대 등을 찍어 어깨에 올리는 경우에 발생하는 손해이다. 직물이나 잡화 등과 같은 화물을 마대 등으로 포장한 경우에는 이와 같은 위험이 발생할 가능성이 높다.

(6) 파손

파손(breakage: B'kge)은 도자기나 유리제품 등과 같이 깨지기 쉬운 화물에서 발생하는 위험이다. 따라서 도자기나 유리제품 등과 같이 깨지기 쉬운 화물은 포장의 화인에 주의표지(caution mark)를 하여 포장된 물건을 조심스럽게 다루도록 해야 한다. 또한 화주로서는 내포장과 개포장에 충격완화 포장재를 사용하여 화물이 파손되지 않도록 해야 한다.

(7) 누손과 부족손

누손(漏損; leakage: L'kge)과 부족손(shortage: S'tage)은 용기의 이음새 또는 파손된 부분으로 용액화물이 누출하여 발생하는 손해로서 내용물의 부족을 초래하는 위험이다. 나무통으로 포장을 하는 주류의 경우에는 누손이나 부족손의 위험이 상당히 크다. 그리고 탱커에 적재하여 운반하는 유류의 경우에도 수분이 증발하는 경우에는 부족손이 발생할 가능성이 높다.

(8) 곡손

곡손(曲損; denting &/or bending)에서 denting은 움푹 들어가거나 움푹 패인 것, 우그러지는 것을 의미하고 bending은 구부러진 것, 굽어진 것을 의미한다. 곡손은 기계류에 생기기 쉬운 위험이다. 움푹 들어간 것과 패인 것은 어느 일정한 곳이 평면성을 상실한 것을 의미한다. 움푹 들어간 것은 어느 한 곳이 넓고 얕게 그리고 완만하게 들어간 상태이다. 움푹 패인 것은 어느 한 곳이 좁고 깊게 그리고 날카롭게 들어간 상태이다. 즉 좌우나 상하로 힘이 몰려 표면자체의 변형이 오는 우그러지는 상태로서 화물의 원형을 상실한 것으로 원형을 복원할 수 없는 상태이다. 구부러진 것은 안으로나 밖으로 굽어 있는 상태이다. 따라서 구부러졌다는 것은 굽어진 것을 펴면 원형으로 복원할 수 있는 상태이다. 기계류에 곡손이 발생하면 외부 또는 내부에 발생하였는가는 상관없이 기계류가 작동하지 않을 가능성이 높기 때문에 문제가 되는 것이다. 즉 곡손이 외형에 발생하였다고 하더라도 곡손이 기계의 본체를 뒤틀리게 하여 기계류의 작동을 불가능하게 만들 수 있기 때문이다.

(9) 습손과 열손

습손과 열손(sweat &/or heating: SH)에서 습손(濕損)은 선박 내와 선박 외의 기온차에 의하여 선창의 천정 또는 내벽에 응결한 수분이 떨어지거나 또는 그러한 수분에 접촉함으로써 화물이 젖게 되는 손해이다. 화물에 따라서는 기온의 차이에 민감하게 반응하여 화물 자체에서 수분을 발산하여 주위에 적치된 화물을 젖게 만들 수도 있다. 열손(熱損)은 항해 중에 기온 등과 같은 온도의 변화에 의하여 가열되어 일어나는 위험이다. 즉 화물이 열에 의하여 변색이 되거나 변질이 되는 위험이다. 화물의 성질에 따라서는 열에 의하여 발화되는 특성을 가진 화물도 있기 때문에 유의해야 한다.

(10) 오염

오염(contamination)은 액체화학약품이나 유류 등과 같은 화물에 선창이나 선저 혹은 해치로 해수, 담수 등이 유입되어 화물 고유의 품질을 저하시키는 위험이다. 즉 해수 또는 담수 등이 유입하여 액체화학약품이나 유류 등과 같은 화물의 순도를 저하시키는 위험이다. 다른 화물의 누수로 인하여 유입된 이물질이 화물 고유의 품질을 저하시키는 위험도 오염이다.

(11) 자연발화

자연발화(spontaneous combustion)는 항해 중 화물 자체의 화학적 변화에 의하여 자연적으로 발생하는 위험이다. 석탄, 성냥, 양모, 화약 등은 항해 중에 화물 자체의 화학적 변화에 의하여 자연적으로 발화하는 성질이 있다.

(12) 곰팡이손해

곰팡이손해(mould &/or mildew)는 곰팡이가 피거나 곰팡이 냄새가 나는 손해이다. 화물을 습기가 많거나 환기가 되지 않는 창고에 보관하거나 운송하는 과정 중에 대부분 발생하는 손해이다. 즉 담배에 곰팡이가 피거나 곰팡이 냄새가 나서 판매를 할 수가 없게 되는 경우가 있고, 섬유제품이나 피혁제품 등에 좀이 먹어 구멍이 뚫어지거나 곰팡이가 피어 품질을 훼손함으로써 판매를 할 수 없는 경우도 있다. 곰팡이손해는 습손과 관계가 있고 화물 고유의 성질이나 하자 등과도 관계가 밀접하기 때문에 화물의 보관이나 운송에 주의가 필요하다.

(13) 녹

녹(錄; rust)은 기계류, 철물 등과 같은 금속화물이 포장이 불완전하여 포장내부에 습기가 차는 등으로 발생하는 화학적 현상이다. 또한 해수, 담수, 빗물 등이 포장 내부에 유입되어 녹이 스는 경우도 있다. 녹은 철물 등과 같은 금속화물의 표면이 화학작용을 일으켜 부식하는 상태로 파악하면 된다. 그런데 녹은 화물의 특성상 습손과 관계가 있기 때문에 손해의 원인을 규명하는 경우에는 유의해야 한다.

(14) 서해와 충해

서해(鼠害; rats)는 쥐에 의한 손해이다. 충해(蟲害; vermin)는 벌레에 의한 손해이다. 곡물이나 목재 등을 대상으로 쥐나 벌레가 손해를 입히는 위험이다. 곡물이나 목재는 최초의 선적단계부터 이미 유충이 있어 운송 중에 부화하여 손해를 끼치는 경우가 많다. 목재의 경우에는 좀 벌레가 기생하여 제품에 손상을 가하는 수가 있다. 충해는 단지 화물에 가하는 위험이지만 새로운 지역에 벌레가 유입되어 자연환경을 파괴하는 경우도 있기 때문에 유의해야 한다.

제 2 절 해상손해

1. 해상손해의 의의

해상손해(marine loss)는 항해사업에 관련된 적하 또는 선박 내지 기타의 보험목적물이 해상위험으로 인하여 피보험이익의 전부 또는 일부가 멸실 또는 손상됨으로써 피보험자가 입게 되는 재산상의 불이익이나 경제적 불이익을 초래하는 것을 의미한다. 경제적 불이익은 보험목적에 위험이 작용한 결과인데 그 작용의 단계에서 손해라는 용어가 사용된다. 손해는 피보험이익의 형태와 규모, 귀속의 차원에서 파악되는 것으로 멸실(loss)과 훼손 또는 손상(damage)이라는 의미를 포함한다. 손해는 우연한 사고의 발생에 의하여 멸실 또는 훼손됨으로써 자산의 감소, 기대수익의 상실, 손해배상책임, 불필요한 비용지출 등 피보험자가 입게 되는 경제적 불이익으로 나타난다.

광의의 해상손해는 피보험목적물의 손해, 물적 손해와 비용손해 등을 포함한다. 또한 해상손해는 반드시 해상에서 발생한 손해만을 의미하지 않으며, 항해에 부수되는 육상이나 내수로 손해도 포함된다.

2. 해상손해의 유형

1) 전손

(1) 전손의 범위

전손(total loss)은 피보험목적물 전부가 담보위험에 의하여서 멸실되거나 손상정도가 심해서 구조나 수리비용이 부보된 금액보다 많은 경우이다. 그래서 전손은 발생형태에 따라 현실전손과 추정전손으로 구분한다. 해상보험증권의 문언에서 다른 명시조항이 없는 한 전손이라고 명시하였다면 현실전손은 물론 추정전손을 포함한다. 현실전손은 법률적이고 사실적인 손해이다. 추정전손은 사실손해가 아닌 법률적인 손해이다. 현실전손은 실제의 손해이고 추정전손은 추정계산에 의한 손해이기도 하다.

(2) 현실전손

현실전손(actual total loss: ATL)은 보험 목적물에 실제적으로 발생한 전손이다. 현실전손의 경우에는 피보험자가 위부를 통지할 필요가 없이 바로 손해보전을 위한 보험금을 청구할 수 있다. 현실전손으로 인정하는 상황으로는 여러 가지가 있는데 예를 들면 다음과 같다.

첫째 보험목적물인 적하나 선박이 완전히 파괴되어 버린 상태인 실질적 멸실(physical destruction)이다. 보험목적물이 해난을 맞아 외형적으로 본래의 형태를 상실한 상태인 것이다.

둘째, 보험목적물인 적하나 선박이 심한 손상을 받아 적하고유의 성질이나 선박고유의 기능을 발휘할 수 없는 상태인 특성의 상실(alteration of species)이다. 적하나 선박이 해난을 맞아 화물의 특성을 잃어 판매대상으로서의 가치를 완전하게 상실한 상태가 되거나 선박이 항해능력을 상실한 상태를 의미한다.

셋째, 보험목적물인 적하나 선박의 소유권을 박탈당하여 소유권을 회복하기가 불가능하게 된 상태인 회복전망이 없는 박탈 (irretrievable deprivation)이다. 박탈은 재물이나 권리, 자격 따위를 강제로 빼앗은 경우를 의미한다.

넷째, 보험 적물인 적하나 선박의 존재를 확인하는 것이 불가능한 상태인 적하나 선박의 행방불명(missing ship) 등이다. 선박의 행방불명은 선박이 항해를 시작한 이후에 선박에 대한 소식을 듣지 못하는 상태인데 그 사실을 공표되는 시점에 성립한다.

〈표 5-1〉 해상손해의 유형

- 해상손해
  - 물적 손해
    - 전손(total loss)
      - 현실전손(actual total loss)
      - 추정전손(contructive total loss)
    - 분손(partial loss)
      - 단독해손손해 (particular average loss)
      - 공동해손손해(general average loss)
  - 비용 손해
    - 구조비(salvage charge)
    - 손해방지비용(sue and labor charge)
    - 손해조사비용(loss survey charge)
    - 특별비용(particular charge)

(3) 추정전손

추정전손(constructive total loss: CTL)은 전손의 한 형태이지만 현실적으로 보험목적물의 전멸은 아닌 경우이다. 보험증권에 명시규정이 있는 경우를 제외하고, 보험의 목적의 현실전손이 불가피한 것으로 생각되기 때문에, 또는 비용이 지출되었을 때에는 보험의 목적의 가액을 초과할 비용의 지출없이는 현실전손으로 부터 보험의 목적이 보존될 수 없기 때문에, 보험의 목적이 합리적으로 포기된 경우에, 추정전손이 있다고 한다. 피보험자가 피보험위험으로 인하여 자기의 선박 또는 화물의 점유를 박탈당하고, 피보험자가 경우에 따라서 선박 또는 화물을 회복할 수 있는 가능성이 없는 경우, 또는 경우에 따라 선박 또는 화물을 회복하는 비용이 회복되었을 때의 그들 가액을 초과할 경우, 또는 선박의 손상의 경우에는, 선박이 피보험위험으로 인하여 손상을 입은 결과로 손상의 수리비용이 수리되었을 때의 선박의 가액을 초과할 경우 추정전손이 있다고 한다.

선박의 수리비를 견적함에 있어서, 그러한 수리비에 대하여 다른 이해관계자가 지불할 공동해손분담금이 수리비에서 공제되지 않아야 한다. 그러나 장래의 구조작업의 비용과 선박이 수리된다면 선박이 책임을 부담하게 될 일체의 장래의 공동해손분담금은 수리비에 가산되어야 한다. 화물의 손상의 경우에는, 그 손상을 수리하는 비용과 그 화물을 목적지까지 계속운송하는 비용이 도착시 화물의 가액을 초과할 경우 추정전손이 된다.

2) 단독해손

단독해손(particular average: P/A)은 손해를 입은 자가 단독으로 부담하는 손해이다. 단독해손은 피보험위험으로 인하여 발생한 보험 목적물의 공동해손이 아닌 분손(分損; partial loss)이다. 단독해손이 발생하면 해손정산인 협회에서 정해진 실무규칙에 따라 해손정산인들이 정산업무를 수행하여 그 손해액을 사정한다.

적하의 경우 단독해손으로 인정될 수 있는 손해는 악천후에 의한 선박에 해수의 유입, 선박의 장애물과 접촉, 화재에 의한 화물의 분손, 악천후에 의한 화물의 파손, 누손에 의한 손해 등이다. 선박의 경우 단독해손으로 인정될 수 있는 손해는 악천후에 의하여 해수가 유입되어 갑판이 유실되어 선체에 입힌 손해, 선내 화재로 선박장비의 멸실, 선체에 미친 손해 등이다.

3) 공동해손

(1) 공동해손의 의의

공동해손(general average: G/A)은 공동이익단체에 속하는 적하와 선박을 공동의 위험으로부터 구조할 목적으로 공동의 안전을 위하여 고의적이고 합리적으로 이례적인 공동해손 행위를 취하는 과정 중에 발생하는 공동의 손해이다. 즉 공동해손은 공동해손 행위로 인한 손해 또는 공동해손 행위의 간접적인 결과로서 적하와 선박에 발생하는 손해이기 때문에 화주와 선주가 공동으로 부담해야 할 책임이 있다.

공동해손은 공동해손 희생손해와 공동해손 비용으로 구분한다. 공동해손 희생손해는 적하 또는 선박에 취해진 공동해손 행위의 결과로 나타나는 물적 손해이기 때문에 직접적인 손해로 나타난다. 공동해손 비용손해는 적하와 선박이 처한 공동의 위험을 회피하기 위하여 행해지는 과정 중에 지출된 비용이다.

공동해손 행위는 공동의 해상사업에서 위험에 직면한 재산을 보존할 목적으로 위험이 발생한 시기에 임의적이며 합리적인 정도의 이례적인 희생을 하거나 비용을 지출하는 행위이다. 공동해손 손해가 존재하는 경우에, 그 손해를 입은 당사자가 해상법에 의하여 부과되는 조건에 따라 다른 이해관계자들을 대상으로 손해에 비례하는 공동해손 분담금을 청구할 수 있는 권리가 있다. 그리고 공동해손에 관한 사항을 규정하고 있는 요오크-앤티워프규칙(The York-Antwerp Rules 2004; YAR)에서 공동해손 행위는 공동의 항해사업에 관련된 재산을 위험으로부터 보존할 목적으로 공동의 안전을 위하여 고의적이고 합리적으로 이례적인 희생을 하거나 비용을 지출한 경우에 한하여 성립한다.

(2) 공동해손 행위의 성립요건

① 위험요건

㉠ 위험의 공동성

위험의 공동성이란 항해단체의 구성요소 전체에게 영향을 주는 위험을 의미하는 것이다. 위험이 항해단체 구성요소 중 일방의 이익만을 저해하고 다른 항해단체 요소에는 아무 영향을 주지 않거나 위험이 예상되지 않는다면 공동의 위험으로 인정되지 않는다.

㉡ 위험의 현실성

위험의 현실성이란 항해단체를 저해할지도 모를 위험이 실제로 존재해야 하는 것을 의미한다. 위험이 재난을 가져올 때까지 기다리는 것이 아니고 위험을 발견하고 대비책을 강구하였다면 현실적인 위험으로 인정받는 것이다.

㉢ 위험의 중대성

위험의 중대성이란 해상에서 발생한 위험의 대체와 손해의 대체에 대한 가치가 공동해손으로 인정받을 수 있는 정도를 의미한다. 항해단체의 안전을 위하여 위협하는 통상적인 위험이 아니라 특수하고도 이례적인 위험이어야 한다.

② 처분요건

㉠ 처분의 임의성

공동해손 행위에 의한 처분은 항해를 책임진 자의 행위이어야 하며 행위의 결과에 대하여 예견을 한 행위이어야 한다. 항해를 책임진 선장은 해상에서 위험이 발생하였을 때 모든 조치를 취할 수 있는 최고 명령권자이다. 선박 및 적하를 관리할 수 있고 위험이 발생하였을 때 처분에 대한 결정권을 가진 선장이 정상업무를 수행할 수 없거나 부재하였을 경우에는 선장의 선임자 또는 법률적으로 선장의 승계권자가 된 대선장이 임의의 행위주체자로 존재해야 한다. 따라서 공동해손 행위가 공동해손으로 성립되기 위해서는 공동해손 행위가 우연이 아닌 의도적, 고의적이어야 한다. 즉 공동해손 행위에 의하여 발생하는 처분은 우연성이 개입하지 않고 행위자의 고의적인 판단에 의하여 이루어져야 한다.

㉡ 처분의 이례성

공동해손 행위가 공동해손으로 성립되기 위해서는 공동해손 행위가 재산손해나 비용지출에 있어 일상적인 것이 아닌 이례적인 것이어야 한다. 즉 공동해손 행위의 직접적인 결과나 간접적인 영향으로 인하여 이례적(異例的)으로 발생되어야 하는 것이다.

㉢ 처분의 합리성

공동해손 행위가 공동해손으로 성립되기 위해서는 공동해손 행위에 의한 처분이 적정해야 한다. 선장이 고의적으로 공동해손 행위를 결정할 때는 위험이 발생하였을 때 공동해손 행위의 파급효과를 고려해야 한다. 공동해손 행위는 목적성이 분명해야 하며 적정한도를 지켜야 하는 것이다. 합리적인 재량권을 선장이 행해야 하는 것이기 때문에 선박이나 적하의 불합리한 희생이나 불합리한 과도한 경비지출은 공동해손으로 인정받지 못한다.

③ 잔존요건

공동해손 행위가 이루어진 경우에는 잔존물이 존재해야 한다. 공동해손 행위가 이루어진 이후에 공동해손 행위의 반대급부로 손해를 면한 잔존물이 존재하지 않는다면 전손이 되기 때문에 공동해손 요건을 구비하지 못하게 되어 공동해손으로 인정받지 못한다.

6
chapter

해상위험의 담보

제 1 절　해상위험 담보의 본질

1. 담보의 의의와 효과

1) 담보의 의의

보험에서 담보(warranty)라는 것은 계약의 주체가 지켜야 할 약속이다. 그래서 보험에서 사용하는 담보라는 용어에는 다음과 같은 의미를 포함하고 있다.

첫째, 담보는 계약의 주체가 특정한 일을 하거나 하지 않을 것을 약속하는 것이다. 서로 합의한 사항에 대하여 당사자가 지켜야 하는 행동범위이다. 둘째, 담보는 계약의주체가 특정한 조건을 구비하는 것을 보증하는 것이다. 즉 합의를 위해서는 당사자가 약속한 일정 사항을 일정한 기간 내에 구비하는 것이다. 셋째, 담보는 계약의주체가 특정한 사실의 존재 또는 부존재를 확약하는 것이다. 그러므로 담보는 보험자가 위험을 부담한다(to cover)거나 책임진다(warranted)라는 의미와는 다른 것이다. 그런데 보험에서 담보라고 할 때에는 보험자가 특정한 일을 하기로 약속한 것을 위험을 부담하는 것으로 간주하고 있다.

보험계약에서 담보는 엄격히 충족시켜야 하기 때문에 피보험자가 이를 충족하지 못하면 담보위반이 된다. 따라서 보험실무에서는 보험자가 보험계약자로서 지켜야 할 사항들을 보험증권상에 명시하여 담보로 하게 된다.

2) 담보의 유형

(1) 현실적 담보와 미래적 담보

담보는 담보되는 사실의 시점을 기준으로 현실적 담보(warranty relating to present)와 미래적 담보(warranty relating to future)로 구분할 수 있다. 현실적 담보는 보험계약 체결 시점에 어떠한 일정한 사실 또는 사정에 대하여 결정하는 담보사항이다. 미래적 담보는 보험계약 체결 후에 어떠한 일정한 사실 또는 사정이 발생한 경우를 대비하여 결정하는 담보사항이다.

(2) 확인적 담보와 확약적 담보

담보는 보험자의 책임을 기준으로 확인적 담보(affirmative warranty)와 확약적 담보(promissory warranty)로 구분할 수 있다. 확인적 담보는 보험자의 책임개시 시점에서 충족 또는 이행을 필요로 하는 담보사항이다. 확인적 담보는 피보험자의 적극적인 진술에 대한 진실을 확인하는 담보사항이다. 확약적 담보는 일정기간 동안 계속하여 충족 또는 이행을 필요로 하는 담보사항이다. 확약적 담보는 피보험자가 장래에 약정을 실행할 것을 약속하는 담보사항이다.

(3) 명시담보와 묵시담보

담보는 보험증권에 명시되고 있는가의 여부를 기준으로 명시담보(express warranty)와 묵시담보(implied warranty)로 구분할 수 있다. 명시담보는 당사자의 합의에 의하여 보험증권에 그 담보의 구체적인 내용이 명시되어 있거나, 담보내용이 포함된 양식의 문안을 보험증권에 첨부하여 육안으로 식별이 가능한 담보사항이다. 명시담보로는 항해담보, 안전담보, 선원 수에 대한 담보, 선비담보, 중립담보, 보험 목적물에 대한 부보 상한선에 관한 담보 등을 들 수 있다. 묵시담보는 담보의 내용이 보험증권에 명시되어 있지 않으나, 피보험자가 반드시 지켜야 하는 담보사항이다. 즉 피보험자가 묵시적으로 제약을 받게 되는 담보사항이다. 묵시담보는 보험계약을 할 때 약속한 것은 아니지만 계약 당사자들이 서로 지켜야 할 것들로서 해상보험계약에만 존재하는 것이다. 묵시담보로는 감항성담보, 적법담보 등을 들 수 있다.

3) 담보위반의 효과

담보위반의 효과라는 것은 담보를 위반하는 경우 계약을 체결하거나 합의를 한 당사자에게 어떠한 책임과 의무가 부과되는가에 대한 법적 문제를 의미한다. 따라서 담보는 종류나 중요성을 가리지 않고 문자로 기재된 담보의 내용 그대로 엄격하게 충족되어야 하기 때문에 실질적으로 충족시켰다고 생각하는 것만으로는 불충분하다. 피보험자가 담보를 위반하게 되면 사소한 것일지라도 보험계약은 무효가 된다. 따라서 그 담보를 위반한 순간부터 발생하는 손해에 대해서는 보험자가 책임을 지지 않는다. 그렇지만 담보위반 이전에 발생한 손해는 보험자의 책임이 된다. 담보위반의 이유가 충분하였거나, 담보위반의 동기가 유익한 것이었거나, 담보위반이 담보위험의 불가피한 결과였다고 하더라도 용인되지 않는다.

2. 담보의 방식

1) 포괄책임주의

보험에서 포괄책임주의는 보험자가 제외시킨 위험 이외에는 보험목적물에 발생하는 모든 위험을 담보하는 방식이다. 보험자가 일체의 해상위험 또는 항해에 관한 일체의 사고를 담보하기 때문에 일반책임주의라고도 한다. 그런데 포괄책임주의라 하더라도 일부 위험에 대해서는 면책약관에 의하여 보험자가 위험을 담보하지 않는 경우가 있다. 포괄책임주의에서 피보험자는 보험기간 중 손해를 입었다는 사실을 입증하면 그것으로 충분하며, 그 손해가 특정의 담보위험에 의해서 생긴 것까지 입증할 필요는 없다. 포괄책임주의에서 보험자는 위험이 발생하면 위험에 대한 거증책임 또는 입증책임을 진다. 그래서 보험자가 위험부담 책임을 지지하지 않기 위해서는 그 위험으로 인한 손해에 대해 면책임을 입증해야 한다. 해상보험계약의 보험자가 해상사업에 관한 사고로 인하여 발생한 모든 손해를 보상할 책임이 있다는 취지는 독일 및 프랑스 등과 같이 모든 해상위험을 보험자가 포괄적으로 부담하는 포괄책임주의를 의미하는 것이다. 전위험담보(A/R) 약관과 ICC 2009(A)는 포괄책임주의를 채택하고 있다.

2) 열거책임주의

보험에서 열거책임주의는 보험자가 부담하는 위험을 보험증권에 구체적으로 열거하고 그 위험만을 담보하는 방식이다. 보험자가 보험증관에 열거되지 않은 위험은 담보하지 않기 때문에 제한책임주의 또는 개별책임주의라고도 한다.

보험에서 보험자가 보험증권에 위험을 열거하여 담보하는 방식은 다음과 같다. 첫째, 보험자가 보험증권에 단일위험을 열거하여 담보하는 방식이다. 즉 담보위험을 하나로 한정하여 담보하는 방식이다. 도난보험에서는 도난위험만을, 신용보험이나 보증보험에서는 채무불이행 위험만을, 책임보험에서는 법적 책임부담 위험만을 단일위험으로 열거하여 담보한다. 둘째, 보험자가 보험증권에 몇 개의 위험만을 열거하여 담보하는 방식이다. 즉 하나의 위험과 관련된 몇 개의 위험을 열거하여 담보하는 방식이다. 보통 화재보험에서는 화재, 낙뢰, 폭발 등과 같은 위험을, 지진보험에서는 지진, 분화, 해일 등과 같은 위험을 열거하여 담보한다. 셋째, 보험자가 보험증권에 다수의 위험을 열거하여 부담하는 방식이다. 주택종합보험이나 점포종합보험 혹은 외항화물보험 등에서는 다수의 위험을 열거하여 담보한다.

열거책임주의에서 보험계약자가 보험증권에 열거되지 않은 위험에 대하여 보험의 보호를 받기 위해서는 특약을 해야 한다. 열거책임주의에서는 피보험자측이 사전에 예상하지 못한 위험으로서 보험증권에 열거되지 않은 위험이 발생하면 그 위험은 당연히 피보험자가 부담하게 된다. 따라서 보험계약을 체결할 때에 피보험자는 화물의 종류, 성질, 포장, 항로 등을 감안하여 보험증권에 열거된 위험 이외의 위험을 추가로 담보할 필요가 있는 경우에는 특약을 해야 한다. 그런데 보험계약자가 보험계약을 체결하고 별도로 특약을 하여 특별약관을 첨부하는 것이 번잡하기 때문에 현재는 열거책임주의 방식에서 포괄책임주의 방식으로 변경하는 추세에 있다.

보험에서 열거책임주의에 근거하여 보험사고가 발생하였을 때에 피보험자가 보험금을 청구할 때는 부보된 피보험이익에 손해가 발생하였다는 것과 그 손해가 열거위험으로 인하여 발생하였다는 것을 입증해야 하는 거증책임 내지 입증책임을 부담한다. 따라서 피보험자는 보험목적물의 손상과 멸실이 열거되어 있는 위험 중의 하나에 의하여 야기되었다는 인과관계를 입증해야 한다.

3) 열거책임주의와 포괄책임주의의 비교

(1) 담보한도 초과손해의 부담 가능성

손해가 발생하였을 때 담보한도를 초과하는 손해에 대한 보험계약자의 손해부담 가능성을 기준으로 보면 포괄책임주의에서 보험계약자는 보험계약을 체결할 때에 보험증권에 담보하지 않는 위험으로 제시한 위험 이외의 위험이 발생하면 보험자가 모두 부담하기 때문에 담보한도를 초과하는 손해를 부담할 가능성이 낮다. 열거책임주의에서 보험계약자는 보험계약을 체결할 때에 보험증권에 열거된 위험만을 보험자가 담보하기 때문에 담보한도를 초과하는 손해를 부담할 가능성이 높다. 그래서 보험계약자가 보험증권에 열거된 위험 이외의 위험을 보험자에게 담보시키기 위해서는 보험계약을 체결할 때에 특별보험약관을 선택해야 한다.

(2) 인과관계의 증명

손해보상청구와 관련한 모든 피보험자의 인과관계 증명의무의 관점을 기준으로 보면 포괄책임주의에서는 원칙적으로 보험증권에 명시된 일체의 위험이 담보위험으로 되기 때문에 보험계약자는 손해가 발생하였다고 하더라도 위험과 손해와의 인과관계를 증명할 입증책임이 없다. 열거책임주의에서는 보험증권에 열거된 위험만을 담보하는 것이기 때문에 열거위험에 의하여 손해가 발생하였다는 인과관계를 보험계약자가 증명할 입증책임이 있다. 그러나 열거된 담보위험과 열거되지 않은 부담보위험이 경합하여 손해가 발생하는 경우에는 인과관계의 증명이 어렵게 된다.

(3) 보험료의 부담

보험료 부담이라는 측면을 기준으로 보면 포괄책임주의에서는 보험증권에 명시된 일체의 위험이 부보되기 때문에 보험계약자의 보험료 부담률이 높아진다. 일체의 위험에 대한 위험률과 평균손해율을 결합하여 순보험료를 결정하기 때문이다. 열거책임주의에서는 보험증권에 열거된 중요한 위험만 부보하기 때문에 보험계약자의 보험료 부담률이 낮아진다. 열거된 위험의 위험률과 평균손해율에 근거하여 계산된 순보험료만 부담하여 보험에 위험을 전가시키기 때문이다. 그렇지만 특약을 하면 보험료 부담이 커지게 된다.

3. 담보의 제한

1) 담보 위험의 제한

보험자는 보험사고의 원인이 되는 위험을 담보한다. 보험자가 위험을 담보할 때에는 양질의 위험을 선택하여 수익을 추구하는 입장이기 때문에 담보하는 위험을 제한할 수밖에 없다. 즉 보험자는 수익을 추구하는 보험경영의 목표를 달성하기 위하여 담보하는 위험을 제한하는 것이다.

2) 담보 보험목적물의 제한

보험자는 보험계약자가 부보하려는 보험목적물을 다양한 측면에서 분석하여 보험인수에 제한을 함으로써 보험경영 수익을 최대화하려고 한다. 그래서 보험자는 보험인수를 할 때에 보험목적물을 제한한다. 보험자가 부보대상을 제한하려는 이유는 다음과 같다. 첫째, 보험계약자가 부보하려는 보험목적물의 용도 때문에 보험인수를 제한한다. 영업용 물건과 일반 물건과는 차이가 있기 때문에 보험인수에 차이가 있다. 즉 개인 소유의 일반 선박과 해상운송회사 소유의 영업용 선박이 처하는 위험은 다르기 때문에 각각 다른 유형의 보험계약이 체결될 수밖에 없다. 둘째, 보험계약자가 부보하려는 보험목적물의 위험발생률 때문에 제한한다. 보험목적물이 물리적 또는 도덕적 위험발생 가능성이 높은 경우 보험인수에 제한한다. 즉 보험자는 양질의 위험을 선택하는 것이 보험경영의 기본이기 때문에 제한할 수밖에 없다. 셋째, 보험계약자가 부보하려는 보험목적물에 대한 보험가액을 정확하게 산출할 수 없기 때문에 제한한다. 골동품이나 미술품 등은 평가자의 기준에 따라 보험가액이 다르기 때문에 제한을 할 수밖에 없다.

3) 담보 위험지역의 제한

보험자는 보험목적물이 위험발생률이 높은 지역에 있거나 지역을 통과하는 경우 보험인수에 제한을 한다. 보험계약자가 부보하려는 보험목적물이 전쟁발생 지역, 해적출현 빈발지역, 이상기후 지역, 폭동발생 지역 등에 보관되어 있거나 운송 중에 통과를 한다면 다른 안정지역보다는 위험발생률이 다르기 때문에 부보지역에 대하여 제한을 할 수 밖에 없다.

제 2 절 담보위험

1. 담보위험의 의의

보험에서 담보위험은 보험자가 그 위험으로 인하여 생긴 손해에 대하여 보상책임을 부담하는 위험이다. 즉 보험보호의 대상이 되는 위험이다. 담보위험은 그 위험의 원인 및 결과가 되는 위험을 면책하지 않는 한, 보험자가 그 위험으로 인하여 생길 손해를 보상한다. 담보위험은 그로 인하여 생긴 손해를 보험자가 보상할 책임이 있다고 하는 점에서 보험사고라고도 한다.

보험자는 담보위험으로 인하여 생긴 손해를 보상하기 때문에, 특히 열거책임주의에서는 담보위험 하나하나에 대한 의의를 명확하게 이해할 필요가 있다. 담보위험에 대한 상대적인 개념으로 부담보위험이 있다. 부담보위험은 보험자가 인수하지 않는 위험이다. 따라서 보험자는 담보위험으로 발생한 손해에 대해서는 보상을 하지만 부담보위험으로 발생한 손해에 대해서는 보상을 하지 않게 된다.

담보위험에는 당해 보험에서 보통약관으로 당연히 담보되는 위험도 있고, 또 보통 담보되지 않지만 특정계약에서 특약을 통하여 특별약관으로 담보되는 위험도 있다. 그리고 보험약관에 명시되지 않아도 원래 담보되는 위험인 경우에도 이를 명확히 하기 위하여 보험약관에 명시하게 된다.

2. 해상보험약관의 담보위험

1) 로이즈 보험증권의 담보위험

로이즈 보험증권의 담보위험약관(peril clause)에 명시되어 있는 보험자의 담보위험은 해상고유의 위험, 화재, 강도, 투하, 선원의 악행 등의 위험과 동종의 위험 6가지 종류로 한정되어 있다. 이 중에서 주 담보위험은 해상고유의 위험이다. 해상고유의 위험은 해상의 우발적인 사고나 재해를 의미하며 바람, 파도 등의 통상적인 작용은 포함하지 않는다.

2) 구협회적하약관의 담보위험

구협회적하약관의 대표적인 약관은 전위험담보(A/R) 약관, 분손담보(WA) 약관, 단독해손부담보(FPA) 약관 등이다. A/R 약관은 포괄책임주의를 위험부담 방식으로 채택하고 있다. WA 약관이나 FPA 약관은 본래 위험부담에 관한 조항이 아니고 손해보상에 관한 조항이다. WA 약관에서는 일정 면책비율에 달하지 않은 소손해에 대해서, FPA 약관에서는 원칙적으로 일정한 단독해손에 대해서 보상하지 않는다. 그러나 특정한 위험이 발생한 경우 내지 특정한 위험에 의해서 손해가 발생한 경우에는 예외로서 단독해손 내지 소손해에 대해서 보상을 한다. WA 약관이나 FPA 약관에서 특정한 위험으로 명기하여 보상을 하는 것은 다음과 같다. 첫째, 본선이나 부선의 침몰, 좌초, 충돌, 화재로 인하여 발생한 단독해손이다. 둘째, 선적, 환적, 양륙작업 중 추락으로 인하여 발생한 포장단위당 전손이다. 셋째, 피난항에서의 양륙으로 인한 손해이다.

그런데 WA 약관에서는 본선이나 부선의 침몰, 좌초, 충돌, 화재로 인하여 발생한 단독해손, 선적, 환적, 양륙작업 중 추락으로 인하여 발생한 포장단위 당 전손, 피난항에서의 양륙으로 인한 손해 등과 같은 손해 이외의 단독해손을 보상하지만 FPA 약관에서는 보상하지 않는다. WA 약관이나 FPA 약관에서 규정한 위험 중에는 Lloyd's S.G. 보험증권의 위험약관에서 담보되지 않는 것이 있기 때문에 Lloyd's S.G. 보험증권의 위험을 추가 담보하는 기능이 있다.

〈표 6-1〉 전위험담보(A/R) 약관, WA 약관, FPA 약관의 담보위험 비교

구 분 / 보상하는 손해	A/R	WA	FPA
1. 화물의 전손(현실전손 및 추정전손)	○	○	○
2. 공동해손	○	○	○
3. 비용손해(구조비용, 특별비용 등)	○	○	○
4. 본선 · 부선의 침몰, 좌초, 충돌, 화재로 인하여 발생한 단독해손	○	○	○
5. 선적 · 환적 · 양륙작업중 추락으로 인하여 발생한 포장단위당 전손	○	○	○
6. 피난항에서의 양륙으로 인한 손해	○	○	○
7. 상기 4~6 이외의 단독해손	○	○	×
8. 악천후에 의한 해수손해	○	○	×
9. 아래 면책사항 이외의 모든 외부적, 우발적에 의한 손해	○	×	×

※ ○는 보상하는 손해, ×는 보상하지 않는 손해

3) 협회적하약관 2009의 담보위험

(1) 담보위험

① 협회적하약관 2009(C)의 담보위험

ICC 2009(A)[Institute Cargo Clause(A): 협회적하약관 2009(A)]에서 보험자는 법률 또는 약관에 의하여 면책되는 위험 이외의 일체의 위험을 담보한다. 그러나 문자내용 그대로 모든 손해를 보상하는 것은 아니다. 전쟁위험, 동맹파업위험, 선박의 불감항 또는 부적합에 기인하는 손해, 항해의 지연에 기인하는 부패의 손해, 쥐 또는 벌레에 의한 손해, 절도 또는 불착의 손해, 피보험자의 고의적인 불법행위, 보험목적물의 고유의 하자나 성질에 기인하는 손해 등의 경우에는 보험자의 면책이다.

② 협회적하약관 2009(B)의 담보위험

ICC 2009(B)[Institute Cargo Clause(B): 협회적하약관 2009(B)]에에서 보험자가 담보하는 위험은 다음과 같다. 첫째 화재 또는 폭발, 본선 또는 부선의 좌초, 교사 등과 같은 위험과 손해 사이에 상당인과관계가 요구되는 위험이다. 둘째, 공동해손의 희생, 투하 또는 갑판유실 등과 같은 단순한 인과관계만을 요구하는 위험이다. 셋째, 본선 또는 부선에 선적 또는 양륙작업 중 바다 또는 갑판에 추락한 포장단위당 전손 등과 같은 인과관계가 필요 없는 위험이다.

③ 협회적하약관 2009(C)의 담보위험

ICC 2009(C)[Institute Cargo Clause(C): 협회적하약관 2009(C)]에서 보험자가 담보하는 위험은 다음과 같다. 첫째, ICC 2009(C)에서 담보하는 위험과 손해 사이에 상당인과관계가 요구되는 위험 중 지진, 화산의 분화 또는 낙뢰 등을 제외한 위험이다. 둘째, ICC 2009(C)에서 담보하는 단순한 인과관계만을 요구하는 위험 중 공동해손의 희생과 투하위험 등이다.

④ ICC 2009(A), (B), (C)의 담보위험 비교

ICC 2009(A), (B), (C)에서 담보하는 담보위험을 〈표 5-2〉에서 비교하여 보면 ICC 2009(A)의 담보범위가 가장 넓고, ICC 2009(B)의 담보범위는 ICC 2009(A)보다는 좁지만 ICC 2009(C)보다는 넓다. 그리고 ICC 2009(C)의 담보범위가 가장 좁다.

〈표 6-2〉 ICC 2009(A), (B), (C)의 담보위험 비교

담보위험	A	B	C
다음과 같은 사유에 상당 인과관계가 있는 멸실이나 손상			
1. 화재·폭발	○	○	○
2. 선박·부선의 좌초·교사·침몰·전복	○	○	○
3. 육상운송용구의 전복·탈선	○	○	○
4. 선박·부선·운송용구의 타물과의 충돌·접촉	○	○	○
5. 피난항에서의 화물의 양화	○	○	○
6. 지진·분화·낙뢰	○	○	×
다음과 같은 사유로 인한 멸실이나 손상			
7. 공동해손의 희생	○	○	○
8. 투하	○	○	○
9. 갑판유실	○	○	×
10. 운송용구·컨테이너·보관장소에 해수·호수·하천수의 침수	○	○	×
11. 적재·양화 중의 수몰·낙하에 의한 짐꾸림 1개당의 전손	○	○	×
12. 상기 이외의 일체의 위험	○	×	×
공동해손	○	○	○
쌍방과실충돌	○	○	○

※ ○는 보상하는 손해, ×는 보상하지 않는 손해

(2) 공동해손

ICC 2009(A), (B), (C)에서는 이 보험의 기타 약관에서의 사유를 제외하고 적하와 선박의 공동위험을 회피하거나 그와 관련하여 발생한 보험목적물의 멸실 또는 손상에 대해서는 해상운송계약을 비롯하여 강행적인 법률이나 관습에 따라 정산한다. 이와 관련하여 결정된 공동해손과 구조비를 보상한다.

(3) 쌍방과실충돌

ICC 2009(A), (B), (C)에서는 손해보상의 범위를 확장하여 해상화물운송계약의 쌍방과실충돌약관에 의하여 피보험자가 부담해야 할 손해액 중 해상보험증권에서 명시한 보상을 받을 수 있는 손해에 대해서는 지급을 한다. 쌍방과실충돌약관에 의하여 선주로부터 손해보상을 청구 받은 경우에는 피보험자가 그러한 사실을 보험자에게 통지해야 한다. 이에 따라 보험자는 자기의 비용으로 선박회사에 대하여 대위권을 행사하여 선주의 손해보상청구액에 대하여 대항함으로써 피보험자를 보호하게 된다.

제 3 절 면책위험

1. 면책위험의 의의

면책위험은 보험자가 위험으로 인하여 생긴 손해에 대하여 보상책임을 부담하지 않는 위험이다. 보험자가 보험과 관련하여 발생하는 모든 위험을 부담한다는 것은 불가능하다. 보험자는 원칙적으로 모든 해상위험을 부담하지만, 실제로는 법률 또는 해상보험약관에서 특별하게 정한 위험을 보험자의 면책으로 하고 있는데 그 이유는 다음과 같다.

첫째, 보험자는 담보하는 위험이 보험계약자나 피보험자의 고의 또는 중대한 과실로 발생한 경우에는 면책으로 한다. 즉 방화, 부적절한 취급 또는 고의에 의한 위험의 증대 등에 대해서는 고의성이 있기 때문에 우연한 사건을 전제로 하는 보험의 요건에 맞지 않고 담보를 위한한 것이기 때문에 면책으로 한다.

둘째, 보험자는 담보하는 위험이 일반 보험료를 받아 부담하기에는 규모가 지나치게 큰 전쟁, 파업, 지진 등과 같은 경우에는 면책으로 한다. 이러한 위험은 신빙성 있는 예측이 어렵고 위험의 정도도 발생한 경우 대부분 파멸적으로 영향을 주기 때문에 때문에 면책으로 한다.

셋째, 보험자는 담보하는 위험이 보험목적물의 성질 또는 하자로 인하여 발생한 경우에는 면책으로 한다. 이러한 위험은 우발적인 것은 아니지만 보험목적의 성질과 관련하여 필연적으로 발생하는 것이다. 이러한 경우의 위험은 보험요율이 극히 높지 않는한 면책위험으로 한다.

넷째, 보험자는 담보하는 위험이 이미 다른 보험상품에서 담보되는 위험인 경우에는 면책이다. 보험계약자가 부보하려는 특정한 위험은 그 위험을 위하여 특별히 설계된 보험상품에 부보하는 것이 더 효율적이다. 따라서 보험에서는 다른 보험상품에서 담보하는 위험을 중복하여 담보하는 것은 담보의 중복이 되기 때문에 보험사기의 유발원인이 될 수 있어 면책위험으로 한다.

다섯째, 보험자는 담보하는 위험이 보험에서 인수하기에는 공공질서를 위배하는 것이 되는 경우에는 면책으로 한다. 그래서 투기적인 위험 등을 면책으로 하는 것이다.

2. 해상보험약관의 면책위험

1) 로이즈 보험증권의 면책위험

로이즈 보험증권에서 면책위험을 규정하고 있는 약관은 이탤릭서체약관인 포획 · 나포 부담보약관, 항해중단 부담보약관, 동맹파업 · 소요 · 폭동 부담보약관 등이다. 이탤릭서체약관은 본문약관보다 우선으로 적용한다. 본문의 위험약관에서 담보위험으로 열거되고 있는 습격 및 해상탈취, 기타의 전쟁위험은 이탤릭서체약관에 의해서는 담보되지 않는다. 만약 본문의 위험약관에서 열거되어 있는 위험을 이탤릭서체약관에서 담보하려면 추가보험료를 내고 협회적하약관(ICC)을 특약해야 한다.

이탤릭서체약관인 포획 · 나포 부담보약관, 항해중단 부담보약관, 동맹파업 · 소요 · 폭동 부담보약관 등에 명시된 면책위험은 다음과 같다. 첫째, 포획 · 나포 부담보약관의 면책위험 유형은 포획, 나포, 억지, 적대행위 또는 군사적 행동, 혁명, 내란, 반란, 국내투쟁, 해적 등이다. 둘째, 항해중단 부담보약관의 면책위험 유형은 억지 등에 의해서 발생하는 항해의 중단 등이다. 셋째, 동맹파업 · 소요 · 폭동 부담보약관의 면책위험 유형은 동맹파업자, 직장폐쇄노동자, 폭동, 노동소요 등에 가담한 자에 의한 사고 등이다.

2) 구협회적하약관의 면책위험

구협회적하약관에서 면책을 규정하고 있는 것은 제12조의 포획 · 나포 부담보약관과 제13조의 동맹파업 · 소요 · 폭동 부담보약관 두 가지이다. 구협회적하약관 제12조에서 면책되는 포획위험과 나포위험은 전쟁위험이라고 할 수 있다. 그리고 구협회적하약관 제13조에서 면책되는 동맹파업위험, 소요위험, 폭동위험 부담보약관은 동맹파업위험에 해당한다고 할 수 있다. 그래서 이 두 가지 약관의 내용은 로이즈 보험증권 본문에 규정된 이탤릭서체약관의 내용과 거의 동일하다고 볼 수 있다.

다만 구협회적하약관 제13조에서는 동맹파업에 참가하는 사람의 측면과 동맹파업의 현상 측면에서 면책위험을 규정하고 있다는 점이 다르다. 즉 동맹파업에 참가하는 사람에 의해서 행해진 재산의 파괴, 방화, 절도 등의 가해행위에 의한 물적 손해를 면책한다. 동맹파업의 현상에서 발생하는 운송의 지연, 기타 간접행위 등에 대하여 면책한다.

3) 협회적하약관 2009의 면책위험

(1) 일반면책위험

ICC 2009(A), (B), (C)에서 명시한 보험자의 일반면책위험은 다음과 같다.

보험자는 피보험자의 고의적인 불법행위에 기인하는 멸실, 손상 또는 비용 등에 대해서는 면책이다.

보험목적물의 통상의 누손, 중량 또는 용적의 통상적인 멸실, 또는 통상적인 소모 또는 마모 등은 면책이다. 통상적이란 것은 화물의 성질 또는 화물의 적재와 같은 다양한 원인으로 발생할 수 있는 통상적인 운송상의 손해를 의미한다.

보험목적물의 포장이나 준비의 불충분 또는 부적절함에 기인한 멸실, 손상 또는 비용 등은 면책이다. 포장이 적절한 것인가 또는 충분한 것인가에 관한 문제는 통상 특정거래에 있어서의 관습에 따라 결정된다.

보험목적물의 고유의 하자나 성질로 인한 멸실, 손상 또는 비용 등은 면책이다. 보험목적물이 그 내재적 하자나 성질에 의하여 손상되거나 혹은 파손된 경우에 해당된다.

지연이 피보험위험으로 인하여 발생한 경우에도 지연에 근인하여 발생한 멸실, 손상 또는 비용 등은 면책이다. 단 공동해손약관에 의하여 지급되는 비용은 제외한다. 따라서 ICC 제8조 운송약관에 의하여 비록 보험의 효력이 지속되더라도, 지연이 피보험자의 통제를 벗어난 것이라면 피보험자는 그 지연에 근인해서 발생된 어떠한 손해도 보상받을 수 없다.

선박의 소유권, 관리자, 용선자 또는 운항자의 도산이나 금전상의 채무불이행으로 인하여 발생한 멸실, 손상 또는 비용 등은 면책이다.

어떤 자 또는 어떤 자들의 불법행위에 의한 보험목적물 또는 그 일부의 의도적인 손상이나 파괴 등은 면책이다. 이 조항은 ICC 2009(A)에는 규정이 있으나 ICC 2009(B)과 ICC 2009(C)에는 규정이 없다. 그러므로 ICC 2009(B)와 ICC 2009(C)에서 담보되지 않는 악의적인 손상에 대한 부보를 하기 위해서는 협회악의손해약관(institute malicious damage clause)을 활용해야 한다.

원자핵분열 및/또는 원자핵융합 또는 기타 유사한 반응 또는 방사능이나 방사성 물질을 이용한 일체의 무기의 사용으로 인하여 발생한 멸실, 손상 또는 비용 등은 면책이다.

(2) 불감항 · 부적합위험

ICC 2009(A), (B), (C)에서는 선박의 불감항과 화물의 부적합위험을 면책으로 규정하고 있다. 선박은 통상적인 항해과정에서 발생하는 위험을 견딜 수 있는 감항성(seaworthiness)과 선박이 화물의 운송에 사용되는 경우에는 화물운송을 위한 적합성(fitness)을 갖추어야 한다.

(3) 전쟁위험

ICC 2009(A), (B), (C)에서는 전쟁위험면책약관에서 전쟁위험을 면책위험으로 명시하고 있다. ICC 2009(A)에서는 제6조 전쟁위험면책약관에 명시된 위험을 제외하고 멸실 또는 손상을 발생시킨 모든 위험을 담보한다고 명시하고 있다.

(4) 동맹파업위험

ICC 2009(A), (B), (C)에서는 동맹파업위험면책약관에서 동맹파업위험을 면책위험으로 명시하고 있다. ICC 2009(A)에서는 제7조 동맹파업위험면책약관에 명시된 위험을 제외하고 멸실 또는 손상을 발생시킨 모든 위험을 담보한다고 명시하고 있다.

〈표 6-3〉 ICC 2009(A), (B), (C)의 면책위험 비교

면 책 위 험	(A)	(B)	(C)
1. 피보험자의 고의적인 불법행위	○	○	○
2. 통상의 누손, 중량 또는 용적의 통상의 감소, 자연소모	○	○	○
3. 포장 또는 포장준비의 불완전 · 부적합	○	○	○
4. 화물 고유의 하자 또는 성질	○	○	○
5. 지연	○	○	○
6. 선박소유자 · 관리자 · 용선자 또는 운항자의 파산, 지급불능 또는 채무불이행	○	○	○
7. 어떠한 자 또는 자들의 불법행위	×	○	○
8. 원자핵무기 및 방사성 물질	○	○	○
피보험자 등이 인지한 선박의 불감항·부적합용	○	○	○
전쟁위험	○	○	○
동맹파업위험	○	○	○

※ ○는 면책되는 위험, ×는 면책되지 않는 위험

제4절 위험의 변동

1. 위험의 변동

위험의 변동(change of risk)은 보험자가 보험계약을 체결 할 때에 보험인수의 기본전제가 되었던 위험의 환경변화, 즉 위험을 측정하는데 필요한 기초조건이 변하는 것을 의미한다. 위험의 변동은 위험의 변경과 위험의 변혁으로 구분된다.

2. 위험의 변경

1) 위험의 변경 의미

위험의 변경(variation of risk)은 위험률 정도의 변경을 수반하는 위험사정의 변경을 의미한다. 위험 정도의 증감은 있지만 위험의 동질성은 계속 유지하는 상태, 즉 위험사정만 변경한 경우이다. 보험자는 보험목적물의 위험률과 보험요율에 중점을 두고 보험인수를 하기 때문에 담보하기로 한 위험에 대한 위험사정이 변화하였다면 보험자로서는 새로운 위험에 처하는 것이다. 그러므로 위험사정이 변한 위험에 대해서는 면책이 된다.

2) 위험의 변경 요건

위험변경은 보험자의 책임과 밀접한 관계가 있기 때문에 위험의 변경 내용과 시점이 중요하다. 위험의 변경과 보험자의 책임관계는 다음과 같다.

첫째, 위험의 변경은 보험계약의 성립 이후에 발생하는 것이어야 한다. 따라서 보험계약 체결 이후 위험의 변경이 발생하기 전까지는 보험자에게 책임이 존속하게 된다. 둘째, 위험의 변경을 발생시킨 주체가 피보험자이어야 한다. 셋째, 위험의 변경으로 인하여 보험자의 담보위험의 내용이 변경되거나 증가되어야 한다. 넷째, 위험의 증가가 현저해야 한다. 위험의 증가가 현저하다는 것은 보험계약을 체결할 때 보험계약자가 고지한 위험에 대하여 보험자가 전혀 인수하지 않았거나 적어도 같은 조건으로는 보험계약을 체결하지 않았을 정도의 위험수준을 의미한다.

3) 위험의 변경 유형

(1) 이로

① 이로의 의미

이로(deviation)는 선박이 발항항과 목적항은 변경하지 않았지만 보험증권에 항로가 지정된 경우에는 그 항로를 이탈하였을 때, 항로가 보험증권에 지정되지 않았을 경우에는 통상의, 관습상의 항로를 이탈하였을 때를 의미한다. 그리고 선박이 발항항과 목적항은 변경하지 않았지만 항행 중에 정당하지 않는 항구에 기항하는 경우와 중간항을 기항하는 경우에 기항항의 순서를 변경하는 경우에도 이로로 인정한다.

② 이로의 유형

㉠ 항로의 변경

항로의 변경은 단순히 항로를 이탈하는 경우와 고의로 항로를 이탈하는 경우로 구분할 수 있다. 항로가 해상보험증권에 기재되어 있거나 한정하고 있는 경우에는 그 항로가 관습적으로 항해하는 항로가 아니더라도 선박은 반드시 그 항로를 따라야 한다. 해상보험증권에 기재되지 않았거나 한정되지 않은 경우에도 통상적이며 관습적인 항로로 항해해야 한다. 선박이 항행 중에 항로를 이탈하겠다는 의사표시가 있더라도 그 의사표시만으로는 이탈로 인정하지 않는다.

㉡ 기항항구의 변경

해상보험계약을 체결할 때 기항해야 하는 항구가 특별히 결정되어 있었다면 반드시 그 항구에 기항하고, 기항해야 하는 항구가 결정되어 있지 않은 상태에서 특정의 항구에 기항하는 관습이 존재할 때는 그 항구에 기항할 수 있다. 선박은 보험증권에 다수의 양륙항이 기재되어 있더라도 그 항구에 모두 기항할 의무는 없지만 특별한 이유가 없다면 보험증권에 지정된 순서에 따라 기항해야 한다.

보험증권에 기항하는 항구를 특정하지 않고 일정한 지역의 여러 항구까지 항해하도록 한 경우에는 특별한 이유가 없다면 지리적 순서로 기항하고 항해해야 하는 것이 관례이다. 선박이 상식적이고도 통상적이며 관습적인 항로 또는 기항 항구를 변경하는 경우에는 새로운 위험에 선박이 노출되는 것이기 때문에 보험자의 면책이 되는 것이다.

(2) 항해의 지연

① 항해의 지연 의미

항해의 지연(delay in voyage)은 항해개시의 지연, 항해계속의 지연, 항해종료의 지연을 포함하는 개념이다. 항해보험에서 보험기간은 공간적인 개념이 강하기 때문에 해상운송계약을 체결한 후에 선박이 상당한 기간 내에 항해를 개시하고, 항해를 계속하여 무사하게 목적항에 도착하는 것을 조건으로 보험인수를 결정한다. 그래서 정당한 이유가 없이 항해개시의 지연, 항해계속의 지연, 항해 종료의 지연이 발생하면 위험변경이 되어 보험자가 면책된다.

항해의 지연이 발생한 경우일지라도 정당한 사유가 존재하면 보험자가 면책되지 않는다. 항해의 지연이 악천후, 선원의 반항 또는 선상반란, 당국의 명령 등과 같은 이유로 발생한 경우에는 선장 및 사용인이 항해를 통제할 수 없는 상황에서 발생한 위험의 변경이지만 보험자가 면책되는 것은 아니다. 또한 항해의 지연이 선박의 수선, 선원의 보충, 악천후의 회피, 포획의 회피 등과 같은 이유로 발생한 경우에는 안전을 위한 위험의 변경이기 때문에 보험자가 면책되는 것은 아니다.

② 항해지연의 유형

㉠ 항해개시의 지연

항해개시의 지연(delay in commencement of voyage)은 항해를 시작해야 하는 데에도 불구하고 항해를 시작하지 않은 경우이다. 항해개시의 지연은 발항준비를 하지 않거나, 발항준비가 완료되었음에도 항해를 시작하지 않는 경우이다. 항해개시는 선박의 항해 시작을 의미하지만 항해에 필요한 준비, 즉 선박의 의장 완비, 승무원의 승선, 출항허가서 확보, 적하의 선적 완료 등도 항해개시에 포함된다.

항해개시가 지연되면 해상운송계약을 체결할 때에 합의한 일자에 항해를 개시한 것과는 다른 위험에 놓이게 된다. 왜냐하면 무역업자는 화물의 특성, 화물의 보관장소 및 보관방법, 화물의 시장판매에 대한 시기 등을 고려하여 해상운송계약을 체결하는 것이기 때문에 항해개시가 지연되는 경우에는 화물의 품질변질, 화물의 변색 등과 같은 화물의 손해뿐만 아니라 화물 판매시기를 상실하는 것과 같은 무역거래상의 위험이 발생할 수 있는 것이다. 따라서 항해개시의 지연은 위험의 변경이 되어 보험자는 면책된다.

㉡ 항해계속의 지연과 항해종료의 지연

항해계속의 지연은 부당한 지연에 대해서만 보험자의 면책으로 한다. 항해종료의 지연은 항해계속의 지연에 따른 것이기 때문에 동일한 입장에서 보험자의 면책으로 한다. 항해계속의 지연은 항해개시는 정상적으로 수행된 것을 전제로 하는 것이다. 그렇지만 항해종료의 지연은 목적항에서의 지연을 의미하기 때문에 항해계속의 지연이 발생하면 선박이 목적항에 도착하여 해상운송계약에서 정한 정박기간 내에 양륙작업을 이루어졌다고 하더라도 이미 도착한 일자가 지연되었기 때문에 보험자의 면책이 되는 것이다.

(3) 화물의 갑판적재

화물의 갑판적재(cargo shipped on deck)는 선창에 적재하기로 한 화물, 선창 내에 적재하였던 화물 등을 갑판에 임의로 적재하는 것이다. 갑판에 화물을 적재하게 되면 해풍, 복사열, 습기, 강우, 강설, 갑판유실, 해수오염 등과 같은 위험에 노출된다. 화물의 안전과 보존을 위한 조치를 취했더라도 화물의 특성을 보존하기가 어렵게 된다. 이와 같이 화물을 선창에 적재해야 함에도 불구하고 갑판에 적재하게 되면 위험의 변경이 되어 보험자는 면책된다.

(4) 임의의 환적

임의의 환적(transshipment)은 보험증권에서 지정하고 있는 선박 또는 특정한 선박에 화물을 적재하여 항해를 개시하여 운송하는 중에 다른 선박에 적하를 이적(移積)하여 운송을 계속하는 행위이다. 보험자는 적하보험계약을 체결할 때에 보험증권에서 지정한 선박에 의한 운송을 전제로 보험을 인수한 것이기 때문에 이를 위반하게 되면 위험의 변경을 초래하게 되기 때문에 면책으로 하는 것이다. 더욱이 환적은 적하의 멸실이나 훼손, 손상 등을 발생시키기도 하지만 항해를 지연시키는 원인이 되어 위험을 증가시키기 때문에 위험의 변경이 되어 보험자의 면책으로 하는 것이다.

(5) 강제하역

강제하역(forced discharge)은 적하를 해상운송계약 당사자와 관계없는 제3자에 의해 강제적으로 하역된 것이다. 강제하역은 적하에 대한 손해발생의 기회를 증가시키는 것이기 때문에 위험의 변경이 되어 보험자는 면책된다.

3. 위험의 변혁

1) 위험의 변혁 의미

위험의 변혁(alteration of risk)은 위험의 정도에 증감된 것은 없지만 위험의 동질성이 완전히 상실되고 완전히 다른 종류의 위험사정이 발생한 것이다. 즉 해상보험계약을 체결할 때의 위험과는 전혀 다른 새로운 종류의 위험으로 변동되는 위험사정이다. 보험자로서는 해상보험계약을 체결할 때 담보하기로 한 위험이 소멸되고 전혀 다른 새로운 위험이 발생하였기 때문에 이에 대한 담보책임이 없다. 즉 보험자는 위험의 변혁이 발생된 이후에는 면책이 된다.

2) 위험의 변혁 유형

(1) 선박의 변경

선박의 변경(change of vessel)은 해상보험계약을 체결할 때 화물을 운송하는 것으로 약정된 선박이 다른 선박으로 변경된 것이다. 항해 도중이라도 어떠한 이유를 불문하고 선박을 변경해서는 안 된다. 해상보험계약을 체결할 때에 피보험화물을 운송해야 할 선박이 약정되어 있었는데 다른 선박으로 변경하였다면 선박의 성능이 전혀 다른 선박이 등장한 것이다. 그러므로 선박이 조우하는 위험을 대응하는 능력도 완전히 다른 성능을 발휘할 것이기 때문에 위험의 변혁이 되어 보험자는 면책된다.

(2) 항해의 변경

항해의 변경(change of voyage)은 출발항이나 도착항 또는 출발항과 도착항 모두가 변경된 것이다. 결국 항해의 변경은 최초의 항해경로를 이탈한 것이다. 그러므로 항해가 해상보험계약을 체결할 때에 결정되어 있었다면 준수해야 한다. 즉 출발항이나 도착항이 특정되어 있는 경우에 출발항이나 도착항을 변경하였다면 전혀 다른 항구가 되기 때문에 새로운 위험에 노출되기 때문에 위험의 변혁이 되어 보험자는 면책된다. 해상보험계약을 체결할 때에 특정되었던 항해가 단축되거나 연장된 경우에도 새로운 위험에 노출되기 때문에 위험의 변혁이 되어 보험자는 면책된다.

4. 위험의 변동과 보험자의 책임

위험의 변동은 위험에 대한 위험사정의 변화이다. 위험의 변동이라는 것은 해상보험계약을 체결할 당시에 보험자가 인수한 보험목적물이 위험에 노출된 상황과 보험계약을 체결한 이후에 보험목적물이 위험에 노출된 상황이 전혀 다르게 변화하였다는 것을 의미하는 것이다.

따라서 위험의 정도에 반드시 증감은 없어도 위험의 동질성이 상실되었다는 것은 해상보험계약을 체결한 이후에 위험사정이 소멸하여 원천적으로 해상보험계약의 효력이 중지되었다는 것을 의미한다. 따라서 보험자가 면책되는 것은 당연한 것이다. 또한 보험자가 해상보험계약을 체결 할 때에 보험인수의 기본전제가 되었던 위험의 환경변화가 변화하였다는 것도 해상보험계약체결의 전제가 되었던 해상보험계약 조건이 소멸하였다는 것을 의미하는 것이므로 해상보험계약의 효력이 중지되어 보험자가 면책되는 것이다.

결국 위험의 변동이 발생하면 보험자의 책임은 소멸하는 것이기 때문에 보험계약자가 보험자의 담보책임이 계속되기를 원한다면 보험자의 승낙을 받아 기존의 해상보험계약조건에 추가담보조건을 추가하거나 별도의 해상보험계약을 체결해야 보험자의 담보책임을 연장시킬 수 있는 것이다.

제 3 부

해상보험계약과 손해보상

7
chapter

보험계약과 해상보험계약

제 1 절 보험계약

1. 보험수요자의 보험자 선택요건

1) 보험원가

(1) 보험원가의 비교

보험수요자가 개인이 가계활동 또는 기업의 경영활동 중에 발생하는 위험에 대한 위험관리 방법으로 보험을 선택하는 경우 재무적 측면을 가장 고려할 수밖에 없다. 그래서 보험수요자는 보험이 위험관리방법 중 재무로서의 기능을 충분히 발휘할 수 있도록 보험료의 정도, 즉 보험원가의 분석에 관심을 기울인다. 그러나 보험수요자가 보험료를 비교하여 어떤 보험자를 선택해야 비용을 최소화할 수 있는가를 알아내는 것은 어렵다. 또한 보험수요자가 보험자들의 보험료만을 가지고 보험상품의 우열을 비교한다는 것은 적합한 방법은 아니다. 동종의 보험상품일지라도 보험자에 따라 계약조건과 서비스에 차이가 있기 때문이다. 그렇지만 보험계약자는 보험자를 선택할 때에 보험료만을 가지고 판단하는 경우가 많다.

(2) 보험원가의 비교기준

보험료를 분석하는 경우에는 손해율과 경비비율을 합계한 비율을 기준으로 검토해야 한다. 손해율은 어느 연도에 발생한 손해액에 대한 동년도의 해당 보험상품의 납입보험료의 백분율이다. 보험은 한 단체의 구성원들에게 손해를 분산시키는 제도이기 때문에 손해율이 낮으면 낮을수록 개개의 보험계약자에게는 유리해진다. 손해율을 기준으로 보험료를 비교하는 경우에는 분석방법이나 비교방법, 비교기간 등을 감안해야 한다.

경비비율은 보험자가 납부받은 보험료에서 보험자의 경영활동에서 차지하는 비용의 비율이다. 그러므로 보험자와 보험수요자 사이에는 이해상관관계가 발생한다. 즉 보험수요자에게는 경비비율이 최저인 보험자가 가장 효율적인 대상이다. 만약 보험에 부보할 때에 다른 모든 조건이 동등하다면 최저의 손해율과 경비비율을 나타내는 보험자가 가장 효율적이다. 보험수요자가 보험기간을 장기간으로 할 때에도 최저의 손해율과 경비비율을 나타내는 보험자가 유리하다.

2) 보험자의 지급능력 및 경영 안정성

(1) 보험금 지급능력

보험수요자는 보험료를 정기적으로 납입한 후 일정한 보험사고가 발생하였을 때에 보험금 지급의 가능성 여부에 관심을 두기 때문에 보험자의 보험금 지급능력은 보험자를 선택하는 데에 중요한 요소가 된다. 보험자의 보험금 지급능력 여부는 재무제표의 분석을 통하여 이루어진다.

(2) 미경과 보험료 준비금

보험수요자는 보험자가 보험계약자를 위한 잉여금 중 미경과 보험료 준비금의 비율은 특별한 요인이 없는 한 적어도 1대 1이 되는가에 관심을 갖게 된다. 1대 1의 비율이라는 것은 미경과 보험료 준비금이 100%의 안전성을 지닌다는 것을 의미한다. 미경과 보험료 준비금이 보험자의 채무에 해당하지 않는 경우에는 계약자 잉여금과 부채총액을 비교해 보아야 한다. 배상책임보험에서는 계약자 잉여금의 미경과 보험료에 대한 비율은 담보능력의 타당한 척도가 될 수 없다. 보험자를 선택할 때에 계약자 잉여금을 비교한 경우에는 미경과 보험료 준비금의 액수만 중요한 요인이 된다.

(3) 보험자의 서비스

보험수요자가 보험목적물을 보험에 부보하려는 경우 보험상품에 대한 보험자의 보험료, 담보능력 등은 비슷한 경우라 하더라도 서비스 제공 등에 있어서는 차이가 많다. 보험수요자는 보험상품의 보험인수 내용이 거의 비슷하고 보험자의 자산 규모가 동일한 정도라면 부보를 하려는 보험상품에 대한 서비스를 중요하게 여긴다. 보험수요자가 관심을 두는 서비스는 보험상품의 안내, 보험정보의 제공, 보험료의 납부, 보험사고 처리의 신속성, 손해보상액수 즉 보험금, 보험사고 후의 서비스 관리 등이다. 즉 보험자가 보험계약자의 입장에서 모든 업무를 얼마나 신속하게 처리하는가에 대한 것이 관건이다. 일반적으로는 보험수요자가 저렴한 보험료에 관심을 둘 것으로 판단하지만 실제적으로는 보험자의 보험상품 및 고객에 대한 관리능력을 중요하게 여기는 경우가 많다.

2. 보험자의 보험인수

1) 보험인수의 의미와 유형

(1) 보험인수의 의의

보험인수는 보험자가 보험수요자의 보험상품에 대한 구매의사에 따라 보험상품을 판매하는 것을 의미한다. 또한 보험수요자가 보험상품에 대한 구매의사를 밝히면서 제시하는 여러 가지의 조건을 수용하는 것도 보험인수이다. 보험자는 경영목표인 최고의 수익성 산출을 합리적으로 달성하기 위한 적정한 수준을 찾아 보험인수를 한다. 그래서 보험인수는 위험의 측정과 평가, 보험요율 설정, 위험의 선택 및 보험요율의 적용, 계약조건의 내용 검토 등과 같은 과정을 거쳐서 결정한다.

(2) 보험인수의 유형

① 근원형 보험인수

근원형 보험인수(initial underwriting)는 위험의 측정과 위험의 평가를 기초로 제시한 보험상품의 범위 내에서 보험자가 위험을 승낙하거나 거절하는 것 등을 의미한다. 즉 보험자가 위험을 측정하고 평가한 자료를 기준으로 인수하는 것이다.

② 증권형 보험인수

증권형 보험인수(policy underwriting)는 보험자가 보험수요자로부터 보험을 인수할 때에 보험상품의 면책조건이나 금액제한 혹은 할증료율의 적용 등과 같은 계약조건을 기준으로 인수하는 것이다. 그래서 보험자의 입장에서는 근원형 보험인수와 증권형 보험인수는 사전적 위험관리방법이라고 할 수 있다.

③ 이의제기형 보험인수

이의제기형 보험인수(claim underwriting)는 보험계약자에게 보험사고가 발생한 경우 보험자가 보험금을 지급함에 있어서 부적격한 위험이 게재되어 있는가를 확인하고 부적격한 위험이 존재하는 경우에는 보험계약을 해지하는 조건으로 보험을 인수하는 방법이다. 이의제기형 보험인수는 보험자의 입장에서는 사후적 위험관리방법이라고 할 수 있다. 그래서 이의제기형 보험인수에서는 보험자들이 보험금 지급과 관련한 사고 발생시 면밀하고 집요한 조사를 하기 때문에 보험계약의 성실한 이행보다는 보험계약을 해태하려는 저의가 있는 것으로 의심을 받는 경우가 많다. 즉 보험자가 보험계약을 체결할 때는 상당히 유연하게 보험계약자를 대했다가 보험사고가 발생한 경우 태도가 돌변하여 대하기 때문에 피보험자의 반감을 사서 보험에 대한 평판을 악화시키기도 하므로 유의해야 한다.

2) 보험인수의 주체

(1) 보험인수인

보험인수는 보험종목의 내용에 따라 본사의 보험인수 부서, 지점, 외무사원, 총대리점 등에 의하여 이루어진다. 생명보험에서 외무사원은 인수 가능한 위험을 확인하는 안내서나 특별지침에 따라 보험인수를 하기 때문에 보험인수인(field underwriter)이라고 한다. 보험인수인은 보험계약자의 고지사항이나 보험목적물에 대한 실제조사를 하고 보험대리점이나 보험중개사 혹은 보험관련기관에서 제공하는 정보를 토대로 보험인수에 대한 분석을 해야 한다. 이때 도덕적 위험사정이나 물리적 위험사정을 판단하여 많은 위험을 처리할 수 있는 고도의 전문적인 능력을 필요로 한다. 그래서 보험인수인은 피보험자나 보험자에게 나타나는 위험에 관한 정보에 대하여 언어 속에 내재되어 있는 의미를 해석하는 초인적이고도 직관적인 능력을 갖추고 있다고 한다.

(2) 보험대리점

① 보험대리점의 권한

보험대리점은 보험자를 대신하여 권한을 부여받은 자이다. 상급자 책임의 원리에 의하여 보험자는 권한을 부여한 보험대리인의 행위에 의하여 구속된다. 보험대리인은 보험자와 같이 보험증권을 보험계약자에게 이해시키고 보험계약체결을 도모할 수 있는 권한이 있다.

보험대리점의 권한은 독립형 보험대리점, 전속형 보험대리점과 같은 명칭에 따라 결정되는 것은 아니다. 보험은 통일성이 결여되어 있기 때문에 일괄적으로 일치된 권한을 부여할 수는 없다. 그래서 손해보험의 총대리점은 생명보험의 총대리점과는 전연 기능이 다르기 때문에 권한도 상이하다.

② 보험대리점의 보험인수

㉠ 보험대리점 계약서

보험대리점의 보험인수에 대한 법적 근거는 주주 또는 피보험자로부터 발생한다. 그리고 보험대리점의 설립인가서를 비롯한 내규 및 관습에 의하여 구체화된다. 보험대리점은 법적인 근거가 되는 보험대리점의 보험계약서에 의하여 보험자로부터 보험계약을 직접 인수할 수 있는 권한을 위임받는다. 보험대리점 계약서는 보험대리점의 의무와 권리 및 당사자의 책임에 관한 사항들을 규정하고 있는 문서이다.

㉡ 추인과 금반언

추인(追認)은 보험계약 당사자가 합의한 내용을 이후에 본사에서 인정하고 보험증권을 발행하기 때문에 이루어지는 절차이다. 즉 보험대리점의 보험계약체결은 보험자의 추인이라는 절차를 통하여 보험계약의 법적 효력을 발생시킨다. 또한 보험대리점의 보험계약 체결권한은 금반언(禁反言)에 의한 대리행위라는 절차를 통하여 법적으로 인정받는다. 금반언은 어떠한 행위나 말로 타인에게 어떤 행동을 유발시킨 후 그 사실을 부정하지 말라는 법 원리이다. 즉 어떤 계약을 대상으로 어떠한 말이나 행위로 상대방을 믿게 해서 계약을 체결한 후 상황이 바뀌었다고 해서 최초에 한 약속을 뒤집지 말라는 의미이다. 금반언은 기존의 의무를 자발적으로 이행하지 않을 때에 강제적으로 이행시키기 위하여 작용한다. 금반언은 보험증권이 발행될 때부터 법적 효력이 발생한다.

3) 보험인수의 원칙

(1) 양질의 위험 선택

보험자의 보험인수는 보험상품 판매부서의 중요한 업무이다. 보험자가 보험계약을 인수할 때에는 판매부서가 보험자의 경영목적에 따라 개발한 보험상품에 대하여 제시하는 사항을 평가한 이후에 보험인수 여부 및 보험인수 조건 등에 관한 사항들을 결정하게 된다.

보험자가 보험인수를 할 때에는 경영목적에서 추구하는 수익을 창출하기 위하여 양질의 위험을 선택하게 된다. 양질의 위험은 보험상품의 유형에 따라 다르지만 보험목적물에 발생하는 위험률이 낮은 위험이다. 그런데 보험자가 보험인수를 할 때에는 통계학적으로 보험목적물의 위험발생률이 낮은 양질의 위험이라고 판단하였음에도 불구하고 어떠한 여건에서는 보험목적물의 위험발생률이 높아지는 경우도 있다. 이에 따라 보험자가 보험인수를 할 때에 양질의 위험을 선택한다는 것은 어려운 일이다.

보험인수인에 의하여 인수되는 모든 위험이 양질의 위험만은 아니지만 양질위험이 평균에 달하지 않는 악성위험을 상쇄하게 되면 위험의 평균화는 달성되어 예상하고 있는 손해를 초과하지 않게는 할 수 있다. 만약 보험인수인이 부적합한 악성위험을 인수하지 않도록 하였음에도 불구하고 실제로 발생한 손해가 예정하였던 손해를 초과하였다면 보험인수인의 책임이라고 할 수는 없다. 오히려 보험요율의 산정과 보험상품의 판매 또는 보험금 청구처리 등과 관련한 책임이 존재하는 경우가 있다.

(2) 수지상등의 원칙 준수

보험자가 보험경영을 할 때에는 수지상등의 원칙과 급부 대 반대급부 균등의 원칙을 준수하게 된다. 수지상등의 원칙은 보험자와 보험계약자 사이의 보험거래에 관한 경제적 관계로서 보험의 기능이기도 하다. 즉 보험료의 수입과 보험금의 지급 금액이 상등되어야 보험자의 경영목표를 달성할 수 있기 때문에 요구되는 원칙이다. 보험에서는 보험자가 보험계약자에게 보험사고가 발생하였을 때 지급하는 보험금의 수학적 기대치에 상응하는 보험료 부담을 요구하게 된다. 그러므로 보험자는 단지 수지상등의 원칙을 추구한다는 것이 아니라 보험자의 수익을 창출해야 한다는 경영목표를 달성할 수 있는 방향으로 운영하게 된다.

(3) 적정 보험요율의 산정

① 보험자의 독자적 산출

보험자는 판매부서에서 제시하는 피보험자의 위험이 어느 위험의 유형에 속하고 어떤 보험요율을 적용하는 것이 타당한가를 확인해야 한다. 그러므로 보험요율의 적용은 보험인수 활동에서 중요하다. 보험자는 청약되는 보험계약에 대하여 피보험자의 위험을 조사하고 평가하여 보험요율을 적용한다. 이것은 보험의 기술적 공평성을 확보하면서 사업전체의 수지균형을 안정화시키려는 목적 때문이다.

그러므로 보험자는 과거의 영업분석자료를 기초로 위험 및 손해통계에 관한 자료를 작성하고 부과보험료와 같은 구성요소를 참조하여 보험요율을 산정한다. 특정위험의 위험정도는 사고의 빈도와 손해의 강도에 따라 결정된다.

② 보험요율 산정기관의 산출

손해보험에서는 각사가 독자적으로 산출하여 금융감독원의 인가를 얻은 보험업법상의 보험요율을 이용하는 경우와 손해보험요율 산정회 등이 산출하는 산정회 보험요율을 이용하는 경우가 있다. 또한 각사가 독자적으로 작성한 통계표나 손해보험 요율 산정회에서 작성한 각종 보험의 손해발생 통계표를 근거로 계약보험금 합계에 대한 지급보험금 합계의 비율인 평균손해율을 나타내는 손해표를 작성하여 활용하기도 한다. 이러한 기본적 위험유형을 중심으로 화재발생률이나 평균손해율이 종합적으로 측정된다.

(4) 보험목적물에 대한 조사

보험자는 일반적으로 보험자가 파악하여 처리한 위험 유형을 정하여 놓고 피보험자가 요구하는 위험에 대한 관련성을 대조시키고 문제가 없거나 보험자의 경영목표를 저해하지 않을 위험에 대해서만 인수한다. 그러므로 보험계약을 체결할 때에 보험계약자가 부보대상으로 제시하는 보험목적물에 대한 조사를 철저하게 한다. 손해보험의 경우에는 보험계약을 체결할 때에 보험목적물의 위험사정을 대상으로 하는 조사가 여러번 반복적으로 빈번하게 이루어진다. 예를 들어 화재보험을 체결하는 경우, 건물의 건축구조나 용도 혹은 입지환경 등에 대한 조사는 보험목적물의 실질적 조사에 해당한다. 그리고 피보험자나 보험계약자에 부과되는 고지의무를 이용하는 보험목적물에 대한 조사는 편의적 조사에 해당한다.

(5) 위험단체의 합리적 편성

보험요율이 적용되는 위험단체와 그러한 보험요율의 산정에서 기초가 된 위험의 표본이 거의 동일한 속성을 갖는 경우에만 보험자가 행하는 예측계산과 실제결과가 유사하게 된다. 그래서 위험단체를 편성하는 경우에는 위험발생률이 유사한 개별경제주체를 모아 편성해야 한다. 그래야 개별경제주체는 보험제도에 의존하여 사전에 확정된 비용을 가지고 위험에 대응할 수가 있다. 그런데 보험료는 보험자 또는 보험업계의 공동기관이 작성한 과거의 경험 통계자료에 근거한 예측계산으로 산출되는 것이기 때문에 장래에 판명되는 실제 결과와 어느 정도 괴리가 생기게 된다.

그러나 보험의 안정적 운영을 확보하기 위해서는 그러한 예측과 실제와의 오차를 가능한한 최소화시키는 것이 필요하다. 따라서 정밀한 통계자료를 가지고 고도의 예측기술을 적용하는 것뿐만 아니라 위험단체의 합리적 편성을 기하는 것도 중요하다.

4) 보험인수시의 유의점

(1) 역선택의 방지

역선택(adverse selection)은 평균 내지 평균보다 높은 양질위험을 선택하지 않고 평균보다 낮은 악성위험을 선택하여 보험계약을 요구하는 것을 의미한다. 역선택의 방지는 보험계약자가 위험발생률이 높은 보험목적물을 대상으로 부보하려는 경우에 보험자로서는 보험경영에 지장을 초래할 가능성이 높아 이를 방지한다는 의미이다.

해상보험시장에서 보험계약자의 합리적 행동은 해상보험계약에 의하여 납입해야 할 보험료에 대한 자기의 경제적 가치판단을 기준으로 이루어진다. 그런데도 부당하게 유리한 조건을 요구하여 보험자에 대한 역선택이 행해지는 경향이 있다. 손해보험에서는 불량위험의 소유자가 자진해서 보험에 가입하는 경향이 있듯이, 보험계약자는 보험사고 발생의 가능성이 높은 위험을 선택하여 보험에 부보하려고 한다. 이것을 방치하면 수지상등의 원칙을 무너뜨려 보험제도의 건전성을 손상시키게 된다. 그러므로 역선택을 방지하여 그 영향을 최소화시키는 것이 보험을 인수할 때 가장 유의해야 할 점이다. 보험마케팅에서 보험은 판매되는 것이지 매입되는 것은 아니다라는 것도 보험거래에 부수하는 역선택의 경향을 우려한 것이다.

(2) 도덕적 위험의 배격

도덕적 위험은 사고의 발생이나 손해의 확대를 의도적으로 발생시키며 보험사고의 발생을 위장하고 손해의 정도를 과대하게 보고하는 등과 같은 위험이다. 도덕적 위험에 의하여 부정하게 보험금을 취득하거나 보험금의 배분을 받기도 한다. 그래서 보험자는 보험수요자가 보험의 가입을 청약한다고 하여도 도덕적 위험의 발생가능성을 검토하여 승낙을 하게 된다. 또한 보험사고가 발생하여 보험금을 청구하는 사안이 발생하였다고 하여서 무조건 보험금을 지급하는 것이 아니라 보험사고와 그 결과에 따르는 손해의 인과 관계를 조사하고 도덕적 위험의 개연성 여부를 판단한 후에 보험금을 지급하는 절차를 따르게 된다. 도덕적 위험성이 높은 경우에는 보험사기일 가능성까지 검토해야 보험의 건전성을 확보할 수 있다.

도덕적 위험은 반드시 법률상의 범죄로서 인식되는 것은 아니다. 그렇지만 그것은 보험의 이념에 근본적으로 반하는 것이다. 도덕적 위험은 범죄의 발생을 수반하는 경우도 있어 철저하게 배격해야 할 성질의 것이다. 그런데 개인의 내면을 관찰하거나 그러한 상황의 가능상황인 도덕적 위험사정의 조사나 확인이 반드시 용이한 것은 아니다. 따라서 부당한 보험금의 수수에 기대를 생기게 하는 보험상품의 내용을 개선하거나 과도한 판매실적주의 위주의 보험제도 자체의 문제점을 시정하는 것이 방법이지만 도덕적 위험은 보험계약자나 피보험자의 인격적 요소에 의존하여 배격하는 수밖에 없다.

(3) 풍기적 위험의 배제

풍기적(風紀的) 위험은 보험사고가 의도적인 것은 아니지만 피보험자의 주의심의 결여나 명예심의 결여와 같은 성격적 요소에 의하여 발생하는 위험을 의미한다. 풍기(風紀)란 용어는 풍속이나 풍습(風習)에 대한 기율(紀律)을 의미한다. 기율이라는 용어는 사람에게 행위의 표준이 될 만한 질서 또는 규율을 의미한다. 그러므로 풍기라는 의미는 사람이 사회생활 속에서 관습적으로 행하는 기본적인 행위로써 이루어지는 질서 또는 규율이기 때문에 사람다운 행동을을 의미한다. 그래서 도덕적 위험과 별개의 특성을 가진다. 보험자는 이러한 풍기적 위험이 증가하는 것에 대하여 주의해야 한다. 위험발생의 가능성이 높은 풍기적 위험은 도덕적 위험과 같이 조사가 용이하지 않고 현실적으로 양자를 명확히 구별하는 것이 어렵다. 그렇지만 풍기적 위험을 배제하기 위한 노력은 계속되어야 한다.

3. 보험계약의 효력

1) 보험계약의 의미와 전제조건

(1) 보험계약의 의미

보험계약은 보험료를 받고 우연한 사고가 발생한 경우, 혹은 이것에 의하여 상대방 또는 제3자에게 발생한 손해를 보상하거나, 약정의 금액을 상대방 또는 제3자에게 지급할 것을 인수하는 계약이다. 보험계약은 당사자 일방이 약정한 보험료를 지급하고 상대방이 재산 또는 생명이나 신체에 관하여 불확정한 사고가 생길 경우에 일정한 보험금액 기타의 급여를 지급할 것을 약정함으로써 효력이 생긴다. 보험계약은 법률로 집행될 수 있는 약속이며 보험계약을 위반하면 법률이 구제한다는 이면의 약속을 구현한 보험계약 당사자 사이의 합의이다.

(2) 보험계약의 전제조건

보험계약을 체결할 때에 역일반적으로 보험계약에서 기본적으로 충족되어야 할 전제조건으로는 다음과 같은 것이 있다.

첫째, 보험계약은 합법적인 목적을 위하여 존재해야 한다. 보험계약이 합법적이기 위해서는 피보험이익의 필요요건을 충족시켜야 한다. 피보험이익이 없는 보험목적물을 보험에 부보하는 것은 법정신에 위배되는 것이다. 또한 보험목적물을 독단적이고 고의적으로 파괴하면 안 된다. 둘째, 보험증권에 명시되는 보험계약 당사자는 계약을 할 수 있는 법률상의 능력을 가져야 한다. 법적으로 인정된 자와 계약을 체결하여야 한다. 금치산자, 미성년자, 금고이상의 형을 받고 법적 제한기한 이내인 자 등과의 보험계약은 인정되지 않는다. 셋째, 보험약속에 대하여 당사자 사이에 합의의 증거가 존재해야 한다. 일반적으로 이는 한쪽의 당사자로부터의 신청과 다른 쪽 당사자의 승낙으로써 입증된다. 이러한 증거는 불요식적이나 통상적으로 보험업계에서는 보험증권이 이를 증명하고 있다. 넷째, 보험약속의 대가는 당사자 사이의 합의에 의하여 이루어져야 한다. 당사자의 한쪽은 보험료의 납입을 대가로 보험금을 받고, 다른 쪽은 보험금의 지급을 대가로 보험료를 수납한다는 합의가 있어야 한다.

(3) 보험계약사항

보험계약을 체결할 때에 보험계약 당사자가 서로 인식해야 할 사항은 보험의 종류에 따라서 그 내용이 매우 다를 수도 있으나 일반적으로 필요한 사항들이다. 보험계약에서 공통으로 적용하는 사항으로는 보험계약 당사자, 보험목적물, 보험약관, 담보위험과 면책위험, 피보험이익, 보험가액과 보험금, 보험기간, 보험료, 보험증권상의 권리, 보험사고, 등을 들 수 있다.

3) 보험계약의 효력

(1) 보험계약의 무효

보험계약의 무효는 보험계약이 어떠한 이유로 인하여 계약이 성립하였지만 보험계약 당사자가 의도한 효과가 발생하지 않는 상태가 되어 보험계약의 법적 효력을 상실하게 된 상태이다.. 보험계약의 무효 원인으로는 법률행위 전반에 걸쳐 공통되는 것이 있고 보험계약에 따라 특수한 상황이 되는 것이 있다. 보험계약에 따라 특수한 상황이 되는 것으로는 피보험이익 부존재, 초과보험의 초과부분, 보험계약 체결 당시 피보험자가 사고가 이미 발생하였다 것을 알고 있었을 때 등을 들 수 있다. 따라서 이러한 상황이 인지된 경우에는 보험계약 자체가 무효로 된다.

(2) 보험계약의 실효

보험계약의 실효는 넓은 의미로 보험계약의 종료, 좁은 의미로는 당사자의 의사에 의하지 않고 보험계약이 효력을 잃는 경우이다. 즉 보험자가 부담해야 할 보험사고 이외의 사용에 의해서 보험의 목적 등의 전부 또는 일부가 멸실하였을 경우, 보험기간 중에 보험자의 책임으로 귀착될 사유에 의해서 현저하게 위험이 변경, 증대된 경우, 보험자가 파산선고를 받고 나서 일정조건을 충족시킨 경우 등이다.

보험료 납입의 유예기간이 지났는데도 보험료가 납입되지 않으면 그 보험계약은 보험자의 의사표시와 관계없이 그 효력이 자동적으로 상실되어 보험계약이 실효된다. 또한 보험계약자에게 보험료의 납입을 최고하였으나 보험료를 미납하여 보험회사 측에 수령지체가 있게 되어도 실효가 된다.

(3) 보험계약의 전환

보험계약의 전환은 생명보험계약에서 보험기간 중 보험계약자의 요청에 따라 보험종목을 변경하는 것이다. 책임개시일을 전환일로 하고, 전환 전(轉換 前)계약의 전환일까지의 순보험료식 책임준비금과 재배당금의 합계액에서 전환일까지의 미납입보험료를 차감한 금액을 전환 후 계약의 일시납 책임준비금으로 이관하여 전환 후 계약 보험 가입금액의 전부 또는 일부에 해당하는 보험료가 일시에 납입될 것을 원칙으로 한다. 이 제도는 보험기간의 중도에 보험계약자의 가족구성, 수입 등의 생활설계의 변화에 따라 보장의 크기나 내용을 변경할 필요가 생길 때, 그 수요를 충족시키기 위해서 만들어진 것이다.

(4) 보험계약의 부활

생명보험이나 장기손해보험에서 약관에 정한 바에 따라 보험료를 납부하지 아니하고 일정기일이 경과하면 그 보험계약은 효력이 상실되는데, 이 경우 보험계약자의 청약에 따라 보험계약의 효력을 상실하기 전 상태로 회복하는 제도이다. 이 제도는 보험계약자가 차후의 신계약이 불리하거나 또는 불가능하게 될 수 있기 때문에 이를 구제하기 위한 것이다. 이 경우 체납된 보험료는 납입해야 한다.

(5) 보험계약의 적부 확인

보험자가 보험계약자가 보험청약을 하더라도 그 청약과 관련한 보험목적물, 보험가액, 보험금액, 보험기간, 보험계약자의 성실한 고지의무이행 여부 등에 대한 세부적인 내용을 조사하여 보험계약의 승낙 여부를 결정짓는 조치가 보험의 적부제도이다. 그 시기는 보험계약 성립 후 3개월 이내로 이의 결과로 계약의 해지 등 필요한 조치를 취할 수 있다.

4) 보험계약 체결의 대리권

보험계약 체결의 대리권은 보험계약을 체결할 때에 보험계약 당사자인 보험회사를 대신하여 법률상의 효력을 발생시키는 권한이다. 즉 보험회사를 대신하는 권한을 가지고 보험험계약체결에 참가하는 권한을 의미한다. 생명보험 모집인은 보험회사를 위해서 생명보험계약 체결을 매개하는 것이기 때문에 대리권이 없다. 그렇지만 손해보험 모집인은 보험회사를 위해서 보험계약 체결의 대리권을 행사한다.

4. 보험계약과 고지의무

1) 고지의무의 의미

고지의무(obligation to disclosure)는 보험계약자가 보험계약을 체결할 당시에 보험자에 대하여 중요한 사실을 고지하고 그 중요한 사실에 대하여 부실고지를 하지 아니한다는 의무를 의미한다. 고지라는 것은 소송법에서, 법원이 결정 사항이나 명령을 당사자에게 알리는 일을 의미한다. 보험계약을 체결할 때에 고지의무는 보험자가 양질의 위험을 선택하고 보험계약자의 역선택을 방지함으로써 적정한 보험요율을 보험계약자에게 제공하기 위한 것이다. 더 나아가서는 보험계약을 체결하려는 다수의 보험수요자에게 이익을 배분하려는 것이기도 하다. 고지는 중요한 사실을 알리는 행위이다. 그래서 보험자가 보험계약자에게 보험계약에 영향을 주는 내용에 대하여 서면으로 질문한 사항도 중요한 사항으로 추정하기 때문에 질문서에 정확하게 답변해 주어야 한다.

고지의무는 보험자가 보험의 합리적 운영을 위하여 보험목적물에 대한 조사를 하는 경우 보험자가 편의를 제공하는 기능을 가지고 있다. 즉 보험자는 보험계약을 체결할 때 위험을 인수할 것인가, 위험을 인수한다면 그 보험요율을 어떻게 정할 것인가를 결정하기 위하여 위험에 대한 정확한 판단을 해야 한다. 그래서 보험계약자는 위험에 대한 정확한 평가를 위하여 보험자에게 보험사고발생의 가능성을 측정하는 데 중요한 사항에 관한 사실을 고지함으로써 보험자가 조사를 하는 데에 소요되는 비용이나 시간을 절약하도록 편의를 제공하는 것이다.

영국해상보험법(MIA)에서도 보험자는 보험계약이 체결되기 이전에 자기가 알고 있는 모든 중요한 사항을 보험자에게 고지하는 것이 피보험자의 의무라는 취지를 규정하고 있다. 그런데 보험계약의 체결에 있어서 사실의 고지는 담보와 구분되는 것이다. 사실의 고지는 보험계약의 일부분이 아니고 보험계약이 체결되기 전에 보험계약을 청약하는 자가 행하는 사실에 대하여 신고하는 것을 의미한다. 임 설명한 것과 같이 담보는 어떤 사항에 대하여 실행여부를 약속하는 것이다. 담보는 이러한 일은 하겠다는 것과 이러한 일은 하지 않겠다는 의사표시이다. 그러므로 위험의 담보와 같이 책임을 부담하겠다는 의미를 확대하여 해석해야 한다.

2) 고지의무의 특성

고지의무는 보험단체 내지는 위험단체의 이익을 위하여 보험자가 선택할 위험의 판정에 협력할 의무이기 때문에 보험계약자는 보험계약의 당시에 중요한 사항을 고지해야 한다. 그런데 상법에서는 직접적으로 고지의무의 존재를 규정하고 있는 것이 아니라, 보험계약자가 고지의무를 위반하면 보험자가 계약을 해지할 수 있다고 규정하고 있을 뿐이다. 따라서 보험계약자가 중요한 사항을 고지한다는 것은 의무가 아니기 때문에 보험자의 해지권 행사를 억제하기 위하여 중요한 사항을 고지해야 한다는 관계만 성립한다. 보험계약자로서는 의무사항이 아니기 때문에 고지의무를 소홀히 하여 보험의 본래의 기능을 훼손할 할 수도 있다. 그런데

그런데 고지의무는 보험계약의 성립 전에 보험계약자에게 부과되는 것이기 때문에 보험계약이 성립한 후에 보험계약의 효과로서 발생하는 위험변경 또는 위험증가에 대한 통지의무와는 구별해야 한다.

3) 고지의무의 당사자

고지의무의 당사자는 피보험자, 보험계약자, 피보험자의 대리인 등이다. 피보험자와 보험계약자는 대부분의 경우 동일인이지만, 제3자를 위한 보험과 같이 동일인이 아닌 경우에는 보험계약자가 고지의무의 당사자가 된다. 만약 보험계약이 피보험자의 대리인에 의하여 체결될 경우에는 그 대리인이 고지의무의 당사자가 된다.

4) 고지의 방법과 시기

고지의 방법에 대해서는 영국해상보험법(MIA)에서 별다른 제한이 없다. 사실의 고지는 서면으로 할 필요는 없이 진술만으로도 가능하다. 그러나 고지는 정확하게 표시되어야 하기 때문에 피보험자는 자기가 알고 있는 사항을 구두나 서면으로 진실하게 표시해야 한다. 고지할 사항에 대해서는 보험청약서에 구체적으로 기재되어 있기 때문에 보험계약청약서를 이용하여 중요한 사실을 고지한다. 고지의 시기에 대하여 영국해상보험법(MIA)에서는 보험계약이 체결되기 전으로 하고 있고, 우리나라의 상법에서는 보험계약을 체결할 때로 하고 있다. 그러므로 피보험자의 고지의무는 계약이 성립되는 시점에서 종결된다.

5) 고지사항

(1) 고지가 필요한 사항

보험계약자는 보험계약을 체결할 때 보험목적물과 관련되는 중요한 사항을 고지해야 한다. 중요한 사항이란 보험자가 보험계약을 체결할 당시에 보험료를 확정하거나 보험계약의 인수 여부를 결정하는 데 영향을 미칠 수 있는 내용이다. 보험자가 그 사실을 알았더라면 보험계약을 체결하지 않았거나 또는 적어도 동일조건으로 계약을 체결하지 않을 것으로 인정되는 사실을 의미한다. 그러므로 중요한 사항은 보험계약자가 당연히 알고 있는 것으로 간주되기 때문에 그러한 사항을 알지 못했다고 항변할 수 없다.

보험계약을 체결할 때, 보험자가 보험계약청약서에 인쇄되어 있는 내용은 중요한 사항으로 간주한다. 해상보험계약 체결과 관련하여 적하보험계약 청약서에 기재된 중요사항은 운송선박명, 화물의 종류, 운송대상화물 즉 보험목적물, 포장상태, 선적 또는 양륙방법, 항로, 환적 여부 등이다. 선박보험계약 청약서에 기재된 중요사항은 선박의 종류, 국적, 건조년도, 톤수, 재질, 선급 등이다.

(2) 고지가 불필요한 사항

① 위험의 감소요인

보험자의 담보위험에 대하여 위험이 감소되는 요인이 발생한 경우 보험계약자는 보험자에게 고지할 필요가 없다. 그러나 위험이 현저하게 감소되었다면 보험계약자가 그 사실을 보험자에게 통지하고 위험감소 부분에 해당하는 만큼의 보험료를 환급받을 수 있다.

② 보험자가 알고 있는 것으로 간주되는 사항

일반적으로 알려져 있거나 상식에 속하는 사항 및 보험자가 통상의 업무수행과정 중 당연히 알고 있는 사항은 고지가 필요 없다. 보험자가 알고 있는 것으로 간주되는 사항들은 보험증권에 명시된 항구에서의 선적방법, 목적항에서의 하역방법, 통상적인 갑판적재, 보험증권에 명시된 지역의 무역환경, 새로 형성된 무역의 관습, 전쟁의 발발이 임박했거나 지구의 어느 곳에서 발발하고 있음이 국내신문에 보도된 경우, 원보험증권에 계속약관이 포함되어 있는 사실 등이다.

③ 보험자가 고지의무를 면제한 사항

보험자가 고지 받을 권리를 면제한 사항에 대해서는 보험계약자가 고지할 필요가 없다. 보험계약자가 어떠한 사항을 고지하였는데도 보험자가 별도로 질문을 하지 않는 한 고지의무를 면제한 것으로 판단한다. 예를 들어 어떤 사실을 고지했을 경우 보험자가 그 이유를 질문하지 않는다면 보험자가 고지 받을 권리를 포기했다고 할 수 있다.

④ 담보에 의하여 고지가 필요 없는 사항

담보에 포함된 사항은 이미 보험자가 알고 있기 때문에 달리 고지할 필요가 없다. 예를 들어 항해보험에서는 항해개시를 할 때에 선박이 부보된 항해구간을 항해하기 위해서는 감항성이 있어야 한다는 묵시담보가 있기 때문에 만약 감항묵시담보를 위반한 경우에는 보험자가 이후 면책을 주장할 수 있다. 따라서 보험계약자가 선박의 불감항에 대하여 고지할 필요가 없다.

6) 고지의무의 이행과 보험계약

(1) 보험계약체결 전의 고지의무와 보험계약 효력

보험계약자가 보험계약체결 전에 허위로 내용을 고지한 경우, 그 내용이 보험계약체결에 중대한 영향을 주는 것이라면 보험자가 계약을 해제 또는 해지 할 수 있다. 그런데 보험계약체결에 그 내용이 중대한 영향을 주지 않는 것이라면 체결된 보험계약은 유효하다. 보험계약자가 고지와 관련하여 사실의 표시를 한 경우나 의견의 표시를 한 경우에도 동일한 법적 효력을 갖는다.

보험계약을 체결할 당시에 보험자가 고의 또는 중대한 과실로 인하여 중요한 사항을 부고지하거나 부실고지를 한 때에는 보험자는 그 사실을 안 날로부터 1월내에, 계약을 체결한 날로부터 3년 내에 한하여 계약을 해지할 수 있다. 이 기간을 가쟁기간(可爭期間)이라고 한다. 가쟁기간이란 보험자가 계약 전 알릴 의무를 위반한 경우 보험 회사가 보험금 지급 사유의 발생 전후에 관계없이 계약을 해지할 수 있는 기간이다. 가쟁기간이 지나면 보험자는 임의로 계약을 해지할 수 없다. 그러나 보험자가 보험계약을 체결할 때에 그 사실을 알았거나 중대한 과실로 인하여 알지 못한 때에는 그렇지 않다.

(2) 보험계약체결 후의 고지의무와 보험계약 효력

보험계약자가 보험계약을 체결한 후에 위험이 현저하게 변경 또는 증가된 사실을 안 때에는 지체없이 보험자에게 통지해야 한다. 이를 해태 한 때에는 보험자는 그 사실을 안 날로부터 1월내에 한하여 계약을 해지할 수 있다. 해태라는 것은 어떤 법률 행위를 하여야 할 기일을 이유 없이 넘기어 책임을 다하지 않는 일.을 의미한다. 보험자가 위험의 변경 또는 증가의 통지를 받은 때에는 1월내에 보험료의 증액을 청구하거나 계약을 해지할 수 있다.

보험기간 중에 보험계약자, 피보험자 또는 보험수익자의 고의 또는 중대한 과실로 인하여 위험이 현저하게 감소 또는 증가된 때에는 보험자는 그 사실을 안 날부터 1월내에 보험료의 증액을 청구하거나 계약을 해지할 수 있다. 보험자가 파산선고를 받은 때에는 보험계약자는 계약을 해지할 수 있다. 해지하지 아니한 보험계약은 파산선고 후 3월을 경과한 때에는 그 효력을 잃는다.

(3) 보험계약체결과 사실의 은닉

보험계약자가 보험계약체결 과정 중에 반드시 고지할 사실에 대하여 은닉을 하였다면 보험계약을 효력을 잃는다. 사실의 은닉이라는 것은 보험계약자가 고지를 해야 할 의무가 있는 데도 불구하고 침묵하고 있는 것이다. 즉 사실의 은닉이라는 것은 보험계약자가 보험자에게 위험에 대한 중대한 사실을 명백하게 밝히지 않는 은폐라고 할 수 있다. 사실의 은닉은 실제로 있는 사실을 감추는 거짓행위인 것이다. 사실의 은닉은 중대한 사실에 대한 허위의 표시와 거의 동일한 법률상의 효력을 갖는다. 왜냐하면 보험계약은 신의성실원칙을 요건으로 하는 계약이기 때문에 보험계약자가 성실하게 이 원칙을 준수해야 할 의무가 있는 것이다.

그런데 보험계약자가 보험계약체결과 관련하여 보험자가 통상의 업무과정에서 모든 사실이나 상황을 당연히 알고 있을 것으로 인정하고 이를 보험자에게 알리지 않은 것은 은닉에 해당하지 않는다. 그 사실이라는 것은 보험계약자가 일반적인 사람이라면 판단할 수 있는 정도에서 보험자가 당연히 알고 있을 것으로 간주하는 사항을 의미한다. 보험계약자가 보험자는 이런 것 정도는 알고 있겠지 라는 사항의 범위는 매우 막연한 것이기 때문에 보험계약을 체결하는 중에는 여러 가지 질문 등을 통하여 이를 해결하는 것이 바람직하다.

7) 고지의무의 위반과 보험계약

(1) 고지의무의 위반사항

① 불고지 또는 부실고지

보험계약자가 중요한 사실에 대하여 고지를 하지 않거나 부실하게 고지를 한 경우는 고지의무 위반이 된다. 그러므로 보험계약의 법적 효력을 상실한다.

불고지(不告知; non-disclosure)는 보험계약을 체결할 때에 보험계약자가 중요한 사실을 알고 있으면서 보험자에게 알리지 않은 고지의무 위반행위를 의미한다. 부실고지(不實告知; misrepresentation)란 보험계약을 체결할 때에 보험계약자가 중요한 사실을 알고 있으면서 사실과 달리 허위진술을 한 고지의무 위반행위를 의미한다.

② 고의 또는 중대한 과실

보험계약자가 중요한 사실에 대하여 고의, 또는 중대한 과실로 불고지 또는 부실고지를 하였다면 고지의무 위반이 된다. 고의 또는 중대한 과실에 의한 고지의무 위반은 고지할 사실의 중요성과 고지해야 한다는 당위성을 알고 있었음에도 불구하고 불고지하거나 허위진술을 한 것 또는 부주의로 알리지 않거나 허위진술을 한 것이다. 보험계약자가 고지할 사실의 존재 자체에 대해서 알지 못하였다면 고지의무 위반이 아니다. 왜냐하면 보험계약자에게 사실에 관한 탐지의무까지 부담시키는 것은 아니기 때문이다.

(2) 고지의무의 위반 효력

① 보험계약체결과 보험자의 고지의무 위반 인지와 권한

보험계약자가 보험계약을 체결할 때에 고지의무를 위반한 경우에 대하여 영국해상보험법(MIA)은 보험자에게 보험계약을 해지할 수 있는 권한을 부여하고 있다. 이러한 보험계약 해지 권한은 보험자의 재량권에 속한다. 그래서 보험계약을 체결할 때에 고지의무를 위반한 사실이 밝혀진 경우에 보험자가 보험계약을 취소할 수도 있고 하지 않을 수도 있다. 그런데 보험자가 보험계약을 취소하기 위해서는 불고지 또는 부실고지사항이 반드시 보험계약에 영향을 미치는 중요한 사항이어야 하며, 고지의무 위반에 대한 입증책임은 1차적으로 보험자에게 있다.

② 보험사고 발생과 보험자의 고지의무 위반 인지와 권한

보험계약자의 고지의무 위반사실이 보험사고가 발생하기 전에 밝혀진 경우라면 보험자가 보험계약자에게 보험료의 증액을 요구하거나 보험계약을 해제할 수 있다. 보험계약자의 고지의무 위반사실이 보험사고가 발생한 후에 밝혀진 경우라면 보험자가 보험금을 전액 지급하지 않고 고지의무를 지킨 경우에 납부해야 할 보험요율과 실제 납부된 보험요율과의 비율에 따라 감액하여 보험금을 지급한다.

그런데 보험계약자가 고지의무를 위반한 사실이 밝혀지고 추가보험료를 납부하는 조건으로 보험계약을 유지하려는 교섭 중에 발생한 보험사고에 따르는 손해는 보험자가 실제로 보험료를 수령하기 전에 발생한 손해이기 때문에 보험자가 보상하지 않는다. 이것은 보험계약자를 가능한 한 보호하는 동시에 보험자로 하여금 불량위험을 방치하지 않게 하려는 취지이다. 그러므로 보험계약자는 보험계약을 체결할 때에 보험상품과 관련한 고지의무를 이행해야 보험사고가 발생하였을 때에 보험자로부터 보상받을 수 있는 것이다.

③ 고지의무 위반의 법적 효력

보험자계약자가 보험계약을 체결할 때에 보험상품과 관련한 고지의무를 위반하는 경우에는 다음과 같은 법적 효력이 발생한다.

첫째, 보험자는 보험단체의 이익을 강조하는 객관주의의 입장에서 보험계약자의 고지의무 위반을 보험계약 내용의 기본요건을 충족시키지 못한 것으로 판단하여 보험계약을 무효로 한다. 보험계약의 무효는 법률 행위가 어떤 원인으로 보험계약 당사자가 의도한 효력을 나타내지 못하게 하는 것이다.

둘째, 보험자가 보험단체의 이익을 강조하는 객관주의를 엄격하게 적용하여 보험계약의 무효라는 법적 효력을 완화시켜 보험계약자를 보호한다는 차원에서 보험계약의 해제하거나 해지하는 권한, 즉 보험계약의 해제권이나 보험계약의 해지권을 갖는다. 해제는 공사법(公私法)상의 기존 법률관계를 해소시키는 일이다. 해지는 계약 당사자 한 쪽의 의사 표시에 의해 계약에 바탕을 둔 법률관계를 소멸시키는 일로 해약과 동일한 의미이다.

셋째, 보험자는 보험자가 악의로 불고지 또는 부실고지 하였음을 입증하면 불고지 또는 부실고지 한 내용이 보험사고에 아무런 영향을 미치지 않았더라도 보험계약을 무효로 하지만 악의를 입증하지 못하면 보험계약을 무효로 하지 않는다.

제 2 절 해상보험계약의 기본 내용

1. 해상보험계약의 본질

1) 해상보험계약의 의의

해상보험계약은 보험자(assurer, insurer)가 보험계약자로부터 화물의 해상운송 중에 발생하는 위험을 인수하고, 이들 위험에 근인한 손해가 발생하였을 경우 피보험자(assured)에게 그 손해액을 보상할 것을 약속하는 보험계약이다. 해상보험계약은 적하보험계약과 선박보험계약을 포함하는 개념이다.

영국해상보험법(Marine Insurance Act 1906: MIA)에서는 해상보험계약을 그 계약에 의하여 합의한 방법과 범위 내에서 해상손해, 즉 해상사업에 수반하는 손해를 보험자가 피보험자에게 보상할 것을 인수하는 계약으로 규정하고 있다. 또한 해상보험계약은 명시된 특약 또는 상관습에 의하여 그 담보범위를 확장하여 해상항해에 부수되는 내륙수로 또는 육상위험의 손해에 대해서도 피보험자를 보호할 수 있다고 함으로써 해상보험계약을 체결할 때에 내륙수로 또는 항공위험을 담보하는 경우에는 해상보험의 규정을 준용하도록 하고 있다.

2) 해상보험계약 사항

해상보험계약 사항은 적하보험계약 사항과 선박보험계약 사항으로 구분할 수 있다. 적하보험계약은 선박의 운송목적물인 화물에 대한 보험부보이고 선박보험계약은 선박 자체에 대한 보험부보이다. 해상보험계약 사항은 보험계약의 목적물에 따라서 보험계약자 당사자 사이에 결정하여 문서로 나타내면 된다. 그런데 이러한 사항은 일반적으로 보험자가 인쇄하여 놓은 보험계약서 등에 명시하여 놓고 있기 때문에 그 문서내용에따라 합의하는가 또는 합의하지 않는 가에 대해서만 기재하면 된다. 그 내용으로는 보험계약 당사자, 보험목적물, 보험약관, 담보위험과 면책위험, 피보험이익, 보험가액과 보험금, 보험기간, 보험료, 보험증권상의 권리, 보험사고, 등을 들 수 있다.

3) 해상보험계약의 전제조건

해상보험계약의 전제조건은 이미 보험계약과 관련하여 설명한 보험계약의 전제조건과 동일한 취지를 가지고 있다. 그러므로 해상보험계약은 보험계약이라는 범주내에서 해상사업상에서 발생하는 위험에 의한 손해를 보상한다는 것이지 별도의 조건이 존재하는 것은 아니니다. 해상보험계약이 효력을 발휘하기 위하여 충족되어야 할 전제조건은 다음과 같다

첫째, 해상보험계약은 합법적인 목적을 위하여 존재해야 한다. 해상보험계약은 공서양속을 존중하는 합법적인 것이어야 한다. 즉 공서양속을 위배하는 보험계약은 인정하지 않는다. 예로 피보험이익이 존재하지 않는 도박을 보험에서 취급하지 않는 것 등을 들 수 있다. 즉 해상보험계약을 체결할 때는는 피보험이익이 없는 생명 또는 재물 등은 부보하지 않아야 한다.

둘째, 해상보험계약의 보험목적물을 독단적이고 고의적으로 파괴하면 안 된다. 해상보험계약을 체결한 후에 보험목적물에 대하여 고의적으로나 악의적인 행동을 하여 멸실 손상 등을 발생시키면 안된다. 해상보험계약은 당사자가 합의한 법률로 집행될 수 있는 약속이며 해상보험계약사항을 위반하면 법률이 구제한다는 이면의 약속이기도 하다. 그래서 약속은 법률에 의해 집행되기 전에 특정조건에 따라 이루어져야 한다.

셋째, 해상보험계약 당사자는 해상보험계약을 체결할 수 있는 법률상의 능력을 가져야 한다. 미성년자, 금치산자 또는 한정치산자 등은 해상보험계약을 체결할 수 있는 법률상의 능력이 없는 자들이다.

넷째, 해상보험계약에 대하여 당사자 사이에 합의의 증거가 존재해야 한다. 이는 한쪽의 당사자로부터의 신청과 다른 쪽 당사자의 승낙으로써 입증된다. 합의의 증거는 불요식계약이라는 특성 때문에 존재할 수 없으나 해상보험증권이 합의의 증거가 된다.

다섯째, 해상보험계약에서 약속한 대가는 당사자 사이의 합의에 의하여 실천되어야 한다. 당사자의 한쪽은 보험료의 납입을 대가로 보험금을 받고, 다른 쪽은 보험금의 지급을 대가로 보험료를 수납한다는 합의가 있어야 한다.

여섯째, 해상보험계약을 체결할 때에 지칭하는 위험은 해상사고 발생의 가능성으로서의 위험, 손해의 원인인 보험사고로서의 위험, 보험사정 또는 위험상태로서의 위험, 보험책임으로서의 위험 등으로 제한한다.

4) 해상보험계약의 특성

(1) 낙성계약

해상보험계약은 보험계약 당사자의 의사표시, 즉 보험계약자의 청약과 보험자의 승낙에 의한 합의가 있으면 성립되는 낙성계약(consensual contract)이다. 즉 해상보험계약은 한 쪽의 당사자가 보험계약에 대한 청약을 하고 다른 쪽 당사자가 이를 승낙함으로써 법적 효력이 발생한다. 보험자가 보험료를 보험자에게 납부해야만 해상보험계약이 성립되는 것은 아니다.

(2) 불요식계약

해상보험계약은 보험계약 당사자 사이에 이루어진 합의 증거에 대하여 특별한 방식을 요구하지 않는 불요식계약(informal contract)이다. 보험계약을 체결할 때에 체결의 증거로 작성하는 보험계약서의 형식은 별도로 존재하지 않는다. 어떠한 형식으로든 보험계약 당사자의 합의 내용을 기재하면 된다. 그런데 보험계약자는 해상보험계약을 체결할 때에 보험자가 인쇄해 둔 해상보험청약서를 사용하여 청약을 하고 해상보험계약의 성립과 동시에 보험자는 해상보험증권을 교부함으로써 해상보험계약의 성립에 대한 추정적 증거가 존재한다.

(3) 유상계약

해상보험계약은 보험자의 보상약속에 대하여 보험계약자가 이에 대한 보수인 보험료를 납입한다고 약속하게 되므로 당사자의 채무내용이 서로 대가관계에 있는 유상계약(contract for consideration)이다. 해상보험계약에서 보험자는 계약에서 합의한 방법과 범위 내에서 피보험자의 손해를 보상할 것을 약속한 대가로 보험료를 받는다.

대가란 당사자 사이에 기대되는 행위나 약속이다. 해상보험계약자의 대가는 금전의 지급과 이에 부가하여 해상보험계약조건을 준수한다고 하는 약속이다. 보험자의 대가는 일정 위험이 발생하는 경우에 손해를 보상하고 소송에서 피보험자를 보호한다는 약속이다. 즉 해상보험계약서에 구체적으로 정하고 있는 보험과 관련한 사항 및 징수서비스 등과 같은 세부사항을 수행하는 약속을 의미한다.

(4) 쌍무계약

해상보험계약은 보험자가 피보험목적물에 손해가 발생하면 이의 손해를 보상하며, 반대로 보험계약자는 보험료를 지급하여 쌍방 모두가 일정한 채무를 부담하게 되는 쌍무계약(bilateral contract)이다. 즉 해상보험계약은 보험자가 보험사고가 발생한 경우에 소정의 계약조건에 따라 보험금을 지급할 의무를 부담하고 보험계약자는 이에 대하여 보험료를 지급할 의무를 부담하는 쌍무적 관계에 있는 계약이다. 보험자는 보험사고가 발생하지 않으면 보험금 지급의무가 없기 때문에 보험계약에서 보험자의 의무는 불확정한 의무이다.

(5) 사행계약

해상보험계약은 사행계약(射倖契約; aleatory contract)이다. 사행계약이라는 것은 우연한 이익을 얻기 위해 맺는 계약이라는 의미이다. 그러므로 보험에서의 사행계약은 계약당사자 일방의 급부, 즉 보험금 지급이 우연한 사실에 의하여 좌우되는 계약이다. 즉 해상보험계약에서 보험자의 보험금 지급의무는 사전에 보험료를 수납하였음에도 불구하고 우연한 사고가 생긴 때에만 발생하는 것이다.

(6) 조건부계약

해상보험계약은 보험사고 발생여부를 조건으로 하는 조건부계약(condi- tional contract)이다. 사고가 발생한 경우 피보험자가 보험증권에서 합의한 조항이나 필요조건을 충족시켜야 보험사고로 인정된다. 보험자는 특정조건에 의하여 피보험자가 보험료로 지급한 금액보다 훨씬 많은 보험금을 지급하기도 한다.

(7) 부합계약

해상보험계약은 보험자가 결정한 보험약관에 대하여 보험계약자가 이것을 포괄적으로 승인함으로써 효력이 발생하는 부합계약(符合; adhesion contract)이다. 부합계약은 계약한 내용과 사물이나 현상에서 나타난 결과가 서로 꼭 들어맞아야 한다는 의미이다. 해상보험계약은 보험자와 보험계약자가 내용을 합의하고 체결하지만 그 내용이 복잡하고 어렵기 때문에, 보험자가 사전에 보험약관을 작성하여 놓고 보험계약자가 그 약관에 서명만 하면 성립한다. 부합계약이라는 것은 보험사고가 발생하였을 때에 보상을 받기 위해서는 그 손해가 사전에 보상하기로 합의한 내용에 맞아야 보상받을 수 있는 계약이라는 의미이다.

(8) 선의계약

해상보험계약은 보험계약 당사자의 최대의 선의가 전제조건으로 요구되는 선의의 계약(utmost good faith contract)이다. 보험자의 입장에서는 보험계약을 체결하는 순간에 중요한 사항을 충분하게 검토하기가 불가능하다. 따라서 보험자가 보험계약 체결 전에 보험계약과 관련한 구체적인 사실을 보험계약자로부터 통보받지 않으면 모든 정보를 검토할 수가 없기 때문에 불리한 입장이 된다. 그래서 해상보험계약에서는 보험목적물에 대하여 위험사정을 잘 알고 있는 보험계약자가 보험자가 사고발생의 가능성을 추정하는 데 도움이 되도록 자기가 알고 있는 중요한 사항을 보험계약을 체결하기 전에 최대의 선의로 보험자에게 고지하도록 하고 있다. 만일 보험계약자나 중개인이 이 고지의무를 위반하게 되면 보험자는 보험계약을 무효 또는 해지할 수 있다.

(9) 유인계약

해상보험계약은 보험계약의 체결에 의한 당사자의 채무가 보험계약 체결 사실과 결부되어 있기 때문에 보험계약 체결 사실이 없다면 채무도 성립하지 않는 유인계약(誘因契約; causal contract)이다. 유인이라는 것은 어떤 일이나 현상을 일으키는 직접적인 동기나 원인.이 존재한다는 의미이다. 그러므로 해상보험계약이 체결되었다는 것은 보험계약자의 청약과 보험자의 승낙이 원인이 되었기 때문이 보험계약이 성립한 것이지 다른 이유로 성립한 것은 아니라는 것이다.

(10) 유한책임계약

해상보험계약에서 보험자는 보험계약에서 합의된 금액인 보험금액을 한도로 피보험자에게 보험금을 지급하게 된다. 따라서 보험자가 부담하는 책임이 유한책임이기 때문에 유한책임계약이라고도 한다.

(11) 상행위의 계약

해상보험계약도 다른 기타의 상업계약과 마찬가지로 보험자가 영리를 목적으로 하는 체결하는 계약이기 때문에 상행위의 계약이라는 특징을 가지고 있다. 그러므로 보험계약 당사자 사이에는 보험금 급부에 대한 관심이 발생하기 때문에 보험금을 부당하게 수취하려는 행위가 유발되기도 한다.

2. 해상보험계약의 당사자 의무

1) 보험자의 의무

(1) 보험증권 교부의무

보험자는 보험계약자의 청구에 의하여 해상보험증권을 교부할 의무가 있다. 보험계약이 체결되면 그 증거로 보험자가 보험증권을 자동적으로 교부한다. 해상보험증권의 교부방법은 직접전달 혹은 우편에 의한 송달이 일반적이며, 송달비용과 송달에 따른 위험은 보험자가 부담한다.

(2) 손해보상의무

보험자는 보험사고가 발생하면 보험사고의 정도에 해당하는 보험금을 지급할 의무가 있다. 이것은 보험자가 보험계약자로터 보험료를 수령하였기 때문에 발생하는 쌍무적인 의무이다. 해상운송 중에 손해가 발생하지 않았거나 사고가 없이 보험기간이 경과되었다면 보험자는 손해보상의무가 없다.

(3) 보험료 반환의무

보험자는 해상보험계약의 전부 혹은 일부가 무효인 경우 보험료의 전부나 일부를 반환할 의무가 있다. 다만 보험자가 이러한 의무를 부담하는 것은 해상보험계약이 선의로 이루어 진 경우나 보험계약자와 보험자가 중대한 과실이 없는 경우를 조건으로 하고 있다.

2) 보험계약자의 의무

(1) 보험료 납입의무

보험계약자는 보험자에게 보험료를 납부해야 할 의무가 있다. 보험료를 납입해야 하는 자는 자신을 위한 계약이나 타인을 위한 계약을 불문하고 보험계약자이다. 보험계약자가 파산하였거나 보험료 납부를 지체하였을 때에는 보험자가 피보험자에게 보험료 납부를 요구할 수 있다. 보험료의 납부방법은 일부납입 혹은 분할납입방식이 많이 이용되며, 보험계약자가 최초의 보험료를 납부하면 보험자가 해상보험증권을 발행하여 교부한다.

(2) 위험의 변동 사실 통지의무

해상보험계약을 체결할 때에 위험의 변동이 없을 것으로 예측하여 담보한 위험이 보험기간 중에 보험계약자나 보험자에게 귀책사유가 없는 원인으로 인하여 위험이 변동되었다면 즉시 보험자에게 통지해야 한다.

그런데 보험계약자가 위험의 변동이 발생한 사실을 보험자에게 통지하지 않거나 게을리하였다가 보험자가 위험이 변동된 사실을 알았다면 그 사실을 안 날로부터 1개월 내에 보험계약을 해지할 수가 있다. 만약 보험자가 위험이 변경된 사실을 알고도 보험계약을 해지하지 않았다면 보험자가 위험변동 이후 증가된 위험과 변동된 위험을 인수한 것으로 간주된다.

(3) 손해발생 사실 통지의무

보험계약자는 해상운송 중에 해상사고가 발생하여 손해가 발생하였다면 그 손해사실을 즉시 보험자에게 통지해야 할 의무가 있다. 그러나 보험자가 담보하는 위험으로 발생한 보험사고에 대해서만 보험사고 발생 사실을 통지할 의무가 있고, 보험자의 면책위험으로 발생한 사고에 대해서는 통지할 의무가 없다. 보험계약자에게 손해방생 사실에 대한 통지의무를 부과하는 목적은 보험사고의 발생 사실에 대한 통지가 없는 한 보험자는 알지 못하기 때문에 이를 통지함으로써 보험자에게 손해의 방지 혹은 경감조치를 강구할 기회를 부여하거나 손해보상의 준비를 하도록 하기 위한 것이다. 그래서 보험계약자가 통지의무를 위반하여 보험자에게 손해를 끼쳤을 경우에는 보험자가 이에 대하여 손해보상을 청구할 수 있고 보험손해금에서 공제할 수도 있다.

(4) 손해방지 또는 손해경감의 의무

피보험자는 보험사고가 발생하여 피해를 입은 경우 화물의 손해를 가장 잘 관리할 수 있는 입장에 있다. 피보험자가 보험에 가입하여 손해보상을 받을 수 있다는 입장에만 치우치다 보면 보험사고가 발생한 현장에서 수수방관하여 손해를 더 확대시킬 수도 있다. 그러므로 피보험자는 피보험이익의 보호에 상당한 주의를 기울여야 하고 신의성실의 원칙 및 공익적 차원에 입각하여 손해를 방지하거나 경감하기 위한 합리적인 조치를 강구할 의무가 있다. 이때 손해의 방지는 손해의 발생을 저지하는 것이며, 손해의 경감은 이미 발생한 손해를 제거하거나 최소화하는 것이다.

3. 해상보험계약의 원칙

1) 피보험이익의 원칙

피보험이익의 원칙은 해상보험에서 보험보호의 대상이 되는 어떠한 이익의 존재, 즉 피보험이익이 있어야 해상보험이 존재할 수 있다는 원칙이다. 피보험이익은 우연한 사고의 발생에 의하여 상실되는 가치의 존재를 보험계약상으로 확인시켜 보험의 경제적 의의를 확보시키려는 개념이다. 그래서 손해보험에서 피보험이익이 없으면 보험이 없다라고 한다. 피보험이익에서 재산이란 보험계약상의 보험목적물인 위험발생의 객체를, 사람이란 피보험자라는 피보험이익의 주체를 의미한다.

피보험이익이 없는 이득의 가능성을 내포하는 도박은 보험목적이 아니다. 이것을 엄격히 규제하고 그 악폐를 근절시키기 위하여 피보험이익 요건을 규정하는 공공정책상의 규제는 16세기부터 시작되었다. 우리나라 상법은 손해보험계약에 대하여 피보험이익 요건을 규정하고 있으나 생명보험 계약에 대하여는 별도의 규정을 두고 있지 않다. 영·미법에서는 실질적으로 모든 보험계약에 대하여 피보험이익 요건이 요구되는 것으로 되어 있다.

2) 신의성실의 원칙

신의성실의 원칙은 해상보험에서 보험계약자가 해상보험계약을 체결할 때에 보험자가 사고발생의 가능성을 추정하는 데 도움이 될 수 있는 중요한 사항을 성실하게 알려야 한다는 원칙이다. 신의성실의 원칙은 고지의무와 직결되어 있는 해상보험계약의 체결과 관련한 근본사항이다. 그렇다면 해상보험계약을 체결한 이후에 보험계약체결 당사자가 이행하는 내용에 대해서도 신의성실의 원칙이 적용되어야 한다. 무역계약을 이행하는 과정, 운송계약을 이행하는 과정, 보험계약을 이행하는 과정 등에서도 계약당사자는 당사자로서의 책임과 의무를 수행함에 있어 신의성실의 원칙에 입각해서 행동해야 한다.

사실의 고지는 해상보험계약이 효력을 발생하기 이전에 보험자가 요구하는 문의사항에 대하여 대답하는 것이 아니고 중대하다고 생각되는 사항을 알려 주는 것이다. 비록 사실을 알리면 청약이 거부되거나 보험료가 상승할 가능성이 있더라도 자발적으로 고지해야 한다.

3) 손해보상의 원칙

손해보상의 원칙은 보험사고에 의하여 손해가 발생하는 경우 실제의 손해 이상의 금액을 받을 수 없다는 것이다. 따라서 보험목적의 가격을 초과한 보험계약을 체결하였다고 하더라도 보험목적이 파괴된 경우에는 실제의 손해 이상으로 보험금을 받아 이익을 얻는 행위는 금지된다. 손해보상의 원칙을 준수시키기 위하여 보험계약서에는 다른 보험에 관한 조항을 삽입시키고 있다. 다른 보험조항을 포함시키는 목적은 보험계약자가 실제의 손해 이상으로 보험금을 받을 것을 기대하고 다른 보험자에 중복하여 보험계약을 체결하는 것을 방지하는 데 있다.

손해보상의 원칙은 피보험이익과 밀접하게 관련을 갖고 있다. 피보험이익에 있어서의 문제는 피보험자가 손해를 입었는지 또는 입지 않았는지를 결정하는 것이다. 손해보상에서는 손해에 대한 정확한 산정이 중요하다. 손해사정사의 감정액은 손해의 산정기준으로 인정한다. 어떠한 경우이든 손해보상원칙의 목적은 피보험자를 손해의 발생 전과 동일한 상태로 회복시키는데 있다. 그런데 손해보험에서는 손해보상의 원칙이 적용되나 생명보험에서는 손해보상원칙이 적용되지 않는다. 예를 들면 화재보험에서는 손해를 입은 재물의 현재의 재조달가격에서 계산한 감가액을 차감한 시가로 손해액을 결정한다.

4) 대위의 원칙

대위의 원칙은 보험자가 피보험자에게 손해에 대한 보상을 한 후에 피보험자가 가지고 있는 권리를 보험자가 취득하는 원칙을 의미한다. 대위의 원칙은 보험에 의한 이득의 가능성을 철저히 배격하고 손해보험의 보상원리의 경제적 의미를 확보한다는 면에서 매우 중요하다.

대위의 원칙에서 비록 보험사고가 발생한 경우 피보험자의 과실이 있는 데에도 불구하고 피보험자를 상대로 하며 손해액을 회수할 권리를 보험자에게 무조건 주는 것은 아니다. 대위의 원칙은 손해보상의 원칙이 적용되지 않는 생명보험이나 대부분의 건강보험과 같은 보험 종목에는 존재하지 않는다. 즉 손해보상의 원칙이 존재하는 손해보험에서만 존재하는 원칙이다. 그리고 보험자는 피보험자에게 손해보상을 한 후에만 대위의 권리를 취득할 수 있다.

제 3 절 해상보험계약의 주요 내용

1. 피보험이익

1) 피보험이익의 요건

(1) 피보험이익의 적법성

보험사고가 발생하여 야기된 손해와 관련된 피보험이익은 법률적으로 하자가 없는 적법한 것으로 존재해야 한다. 해상보험계약을 비롯한 모든 보험계약은 적법하게 체결되어야 하며 보험사고가 발생하였을 때에 관련되는 피보험이익 역시 법률적으로 하자가 없는 적법한 것이어야 한다.

적하보험에서는 밀수품, 절도품, 수출금지품목 등은 보험계약체결의 부보대상으로 하지 않는다. 밀수품, 절도품, 수출금지품목 등은 불법품목으로 대외무역법이나 관세법에서도 범죄시하는 품목이다. 즉 실정법에 위반되는 보험목적물을 보험계약의 체결의 대상으로 하여 보험보호의 의무를 부과하는 보험계약은 공서양속에 위반되는 계약이기 때문에 보험계약은 무효가 된다. 즉 실정법에 위반되는 보험목적물을 대상으로 하여 보험계약을 체결하였을 때에는 원천적으로 보험계약이 무효가 되기 때문에 보험사고가 발생한 손해에 대해서는 보험계약자 또는 피보험자가 보험금을 청구할 수 없다. 그리고 보험자가 보험목적물이 실정법을 위반하였다는 사실을 인지하지 못한 사애에서 보험계약을 체결하고 보험계약자로부터 수령한 보험료는 비록 실정법을 위반에 배치되는 반대의 특약을 설정하였다 하더라도 이를 반환할 필요가 없다.

사행성을 목적으로 하는 또는 도박을 목적으로 하는 해상보험계약은 피보험이익이 존재하지 않기 때문에 무효이다. 피보험이익의 적법성은 당사자의 객관적이고도 상식적인 수준에서 결정해야 한다. 피보험이익의 적법성은 피보험자의 능력이나 신분관계와는 관계가 없기 때문에 피보험자가 전쟁이 발발하여 적국의 국민이 되더라도 사법관계에 속하는 범위에서는 보험계약의 보호를 받게 된다.

(2) 피보험이익의 경제성

① 경제적 평가의 범위

보험사고가 발생하였을 때에 피보험이익은 금전으로 평가할 수 있는 경제적 이익으로 측정할 수 있는 것이어야 한다. 왜냐하면 보험사고가 발생하였을 때에 보험자가 피보험자에게 제공하는 손해보상은 금전의 지급 또는 기타의 경제적 급부로 행해지기 때문이다. 따라서 보험사고가 발생하였다고 하더라도 경제적으로 평가할 수 없는 감정적 피해 혹은 정신적 피해 등은 객관적으로 그 가치를 경제적으로 산정할 수 없기 때문에 피보험이익으로 인정받을 수 없다. 피보험이익이 보험목적물에 대하여 법률상의 관계를 가져야 하는 것은 아니다.

② 피보험이익의 대상

보험계약에서는 객관적 재산의 가치를 가지고 금전적으로 평가할 수 있는 이익에 한하여 보험계약의 대상으로 한다. 책임보험에서 보험계약자의 제3자에 대한 손해배상책임은 경제적인 이해관계가 있기 때문에 제3자에 대한 손해배상책임을 보험계약자 자신이 부담하는 경우도 있지만 제3자로부터 입은 피해에 대하여 손해를 구상할 수도 있다. 이러한 경우 손해배상요구에 대한 급부는 금전적으로 평가하여 이루어지기 때문에 피보험이익이 존재한다. 그러나 보험계약에서 객관적 재산의 가치를 경제적으로 평가할 수 없는 감정적 피보험이익이나 정신적 피보험이익은 인정받지 못한다.

피보험이익을 경제적으로 평가할 수 있는 것이면 법률상의 권리관계이든 사실상의 이해관계이든, 적극적 이해관계이든, 소극적 이해관계이든, 현재의 이익이든, 장래의 희망이익이든, 현실적으로 입은 손해이든, 상실한 이익이든 어떤 것이든 대상을 묻지 않는다. 피보험이익을 경제적으로 평가할 수 있는 것이면 주관적인 이익은 물론, 그것이 반드시 경제적인 용도에 사용되지 아니하는 것이라도 보험계약의 보험목적물로 될 수 있다. 따라서 보험목적물에 대하여 소유권, 채권, 물권 등과 같은 법률상의 관계뿐만 아니라 화재로 인하여 영업을 할 수 없는 기간 동안에 얻으리라는 희망이익과 같은 사실상의 관계도 경제상의 이익이 있으면 그것은 피보험이익으로 될 수 있다. 그러나 이러한 이익은 피보험자가 보험목적물에 대하여 직접적으로 소유하는 것이어야 하며, 간접적으로 소유하는 것은 포함되지 않는다.

(3) 피보험이익의 확정성

① 피보험이익의 존재시기

㉠ 손해발생시

피보험이익은 보험계약을 체결할 당시에 현존하고 확정되는 것이 보통이지만, 피보험이익은 존재가 확정될 수만 있다면 현재에 보험목적물과 관련한 피보험이익이 존재하건, 장래에 보험목적물과 관련한 피보험이익이 발생하건 문제가 되지 않는다. 해상보험에서는 화주가 종종 귀로(歸路)에 화물을 매입할 것을 상정하고 아직 매입하지 않은 화물에 대하여 부보를 하는 경우가 있다. 즉 화주가 목적지에 도착한 이후에 매입할 물품을 상정하고 보험에 부보하는 경우이다.

손해보험에서 피보험이익은 보험계약을 체결하기 전에는 필요로 하지 않지만 법적으로 손해가 발생하였을 때에는 반드시 존재하는 것을 필요로 하는 입장이다. 왜냐하면 보험사고가 발생하였을 때에 피보험이익이 확정되어 있지 않으면 손해를 확정하지 못하여 보험자가 보상할 보험금도 확정할 수 없기 때문이다. 피보험자가 손해발생시 이익을 가지고 있지 않는 경우, 피보험자가 손해발생을 사실을 알고 난 후에는 어떠한 행위 또는 선택을 하여 피보험이익을 취득하는 것은 인정하지 않는다.

㉡ 소급보상시

소급보상이라는 것은 보험계약체결 내용에 따라 보험계약이 체결되기 전에 발생한 손해까지도 멸실 여하를 불문하고(lost or not lost) 보험자가 보상한다는 의미이다. 보험목적물에 대한 확인이 어려운 본선 인도 거래규칙(FOB)이나 운임포함 인도 거래규칙(CFR)에서는 보험목적물인 화물이 수출항의 창고나 본선 위에 있지만 수입업자가 수입지에서 보험자와 보험계약을 체결해야 하는 경우가 있다. 이러한 경우에는 보험계약자가 보험을 악용할 우려가 있기 때문에 해상보험계약 당사자가 해상보험계약체결 전에 보험사고가 발생하지 않았을 경우에만 인정된다.

적하보험에서는 소급보상의 원칙을 적용할 수 있기 때문에 피보험이익이 존재하는 시기는 별 문제가 되지 않는다. 원칙적으로 피보험이익의 존재를 증명하는 시기는 보험사고가 발생한 때이다. 그렇지만 소급보상의 조건으로 해상보험계약이 체결된 경우에는 관계가 없다.

② 여러 개의 피보험이익

여러 개의 피보험이익 중에서 그 어느 하나에 대하여 선택적으로 또는 그 피보험이익의 귀속주체가 확정되지 않은 상태로 보험계약을 체결할 수도 있다. 이 경우에도 사고가 발생할 때까지는 피보험이익을 확정할 수 있어야 한다. 그런데 일부에서는 피보험이익의 존재는 사행계약으로서 손해보험계약이 사회질서에 반하는 행위가 되는 것을 방지하기 위한 정책적 견지에서 요구되는 외형적 전제조건의 하나라고 보고 있다. 이에 의하면 사법이 예외적으로 피보험이익이 없는 계약을 인정하고 있기 때문에 보험계약체결을 할 때에 피보험이익이 없더라도 손해보험계약의 효력을 인정할 수 있다고 한다. 이것은 보험사고가 발생한 경우에 이루어지는 피보험이익의 존재성 때문이다.

2) 피보험이익의 기능

(1) 경제적 기능

① 보험가액의 평가

보험가액은 피보험이익을 경제적으로 평가한 가치를 의미한다. 보험자가 보험목적물에 대하여 시가를 평가한 금액이기 때문에 피보험이익은 보험목적물을 경제적으로 평가할 수 있는 기준이 되는 것이다.

② 부보금액의 제한

보험금액은 피보험자가 보험가액의 범위 내에서 보험에 가입하는 금액이다. 따라서 보험금액은 피보험자가 가지고 있는 피보험이익의 최대치인 보험가액을 초과할 수 없다. 초과보험이나 중복보험에서 보험목적물에 대한 부보금액을 피보험이익의 가액 이내로 제한하는 것이다.

③ 보험금 산정의 기초

보험금은 보험목적물에 손해가 발생한 경우 보험자가 피보험자에게 지급하는 금액으로서 손해보상액을 의미한다. 보험금을 지급하는 방법은 가액보상법보다는 비례보상의 원칙을 따르는 것이 일반적이다. 일부보험의 경우 보험자의 보상액은 보험금액의 보험가액에 대한 비율에 따라 결정된다.

(2) 법적 기능

① 보험계약의 성립 및 효력 발생

보험계약을 체결할 때에 피보험이익이 없으면 보험계약은 성립할 수 없기 때문에 보험 자체의 존재가 무의미하게 된다. 보험계약을 체결할 때에 피보험이익이 존재하면 보험목적물이 존재하고 보험사고가 발생하였을 때에 보상의 주체가 존재하기 때문에 보험계약이 성립될 수 있고 그 효력 또한 발생할 수 있는 것이다.

② 보험악용 방지

보험계약자 혹은 피보험자가 고의적으로 보험사고를 발생시킨다면 보험은 악용되고 범죄를 유발하는 사회악마저 생길 수 있다. 도박과 보험계약은 양자가 모두 사행성을 가지고 있다는 점에서 서로 비슷한 면이 있다. 도박은 우연한 사항에 관하여 재물을 걸고 승패를 겨루어 일방 당사자만의 이익을 가져오는 것이기 때문에 도박을 하는 자는 타인의 재물을 노려 그 목적물을 취득하는 데에 열중하기 때문에 인위적으로 조작을 하여 자신의 목적을 달성할 가능성이 높다. 도박은 자신의 재물을 걸고 승패를 결정짓는 요인을 선택한 결과가 잘못되어 재산상에 손해가 발생하더라도 금전적인 보상을 받을 수가 없다.

보험에서 피보험자는 우연한 보험사고의 발생으로 인한 재산상의 손해에 대해서만 금전적인 보상을 받을 수 있다. 피보험자는 보험계약상의 피보험이익을 가지고, 보험자로부터 그 자신이 보험사고로 입은 손해액 이상으로는 보상을 받을 수 없다. 이것이 손해보상의 원칙이다. 그런데 피보험자가 이 사실을 악용하여 보험사기를 발생시킬 가능성도 존재기 때문에 보험자는 이를 방지하게 된다.

③ 보험자의 책임범위 결정

보험자는 보험사고로 인하여 피보험자에게 발생한 손해를 보상하여 줄 책임이 있는데, 보험자가 부담하는 책임은 피보험자의 실제 손해액을 한도로 한다. 즉 보험자는 피보험자가 보험계약에서 가지는 피보험이익의 범위 안에서 입증할 수 있는 손해를 한도로 하여 책임을 지게 된다. 그러므로 피보험이익은 바로 보험자의 책임범위를 결정하는 기준이 되는 것이다. 그런데 피보험이익의 원칙에 의하여 피보험자는 자기 자신에 생긴 손해를 증명해야 한다. 그렇지 않으면 보험사고가 발생하여도 자기에게 지급되는 보험금을 받을 수가 없다.

④ 보험계약의 특성 구분

보험은 보험목적물에 따라 구별되는 것이 아니라 보험계약의 목적에 따라 구별되는 것이기 때문에 피보험이익은 보험계약의 특성을 구별하는 기준이 된다. 보험에서는 보험목적물을 대상으로 보험계약자가 그 경제적 이해관계에 따라 각각 독립된 보험계약을 체결할 수 있다. 만약 체결된 보험계약이 동일하면 보험목적물의 피보험이익과 보험사고, 그리고 그 당사자가 동일한 것이다. 보험계약에서 피보험이익이 다르면 동일한 보험목적물에 관한 요건이 모두 동일하더라도 그 보험계약은 별개의 것으로 취급한다.

⑤ 피보험자 확정

보험계약자가 보험자와 보험계약을 체결할 때에 보험사고가 발생하였을 경우에 피보험자가 여러명이 존재하는 경우에 보험금을 지급받을 사람을 1명 이상 지정하게 되는데, 그 사람이 피보험자로 확정된다. 다른 사람을 위하여 보험에 부보하는 경우 그러한 관계인을 추가 이익자 또는 추가 피보험자라고 부르기도 한다. 이들은 일반적으로 기명피보험자보다 보험담보의 적용범위가 좁다.

3) 피보험이익의 대상

(1) 일반 보험의 피보험이익

① 소유이익

㉠ 소유이익의 의미

소유이익은 일정한 재산에 대하여 소유자 또는 재산에 대한 공유자가 소유권을 갖는 이해관계이다. 소유권을 갖고 있는 자가 그 재산에 대하여 위험부담을 하면서 사용하거나, 수익을 내거나, 처분을 하는 경우 등이 피보험이익이다. 소유권은 담보물권에 의하여 제한받고 있는 경우에도 인정된다. 담보물권의 장래 취득이 기대되는 경우에도 인정된다. 이러한 관계 때문에 소유이익의 손해를 재산손해라고 한다. 따라서 소유이익이 보험계약체결의 보험목적물이 되는 것이다. 소유이익을 주된 보험계약체결의 부보대상으로 하는 보험은 손해보험이다. 일반적으로 선박을 선박보험에 부보시킨다고 하면 선박 소유자의 소유이익을 부보하는 것을 의미한다. 그리고 화물을 적하보험에 부보시킨다고 하면 화물 소유자의 소유이익을 부보하는 것을 의미한다.

㉡ 각종 손해보험의 소유이익

상법에서는 피보험이익을 보험계약의 목적이라고 하는데 보험목적물과는 구별된다. 보험목적물은 보험계약의 대상인 재화이고 피보험이익은 그 목적에 대하여 피보험자가 가지는 이익이다. 그러므로 보험목적물인 재화는 한 개인의 경우에도 동시에 다수의 피보험이익이 존재 할 수 있으며 그 각각에 대하여 보험에 부보할 수 있다. 보험목적물이 동일하더라도 피보험자가 누구인가에 따라 피보험이익이 달라지는데, 피보험이익의 내용이 명확하지 않을 경우에는 소유자의 피보험이익을 보험계약의 목적이라고 본다.

선박보험에서는 선박에 대하여 소유권을 갖는 선주의 소유이익이 부보대상이다. 적하보험에서는 화물에 대하여 소유권을 갖는 화주의 소유이익이 부보대상이다. 운송보험에서는 운송을 위탁한 화물에 대하여 소유권을 갖는 화주 등의 소유이익이 부보대상이다. 그리고 자동차 및 차량보험에서는 자동차나 차량 소유자의 소유이익이 부보대상이다. 항공기 기체보험에서는 항공기 소유자의 소유이익이 보험의 유일한 부보대상이 된다.

② 수익이익

㉠ 수익이익의 의미

수익이익은 재산의 소유자 또는 사용자를 불문하고 재산에 의하여 과실(果實), 이윤, 보수라고 하는 수익을 올릴 수 있는 관계를 의미한다. 따라서 수익이익이 보험계약체결의 보험목적물이 되는 것이다. 그리고 수익이익의 손해를 수익손해라고 한다.

㉡ 각종 손해보험의 수익이익

수익이익과 관계된 보험으로는 수익이익에 부수되는 것까지 부보대상으로 하는 손해보험과 수익이익만을 주된 부보대상으로 하는 손해보험이 있다. 전자에 해당하는 것으로는 해상보험 중의 적하보험과 운송보험이 있다. 후자에 해당하는 것으로는 해상보험중의 운임보험, 화재보험 중의 이익보험이나 손상보험 및 점포휴업보험, 그 밖에 신종보험 중의 기계이익보험 등이 있다.

적하보험에서는 희망이익이 화주의 수익이익에 부가하여 발생하는 것이기 때문에 부보대상이다. 희망이익은 화물이 목적지에 도착한 경우 화주가 얻을 수 있는 수익이익이다. 운송보험에서는 운송계약에 따라 운송을 완료하고 얻는 수익으로서 운임이 수익이익이다. 운임보험에서는 선주가 갖는 운송의 완료에 따른 보수로서의 수익이익인 착불운임이 부보대상이다.

③ 담보이익

㉠ 담보이익의 의미

담보이익은 채권자가 채무자의 재산에 대하여 담보물권을 갖는 관계이다. 담보물에 대한 권리, 즉 담보권이 없다면 담보이익도 존재할 수 없게 된다. 따라서 담보이익이 보험계약체결의 보험목적물이 되는 것이다.

㉡ 각종 손해보험의 담보이익

우리나라에서는 채무자의 담보물에 대하여 채권자가 갖는 저당권을 비롯한 담보이익을 부보대상으로 하는 손해보험계약을 법적으로 승인하지 않고 있다. 따라서 담보이익만을 부보대상으로 하는 손해보험은 없다. 손해보험시장에서는 채권자가 부보한 소유이익을 화재보험에 부보하는 경우 보험금지급을 채무자가 저당권자에게 양도하는 거래방식을 취하고 있다.

④ 채권이익

㉠ 채권이익의 의미

채권이익은 채권자가 채무자에 대하여 채권을 갖는 관계이다. 즉 금전의 대차관계에서 발생하는 채권상의 권리 관계를 의미한다. 따라서 채권이익이 보험계약체결의 보험목적물이 되는 것이다. 이것은 채무자의 불성실, 도산, 지급불능, 담보물의 멸실 등에 의한 채권 취득불능으로 채권자가 입을지도 모르는 이해관계이다.

㉡ 각종 손해보험의 채권이익

채권자의 채권을 부보대상으로 하는 손해보험에는 화재보험의 일종인 채권보전 화재보험, 신용보험, 보증보험 등이 있다. 채권보전 화재보험은 저당물에 화재로 인한 물적 손해가 발생하여 야기된 채권자의 채권손해를 보상하는 보험이다. 신용보험은 채권자가 보험계약자가 되어 채무자의 채무불이행에 따른 손해를 보상받을 목적으로 체결하는 보험이다. 보증보험은 채무자가 보험계약자가 되고 채권자를 피보험자로 하여 채무자가 채무를 불이행하였을 경우에 발생하는 손해를 채권자에게 보상할 것을 보증하는 채무보증에 관한 보험이다. 이러한 경우 채무자가 채권자에게 보증보험증권을 제시하여 대출관계를 성립시키는 데에 사용한다. 신용보험이나 보증보험 중 어느 것이든 피보험자인 채권자가 갖는 채권이익을 부보대상으로 하는 보험이다.

⑤ 대상이익

㉠ 대상이익의 의미

대상이익은 재산을 얻기 위하여 비용을 지출했는데 그 물적 대상에 위험이 발생하여 지출목적을 달성할 수 없을 때 발생되는 관계를 의미한다. 해상위험으로 인하여 희망이익을 얻을 수 없는 경우가 이에 해당한다. 따라서 대상이익이 보험계약체결의 보험목적물이 되는 것이다.

㉡ 각종 손해보험의 대상이익

대상이익을 부보대상으로 하는 보험에는 선박보험이 있다. 선박보험에서는 화물을 운송하는 중에 해상위험이 발생하여 도착운임을 획득할 수 없는 경우의 손해와 연료를 구입하거나 선원에게 지급된 급료 등과 같은 선비를 회수할 수 없는 경우의 손해를 보상한다.

⑥ 비용이익

㉠ 비용이익의 의미

비용이익은 재산에 위험이 발생하여 재산에 관련된 자가 비용을 지출하게 됨에 따라 야기되는 관계를 의미한다. 사고가 발생하였을 때 사고증가를 막기 위하여 지출되는 비용이 이에 해당한다. 따라서 비용이익이 보험계약체결의 보험목적물이 되는 것이다.

㉡ 각종 손해보험과 비용이익

소유이익을 우선 부보대상으로 하면서 비용이익을 부보대상으로 하고 있는 보험으로는 해상보험과 화재보험이 있다. 비용이익만을 부보대상으로 하는 보험에는 영업계속 비용보험이나 여행업자 비용보험 등이 있다. 해상보험에는 손해방지비용, 예항비용, 운반비용, 구조보수 등과 같은 구조비라는 비용과 손해조사비용이 부보대상이다. 화재보험에서는 잔존물처리비용, 그리고 손해방지비용 등이 부보대상이다.

⑦ 책임이익

㉠ 책임이익의 의미

책임이익은 위험발생에 의하여 관계된 사람이 제3자에 대하여 손해배상이나 기타의 일정한 급부를 해야 하는 경우에 발생하는 법률상의 책임부담관계를 의미한다. 그러한 책임은 법률을 기초로 하든가 계약을 기초로 하든가를 상관하지 않는다. 따라서 책임이익이 보험계약체결의 보험목적물이 되는 것이다.

ⓒ 각종 손해보험과 책임이익

책임이익을 취급하는 보험으로는 해상보험과 같이 소유이익에 부수하는 이익을 부보대상으로 되는 보험이 있다.

즉 해상보험에는 충돌손해 배상책임이익과 공동해손 분담책임이익을 거래관행으로서 소유이익에 부수하는 이익을 부보대상으로 되고 있다. 그리고 자동차보험, 항공보험, 원자력보험과 같이 소유이익과 대등하게 부보대상이 되는 보험이 있다. 또한 책임이익만을 부보대상으로 하는 일반적인 배상책임보험이 있다.

(2) 적하보험의 피보험이익

① 화물

운송의 목적물이 되는 화물인 일반상품, 수하물, 금·은, 통화, 유가증권, 생동물 등은 가장 대표적인 적하보험의 보험목적물이다. 그러므로 화물에 보험사고가 발생하면 피보험이익을 구성하게 된다.

② 제비용

화물의 운송과 관련하여 발생하는 제비용은 적하보험의 보험목적물을 취급하는 데에 따라 발생하는 비용이다. 그러므로 제비용과 관련하여 보험사고가 발생하면 피보험이익을 구성하게 된다. 제비용으로는 화물의 매입수수료, 포장비, 창고료, 검사료, 하역비, 운임, 수출세, 영사증명료 등과 같이 화물에 부수해서 지불되는 모든 비용을 들 수 있다.

③ 희망이익

적하보험에서 인정되고 있는 희망이익(imaginary or anticipated profit)은 보험목적물이다. 희망이익은 화물이 목적지에 무사히 도착하는 경우 화물의 소유권자가 얻을 수 있는 이익을 의미한다. 따라서 화물이 항해의 도중에 멸실 또는 손상을 입은 경우 매수인은 희망이익의 전부 또는 일부를 상실하기 때문에 통상적으로 화물의 원가에 제비용과 함께 희망이익을 합산해서 적하보험으로 부보한다. 그런데 희망이익을 별도로 부보할 수도 있다.

매수인이 화물을 전매하여 이익을 얻으려고 하였으나 항해 중에 화물이 멸실, 훼손, 손상되면 전매이익의 전부 또는 일부를 잃게 되기 때문에 그 희망이익에 대하여 단독으로 부보할 수 있다. 또한 매매계약의 중개대상 물건의 중개수수료에 대해서도 희망이익보험으로 부보할 수 있다.

④ 증액

화물이 도착지에 도착하기 전에 화물의 시가가 현저히 등귀한 경우에 발생하는 증액(increased value)분은 적하보험목적물이다. 그러므로 증액분과 관련하여 보험사고가 발생하면 피보험이익을 구성하게 된다. 즉 피보험자는 시가의 증액분에 대해서 손해보상을 받을 수 있도록 그 가격인상분을 증액보험으로 부보할 수가 있다.

⑤ 수입세

수입세(import duty)는 보험목적물인 화물의 수입과 관련하여 부과하는 관세이다. 그런데 수입세와 관련하여 보험사고가 발생하면 피보험이익을 구성하게 된다.

수입세는 화물이 수입지에 양륙된 후에 부과되는 것이기 때문에 화물이 도중에 멸실하였다면 납부할 필요가 없다. 즉 해난으로 적하가 멸실되거나 손상된 상태로 수입지에 도착하였다면 과세대상 화물이 없기 때문에 수입세를 납부할 필요가 없다. 그런데 종가세를 부과하는 경우에는 현존가액을 과세기준으로 하면 문제가 없지만, 종량세를 부과하는 경우에는 적하의 멸실 부분에 해당하는 손해액을 감세 또는 면세를 받지 못하게 된다.

또한 수입신고를 하기 전에 적하의 손해상태를 발견하지 못하였다면 정상 화물로 판단하여 과세를 하게 된다. 따라서 이러한 경우를 대비하여 수입세를 화물에 가산하여 부보하거나 별도로 보험에 부보해야 한다.

⑥ 운임

운임은 적하보험에서 보험목적물이다. 그러므로 운임과 관련하여 보험사고가 발생하면 피보험이익을 구성하게 된다. 해상운송계약이 선불운임조건이었다면 운임이 원칙적으로 화물의 상업송장가액에 포함되어 있기 때문에 적하보험에 부보하면 된다.

그런데 해상운송계약이 후불운임조건으로 체결되었다면 화주는 운송결과에 따라 운임을 지급할 것이기 때문에 행상운송계약 당사자 사이에 문제가 발생할 수 있다. 즉 운송 도중에 화물이 멸실하였다면 화주는 운임을 지불하지 않으려 할 것이다. 그런데 해상운송계약이 운송거리에 따라 운임을 지불하기로 하였다면 적하의 멸실이나 손상과는 관계없이 운임을 지급해야 한다. 이러한 경우 화주는 미지급운임보험(contingency freight insurance)에 부보하여 지급하지 않아도 될 운임을 지급함으로써 발생하는 경제적 손실을 감소시킬 수 있다.

4) 피보험이익의 산정

적하보험에서 화물에 대한 보험가액은 보험목적물의 원가에 선적비용 및 선적에 부수하는 비용과 운송에 관련된 비용 등과 같은 보험비용을 가산한 금액이다. 인코텀스에 규정된 매매당사자의 보험계약체결 의무와 관련하여 보험부보를 하는 경우 운임·보험료포함 인도 거래규칙(CIF)이나 운송비·보험료지급 인도 거래규칙(CIP)에서는 수익이익의 일종인 희망이익을 합하여 송장가격의 110%로 산정한다.

2. 보험요율

1) 자유보험요율

자유 보험요율은 보험자가 독자적인 재량과 판단에 의하여 보험계약자와 교섭하여 정해지는 보험요율을 의미한다. 자유 보험요율제도를 채택하고 있는 경우, 보험계약자는 각 보험자의 보험요율을 조회하여 보험요율이 낮은 보험상품을 선택하고 신용이 있는 보험자와 보험계약을 체결하는 것이 바람직하다.

2) 협정 보험요율

협정 보험요율은 보험자 상호 사이에 자발적인 협약에 의하여 협정된 사적 협정 보험요율 또는 법령에 따라 소정의 방식으로 산정하여 정부로부터 인가받은 공적인 협정 보험요율을 의미한다. 즉 보험자 상호간에 협정을 맺어 보험수요자에게 제시하는 보험요율이라고 할 수 있다. 우리나라는 선박보험과 적하보험에서 협정 보험요율제도를 채택하고 있다.

3) 전쟁 및 동맹파업위험의 보험요율

적하보험의 담보위험은 해상위험과 전쟁위험, 동맹파업위험 등으로 대별할 수가 있는데, 해상위험과 전쟁위험의 보험요율은 별도의 관점에서 산정되고 있다. 해상보험에서 전쟁위험은 돌발적으로 발생하는 것이 대부분이고 일단 발생한 경우에는 전쟁위험으로 인한 손해가 대규모일 수가 있어 전쟁위험의 보험요율은 영국의 전쟁위험 보험요율위원회가 작성하여 공표하는 전쟁 및 동맹파업 위험요율표를 그대로 적용하고 있다.

4) 적하보험요율

(1) 적재선박

① 기본 요건

적하보험에서 화주의 화물을 운송하는 선박의 상태는 보험요율 산정에 있어 가장 중요한 요소이다. 보험자가 보험계약자와 적하보험계약을 체결할 때는 화물을 운송하는 선박에 대해 통상적으로 선령, 선급, 선적, 총톤수 등과 관련한 위험률을 측정하는데 이것은 화물을 표준규격 선박(approved vessel)에 적재하는 것을 전제로 하기 때문이다.

② 표준규격 선박의 요건

적하보험에서 화물을 해상운송하는 데에 요구하는 표준규격 선박의 요건은 일반적으로 다음과 같다.

첫째, 협회선급약관(institute classification clause)에 규정된 기계력에 의한 자항능력을 지니는 최고의 선급이 부여된 강철제의 동력 선박이어야 한다.

둘째, 로이즈 선급협회 및 국제적으로 인정된 각국 선급협회로부터 선급을 획득한 선박이어야 한다. 즉 Lloyd's Register…100Al or B, S., Korean Register…KRS 1, Nippon Kaiji Kyokai…NS 등과 같은 10대 선급 중 하나를 취득해야 한다.

셋째, 장기간에 걸쳐 특정의 정기항로에 정기적으로 취항하고, 선박 유관기관에서 공표된 항로 및 일정표에 따라 운항하는 선박은 선령이 15년 이하이어야 한다.

넷째, 정기선인 경우는 선령 15년 초과 25년 이하이어야 한다. 정기선이라도 용선된 선박(chartered vessel)과 총톤수 1,000톤 미만의 선박은 선령 15년 미만이어야 한다.

③ 비표준규격 선박의 할증료

선박이 표준규격선박이 아닌 경우에는 각종 할증보험료가 부과된다. 선박에 관한 할증보험료에는 런던 보험시장의 규정에 준해서 결정되고 있다. 할증료는 선령 16년 이상의 선박에 대하여 부과하는 노령선 할증보험료, 소정의 선급을 취득하지 않은 선박에 대하여 부과하는 무선급선 할증보험료, 총톤수 1,000톤 미만의 선박에 대하여 부과하는 소형선 할증보험료, 기계력에 의한 자항능력을 지닌 강철선박 이외의 선박에 대하여 부과하는 특수선 할증보험료 등이 있다.

(2) 운항구간

적하보험에서는 선박의 운항구간에서 발생하는 여러 가지 상황은 적하보험요율의 산정요소가 된다. 선적항이나 양륙항의 항구시설이나 설비 및 하역설비 와 하역방법 등은 화물의 운송, 보관, 분배 등에 영향을 미치게 된다. 또한 선적항이나 양륙항이 위치하고 있는 지역에서의 정치상황, 사회상황, 문화상황 등도 화물의 취급에 영향을 주는 것은 당연하다. 선적항이나 양륙항의 기후 및 풍토도 영향을 주는 요소 중의 하나이다. 운송구간에서 발생하는 기후변화는 해상운송에 직접적인 영향을 준다. 선박의 운송구간에서 급격한 기후변화가 발생하면 항로를 변경하거나 위험을 회피하는 수단을 강구하게 됨으로써 적하보험계약을 체결할 당시에 합의하여 작성한 보험증권의 내용까지도 변동을 초래하기 때문에 심각한 상황을 만들 수도 있다. 운송구간 중에 환적을 하거나 경유지가 있는 경우에도 적하의 취급에 영향을 줄 수 있다. 그러므로 이러한 모든 사정은 적하보험계약의 합의된 내용에 영향을 줄 수 있기 때문에 이 모든 것이 보험요율의 산정요인이다.

(3) 화물의 성질 및 상태

적하보험에 부보할 때는 보험목적물인 화물의 성질, 포장상태, 운송방법 등을 충분히 고려한 후 가장 경제적이면서도 화물의 안전운송에 효과적으로 대처할 수 있는 가장 적합한 적하보험조건을 선택해야 한다.

철류(鐵類)는 파손되거나 도난의 위험이 거의 없기 때문에 보험계약을 체결할 때에 A/R 약관이나 ICC 2009(A) 약관으로 부보하기보다는 FPA 약관이나 면책비율 부적용 분손담보(with average irrespective of percentage: WAIOP) 약관으로 부보하는 것이 경제적이다.

유리제품이나 정밀기계 등은 운송중의 충격에 약하기 때문에 파손이 발생할 가능성이 높다. 철광석은 비에 젖어도 손해가 거의 없지만 설탕은 비에 젖으면 큰 손해가 발생한다. 산화물인 화학비료는 밀봉된 경우에 비해 부족손해가 발생하기 쉽고 같은 밀봉화물이라도 몇 개의 종이봉지에 넣고, 다시 재포장하는가의 여부에 따라 포장의 파손에 의한 부족손의 정도가 상당히 달라지기 때문에 포장상태의 정도도 중대한 보험요율 산정요소가 된다. 액체화물은 새는 경우에 다른 화물에 오손을 발생시킬 가능성이 있다.

(4) 갑판 적재 여부

적하보험에서 화물을 갑판에 적재하면 선창에 적재하는 것과는 다른 위험에 노출된다. 갑판에 적재된 화학약품이나 목재 등과 같은 화물은 악천후를 만났을 때에 파도에 휩쓸릴 위험이 있고 항상 풍우에 노출되어 있기 때문에 선창 내에 적재된 화물보다도 보험인수조건에 한정성이 있기 때문에 보험요율도 고율이 된다. 선창 내에 선적된 경우라도 적부방법이 부적절하거나 적합한 시설설비가 되어 있지 않으면 보험요율이 고율로 된다.

(5) 환적 여부

화물을 운송하는 중에 다른 운송수단으로 환적을 하면 화물의 파손이나 도난 등과 같은 위험이 발생할 가능성이 높기 때문에 환적 여부도 보험요율의 산정요소가 된다.

(6) 보험금액

보험에서 부보하려는 보험목적물의 보험금액이 보험가액을 초과하는 경우에는 도덕적 위험이 발생할 우려가 크다. 그렇지만 보험계약자로서는 보험금액을 최대한 높이려고 하기 때문에 보험요율의 산정요소가 된다.

(7) 보험조건

보험에서 특약에 의하여 보험조건을 첨부하면 할수록 보험자가 부담하는 위험도는 증가하기 때문에 보험요율도 이에 비례하여 높아진다. 따라서 보험계약자는 보험조건과 보험요율의 관계를 고려한 후 화물의 성질에 합치한 조건이면서도 채산이 맞는 조건으로 부보해야 한다. 더구나 화물의 종류에 따라서는 인수할 수 없는 보험조건도 있고, 설령 보험을 인수한 경우에도 극히 높은 보험요율을 적용하는 경우가 있기 때문에 주의해야 한다.

(8) 손해율

손해율(loss ratio)은 지급보험금의 수입보험료에 대한 비율이다. 보험자는 이 손해율을 근거로 현재의 제사정의 변화를 감안하여 보험계약자가 요구하는 보험계약을 체결하게 된다. 따라서 과거에 동종의 화물, 동지역 도착지, 동종의 적재선박에서 실제로 어느 정도의 사고가 발생했는가를 파악하고 이를 기록 보관함으로써 차후의 보험계약체결에 활용해야 한다.

3. 보험가액과 보험금액

1) 보험가액

(1) 보험가액의 원칙

① 보험가액 가변의 원칙

보험가액은 보험기간 중 일정하게 유지되는 것은 아니다. 보험가액은 시간의 경과나 장소의 이동에 따라 변동하는 것이 보통이다. 이것을 보험가액 가변의 원칙이라고 한다. 보험가액이 시간의 경과에 따라 변하는 것은 보험목적물의 감가상각이 대표적인 것이다. 보험가액이 장소의 변경에 따라 변하는 것은 화물의 시가가 출발지와 목적지에서 각각 다르게 산정되는 것과 같다.

손해보험은 손해보상을 목적으로 하기 때문에 보험자의 보상금 결정은 원칙적으로 손해발생의 시간 및 장소에 있어서의 보험가액을 기준으로 행하여진다. 화재보험에서는 보험계약자가 보험계약을 체결할 당시에는 보험목적물에 대해 전부보험으로 부보한다. 그런데 이후 물가상승에 의하여 보험목적물의 시가가 변동되었음에도 불구하고 보험증권에 기재된 보험가액은 변동이 없다. 이런 경우 발생한 시점에서는 보험가액이 상승하여 일부보험과 같은 결과가 초래되어 피보험자에 불이익을 주는 경우가 있다. 그래서 보험가액 가변의 원칙을 적용하게 된다.

② 보험가액 불변의 원칙

해상보험의 적하보험이나 선박보험, 기타 운송보험과 같이 보험의 목적이 되는 선박과 화물 그리고 운송물품이 장거리로 광범위하게 이동하는 보험목적물을 대상으로 하는 보험에서는 손해발생의 시간과 장소에 따라 보험가액의 산정이 실제로는 곤란한 경우가 있다. 그래서 해상보험의 선박보험에서는 보험자의 책임이 개시될 때의 가액으로, 적하보험에서는 선적할 때 및 선적하는 장소에서의 가액, 운송보험에서는 발송할 때 및 발송하는 장소에서의 가액을 보험가액으로 하여 그것이 보험기간 중에는 변하지 않는 것으로 한다. 이것을 보험가액 불변의 원칙이라고 한다. 이것은 보험계약체결 당시의 보험가액과 보험사고가 발생하였을 때의 보험가액을 동일하게 하여 분쟁을 해결하는 방법이기도 하다.

(2) 보험가액의 협정

보험가액은 보험금액의 범위 내에서 계약당사자가 자유로이 정할 수 있다. 이러한 경우에는 손해가 발생할 때마다 보험가액을 산정해야 하는 불편이 있다. 그래서 보험계약을 체결할 때 보험자와 계약자 사이에 사전에 보험가액을 협정해 놓는 것도 인정한다. 이러한 보험가액을 협정보험가액(insured value)이라 하고, 이 경우의 보험증권을 기평가보험증권(valued policy)이라 한다. 그리고 보험가액을 협정하는 보험을 보험평가제보험 또는 보험가액협정보험이라고 한다. 보험가액협정에 사기나 현저한 과대평가가 없는 한 협정보험가액은 불가쟁(不可爭) 대상이다.

보험계약을 체결하는 경우에 보험가액을 결정하는 경우에는 보험계약 당사자가 협정하여 결정하는 방법과 특약에 의하여 결정하는 방법이 있다. 보험계약 당사자가 협정하여 보험가액을 결정하는 보험으로는 해상보험과 항공보험, 그리고 운송보험 등이 있다. 특약에 의하여 보험가액을 결정하는 보험으로는 화재보험이 있다.

(3) 해상보험의 보험가액

① 선박보험

선박의 보험가액은 부보할 선박과 동종의 선박의 신건조비(新建造費)에서 선령(船齡) 상당 해당하는 감가액을 공제한 금액으로 계산되어진다. 신건조비는 새로운 선박을 건조하는 비용이고 선령은 선박이 진수한 때부터 경과한 햇수, 즉 선박의 나이를 의미한다. 선박보험의 보험가액은 외장, 선구, 선원의 식료품 및 저장품, 선원의 급료의 전도금 및 선박의 감항성 유지를 위하여 지출된 그 밖의 선비, 위험이 개시하였을 때의 선박의 가액 등에 보험비용을 더한 액수로 한다.

② 적하보험

적하보험의 경우 적하의 보험가액은 송장에 기재된 가액을 보험가액으로 한다. 다만 인코텀스에서 규정하고 있는 운임·보험료포함 인도 거래규칙(CIF)이나 운송비·보험료지급 인도 거래규칙(CIP)에서는 수익이익의 일종인 희망이익을 합하여 송장가격 110%를 보험가액으로 한다. 이 외의 거래규칙에서는 송장가격 자체가 보험가액이 된다. 일반적으로는 선적지 및 선적지에서의 화물가액에 선적과 보험에 관련된 비용이 있으면 이를 합한 것이 보험가액인 동시에 화물의 시가가 된다.

③ 운송보험

운송보험에서 보험가액은 운송비의 취득비용을 포함한 총운송비를 산출하여 보험가액으로 한다. 영국 해상보험법(MIA)에서 보험가액을 운송임이 선불되어졌는가의 여부를 불문하고 피보험자의 위험에 해당하는 운송임의 총액에 보험의 비용을 더한 금액을 보험가액으로 한다. 다만 운송업계에서는 운송임을 선불로 하는 것이 관례로 되어 있기 때문에 특별한 경우가 아니라면 문제가 없다.

2) 보험가입금액

(1) 보험가입금액의 결정

전부보험과 같이 보험가입금액이 보험가액과 동액으로 부보되는 경우에는 손해액에 대하여 전액 보상된다. 일부보험과 같이 보험가입금액이 보험가액보다 낮은 경우에는 손해액에 대해 보험가입금액의 보험가액에 대한 비율로 보상된다. 초과보험과 같이 보험가입금액이 보험가액을 초과한 경우에는 초과부분의 손해는 무효가 된다.

적하보험에서는 보험증권에 보험가액은 보험가입금액과 동액으로 협정한다는 문언이 있다고 하더라도 운임·보험료포함 인도 거래규칙(CIF)이나 운송비·보험료지급 인도 거래규칙(CIP)에서 희망이익 10%를 가산하여 보험가입금액으로서 청약하면 보험가액을 보험가입금액과 동액으로 인정하고 전부보험으로 인수한다.

(2) 보험가입금액과 보험료

적하보험에서 보험가입금액은 CIF 가격의 110%로 부보하는 것이 일반적이다. 이에 의하여 운임포함가격(C&F) 조건과 본선인도가격(FOB) 조건의 보험료를 계산할 수 있다. P=보험료, A=보험가입금액, C=원가(FOB 가액), F=운임, R=보험요율이라고 하여 수식으로 나타내면 다음과 같다.

P=(C+F)1.1R/1-1.1R, A=1.1(C+F)/1-1.1R, CIF 가격=(C+F)/1.1R

3) 보험금액

(1) 보험금액의 산정원칙

① 대수의 법칙

보험에서 보험사고는 개별적으로 보면 우연성을 기초로 한 사고이지만 위험의 대상을 집단화시키면 개연성을 찾을 수 있다. 즉 보험에서 개개의 보험목적물을 집단화하여 위험확률을 계산하면 일정한 기준치를 산정할 수 있는 것이다. 그래서 보험료와 보험금은 통계적 기초에 근거한 대수의 법칙을 적용하여 산정된다. 대수라는 것은 많은 수를 모아 일정한 공통 요소를 찾아내려는 것이다. 즉 물건의 수가 많아지면 위험률을 찾을 수 있는 원리와도 같은 것이다.

② 급부 대 반대급부 균등의 법칙

보험자가 수납한 보험료 중 보험금으로 지급되는 부분은 급부 대 반대급부 균등의 원칙에 따라 산정된다. 급부 대 반대급부 균등의 원칙은 보험료(P)는 보험사고발생의 확률(W)×보험금(Z)으로 표시되는데, 개개 가입자의 보험료와 보험금의 지급관계를 나타낸다. 이 경우의 P=WZ에서 WZ는 보험사고가 발생하였을 때에 보험자가 보상받을 수 있는 보험금의 수학적 기대치(mathematical expectation)라고 한다. 개개의 보험계약자가 납입하는 보험료는 일정한 사고가 발생하였을 때 보상받을 수 있는 보험금의 수학적 기대치와 같다는 것이다. 즉 위험집단의 구성원 각자가 부담하는 보험료는 지급하는 보험금에 보험사고발생의 확률을 곱한 것과 같다는 것이다..

③ 수지상등의 원칙

수지상등의 원칙은 보험단체 자급자족의 원칙이라고도 한다. 수지상등의 원칙을 등식으로 나타내면 가입자 수(N)×보험료(P)는 보험사고 발생 수(R)×보험금(Z)으로 표시할 수 있다. 즉 NP=RZ으로 표시된다. 보험계약을 개별적으로 보면 보험료와 보험금 사이에는 상관관계가 없지만 전체적으로 보면 수지가 상등하게 되는 것이다. 보험자가 받을 수 있는 순보험료의 총액이 보험사고가 발생하였을 때 보상하는 보험금의 총액과 같게 되기 때문에 수지상등의 원칙이라고도 한다. 결국 손보험료의 수입이 지급하는 보험금의 액수와 같을 때에 수지상등의 원칙이 성립될 수 있어 보험자의 경영목표에 도달할 수 있는 최적의 선택이 될 수 있는 것이다.

(2) 보험금액 자동복원방식

보험금액 자동복원방식(automatic reinstatement)은 보험기간 중에 사고가 발생하여 보험자가 보험금을 지급하였더라도 보험가입 금액은 지급받은 보험금만큼 감액하지 않고 최초의 보험가입 금액으로 복원되는 방식이다. 이에 따라 보험계약자는 동일한 보험기간 내에 몇 번의 보험금 지급이 있었더라도 항상 같은 조건으로 손해보상을 받게 된다. 해상보험이 대표적인 예이며, 화재보험에서는 이와는 반대로 특약이 없는 한 보험금을 지급할 때마다 해당액만큼 보험가입금액에서 감액을 한다.

4. 보험기간

1) 보험기간의 요건

(1) 보험기간의 설정방법

보험에서 보험기간은 보험계약을 체결할 때에 보험계약 당사자가 보험약관에 합의를 하거나 특약을 함으로써 결정한다. 보험기간을 결정하는 방법에는 어느 확정적인 일시부터 일시까지를 기준으로 결정하는 방법과 어느 특정사실이 발생하였을 때를 기준으로 결정하는 방법으로 구분된다. 전자는 몇 월 며칠부터 1년간이라든가 몇 월 며칠부터 몇 월 며칠까지 등과 같이 날짜를 기준으로 보험기간을 결정하는 보험인데 이러한 보험을 기간보험이라고 한다. 후자는 보험자의 책임이 개시된 이후 보험사고가 발생한 시점까지를 보험기간으로 하는 일반적인 모든 보험에서 볼 수 있는 유형이다.

(2) 보험기간의 개시 시점

보험기간은 특별한 사정이 없는 한 보험계약을 체결할 때의 시간보다 후에 개시하는 것이 일반적이다. 그러나 해상보험에서는 본선 인도 거래규칙(FOB)과 같이 매수인이 매도인으로부터 화물이 본선의 갑판 위에 선적 완료하여 인계하였다는 통지를 받은 후에 보험계약을 체결하게 되는 경우가 있다. 이러한 경우 보험계약자는 선적완료 이전에 화물에 어떠한 위험이 발생하였는지 전혀 알지 못하기 때문에 보험자의 위험부담책임을 선적시점까지 소급시켜 보험에 부보한다. 이러한 경우를 소급보험이라고 한다.

(3) 보험기간의 제한

보험기간은 보험자가 책임을 부담하는 기간인데 보험기간에 대해 제한을 하는 것은 보험자의 책임을 명확하게 계산하려는 것이다. 보험계약자도 보험기간이 설정됨으로써 보험목적물에 대한 위험방지대책을 강구할 수 있다. 보험계약서에서 규정하고 있는 보험기간에 포함되는 내용은 담보위험의 발생가능성이 존재하는 기간, 손해가 발생하였을 때 보험자에게 통지하는 기간, 보험금 지급기간 및 손해증명서의 제출기간 등이다.

2) 해상보험의 보험기간

(1) 적하보험

적하보험에서는 화물이 운송개시를 위하여 보험증권에 기재된 장소의 창고나 보관장소를 떠날 때부터 보험기간은 시작된다. 그리고 통상의 운송과정에 있는 동안 보험기간은 계속된다. 목적지까지의 이동과정 중에 발생하는 선박 등에 적재하기 위하여 대기를 하거나 세관의 검열을 위하여 대기를 하는 기간도 보험기간에 포함된다.

적하보험에서는 해상보험증권에 기재된 목적지의 수화인 또는 기타의 최종창고나 보관장소에서 적하가 인도될 때, 보험증권에 기재된 목적지에 도착하기 이전 또는 목적지를 불문하고 피보험자가 통상의 운송과정이 아닌 보관을 할 때, 적하의 할당 또는 분배를 위하여 기타의 창고 또는 보관장소에 인도될 때, 최종 양륙항에서 외항선으로부터 적하의 하역이 완료된 후 60일이 경과될 때, 최종 양륙항에서 외항선으로부터의 하역 후, 그러나 이 보험기간의 종료 전에 화물이 이 보험에 부보된 목적지 이외의 장소로 운송될 때, 비록 하역 후 60일이 경과하지 않았다고 하더라도 목적지가 변경되면 위험변경이 되어 운송이 개시될 때 보험기간은 종료된다.

그렇지만 적하보험에서는 운송약관의 보험기간 종료 규정 및 운송계약종료약관 규정에 따라 피보험자가 통제할 수 없는 지연, 일체의 이로, 불가피한 하역, 재선적, 환적 그리고 해상운송계약의 약관에 따라 선주 또는 용선자가 자유재량권을 행사함으로써 위험의 변경사유가 발생하였을 때에는 보험자의 위험부담에 대한 책임이 계속된다. 보험자는 위험이 변경되면 책임이 종료되는 것이 당연하지만 피보험자로서는 불이익을 받기 때문에 이를 구제하려는 목적으로 확장 담보하려는 취지를 명시한 것이다.

(2) 항해보험

항해보험은 선박의 일정한 항해를 기준으로 보험기간이 정해진 보험이다. 항해보험은 선박의 항해 중에 발생하는 보험사고로 인한 손해를 보상하기 위한 보험이다. 항해보험에서는 계약을 체결할 때에 선박이 그 장소에 있어야 할 필요는 없지만, 항해가 합리적인 기간 내에 개시되어야 하고, 만약 항해가 그렇게 개시되지 않으면 보험자는 계약을 취소할 수 있다는 묵시조건이 있다. 즉 선박의 항해 자체를 보험목적물로 하여 계약을 체결하는 보험이다. 선박항해보험은 선박의 매매에 따른 항해, 자항능력이 없는 부선 또는 작업선 등의 예인항해 및 특수해상작업선의 작업장소나 조업장소를 이동하는 항해, 고철선박을 수입하여 해체하기 위한 항해 등의 경우에 이용된다.

(3) 기간보험

기간보험은 일정한 기간을 기준으로 보험기간이 정해진 보험이다. 기간보험은 주로 선박을 대상으로 이루어지는데, 통상 1년의 보험기간으로 보험계약이 체결된다. 기간보험에서는 보험기간의 시기(始期)와 종기(終期)를 특별히 정한다. 기간보험에서는 선박의 항해 중에 보험기간이 만료되는 일도 있다. 이러한 경우에 그 항해가 완료될 때까지 보험기간을 연장하기 위해서는 계속약관을 첨부하는 관행이 있다.

5. 대위와 위부

1) 대위

(1) 대위의 의미

대위(代位: subrogation)는 보험자가 손해를 입은 피보험자에게 보험금을 지급한 경우에, 피보험자가 보험목적물에 대하여 가지는 일체의 권리와 손해발생에 과실이 있는 제3자에 대한 구상권 등을 보험자가 취득하는 일체의 권리행위이다. 보험자가 보험목적물의 전손 또는 분리할 수 있는 적하 일부분의 전손에 대하여 보험금을 지급한 경우, 보험자는 전손보험금이 지급된 보험목적물의 잔존물에 대한 피보험자의 이익을 승계할 수 있는 권리를 갖는다. 그리고 전손보험금의 지급에 의하여 보험자는 손해를 야기한 재난이 발생한 때부터 보험목적물과 그와 관련한 피보험자의 모든 권리와 구제수단을 대위한다.

(2) 대위의 목적

해상보험계약은 실손보상의 원칙이 적용되기 때문에 실손 이상의 보상은 받을 수 없다. 이것은 보험계약자 또는 피보험자가 보험으로 이익을 볼 수 없다는 의미이다. 피보험자가 보험자로부터 보상받고도 보험목적물을 소유하거나 제3자에 대한 손해배상청구권을 갖는다면 부당이득을 취득하는 것과 같다. 그래서 대위는 피보험자가 손해보상을 받고 잔존 보험목적물이나 제3자에 대한 손해배상청구권까지 소유함으로써 발생하는 이중의 혜택을 받는 것을 방지하는 것이 근본 목적이다. 다른 측면에서 대위는 보험자가 보험금을 받고 보험목적물이나 권리까지 소유하게 되면 도덕적 위험의 해이로 인해 보험사기가 발생할 가능성이 높기 때문에 필요한 것이다.

보험자는 대위권을 자신이 지급한 보험금액 내에서 행사한다. 따라서 보험자는 대위를 통하여 자신이 지급한 보험금 이상을 회수하게 된다면 그 차액은 피보험자에게 반환할 의무가 있다.

(3) 대위의 유형

① 잔존 보험목적물에 관한 보험대위

보험자는 보험목적물의 전부가 멸실한 경우에 보험금액의 전부를 지급하면 그 보험목적물에 대한 피보험자의 보험목적물에 대한 권리를 취득한다. 그러나 보험자가 취득할 권리는 보험계약자가 보험가액의 일부만 보험에 부보한 경우에는 보험금액의 보험가액에 대한 비율에 따라 권리의 범위를 결정한다. 실제적으로는 잔존물에 대한 일부보험의 경우에는 보험자가 그 잔존물을 활용할 가치가 없거나 잔존물을 폐기하는 하는 경우가 많기 때문에 그 취득을 포기하는 사례가 많다.

② 제3자에 대한 보험대위

보험자는 보험계약과 관계가 없는 제3자의 행위로 발생한 보험사고에 대하여 보험금을 지급하였다면 그 지급한 보험금액의 한도 내에서 그 제3자에 대하여 보험자가 갖는 손해배상청구 권리를 취득하고 이를 행사할 수 있다. 그러나 보험자가 보상할 보험금액의 일부만 지급한 때에는 피보험자의 권리를 침해하지 아니하는 보험금 지급범위 내에서 구상권을 행사할 수 있다.

(4) 대위의 효과

① 보험자의 권리 보장

보험자는 대위를 통하여 피보험자가 보험목적물에 대하여 피보험이익을 취하는 과정에서 발생하는 모순을 제거하는 대위권을 취득할 수 있다. 즉 대위의 효과는 보험자가 보험사고가 발생하였을 때에 보험계약자가 이중으로 수혜를 받음으로써 발생하는 보험경영상의 문제점을 제거하려는 권리를 보장하는 것이다.

② 보험자의 피보험자 권리 취득

보험자가 보험금을 피보험자에게 지급한 경우에는 피보험자에게 속하는 보험목적물에 잔존하는 피보험이익, 또는 제3자에 대한 구상권을 무조건 인수하기 때문에 보험목적물에 대한 대위의 경우에는 소유권을 인수하는 등과 같은 절차, 제3자에 대한 구상권 대위의 경우에는 구상권을 인수하는 절차를 필요로 하지 않는다.

2) 위부

(1) 위부의 의미

위부(委付; abandonment)는 피보험자가 보험목적물에 관한 일체의 권리와 함께 잔존물을 보험자에게 양도하는 것이다. 즉 위부는 추정전손의 사유로 피보험자가 보험목적물에 대하여 갖는 소유권 및 제3자에 대한 구상권을 보험자에게 이전하고 보험금의 전액을 청구하는 제도이다.

(2) 위부의 목적

위부는 피보험자가 조속히 재산을 관리할 수 있도록 하기 위하여 필요하다. 피보험자로서는 선박이 행방불명된 경우 피보험자가 전손을 입증하기 어려운 경우 위부를 신청하여 보험금을 받으면 전손금을 받아 물질적 손해를 보전할 수 있게 된다.

보험자의 입장에서는 손해가 시간이 흐르면 현실전손이 불가피한 경우 위부를 통하여 보험자가 그 손해를 조기에 관리하여 재산가치를 보존할 수 있다. 그리고 보험자가 보험금을 지급하고 적절하게 처분하여 손해를 보전할 수 있는 재산을 피보험자가 계속 보관하게 되면 손해만 확대되기 때문에 이를 방지하기 위하여 위부가 존재한다.

(3) 위부의 기본요건

피보험자가 위부를 상당한 기간 이내에 보험자에게 통지를 보내는 것을 요건으로 한다. 영국에서는 위부의 통지를 받은 보험자는 일단 이것을 부정하는 것이 관습으로 되어 있다.

피보험자가 행하는 위부는 무조건이어야 한다. 즉 위부에 조건이나 기한을 붙이는 것은 안 된다. 피보험자의 위부는 보험목적물의 전부에 대하여 위부를 해야 한다. 그러나 위부의 원인이 그 일부에 대하여 생긴 때에는 그 부분에 대해서만 위부를 할 수 있다. 보험가액의 일부를 보험에 붙인 경우에는 위부는 보험금액의 보험가액에 대한 비율에 따라서만 위부를 할 수 있다.

(4) 위부의 유형

① 보험위부

보험위부는 해상보험에서 존재하는 특유한 제도로 법률적으로 추정전손 등과 같이 보험목적물이 전손한 것과 동일시할 수 있는 경우에 피보험자가 보험목적물에 대하여 부합하는 일체의 권리를 보험자에게 이전시킴으로써, 피보험자에게 보험금액 전액의 청구권을 취득시키는 행위이다.

② 면책위부

면책위부는 선주의 총체적 책임제한에 관한 위부주의에 따라 선주의 책임을 제한하는 방법이다. 선주책임제한 제도에 대하여 금액책임주의를 취하고 있는 상법에서 허용되는 행위이다.

(5) 위부의 청구요건

피보험자가 보험목적물을 보험자에게 위부하고 보험금액의 전부를 청구할 수 있는 경우는 다음과 같다.

첫째, 피보험자가 보험사고로 인하여 자기의 선박 또는 적하의 점유를 상실하여 이를 회복할 가능성이 없거나 회복하기 위한 비용이 회복하였을 때의 가액을 초과할 것으로 예상하는 경우이다. 선박보험의 경우에는 피보험자가 선박이 자력으로 항해를 할 수 있는 능력을 상실하여 선박으로서의 가치를 상실한 때이다. 적하보험에서는 화물의 특성을 상실하여 화물로서의 가치를 상실한 때이다.

둘째, 피보험자의 선박이 조난되어 구조가망은 있으나 구조비용이 선박의 가액을 초과하리라고 예상하는 경우이다.

셋째, 피보험자의 선박이 보험사고로 인하여 심하게 훼손되어 이를 수선하기 위한 비용이 수선하였을 때의 가액을 초과하리라고 예상하는 경우이다.

넷째, 피보험자의 화물이 해난을 만나 전부 구조의 가망성이 없다고 예상되는 경우이다. 화물을 전부 구조하더라도 구조비용이 화물의 시가를 초과하는 경우이다.

다섯째, 피보험자의 적하가 보험사고로 인하여 심하게 훼손·변질·부패되어 본래의 용도에는 적합하지 않게 되어서 이를 복구하기 위한 비용과 그 적하를 목적지까지 운송하기 위한 비용과의 합계액이 도착하는 시점에서 정산을 하면 적하의 가액을 초과하리라고 예상되는 경우이다.

여섯째, 피보험자의 적하를 적재한 선박의 존부가 2월간 분명하지 아니한 때에는 그 선박이 행방불명된 것으로 하여 추정전손으로 결정한 경우이다. 단 선장이 적하를 다른 선박으로 계속 운송한 때에는 피보험자는 위부할 수 없다. 추정전손인 경우 피보험자는 그 손해를 분손으로 처리하거나, 보험목적물을 위부하고 그 손해를 현실전손에 준하여 처리할 수도 있다.

(6) 위부의 절차

① 위부의 통지

㉠ 위부의 통지시기

위부의 통지시기에 대하여 영국해상보험법(MIA)에서는 위부가 발생한 사실을 안 날로부터 즉시 통지하도록 하고 있다. 만약 피보험자가 위부의 통지를 하지 못하면, 그 손해는 오로지 분손으로만 처리될 수 있다. 그러나 우리나라 상법의 경우에는 위부가 발생한 사실을 안 날로부터 상당한 기간 내에 통지하도록 하고 있다.

㉡ 위부의 통지내용

피보험자가 위부를 할 때는 보험자에게 보험목적물에 관하여 다른 보험계약을 체결하였다면 보험상품 종류 및 내용과 그에 따른 채무의 유무를 통지해야 한다. 보험자는 위부를 통지받을 때까지 보험금의 지급을 거부할 수 있다. 보험금의 지급에 관한 기간이 약정되어 있는 경우, 그 기간은 위부통지를 받은 날로부터 기산한다.

㉢ 위부의 통지방법

위부의 통지는 서면으로 하거나 구두로도 할 수 있고, 일부는 서면으로, 일부는 구두로 할 수 있다. 피보험자가 보험목적물에 대한 피보험이익을 보험자에게 무조건 위부한다는 의사표시만 있으면 어떠한 방법을 사용하여도 관계가 없다. 그러므로 통신수단과 방법이 발달한 오늘날에는 그 통지방법이 다양할 수밖에 없다. 다만 위부의 통지는 손해에 관한 신뢰할 수 있는 정보를 수취한 후에 상당한 주의로서 이를 통지해야 한다. 그러나 그 정보가 의심스러운 성질을 가지고 있는 경우에는, 조사할 수 있는 상당한 기간이 피보험자에게 주어진다.

② 위부의 승낙

위부의 승인은 보험자의 행위에 의하여 명시적 또는 묵시적으로 할 수 있다. 위부의 통지 후 보험자가 단순히 침묵을 하는 것은 승낙이 아니다. 보험자는 위부를 승낙하면 손해에 대한 책임을 결정적으로 인정한다는 의사표시이기 때문에 철회할 수 없으며 비록 그 손해가 담보위험과 인과관계가 없더라도 보험금 전액을 지급한다. 보험자가 위부를 승인하지 아니한 경우, 피보험자는 위부의 사유를 증명해야 보험금 지급을 청구할 수가 있다.

(7) 위부의 효과

위부는 해상보험에 특유한 제도로 법률상 전손한 것과 동일시할 수 있는 추정전손의 경우에 피보험자가 보험목적물에 부합하는 일체의 권리를 보험자에게 이전시킴으로써, 피보험자에게 보험금 전액을 청구할 수 있는 권리를 취득시키는 효과를 발생시킨다.

보험자는 위부를 통하여 그 보험목적물에 관한 피보험자의 모든 권리를 취득 한다. 피보험자가 위부를 한 때에는 보험목적과 관련한 모든 서류를 보험자에게 제출해야 한다. 위부를 함으로써 피보험자는 보험금 전액을 청구할 수 있으며, 보험자는 피보험목적물에 잔존하는 피보험이익과 소유권을 양도받을 수 있다.

영국해상보험법(MIA)에서는 위부가 단독행위가 아니기 때문에 보험자의 승낙이 필요하다. 그런데 상법에서는 위부가 보험자의 승낙을 기다리지 않고 피보험자의 의사표시만으로 성립되는 단독행위로 규정하고 있다. 그래서 상법을 따르면 보험자의 승낙이 없어도 피보험자가 위부를 통지하는 즉시 위부의 효력이 발생한다.

3) 대위와 위부의 비교

대위는 전손과 분손에도 적용된다. 그러나 위부는 전손 중 추정전손의 경우에만 해당된다. 대위의 목적은 손해를 입은 피보험자가 실손 이상의 보상을 받는 것을 방지하기 위한 것이다. 그런데 위부의 목적은 보험자로 하여금 보다 조속한 재산관리를 하기 위하여, 또는 보험금이 지급되면 보험자가 임의대로 처분하게 될 재산을 피보험자가 계속 보관하게 되면 손해가 확대되기 때문에 이를 방지하기 위하여 위부가 존재한다.

대위의 성립은 보험자가 피보험자에게 보험금을 지급한 때 성립한다. 그러나 위부는 보험자의 위부 승낙 여부에 관계없이 성립한다. 그래서 피보험자는 위부를 하고 보험금 전액을 지급청구 할 수 있다. 보험자는 보험금을 지급하면 피보험목적물에 잔존하는 이익과 소유권을 양도받을 수 있다.

8
chapter

해상보험계약 체결과 효력

제 1 절 해상보험계약 체결절차

1. 해상보험계약의 청약

1) 해상보험계약 청약의 개요

(1) 해상보험계약 청약의 의미

보험수요자가 보험목적물을 해상보험에 부보하기 위하여 보험상품에 대하여 구입의사를 밝히는 것이 청약이다. 즉 해상보험 청약은 보험수요자가가 해상보험계약을 성립시킬 목적으로 보험자에게 확정적 의사표시를 하는 것이다. 우리나라의 경우에는 보험수요자가 직접 보험자에게 보험에 대한 부보의사를 표시하고 협의하여 해상보험계약을 체결하고 있다. 해상보험계약은 낙성계약의 일종이기 때문에 보험수요자가 보험청약을 하고 보험자가 승낙을 했을 때 성립된다.

(2) 해상보험계약 청약자

해상보험계약 청약자는 보험중개인이나 보험대리점을 통하여 보험계약을 체결하는 보험계약자이다. 보험계약의 효력발생 시기는 특정한 경우 보험대리점이나 외무사원의 소속회사로부터 부여된 대리권한이 있는지의 여부에 달려 있다. 무역거래조건에 따라 운임·보험료포함 인도 거래규칙(CIF)이나 운송비·보험료지급 인도 거래규칙(CIP)에서는 매도인이 보험계약자가 되어 보험계약을 체결하지만 운송인 인도 거래규칙(FCA), 선측 인도 거래규칙(FAS), 본선 인도 거래규칙(FOB), 운임포함 인도 거래규칙(CFR), 운송비지급 인도 거래규칙(CPT) 등에서는 매수인이 자신을 위하여 부보해야 한다.

(3) 해상보험계약 청약시기

해상보험계약의 청약은 화물운송에 관한 보험책임의 개시이전에 해야 한다. 보험계약에 대한 청약의 시기는 청약서를 기재하여 보험자에게 정식으로 교부한 때, 또는 보험계약자와 보험중개사가 보험의 세부사항을 결정하여 보험중개사가 각서 또는 부전지(slip)에 보험목적물·항해 또는 기간 등과 같은 보험내용을 기재하여 보험자에게 제시하는 때가 된다.

(4) 해상보험계약 청약방법

해상보험계약 청약은 긴급한 경우에나 구두나 전화로 청약을 받는 경우도 있지만, 일반적으로는 보험자가 작성한 정형화된 서식인 해상보험 청약서(application)에 담보조건과 보험요율산정 및 보험자가 요청하는 사항들을 기입한 후 서명 또는 날인하여 청약한다.

(5) 해상보험계약 청약과 유의사항

① 보험상품의 선택

해상보험계약을 청약할 때에는 청약서의 기재사항에 관하여 사실대로 기재해야 하며, 만약 고의나 중대한 과실로 알리지 않거나 부실고지를 하게 되면 보험사고가 발생하였을 때 보험자는 계약의 해지나 손해를 보상하지 않는 다. 보험계약을 체결할 때에는 보험상품, 보험가입금액, 보험기간, 보험료납입방법 등을 고려해야 하며, 보험료가 경제적으로 부담이 되지 않도록 하는 것이 좋다. 보험계약을 중도에 해약하면 납입했던 보험료보다 적은 금액을 환급받게 되기 때문에 손해를 보게 된다.

② 보험모집인 등록여부 확인

보험업법에 의하면 보험모집인으로 등록하고 보험을 모집할 수 있는 자는 보험설계사, 보험대리점, 보험중개사 등이다. 보험계약과 관련된 법적 문제를 발생시키지 않으려면 보험모집인에 대한 자격의 등록여부를 파악하는 것이 중요하다. 보험설계사는 보험계약자를 위하여 보험계약의 체결을 중개하는 자이다. 보험대리점은 보험자를 위하여 보험계약의 체결을 대리하는 자이다. 보험중개사는 독립적으로 보험계약의 체결을 중개하는 자이다.

③ 상담 및 보험 분쟁 조정

해상보험에 대한 의문사항이나 불편사항은 보험자 본사 또는 전국 각 지점 또는 영업소에 문의하면 친절하게 안내하여 준다. 또한 보험에 관한 분쟁이 있을 경우에는 금융감독위원회에 분쟁 조정을 신청하면 도움을 받을 수 있다.

④ 보험보증기금의 지급 보장

보험계약자 및 보험료 납입명의자가 법인 또는 단체가 아닌 보험계약에 대하여는 회사의 파산 등으로 보험금을 지급하지 못하는 경우 보험보증기금이 일정 금액의 범위 내에서 지급을 보장한다.

2) 해상보험계약 청약서의 작성

(1) 해상보험계약 청약서의 기본사항

① 해상보험계약 청약서의 작성

보험계약자가 해상보험계약을 체결할 때에는 해상보험 청약서를 본인이 직접 작성해야 하며, 서명하는 란에 자필로 서명하던지 날인을 해야 한다. 보험증권에 보험목적물, 보험사고의 성질, 보험금액, 보험료와 그 지급방법, 보험기간을 정한 때에는 그 시기와 종기, 무효와 실권의 사유, 보험계약자의 주소와 성명 또는 상호, 보험계약의 연월일, 보험증권의 작성 장소와 그 작성 연월일 등을 기재해야 한다. 보험계약체결 당사자 사이에 특약에 의하여 별도의 보험약관이 있다면 약관 전문을 기재하거나 이러한 내용이 기재되었다는 사실을 확인하고 기명, 날인하거나 서명한 서류를 첨부해야 한다.

② 해상보험계약 내용의 결정

손해보험계약은 보험계약자의 청약에 대한 보험자의 승낙에 의하여 성립된다. 그렇지만 보험계약 성립의 전제조건으로 양 당사자에 의한 보험계약 내용에 대한 합의가 필요하다. 즉 보험거래조건에 대한 합의가 필요하게 된다. 손해보험상품의 계약요소 중 특히 중요한 것은 부보대상, 보험가액, 보험기간, 보상손해 등에 대한 결정방법이다.

③ 해상보험계약 조건의 결정

보험계약자가 보험조건을 선택할 때에는 보험약관에 규정하고 있는 기본조건을 선택하고 화물과 운송의 특수사정을 고려하여 부가위험을 추가하여 가장 저렴한 보험료를 부담하고 안전한 운송을 보장받을 수 있는 보험상품을 선택하는 것이 바람직하다.

일반적으로 수출화물의 경우 보험조건은 신용장의 보험조항에서 지정된 보험조건으로 가입하면 되며, 수입화물의 경우에는 전위험담보(A/R) 약관 또는 ICC 2009(A)로 가입하면 담보범위가 넓지만 보험료가 상대적으로 비싸다. 제한조건인 분손담보(WA) 약관이나 단독해손부담보(FPA) 약관 또는 ICC 2009(B)나 ICC 2009(C)로 가입을 하는 경우에는 보험료가 상대적으로 저렴하지만 담보범위가 제한적이라 손해가 발생한 경우에 충분하게 보험보상을 받지 못하는 경우도 있기 때문에 합리적으로 보험에 가입할 수 있도록 해야 한다. 보험조건을 선택할 때 고려할 사항으로는 화물의 성질, 포장상태, 출발항, 목적항, 경유지, 환적여부, 선박의 제원, 선적항과 양륙항의 화물 적양시설, 그 밖에 항구조건 등을 들 수 있다.

(2) 해상보험계약 청약서의 세부사항

① 부보대상

부보대상에 대해서는 손해보험의 보호대상이 되는 피보험이익의 본질은 무엇인가를 이해해야 한다. 그리고 피보험이익에는 어떠한 종류가 있는가를 파악해야 한다. 또한 각종의 손해보험이 주거래 대상으로 하는 이익은 무엇인가 등을 파악해야 한다.

② 보험가액

보험가액에 대해서는 보험가액의 의미를 파악해야 한다. 그리고 보험가액과 관련한 거래는 어떠한 것이 있는가를 조사해야 한다. 또한 보험금액과의 관계에서 보험금은 어떻게 결정되는 것인가 등을 파악해야 한다.

③ 담보위험

담보위험에 대해서는 보험자의 위험부담원칙이 무엇인가를 이해해야 한다. 그리고 그 특질을 파악해야 한다. 또한 각종 손해보험의 담보위험에 관한 보험조건은 어떻게 결정되는가 등을 파악해야 한다.

④ 보험기간

보험기간에 대해서는 보험자의 원칙적인 위험부담책임기간은 어떻게 결정하는가에 유의해야 한다. 그것이 보험조건에 의해 어떻게 확장되는 것인가 등을 파악해야 한다.

⑤ 보상손해

보상손해에 대해서는 손해보상의 원칙에 대한 이해가 필요하다. 또 그것이 보험조건에 의하여 어떻게 변경되는 것인가 등을 파악해야 한다.

(3) 해상보험계약 청약서 작성 후의 유의사항

① 보험료 영수증 확보

보험계약자가 보험청약서를 직접 작성한 후 가입자 보관용 보험청약서를 제출하고 보험료를 납입하였다면 보험자가 발행하는 영수증을 받아야 한다. 보험모집인 등의 개인영수증이나 보험자가 발행하지 아니한 영수증에 대해서는 보험자가 책임을 지지 않는다.

② 보험청약 철회 청구제도

보험청약 철회 청구제도는 보험계약자가 보험계약의 내용 등을 충분히 검토해 보험계약을 올바르게 이해할 수 있도록 하는 제도이다. 보험계약자가 보험계약을 청약하였으나 그 내용이나 여러 가지 측면에서 만족스럽지 못할 때 청약을 철회할 수 있도록 한 제도이다. 청약철회는 보험자를 직접 방문하거나 우편으로 할 수 있다.

보험계약자가 보험계약을 청약 또는 제1회 보험료를 납입하였다 하더라도 보험계약을 취소하고 싶으면 청약일 또는 제1회 보험료 영수증을 받은 날로 부터 15일 이내에 해당보험자에 해약희망 서류를 제출하여 청약을 철회할 수 있다. 보험계약자가 보험계약을 철회한다는 의사통보를 받은 보험자는 보험청약 철회통지 접수일로부터 정해진 기일 이내에 초회 보험료를 반환해야 한다. 그러나 이 제도는 건강진단을 받은 계약과 단체보험계약은 적용되지 않는다.

3) 해상보험계약 청약서 작성의 실제

① 보험자

'Assured'란에는 보험자의 이름을 기재한다. 보험계약자는 보험을 계약한 자 또는 보험을 계약한 회사가 된다. 보험계약자가 반드시 피보험자가 되는 것은 아니기 때문에 피보험자를 기재하는 경우에는 보험사고가 발생한 경우에 보험금을 수령하는 자의 명의를 정식 영문명으로 기재한다. 운임·보험료포함 인도 거래규칙(CIF)의 수출인 경우 피보험자에 대하여 별도의 약정이나 지시가 없으면 수출업자를 피보험자로 하여 보험증권을 발행한 후 수출환어음을 매입할 때 배서에 의하여 수입업자에게 양도하면 된다.

② 보험증권 번호

'Policy No.'란에는 보험증권 번호 등을 보험자가 기재한다.

③ 참조번호

'Reference No.'란에는 보험자가 참조하기 위한 번호로서 수출인 경우 신용장 또는 수출허가번호, 수입인 경우 상업송장 또는 수입허가서 번호 등을 기재한다.

④ 부보금액

'Amount Insured'란에는 부보금액을 기재한다. 화물의 보험가입금액은 상업송장금액에 희망이익을 가산한 금액이며 신용장에 별도의 명시가 없으면 운임·보험료포함 인도 거래규칙(CIF) 에서는 송장가격의 110%로 하고 있다.

⑤ 보험조건 또는 부가조건

'Conditions'란에는 보험청약자가 희망하는 보험조건을 표시한다. 이때 구약관을 활용할 것인가 또는 신약관을 활용할 것인가를 면밀하게 검토해야 한다. 기본조건이 분손담보(WA) 약관이나 단독해손부담보(FPA) 약관인 경우로서 부가조건의 부보가 필요한 경우에는 해당란에 추가 기입한다.

⑥ 보험금 청구

'Claims payable at'란에는 보험금 청구와 관련한 사항을 기재한다. 즉 보험금을 청구하는 대상 보험회사를 기재한다.

⑦ 배서

'Endorsement'란에는 보험증권의 배서와 관련한 사항을 기재한다. 즉 지시식으로 발행할 것인지 또는 기명식으로 발행할 것인가 등을 기재한다.

⑧ 선박 · 항공기명

'Vessel/Aircraft'란에는 화물을 적재하는 본선명이나 항공기명을 기재한다. 항공기의 경우는 'Aircraft', 우편인 경우에는 'Sea parcel post', 'parcel post' 등과 같이 기재한다.

⑨ 출항일

'Sailing on or about'란에는 화물적재선의 출항월일을 기재하며, 항공기 또는 우편에 의한 운송의 경우에는 항공기의 출발일 또는 우편발송일을 기재한다.

⑩ 출발항

'At and from'란에는 화물을 적재하고 선박이 출항하는 선적항을 기재하며, 항공기 또는 우편에 의한 운송의 경우에는 화물을 탑재하고 출발하는 출발공항 또는 우편발송지 등을 기재한다.

⑪ 환적항

'Transhipped at'란에는 목적지까지 운송하는 도중에 환적을 하는 경우에는 환적항 또는 환적지 등을 기재한다.

⑫ 도착항 또는 최종도착지

'To'란에는 화물적재 선박의 도착항을 기재하며, 항공기 또는 우편에 의한 운송의 경우에는 도착공항 또는 우편도착지 등을 기재한다. 만약 화물이 양륙항에 도착한 후 다시 내륙지까지 운송할 경우에는 최종도착지 등을 기재한다.

⑬ 경유지

'Via'란에는 운송수단이 국가, 도시 등을 비롯한 일정한 지역을 경유를 하는 경우 경유하는 국가, 도시, 지역 등을 기재한다.

⑭ 피보험화물의 명세

'Goods and Merchandise'란에는 적하보험에 부보하는 화물의 명칭, 수량 및 기타 명세 등을 기재한다. 이 내용은 상업송장이나 신용장 및 선화증권의 내용과 일치해야 한다.

〈표 8-1〉 해상보험청약서 기재의 예

CARGO INSURANCE APPLICATION

〈표준양식〉

<table>
<tr><td colspan="5">Assured: □ ①</td><td colspan="4">Reference No. □ ③</td></tr>
<tr><td colspan="5">Policy No. □ ②</td><td colspan="4" rowspan="3">Amount Insured: □ ④
Invoice Amount:
☒110%×@</td></tr>
<tr><td colspan="5">Claims payable at: ⑥</td></tr>
<tr><td colspan="5">Endorsement: □ ⑦</td></tr>
<tr><td colspan="5">Vessel/Aircraft: □ ⑧</td><td colspan="4" rowspan="6">Conditions: □ □ ⑤
FPA. WA 3%. WAIOP. A/R(AIR). TPND.
RFWD. COOC. JWOB. Hook & Hole.
Breakage/Leakage and/or Shortage.
Sweat/Heating/Denting and Bending.
T/S. ITE. ISE days.
WAR/SRCC.
Others & Special Instruction:</td></tr>
<tr><td colspan="5">Sailing on or about: ⑨</td></tr>
<tr><td colspan="5">At and from: □ ⑩</td></tr>
<tr><td colspan="5">Transhipped at: □ ⑪</td></tr>
<tr><td colspan="5">To: □ □ ⑫</td></tr>
<tr><td colspan="5">Via: □ □ ⑬</td></tr>
<tr><td colspan="5">Marks & Numbers □ □</td><td colspan="4">Goods and Merchandise. ⑭</td></tr>
<tr><td>Ret.</td><td colspan="2">%</td><td></td><td></td><td colspan="2">Rate</td><td colspan="2">Premium(@)</td></tr>
<tr><td>R/I</td><td colspan="2">%</td><td></td><td></td><td>Basic</td><td>%</td><td>$</td><td>₩</td></tr>
<tr><td></td><td colspan="2">%</td><td></td><td></td><td>V/P</td><td>%</td><td>$</td><td>₩</td></tr>
<tr><td>Bx.</td><td>No.</td><td></td><td>Date</td><td></td><td>Total</td><td>%</td><td>$</td><td>₩</td></tr>
<tr><td colspan="9">We are shipping goods as per above mentioned particulars, for which please issue marine duplicate
insurance policy in with copies, under date of . triplicate ⑮
Signed Date : ⑯ Signature of the Applicant ⑰</td></tr>
</table>

⑮ 보험증권발행 통수

'We are shipping goods as … issue marine insurance policy in … under date of.'란에는 보험증권발행 부수를 기재한다. 보험증권발행부수는 우선 무역계약에 따라 매매계약 당사자가 합의한 서류의 통수를 기준으로 정하면 된다. 다만 무역대금결제와 관련하여 보험증권의 통수가 정해지는 경우도 있기 때문에 유의할 필요가 있다.

⑯ 청약일

'Signed Date'란에는 보험계약을 청약하는 연월일을 기재한다. 보험계약자가 청약하는 일자를 기재하면된다.

⑰ 청약자의 서명

'Signature of the Applicant'란에는 청약 책임자가 서명 또는 날인한다. 청약 책임자의 신분에 대한 별도의 구분은 없다. 또한 서명의 방법에 있어서도 그 방법이 다양하기 때문에 본인이 편리한 방법을 선택하면 된다.

2. 해상보험계약의 승낙

해상보험 청약의 승낙이란 보험자가 특정한 보험계약의 청약에 대하여 계약을 성립시킬 목적으로 하는 의사표시이다. 보험계약의 승낙에는 일정한 방식이 없다. 승낙의 시점은 보험자가 인수하고 확인하여 서명하는 시점이다. 보험자가 해상보험 청약서를 검토하여 인수여부를 결정하고, 승낙의 표시로 보험증권 또는 보험증명서를 발행하면 보험계약은 체결된 것이다. 우리나라 상법의 경우도 청약과 함께 보험료 일부를 받은 경우 30일 이내에 승낙 여부의 통지를 하도록 하고 이 기간이 경과하면 승낙된 것으로 간주하고 있다.

보험실무에서는 적하 또는 선박에 대한 보험계약의 증표로 보험증권을 발행함으로써 승낙의 의사표시를 대행하고 있다. 영국해상보험법(MIA)에서는 보험증권의 발행 여부에 관계없이, 피보험자의 청약이 보험자에 의하여 승낙된 때 해상보험계약이 성립한 것으로 간주한다. 그리고 청약이 승낙된 때를 증명하기 위해서 부전지나 보험인수증서 또는 기타 관례적인 계약서를 참조할 수 있도록 하고 있다.

제 2 절 해상보험계약 내용과 변경

1. 해상보험계약 내용의 변경

보험자는 보험계약자의 청약내용에 따라 보험계약의 체결여부를 결정한다. 즉 화물의 종류, 포장방법, 적재선박, 항로, 보험조건 등에 기인된 위험도를 측정해서 보험의 인수 여부 및 보험요율 등을 결정한다.

따라서 보험계약의 성립 후 보험청약내용 중 일부가 변경되었을 때는 보험계약자가 보험자에게 신속하게 그 취지를 통지해야 한다. 변경사실에 대한 통지가 늦어지면 보험계약이 실효되는 경우도 있다.

2. 해상보험증권 기재사항의 정정

해상보험계약의 내용에 변경사항이 발생하면 기존에 발행된 해상보험증권의 기재사항을 정정해야 한다. 해상보험증권의 기재사항을 정정하는 경우에는 이미 발행된 해상보험증권을 회수한 후 해상보험증권을 재발행하는 방법과 배서 또는 추서(rider)에 의하여 정정하는 방법이 있다. 그런데 해상보험계약의 내용이 변경되었다면 그 변경의 내용이 단순한 기재사항의 변경인지 아니면 해상보험계약 내용 자체의 변경인지를 확인해야 한다.

수출계약 등의 경우에 해상보험증권이 이미 다른 선적서류와 함께 제3자의 손에 넘어가 해상보험증권의 회수가 곤란한 경우 배서나 추서의 제출이 지연되면 불이익을 받을 수도 있다. 따라서 해상보험계약 내용이 변경되어 보험가입금액의 감액이나 담보조건의 축소 등 보험자의 담보책임을 축소하는 경우에는 해상보험증권을 재발행하는 방법이 바람직하다. 만약 은행의 대금결제서류 매입 이후에 해상보험계약 내용의 변경이 발생하여 배서 또는 추서에 의하여 해상보험증권의 내용을 정정하는 경우에는 그에 따른 책임과 비용을 보험계약자가 부담하는 전제하에 처리하게 된다.

제 3 절 해상보험계약의 무효와 실효

1. 해상보험계약의 무효

해상보험계약의 무효는 해상보험계약이 어떠한 이유로 인하여 계약이 성립하였을 때부터 당사자가 의도한 효과를 발생하지 않는 것을 의미한다. 무효원인으로서는 법률행위 전반에 공통되는 것과 해상보험계약에 특유한 것이 있는데, 특유의 것으로는 피보험 이익과 부존재(不存在), 초과보험의 초과부분, 계약당시 피보험자가 사고가 이미 생겼다는 것을 알고 있었을 때 등을 들 수 있다. 해상보험계약은 보험가입금액이 보험가액을 초과한 경우 그 초과부분의 계약, 보험계약자의 사기로 인한 해상보험계약, 해상보험계약 체결당시에 보험사고가 이미 발생한 경우 등에 대해서는 무효로 한다.

2. 해상보험계약의 실효

1) 해상보험계약의 실효

해상보험계약의 실효는 넓은 의미로 해상보험계약의 종료, 좁은 의미로는 당사자의 의사에 의하지 않고 해상보험계약이 효력을 잃는 경우이다. 해상보험계약이 실효되는 경우는 다음과 같다.

첫째, 보험자가 부담해야 할 보험사고 이외의 사용에 의해서 보험목적물 등의 전부 또는 일부가 멸실하였을 경우이다.

둘째, 보험기간 중에 보험자의 책임으로 귀착될 사유에 의해서 현저하게 위험이 변경되거나 증대된 경우이다.

셋째, 보험자가 파산선고를 받고 나서 보험계약의 실효와 관련한 일정조건을 충족시킨 경우이다.

2) 해상보험계약의 소멸

(1) 당사자의 의사표시와 관계없는 해상보험계약의 소멸

해상보험계약이 보험자와 피보험자 상호간의 의사표시와 관계없이 자동적으로 소멸되는 경우는 다음과 같다. 첫째, 해상보험계약의 보험목적물인 피보험이익이 소멸되는 경우이다. 둘째, 보험사고의 발생가능성인 위험이 소멸되는 경우이다. 셋째, 약정된 보험기간 내에 보험사고가 발생하지 않은 채 보험기간이 만료되는 경우이다.

(2) 당사자의 의사표시에 따른 해상보험계약의 소멸

해상보험계약이 보험자와 피보험자 상호간의 의사표시에 의하여 소멸되는 경우는 다음과 같다. 첫째, 보험계약자가 고의나 중과실로 인하여 중대한 사항을 고지하지 않은 것을 보험자가 인지한 경우이다. 둘째, 보험계약자가 납기일 내에 보험료 납부의무를 태만히 하여 보험자가 해상보험계약의 존속여부를 문의한 경우이다. 셋째, 보험자가 위험변동 및 위험증가에 대한 내용을 고지하지 않은 것을 보험자가 인지한 경우이다. 넷째, 보험자의 고의 또는 중과실로 위험이 현저하게 증가한 것을 보험자가 인지한 경우이다.

제 4 절 해상보험계약의 해약과 보험의 양도

1. 해상보험계약의 해약

1) 해상보험계약의 해약 사유

해상보험계약을 체결할 때에 부실한 고지나 사기가 있으면 해상보험계약의 해약 사유가 된다. 해상보험계약에서는 직접적인 원인 이외에도 해상보험계약을 해약하는 경우가 있다. 보해상험약관에서는 보험계약이 만기되었을 때와 만기되지 않았을 때의 보험계약 종료에 대한 조건을 정하고 있다.

2) 해상보험계약의 해약과 보험료

해상보험계약을 해약할 때 보험자는 미경과 보험료에 대한 계산을 한 후 보험금을 지급할 의무가 있다. 보험자가 계약을 해약할 경우에는 피보험자는 여하한 제재도 받아서는 안 된다. 연금보험이나 신용보험에서는 보험자의 보험계약 해약권이 없다. 재산보험과 책임보험의 보험자는 보험계약방법상의 문제점으로 인하여 보험계약 해약권을 유보하여 두는 것이 일반적이다.

보험자에 의한 해약은 안되지만 피보험자에 의한 해약이 가능한 해상보험계약에서는 해약에 의한 피보험자에 대한 보험료 반환규정은 없다. 납입이 완료된 보험료는 모두 보험자의 수입이 된다. 생명보험에서는 보험계약을 해약할 때 해약환급금을 받을 수 있다. 해약환급금은 납입된 보험료의 일부이다. 그러나 보험계약의 일부로서 존재하는 것이 아니라 공동자금 중 일부이다.

2. 보험의 양도

1) 보험계약의 양도

(1) 보험계약의 권리 양도

보험계약에서 권리를 양도한다는 것은 문서로 보험계약상의 권리를 제3자에게 이전하는 것이다. 보험계약에서는 계약상의 권리를 제3자에게 양도하는 것을 피보험자에게 인정하고 있다. 양도의 승인은 보험계약별로 행해진다. 보험계약상의 권리를 양도할 때 권리를 부여하는 자를 양도인이라 하고 권리를 부여받은 자를 양수인이라 한다. 화재보험에서는 보험목적이 매각될 때까지 유효한 화재보험계약을 보험목적의 새로운 소유자에게 양도할 수 있다.

(2) 보험계약상의 권리 양도 승인

보험계약상 권리의 양도에 대해서는 보험자의 사전승인을 필요로 하고 있다. 이것은 보험계약이 개별적인 계약이고 최대신의를 요하는 계약이기 때문이다. 그리고 보험자가 위험을 인수하기 전에 보험계약자에 관한 사항을 조사할 필요가 있기 때문이다.

2) 보험목적물의 양도

보험계약이 체결된 후 보험목적물을 매매 등으로 남에게 양도하는 일. 상법에서는 피보험자가 보험목적물을 남에게 양도하였을 때에는 동시에 보험계약에 의해서 생긴 권리도 양도한 것으로 추정하고 있다. 이 경우, 양도인은 피보험자로서의 권리뿐만 아니라 각종의 의무도 아울러 부담하게 된다. 이러한 경우에는 보험증권에 보험자의 승낙배서를 받도록 약관에서 정하는 것이 통례이다. 선박보험계약에서는 상법의 규정과는 달리, 보험목적물인 선박을 양도한 경우, 해당 보험계약은 그 시점부터 해지되는 것이 원칙으로 되어 있다.

9
chapter

손해발생과 손해보상

제 1 절 위험과 손해와의 인과 관계

1. 인과관계의 의의

해상보험에서 보험자는 담보위험과 보험사고로 인한 손해와의 사이에 일정한 인과관계(因果關係; causation)가 존재해야 보상책임을 부담한다. 인과관계는 손해의 원인과 결과 사이에 존재하는 관계이다. 손해가 무엇으로 인하여 발생하였는가에 대한 문제이다. 손해의 원인이 문제가 되는 것은 손해의 원인에 따라 보험자의 보상책임에 대한 한계가 결정되기 때문이다. 보험계약자에게도 손해의 원인에 따라 보상을 받을 수 있는 한계가 결정되기 때문에 중용한 것이다. 그런데 해상사업에서 해상사고로 인하여 야기된 손해가 항상 한 개의 위험에 의하여 발생하는 것은 아니고 일반적으로 손해의 원인이 되는 위험이 둘 이상 존재하게 된다. 최초에 발생한 손해의 원인이 담보위험에 해당하는 것이었지만 그 위험으로 인하여 야기된 손해가 면책위험으로 변한 경우에는 보상의 기준을 어디에 두는가가 문제가 된다. 즉 손해의 원인이 담보위험과 면책위험과 중성위험 등이 어느 것이 되었던 서로 협력하여 손해를 발생시키기 때문에 보험자의 보상책임범위를 규명하는 데에 인과관계를 찾아내는 것이 중요하게 된다.

2. 인과관계의 학설

1) 손해의 원인 기준

(1) 근인설

근인설(近因說; the doctrine of proximate cause)은 손해가 다수의 위험에 의하여 발생한 경우에 가까운 위험을 손해의 직접적인 원인으로 결정하여 보험자의 보상책임에 대한 가부를 결정하는 이론이다. 근인설은 손해가 발생한 경우에 그 보험사고로 인한 손해의 발생원인(原因)을 가장 멀리 떨어져 있는 원인, 즉 원인(遠因)에서 찾지 말고 가장 가까운 원인, 즉 근인(近因)에서 찾으라는 이론이다. 근인설에서는 손해의 근인이라고 할 때에 손해를 발생시킨 다수의 위험 중에서 무엇이 근인으로 영향을 주었는가를 판단하는 데에 상당한 어려움이 있다. 여러 위험이 복합적 원인으로 작용하여 손해가 발생하였다면 가장 먼저 발생한 위험을 원인으로 본다는 것이 근인설의 취지이다. 그렇지만 단지 원인을 보지 말고 근인을 보라고 하였을 때 그 근인이 무엇인가를 규명하는 데에는 이해관계 당사자의 관점에 따라 상당한 이견이 노출되기 때문에 문제가 있는 것이다.

영국해상보험법(MIA)은 근인주의를 채택하고 있는데 보험증권에 별도의 규정이 있는 경우를 제외하고, 보험자는 피보험위험에 근인하여 발생한 일체의 손해에 대하여 책임을 지지만 피보험위험에 근인하여 발생하지 아니한 일체의 손해에 대해서는 책임지지 않는다는 근인주의를 채택하고 있다.

근인주의에 입각하여 해상보험에서는 담보위험으로 발생된 직접적인 손해만을 보상하고 간접적인 손해는 보상하지 않는다. 즉 담보위험을 근인으로 하고 그 외의 위험은 원인으로 하여 책임의 한계를 정하는 것이다. 예를 들면, 해난발생의 결과 화물이 입은 해수의 손해는 직접적 손해이지만, 그 손해 때문에 화물의 인도가 지연되고 시가하락으로 인하여 발생한 손해는 간접적 손해이기 때문에 보상의 대상이 되지 않는다. 그렇지만 해상보험계약을 체결할 때에 별도의 특약이 있었다면 담보위험에 의한 간접적인 손해도 보상받을 수는 있다. 이러한 것을 보면 근인주의는 가장 근접한 위험만을 보상의 대상으로 하기 때문에 손해의 원인이 복합적으로 발생한 경우에는 그 해결책을 찾는데 문제가 발생한다.

(2) 최후조건설

최후조건설은 손해가 다수의 위험에 의하여 발생한 경우에 손해의 원인을 시간적으로 가까운 위험에서 찾는 이론이다. 즉 손해가 발생한 경우에 가장 최근에 발생한 위험을 손해의 원인으로 보고 기타의 위험은 고려하지 않는 이론이다. 그래서 최후조건설은 손해를 발생시킨 다수의 위험 중 시간상으로 최후에 발생한 위험을 손해의 원인으로 결정하는 것이다. 최후조건설을 따르면 손해의 규모가 점점 확대되는 경우에 가장 최후의 위험을 손해의 원인으로 결정하면 피보험자는 유리하지만 보험자는 불리해진다. 더구나 최후에 나타난 위험이 실제적으로 손해에 미미한 영향을 주었는데도 시간적으로 가장 근접한 위험을 무조건 손해의 원인으로 한다면 손해보상의 측면에서 너무 경직된 처리가 될 수 있다.

(3) 최유력조건설

최유력조건설은 손해가 발생한 경우에 가장 큰 영향을 끼친 위험을 근인으로 하는 이론이다. 즉 근인이 그 손해에 시간적으로 가장 가까운 위험을 의미하는 것이 아니라 가장 큰 영향을 준 위험이라는 것이다. 최유력조건설은 위험이 발생하여 손해의 규모에 어느 정도의 영향을 끼쳤는가를 중요하게 여기기 때문에 손해의 발생에 영향을 끼친 위험 중에서 가장 강력하게 작용한 하나의 위험만을 손해의 유일한 원인으로 간주한다. 여러 위험 중에서 어떤 위험이 손해의 발생에 대하여 가장 유력한 영향을 주었는가는 그 위험이 손해의 발생에 필연적인 관계에 있다는 것을 객관적으로 입증할 수 있는가에 따라 좌우된다.

최유력조건설의 장점은 여러 가지 위험 중에서 손해발생에 가장 큰 영향을 준 위험을 피보험자와 보험자가 동시에 인정한다면 보험자의 보상책임범위가 쉽게 결정될 수 있다는 점이다. 최유력조건설의 단점은 손해가 발생한 경우에 유력하게 영향을 끼친 위험이 무엇인가를 누가 결정하는가에 따라 결과가 달라질 수 있다는 점이다. 즉 유력한 위험을 규명하는 과정 중에 주체가 객관적 관점에서 판단하지 못하고 주관적 관점에서 판단하는 경우에는 주체에 따라 상이한 결정이 내려질 수 있다는 것이다.

최유력조건설을 따르는 경우에는 손해의 원인에 가장 큰 영향을 끼친 위험을 판단하는 데에는 객관성이 요구되고 있다. 손해의 원인에 가장 큰 영향을 끼친 위험을 원인으로 판단할 때는 상식적인 선에서 결정해야 한다. 위험의 원인을 판단할 때는 전문가의 수준이 아니라 일반적인 사람이면 누구나 생각할 수 있는 상식적인 수준에서 판단해야 한다.

(4) 불가피설

불가피설은 손해가 발생한 경우에 그 원인을 사고와 손해 사이의 불가피적인 관계에서 결정하는 이론이다. 불가피설은 복수의 위험이 시간적으로 전후 연계하여 손해를 발생시킨 경우, 일단 시간적으로 최후에 발생한 위험을 그 원인으로 하지만 손해를 더욱 소급하여 볼 때 다른 위험을 피하기 어려운 결과 또는 자연성행의 결과로 발생한 것으로 판단하는 경우에는 그 위험만을 손해의 원인으로 간주하는 이론이다. 최후조건설에서 나타난 시간적 최후의 위험을 손해의 원인으로 하는 데에서 제기되는 문제를 최유력조건설의 내용과 연계시킨 측면이 있는 것이 불가피설이다. 결국 시간적으로 그것이 손해에 문제가 되는 것이 아니라 위험을 피할 수 없을 정도의 상황에서 입은 손해의 원인을 찾는다는 점에서 불가피설의 근본을 찾을 수 있다.

불가피설은 자연성행설(自然成行說; caused in natural course)이라고도 한다. 즉 불가피한 위험이 닥치는 것은 자연적으로 이루어지는 것이므로 보험계약자가 회피할 수 없었던 위험을 손해의 원인으로 보는 것이다. 즉 그 환경에서는 어느 누구라도 그 위험을 회피할 수 없는 상태에서 발생한 손해는 어쩔 수 없기 때문에 그 위험을 원인으로 본다는 주장이다. 그 불가피하다는 위험에 대하여 위험과 손해와의 사이에 불가피적인 관계 또는 자연성행관계가 존재하기 위해서는 인과관계 결정 당시에 모든 객관적 사정 또는 여건을 고려한 일상의 경험에 기초를 둔 손해발생의 가능성이 70%에 달해야 한다는 주장이 있다.

그런 반면 손해의 발생원인이 한 개만 존재하는 경우에는 그것이 원인이고, 그 원인이 두 개 이상 존재하는 경우에는 근인설에 의하여 그중의 하나를 원인으로 결정해야 한다. 이때 어떤 원인이 특정의 결과를 발생시키는데 객관적 또는 일반적인 입장에서 개연적 내지 불가피한 것으로 판단되면 그 원인을 그 결과의 근인으로 한다는 주장도 있다. 후자의 주장에서 개연적이라는 것은 손해발생의 가능성이 50% 이상, 불가피하다라는 것은 손해발생의 가능성이 100%라는 것을 의미한다. 그런데 손해발생의 가능성을 몇 %로 누가 결정하는가는 문제가 된다. 또 손해의 발생이 전손이 되지 않는 한 그 원인인 위험을 재산가치의 손실규모로 결정할 것인가, 아니면 보험계약자 당사자가 합의할 것인가에 따라 또 다른 문제를 파생시킬 수 있는 것이다.

2) 손해의 결과 기준

(1) 상당인과관계설

상당인과관계설은 어떤 손해가 발생하였을 때에 그 원인으로 된 사고가 특별한 경우일 뿐만 아니라 다른 일반적인 경우에도 동일한 결과를 발생시킬 가능성이 있는 조건을 적당조건으로 하고, 그 적당조건만을 결과의 원인으로 보는 이론이다. 상당인과관계설은 적당조건설이라고도 하는데 최유력조건설을 보완하는 입장에서 나타난 이론이다. 즉 특정사실이 어떤 결과를 발생시키는 조건을 구성하는 경우, 단순히 그 경우만이 아니고 일반적으로 동종의 결과를 발생시킬 가능성이 있다고 인정되는 경우에는 원인과 결과 사이에 인과관계의 존재를 인정하고, 그렇지 않으면 인과관계의 존재를 인정하지 않는다는 것이다. 상당인과관계설을 채택하는 경우에는 손해의 원인이 둘 이상이 될 수 있다. 이와 같은 이유로 인하여 해상보험계약에서 상당인과관계설을 채택하는 경우에는 해상위험의 종류가 다양하고 복잡하여 위험 상호 사이에 연쇄관계가 많기 때문에 손해가 발생한 경우에 위험에 대한 면책사유가 많은 경우에는 문제의 해결이 곤란하다는 단점이 있다.

(2) 계약당사자의 견해설

계약당사자의 견해설은 해상위험이 복수로 협력하여 손해를 발생시킨 경우에는 보험증권상의 조항이나 보험실무상의 관행 등을 이용하여 보험자의 보상책임여부에 관한 사항에 대하여 보험계약 당사자의 견해를 확인하여 결정해야 한다는 이론이다. 그런데 보험자의 보상책임의 여부를 결정하기가 어려운 경우에는 책임 여부에 관한 입증책임을 부담해야 하는 자에게 불리하게 해석해야 한다는 이론이다.

(3) 비율분담설

비율분담설은 담보위험이 손해 전체에 끼친 영향의 정도에 따라 보험자의 보상책임을 결정해야 한다는 이론이다. 즉 담보위험의 비율과 면책위험의 비율에 따라 면책비율의 비율을 공제하고 담보위험의 비율에 해당하는 부분에 대해서만 책임을 부담해야 한다는 것이다. 그렇지만 손해에 대한 책임의 분담비율을 기준으로 보험자의 책임범위를 결정한다는 것은 보험실무에서는 어려운 실정이다.

(4) 균등분담설

균등분담설은 손해가 발생한 경우에 그 원인을 규명함에 있어서 두 가지 이상의 위험이 협력하여 손해를 발생시킨 경우 협력위험이 손해에 어느 정도의 영향을 주었는가에 중점을 두지 않고 그 중 담보위험이 어느 정도의 영향을 주었는가를 보고 결정한다는 이론이다. 즉 담보위험과 면책위험이 협력하여 손해발생에 영향을 준 경우에는 담보위험에 의한 영향만을 평가하여 그 부분만 보상한다는 것이다. 해상손해의 원인을 조사한 결과 두 가지의 위험이 원인으로 밝혀졌는데 그 두 가지 위험조차도 담보위험과 면책위험이 서로 연관된 것으로 규명되었다면 보험자가 담보위험에 해당하는 부분만큼만 보상한다는 것이다.

제2절 보험사고와 손해보상

1. 손해보상의 대상

1) 손해보상 대상

보험에서 손해라는 것은 피보험이익이 전면적으로 삭감되거나 부분적으로 삭감되는 것을 의미한다. 그러므로 손해는 그것이 전면적으로 삭감되었는가 또는 부분적으로 삭감되었는가를 불문하고 피보험이익의 종류에 따라 여러 가지 유형으로 발생하게 된다.

보험목적물의 피보험이익에 관련되어 발생하는 손해의 유형 중에서 보험에서 손해보상의 대상이 되는 것은, 첫째 보험목적물에 관계된 소유이익의 손해로서의 물적 손해, 둘째 보험목적물에 관계된 수익이익의 손해로서의 수익손해, 셋째 보험목적물에 관계된 책임이익의 손해로서의 비용손해 등이다.

손해보험이 보험계약자의 손해를 보상하는 것을 목적으로 하지만 보험자가 무조건 담보위험에 의하여 발생한 손해를 보상하는 것은 아니다. 보험자는 보험계약을 체결할 때에 보험계약자로부터 인수한 담보위험으로 인하여 보험목적물의 피보험이익에 발생한 손해만을 손해보상 원칙에 따라 보상한다.

2) 손해보상 대상의 예외

보험자는 원칙적으로 담보위험으로 발생한 직접 손해만을 보상하고 간접 손해는 보상하지 않는다. 해상보험에서는 선박, 화물, 건물, 동산 등에 손해가 발생한 경우 보험자가 원칙적으로 보상하는 손해는 보험목적물에 관계된 소유이익의 손해, 즉 물적 손해이다. 보험자가 담보위험으로 발생한 간접 손해에 대해서 보상하지 않는 것이 원칙이지만 보상을 하는 예외가 있다. 즉 보험자가 간접 손해 중 손해방지비용과 손해조사비용 등을 보상하는 것이 이에 해당한다.

2. 손해보상의 제한

1) 면책비율조항

(1) 면책비율의 의미

면책비율(franchise)은 보험에서 손해가 일정한 정도 이하인 경우에 보험자가 보상하지 않는 기준비율을 의미한다. 면책비율은 보험계약자의 보험료 부담의 경감을 목적으로 빈발하는 작은 손해를 면책으로 하기 위해서 규정하고 있는 조항이다. 보험자가 소손해 면책조항에 의하여 면책하는 금액은 궁극적으로는 보험자의 부담해야 하는 금액이다. 즉 보험자가 보험목적물에 발생한 손해를 부담하지 않기 때문에 이를 보험자가 부담해야 하는 것이다.

공제조항(deductible)은 보험자가 보험계약조건에 따른 보상책임으로 지급해야 하는 보험금에 대하여 피보험자가 일정 금액까지는 부담하는 것을 규정한 조항이다. 즉 보험계약조건에 따라 보험자가 피보험자에게 지급해야 보험금에서 피보험자가 부담하기로 약정한 일정한 금액을 공제하는 조항이다.

단순공제는 소액의 손해청구를 보험자가 부담하지 않도록 함과 동시에 고액의 손해청구에 대하여도 그 일부를 삭감하는 것이 목적이다. 그래서 단순공제는 손해보상총액을 감소시킬 수 있다. 그러므로 피보험자는 손해보상을 청구할 때 그 일부를 부담해야 한다는 사실에 유념해야 한다.

(2) 면책비율의 적용

손해보상과 관련하여 면책비율을 적용하는 방법은 면책비율 공제와 면책비율 불공제가 있다. 면책비율 공제(deductible franchise)는 손해보상을 할 때 보험자가 손해발생금액 전체에서 면책비율로 정한 부분을 공제하고 보상하는 방법이다. 만약 면책비율을 3% 또는 5%로 결정하였는데, 손해액이 10%인 경우라면 10%에서 3% 공제한 7%, 또는 10%에서 5%를 공제한 5%만 보상하는 것이다. 면책비율 불공제(non-deductible franchise)는 손해보상을 할 때 보험자가 손해발생금액이 면책비율을 초과한 경우에 초과한 부분을 공제하지 않고 손해발생액 전액을 보상하는 방법이다.

(3) 면책비율부적용 분손담보약관

분손담보(WA) 약관으로 보험계약을 체결한 경우 곡물, 소금, 생선, 분말류 등과 같은 산화물에 공동해손이나 선박의 좌초 이외의 원인으로 분손이 발생하면 보상하지 않는다. 그리고 설탕, 담배, 대마, 원피 등과 같은 화물에 대해서는 5% 미만의 손해, 그 이외의 화물에 대해서는 3% 미만의 손해에 대해서는 보상하지 않는다. 보험계약자가 면책되는 부분을 보상 받으려면 면책비율부적용 분손담보(WAIOP) 약관을 특약해야 한다. 그러나 보험자는 산화물 상태의 양곡이나 물고기 등과 같은 화물에 대해서는 소손해 부적용이 불가능하기 때문에 WAIOP 약관을 특약으로 보험계약을 체결하지 않으려 한다.

2) 보상한도액 조항

보상한도액(limit of liability)은 배상책임보험에서 보험자가 보상하는 손해의 최고한도액인데, 손해보험에서는 보험금액에 해당한다. 배상책임보험에서는 보험가액을 산정할 수 없기 때문에 예상되는 사고의 내용이나 손해배상금 등을 감안해서 결정한 금액을 보상한도액으로 정하여 보험자의 보험금 지급책임 한도를 결정하고 있다. 보험에서는 손해의 정도에 따라 보상한도액을 규정하고 그 범위 내에서 실손보상을 하게 되어 있다. 보험에서 보상한도액을 결정하는 방식은 개별지급 한도액 방식과 종합지급 한도액 방식으로 구분된다. 개별지급 한도액 방식은 보험목적물의 종목 각각마다 또는 보험계약에서 열거한 위험마다 최고액을 결정하여 보험자의 보험금 지급을 제한하는 것이다. 종합지급 한도액 방식은 일반적으로 보험목적물 전체를 대상으로 한도액을 정하여 지급을 제한하는 것이다.

3) 손해분담 조항

(1) 손해분담 조항의 의미

손해분담 조항은 손해배상계약이나 기평가보험계약에서 그 손해를 보상하는 다른 보험계약이 있는 경우, 보험자 사이에 분담해야 하는 보상책임 한도액을 명시한 조항이다. 그래서 손해분담 조항은 손해비례 조항 또는 손해배분 조항이라고도 한다.

(2) 손해분담 조항의 목적

손해분담 조항의 목적은 동일한 보험목적물을 복수의 보험계약으로 담보하는 중복보험의 경우에 보험사고가 발생하여 지급하는 보험금에 대한 각 보험자의 분담액을 결정하는 데에 있다. 해상보험에서는 일정한 보험목적물에 대하여 최초로 체결된 보험계약의 보상금액이 보험자의 보상한도에 도달한 때로부터 순차적으로 체결된 보험계약에 따라 분담하여 책임지는 것을 원칙으로 하고 있다. 이러한 조항이 없으면 피보험자가 실제 손해액 이상으로 보험금을 수취할 수가 있고, 도덕적 위험도 발생할 수 있다. 그러므로 손해분담조항은 이러한 보험사기를 예방하는 역할을 하기도 한다.

3. 손해보상의 절차

1) 보험사고 발생 사실의 통지

(1) 보험사고 발생 사실의 통지방법

보험계약자나 피보험자는 보험사고가 발생하면 그 사실을 육하원칙에 입각하여 지체없이 양륙지 또는 그 인접지역에 소재하고 있는 보험자 본점이나 지점 또는 대리점에 통지하고 손해에 대한 조사를 받는 수속을 밟아야 한다. 보험계약자나 피보험자가 보험사고의 발생 사실을 통지할 때에는 구두 혹은 서면 중 어느 것을 선택하더라도 관계가 없다. 보험계약자나 피보험자가 1차적으로 구두통지를 하는 것이 일반적이다. 보험계약자나 피보험자가 구두로 통지를 한 후에는 일체의 사실을 문서로 통지하는 것이 손해보상 청구에 유리하다.

(2) 보험사고 발생 사실의 통지내용

보험계약자나 피보험자가 보험사고가 발생한 사실을 통지할 때에는 보험증권번호, 화물의 명세, 선박명, 보험가입금액, 보험조건 등과 같은 보험계약의 내용과 손상화물의 상태 및 화물의 보관장소나 그 후의 예정 등이다. 보험자는 이러한 통지를 받으면 입회조사를 어느 기관이, 어느 시점에, 어떠한 방법을 사용하여 실시할 것인가 등을 결정하게 된다.

2) 피보험자의 손해방지의무 이행 및 구상권 확보

피보험자는 보험목적물에 보험목적물에 손해가 발생한 상태에서 더 이상의 손해가 발생하지 않도록 손해방지 또는 손해 감소를 위한 조치를 시행해야 한다. 또한 손해에 대해서 배상책임이 있는 제3자에 대한 구상권을 확보할 의무가 있다. 피보험자는 구상권 확보를 위하여 운송인, 기타 관련 당사자에게 보험사고 발생 사실 및 책임 관련 여부 등을 통지해야 한다. 해난보고서가 발급된 경우를 제외하고는 보험목적물에 대하여 확실하게 밝혀진 것이 없다면 무사고 화물수령증을 발부해서는 안 된다.

3) 보험사고의 입증

보험계약자나 피보험자는 보험증권에 규정된 사항에 따라 보험사고를 입증할 필요가 있다. 피보험자는 보험자에게 보험사고 발생 사실을 통지하고 보험금을 수령하기 보험사고를 입증해야 한다. 보험자는 피보험자가 제기한 보험사고에 대해 손해사정인 또는 손해검정인을 파견하여 그 사항을 파악해야 한다.

4) 보험사고 손해액의 사정

(1) 전문검정기관의 조사여부 결정

보험에서는 손해발생 후 손실의 정도, 손해상황, 손해금액 등에 대하여 상세한 조사를 하도록 요구하고 있다. 재산보험에서는 손해액 결정에 대하여 계약당사자 사이에 의견이 일치하지 않을 경우 쌍방이 손해사정사를 선임하여 손해액을 결정하도록 규정하고 있다. 양 당사자로부터 손해조사를 위임받아 보수를 받는 손해사정사는 상반된 견해를 중재하여 손해액을 결정하게 된다.

피보험자로부터 보험사고가 발생하였다는 통지를 받은 보험자는 통지내용에 근거해서 전문검정기관에 의한 조사가 필요한가의 여부를 결정한다. 손해가 경미하고 정형적인 경우에는 당사의 직원이 직접 손해사정을 행하는 경우도 있다. 또한 손해에 대한 내용을 기재하여 제출한 서류의 내용에서 손해금액 등을 확인할 수 있는 경우에는 입회를 생략할 때도 있다. 따라서 손해액이 거액인 경우와 운송인 등에 대한 구상이 가능한 경우에 전문검정기관에 입회조사를 의뢰한다. 공동해손인 경우에는 당해 선박 적재화물에 발생한 손해에 대해 전문검정기관에 의한 입회조사를 하게 된다. 수입원면과 같이 지정검정기관에서 조사하도록 되어 있는 화물의 경우에는 반드시 지정검정기관의 입회조사를 요구해야 한다.

(2) 전문검정기관의 입회조사 내용

전문검정기관이 입회조사를 하는 이유는 손해원인의 조사, 손해수량의 확인, 손해정도 등에 대하여 협의를 하기 위한 것이다. 전문검정기관들은 전국의 각 주요항만에서 사무소를 운영하며 전화 또는 서면으로 의뢰를 받아 손해조사를 한다. 전문검정기관이 입회조사를 할 경우에는 필요에 따라 해당 회사 직원이 입회하기도 한다. 전문검정기관은 전문적 지식을 가진 공평한 제3자로서 보험자, 피보험자의 어느 쪽에도 치우치지 않은 입장에서 손해사정을 실시하는 것을 목적으로 하고 있다.

5) 보험금 청구

보험목적물의 멸실 및 손상이 확실한 경우에는 운송인이나 기타 관련 당사자들에게 조사를 의뢰하고, 조사하여 밝혀진 실질적인 멸실 및 손상에 대하여 운송인, 기타 관련 당사자에게 보상청구를 해야 한다. 보험금 청구에 필요한 기본서류는 보험증권 원본이나 부본, 상업송장, 포장명세서, 선화증권, 선사 수신 손해배상 청구 공문, 검정보고서, 검사수수료 영수증 등이 있다.

6) 보험금 수령

보험자는 피보험자로부터 보험금 청구서류를 제출받아 그 보험금 청구에 관한 사항이 타당하다고 인정되면 보험금 영수증 및 대위권 양도서를 수령하고 보험금을 지급한다.

제 3 절 보험 유형별 손해보상

1. 전부보험과 일부보험의 손해보상

1) 전부보험

보험금액과 보험가액이 일치하는 경우, 즉 보험가액을 V로 하고 보험금액을 S라 할 때 V=S인 경우를 전부보험(full insurance)이라고 한다. 전부보험에서는 손해가 발생하였을 때 보험자의 보상금액이 피보험자의 손해액이기 때문에 실손보상의 원칙이 적용된다. 이것은 일반적인 해상보험의 형식이다. 전부보험이면 손해가 발생한 경우에 손해의 전액이 보상된다. 보험계약자는 손해액 전액을 보상받으려면 전부보험으로 부보해야 하는데, 보험료를 절약하기 위하여 보험기간 중 보험가액이 정확하게 산정될 수 없다거나 위험발생 가능성이 거의 없다는 이유로 일부보험으로 계약하는 경우가 많다.

2) 일부보험

① 일부보험의 의미

일부보험(under insurance)은 보험금액이 보험가액보다 적은 경우이다. 즉 보험가액을 V로 하고 보험금액을 S라 할 때 V〉S인 경우이다. 일부보험은 보험료를 절감시키기 위하여 의도적으로 선택하기도 하지만, 보험계약을 체결할 때는 전부보험에 해당되었지만 가액의 등귀로 일부보험이 되기도 한다.

② 일부보험의 손해보상방식

㉠ 비례보상방식

비례보상방식(average insurance)은 손해에 대한 보험가입금액의 보험가액에 대한 비율로 보상하는 방식이다. 일부보험으로 부보한 경우, 협정보험가액이 존재하면 피보험목적물에 대한 손해에 비례보상방식을 적용하지 않지만, 공동해손분담금, 구조비의 정산, 선주의 충돌손해 배상책임 등은 비례보상방식을 적용한다.

일부보험으로 부보한 손해보험에서 보험목적물이 전손인 경우에는 보험가입금액 전액이 보상되지만, 보험목적물이 분손인 경우에는 실제 손해를 부보비율로 곱하여 보상하기 때문에 그 손해가 보험가입금액 전액에 해당하더라도 전액이 보상되지 않는다. 일부보험에서 보험자가 보상하게 되는 보험금의 산정식은 다음과 같이 표시할 수 있다.

보험금=손해액 × 보험금액÷보험가액

이 식에서 보험금액의 보험가액에 대한 비율을 부보비율이라고 한다. 부보비율이 낮으면 손해액에 비례하여 보험금이 적어진다. 비례보상방식은 수지상등의 원칙에서 비롯된 것이다. 지금 실손해의 총액을 L, 보험금의 총액을 I, 보험가액의 총액을 V, 보험금의 총액을 S, 손해의 확률을 W, 순 보험요율을 P라고 하면 수지상등의 원칙에 따르는 경우 $I=PS$가 되어야 한다. 즉 $P=W$, $W=L/V$이므로 $I=L/V\times S$, 즉 $I=L\times S/V$가 된다. 따라서 피보험자는 보상받은 이외의 손해를 부담해야 한다.

㉡ 실손보상방식

실손보상방식(actual loss amount), 즉 제1차 위험담보방식(first-loss insuran ce)은 손해가 발생한 시점에서 보험목적물의 실제 손해액을 보상하는 방식이다. 실손보상방식, 즉 제1차 위험담보방식을 채택하는 경우, 보험료는 비례보상방식보다 비싸다.

2. 초과보험과 중복보험의 손해보상

1) 초과보험의 손해보상

(1) 초과보험의 의미

초과보험(over insurance)은 보험가액이 보험금액보다 적은 경우이다. 즉 보험가액을 V로 하고 보험금액을 S라 할 때 $V<S$인 경우이다. 초과보험에서 보험가액 이상의 초과부보부분은 피보험이익 요건이 성립하지 않기 때문에 무효이다. 이에 따라 보험계약자가 의도하지 않고 선의로 보험계약을 체결하였는데 초과보험이 되었다면 초과하는 부분에 대하여 보험자는 보험금의 감액을, 보험계약자는 보험료의 감액 또는 환급을 청구할 수 있다.

(2) 초과보험의 영향

초과보험이 인정된다면 손해가 발생하였을 때 피보험자가 실제의 손해액 이상을 보상받게 되기 때문에 손해보상의 원칙을 위배하기도 하지만 복권이나 도박과 같은 사행성을 조장하는 결과가 발생한다. 초과보험이 보험계약자의 사기에 의하여 체결되었다면 그 계약은 무효가 되기 때문에 보험료는 환급되지 않는다. 초과보험이 성립되는지의 여부를 판단하는 기준시기에 관해서 상법은 보험계약을 체결할 당시의 보험가액과 보험금액을 기준으로 한다고 규정하고 있으면서도, 보험기간 중 보험가액이 현저하게 감소할 경우에도 초과보험을 인정하고 있다.

2) 중복보험의 손해보상

(1) 중복보험의 의미

중복보험(double insurance)은 동일한 피보험이익 및 위험에 대하여 복수의 보험계약이 존재하고, 각 보험계약에서의 보험금액의 합계가 보험가액을 초과하는 경우이다. 즉 중복보험은 초과보험에 해당하는 것이기 때문에 초과부분을 어떻게 처리할 것인가가 관건이다. 보험가액을 V로 하고 보험금액을 S라 할 때 $V \leq S_1 + S_2 \cdots S_n$와 같은 등식이 성립하는 경우이다. 중복보험의 경우에 무효가 되는 부분은 각 보험계약별 보험금액 또는 체결일자를 기준으로 하여 판단한다. 즉 동시(同時) 중복보험에서는 각 계약별 보험금액 초과부분에 비례하여 분담계산을 한다. 이시(異時) 중복보험의 경우에는 보험증권에 기재된 보험계약체결 일자의 순서대로 보험금액 초과부분에 대한 각 보험자의 책임을 결정한다.

(2) 중복보험의 요건

복수의 보험계약이 체결되지 않으면 보험금액이 보험가액을 초과하더라도 단순히 초과보험이다. 복수의 보험계약이 체결되었더라도 보험금액의 합계가 보험가액을 초과하지 않으면 공동보험(coinsurance)이다. 복수의 보험계약이 체결되어도 피보험이익이 다르면 중복보험이 아니다. 복수의 보험계약에서 보험금액의 합계가 보험가액을 초과하지 않으면 중복보험이다. 즉 복수의 보험계약이 위험에 대하여 전면적으로 중복될 필요는 없고 일부만 중복되어도 중복보험이다.

(3) 중복보험의 효과

중복보험의 효과는 보험계약자가 보험계약을 체결할 때의 동기에 따라 다르다. 보험계약자가 사기로 중복보험을 체결하였다면 보험자는 중복보험계약을 무효로 하고, 사기로 중복보험계약이 체결되었다는 사실을 알게 된 시점까지의 보험료를 청구할 권리가 있다.

(4) 중복보험과 보상책임원칙

① 우선보상 책임원칙

우선보상(primary coverage) 책임원칙은 보험계약체결 시기가 빠른 보험자부터 보상하는 방법이다. 선순위 보험자가 먼저 보상하고 그것이 손해액에 이르지 못하면 그 부족 부분을 다음 순위의 보험자가 보상하는 방법이다.

② 비례보상 책임원칙

비례보상(pro-rata coverage) 책임원칙은 중복보험의 각 보험자가 보험금액의 비율에 따라 보상하는 방법이다. 중복보험에서는 보험금액이 보험가액을 초과하기 때문에 이 초과분에 대해서는 보험금액에 비례하여 무효로 하고, 그 나머지에 대하여 비율에 따라 보상한다. 비례보상 책임원칙은 어떤 보험자가 지급불능 상태가 되면 피보험자는 그 보험자로부터 보험금을 받지 못하고, 중복보험에 연계된 모든 보험자에게 개별적으로 보상청구를 해야 하는 번거로움이 있다. 특히 적하보험에서 담보조건이 다른 경우에는 각 보험자별 보상액을 비율별로 나누기가 어렵다.

③ 연대보상 책임원칙

연대보상(excess coverage) 책임원칙은 복수의 보험계약에서 공동의 보험목적물에 대하여 모든 보험자가 연대책임을 지고 보상하는 방법이다. 연대보상원칙은 타보험원칙 또는 총괄책임원칙이라고도 한다. 영국해상보험법(MIA)은 연대보상 책임원칙을 따르고 있다. 연대보상 책임원칙에서 각 보험자는 보험금액을 한도로 연대보상 책임이 있기 때문에 보험계약에서 자기가 부담하기로 한 보험금액을 초과해서 보험금을 지급하였다면 다른 보험자에게 초과부분을 청구할 수 있다. 연대보상 책임원칙에서는 복수의 보험계약이 모두 유효하게 성립되며, 피보험자는 보험증권에 별도의 규정이 없으면 임의로 각 보험자에게 보험금 지급을 청구할 수 있지만 허용하는 보험금을 초과하는 금액을 수령할 수는 없다.

④ 절충보상 책임원칙

절충보상 책임원칙은 연대보상을 책임원칙으로 하면서 비례보상 책임원칙을 가미하여 보상하는 방법이다. 보험에서 동일한 보험목적물에 대하여 복수의 보험계약이 동시에 또는 순차적으로 체결되어 그 보험금액의 총액이 보험가액을 초과한 때, 보험자는 각자가 인수한 보험금액의 한도에서 연대책임을 부담하고, 각 보험자의 보상책임은 각자의 보험금액의 비율에 따른다.

(5) 중복보험에서의 보상의 예

① 비례보상 책임원칙에 의한 보상의 예

보험계약자가 보험계약을 체결할 때에 부보대상이 되는 보험목적물에 대하여 A 보험자에게 보험가액은 US $ 30,000, 보험금액은 US $ 20,000로 일부보험으로 부보하고, B 보험자에게 보험가액은 US $ 50,000, 보험금액은 US $ 30,000로 일부보험으로 부보하고, C 보험자에게 보험가액은 US $ 60,000, 보험금액은 US $ 50,000로 부보하였다고 가정하여 산정을 하면 다음과 같다. 보험계약자는 A 보험자, B 보험자, C 보험자 각가에 대해서는 일부보험으로 부보하였지만 전체 부보액수에 있어서는 초과보험이 된다.

화물에 전손이 발생하였다면 피보험자가 수령할 보험금은 보험가액이 가장 높게 평가된 C 보험자의 US $ 60,000을 초과할 수 없게 된다. 따라서 세 보험자에게 부보된 보험금액의 합계는 US $ 100,000이지만 US $ 60,000 이상은 보상받을 수 없게 된다.

보험자	협정보험가액	보험금액
A	US $ 30,000	US $ 20,000
B	US $ 50,000	US $ 30,000
C	US $ 60,000	US $ 50,000

그 이유는 다음과 같다. 중복보험에서의 보험가액은 미평가보험의 경우는 법정보험가액이고 기평가보험의 경우는 협정보험가액이다. 복수의 보험계약이 존재할 때는 최고의 보험가액을 기준으로 한다. 이것은 최고의 협정보험가액이 보험법상 유효한 중복보험으로 되어야 보험보호를 받을 수 있는 보험가액이 되기 때문이다.

이에 따라 화물에 전손이 발생한 경우에 각 보험자가 보상해야 할 보험금액을 산정하면 다음과 같다.

보험자	보험가액	보험금액	보험자가 부담해야 할 보험금액	
			산정	보험금액
A	US $ 30,000	US $ 20,000	60,000×20,000/100,000	US $ 12,000
B	US $ 50,000	US $ 30,000	60,000×30,000/100,000	US $ 18,000
C	US $ 60,000	US $ 50,000	60,000×50,000/100,000	US $ 30,000

보험자가 보상해야 할 보험금액은 보험계약 중 최고 보험가액에 각 보험자의 보험금액을 곱한 후 보험자들의 총보험금액으로 나누면 된다. 이를 수식으로 나타내면 다음과 같다.

> 보험자계약 중 최고보험가액×(각 보험자의 보험금액÷보험자들의 총보험금액) = 보상액

이에 따라 A 보험자는 US $ 12,000의 보험금을, B보험자는 US $ 18,000의 보험금을, C 보험자는 US $ 30,000의 보험금을 피보험자에게 보상해야 한다. 따라서 피보험자는 총 US $ 60,000을 보상받게 된다.

각 보험자는 피보험자에게 보험금을 지급한 액수를 초과하여 수납한 보험료를 환급해야 한다. 즉 각 보험자가 약정한 보험금액 중 실제 지급된 보험금을 초과한 비율에 해당하는 보험료를 피보험자에게 환급해야 한다. 이를 수식으로 나타내면 다음과 같다.

> 각 보험자에게 납부한 총보험료 − [각 보험자에게 납부한 총보험료×
> (보상보험금액÷약정보험금액) = 환급 보험료

이에 따라 A 보험자는 보험금액 US $ 20,000 중 US $ 12,000을 지급하였기 때문에 보험료 중 US $ 12,000/US $ 20,000에 해당하는 금액을 공제한 차액을, B 보험자는 보험금액 US $ 30,000 중 US $ 18,000을 지급하였기 때문에 보험료 중 US $ 18,000/US $ 30,000에 해당하는 금액을 공제한 차액을, C보험자는 보험금액 US $ 50,000 중 US $ 30,000을 지급하였기 때문에 보험료 중 US $ 30,000/ US $ 50,000에 해당하는 금액을 공제한 차액을 환급해야 한다. 즉 보험자는 보험금 지급비율에 해당하는 보험료만 수령하고 그 차액에 대해서는 피보험자에게 환급해야 한다. 화물에 손해율 20%의 분손이 발생하였다면 각 보험에 있어서의 손해액과 보상액은 다음과 같다. 수식에서 1/5는 화물의 손해율 20%를 표시한 것이다.

보험자	보험가액	보험금액	보험자가 부담해야 할 보험금액	
			손해액	보험금액
A	US $ 30,000	US $ 20,000	30,000×1/5 = 6,000	6,000× 4,000/30,000 = US $ 800
B	US $ 50,000	US $ 30,000	50,000×1/5 = 10,000	10,000× 6,000/50,000 = US $ 1,200
C	US $ 60,000	US $ 50,000	60,000×1/5 = 12,000	12,000×10,000/60,000 = US $ 2,000

보험자가 보상해야 할 보험금액은 손해액을 산정한 후에 결정해야 한다. 손해액은 보험가액에 손해율을 곱하면 된다. 이를 수식으로 나타내면 다음과 같다.

보험자의 보험가액 × 손해율 = 보험자의 손해액

각 보험자의 손해액에 손해율에 해당하는 보험금액을 곱한 후 보험가액으로 나누면 보상해야 할 보험금액이 산출된다. 이를 수식으로 나타내면 다음과 같다.

각 보험자의 손해액 × 손해율 × 보험금액/보험가액 = 보상액

이에 따라 A보험자는 US $ 800의 보험금을, B보험자는 US $ 1,200의 보험금을, C 보험자는 US $ 2,000의 보험금을 피보험자에게 보상해야 한다. 따라서 피보험자는 총 US $ 4,000을 보상받을 수 있다.

② 연대책임원칙에 의한 보상의 예

한 보험목적물에 대하여 A 보험자에게 보험가액 US $ 30,000, 보험금액 US $ 20,000로 부보하고, B 보험자에게 보험가액 US $ 50,000, 보험금액 US $ 30,000로 부보하고, C 보험자에게 보험가액 US $ 60,000, 보험금액 US $ 50,000로 부보하였다고 가정한다.

보험자	협정보험가액	보험금액
A	US $ 30,000	US $ 20,000
B	US $ 50,000	US $ 30,000
C	US $ 60,000	US $ 50,000

화물에 전손이 발생하였다면 피보험자가 수령할 보험금은 보험가액이 제일 높게 평가된 C 보험자의 US $ 60,000을 초과할 수 없게 된다. 따라서 세 보험자에게 부보된 보험금액의 합계는 US $ 100,000이지만 US $ 60,000 이상은 보상받을 수 없게 된다.

화물에 전손이 발생하여 피보험자가 영국해상보험법(MIA) 방식에 따라 보상을 받을 때 A 보험자에게 먼저 보험금의 지급을 청구하고, B보험자와 C보험자의 순서로 보험금의 지급을 청구하였다면 A 보험자로부터 US $ 20,000을 받고, B 보험자로부터는 보험가액에서 이미 A 보험자로부터 이미 수령한 US $ 20,000를 제외한 US $ 30,000을 받을 수 있다. 또한 C보험자로부터는 보험가액에서 A보험자와 B 보험자로부터 수령한 US $ 50,000를 제외한 US $ 10,000을 받음으로써 합계 US $ 60,000의 보상을 받게 된다.

그러나 반대로 C 보험자, B 보험자, A 보험자의 순서로 보험금을 청구하였다면, C 보험자로부터 US $ 50,000을 보상받게 되면 B보험자로부터는 보험가액 US $ 50,000에서 이미 C 보험자로부터 받은 US $ 50,000을 제외하기 때문에 보상받을 수 없게 된다. 또한 A 보험자로부터도 같은 논리가 성립되기 때문에 보상을 받을 수 없게 된다. 또한 C 보험자는 A 보험자 및 B 보험자에게 비율에 따른 보험금의 분담청구를 하게 된다.

따라서 연대보상 책임원칙은 피보험자가 보험금의 청구를 보험가액이 높은 증권을 먼저 이용하는 경우와 보험가액이 낮은 증권을 먼저 사용하는 경우에 보상받는 보험금액에 차이가 발생하는 것이 문제점으로 지적되고 있다. 그러므로 연대책임원칙에서는 피보험자가 어떠한 보험증권을 이용할 것인가를 신중하게 결정해야 한다.

화물에 손해율 20%의 분손이 발생하였다면 피보험자가 보상받을 수 있는 손해액의 최고한도는 C보험자의 보험가액인 US $ 60,000을 기준으로 산출한 손해액 US $ 12,000을 초과할 수 없다. 이에 따라 각 보험자가 보상해야 할 손해액을 계산한 결과는 다음과 같다. 수식에서 0.2는 화물의 손해율 20%를 표시한 것이다.

보험자	보험가액	보험금액	보험자가 부담해야 할 보험금액	
			산정	보험금액
A	US $ 30,000	US $ 20,000	US $ 20,000×0.2	US $ 4,000
B	US $ 50,000	US $ 30,000	US $ 30,000×0.2	US $ 6,000
C	US $ 60,000	US $ 50,000	US $ 50,000×0.2	US $ 10,000

보험자가 보상해야 할 보험금은 각 보험자의 보험금액에 손해율을 곱하면 된다. 이를 수식으로 나타내면 다음과 같다.

각 보험자의 보험금액 × 손해율 = 각 보험자의 보상액

피보험자는 연대책임원칙에 입각한 경우 분손의 보상에 대해서 임의의 순서로 보험자에게 손해액을 청구할 수 있다. 피보험자가 A보험자에게 먼저 보험금의 지급을 청구하고, B보험자와 C보험자의 순서로 보험금의 지급을 청구하였다면 A보험자로부터 US $ 4,000을 받고, B보험자로부터는 US $ 6,000을 받고, C보험자로부터는 A보험자와 B보험자에게서 받은 US $ 10,000을 제외한 US $ 2,000을 받음으로써 합계 US $ 12,000의 보상을 받게 된다.

피보험자가 연대책임원칙에 입각하여 분손의 보상을 청구할 때에 C보험자에게 먼저 보험금의 지급을 청구하고, B보험자와 A보험자의 순서로 보험금의 지급을 청구하였다면 C보험자로부터 US $ 10,000을 받고, B보험자와 A보험자로부터는 각각 US $ 1,000을 받음으로써 합계 US $ 12,000의 보상을 받을 수 있다.

3. 공동보험과 재보험의 손해보상

1) 공동보험의 손해보상

공동보험(coinsurance)은 보험계약자와 보험자가 동일한 보험목적물에 대하여 복수의 보험계약을 체결할 때 이들 보험금액의 합계가 전부보험 또는 일부보험으로 되어 있는 경우이다. 이러한 경우는 보험자가 다수이고 보험계약자는 단수가 된다. 즉 보험가액을 V로 하고 보험금액을 S라 할 때 V≥ S+S…Sn과 같은 등식이 성립하는 경우이다. 공동보험에서 공동보험을 인수한 각 보험자는 보험계약자와는 각각 독립된 보험계약을 체결하고 자신이 인수한 금액에 대해서만 책임을 진다. 즉 보험사고가 발생한 경우 손해를 각 보험자가 분담함으로써 공동으로 책임지는 결과를 얻는 것이다. 공동보험은 보험자와 보험자의 관계가 수평적인 위험보상 구조를 가지고 있다. 공동보험에서는 공동보험자가 피보험자로부터 직접 보상청구를 받는다. 접수

2) 재보험의 손해보상

재보험(reinsurance)은 보험자가 보험계약 책임의 일부 또는 전부를 다른 보험자 또는 보험자 집단에게 전가하는 것이다. 전자를 원수보험자 또는 출재회사(出再會社 ; ceding office)라고 한다. 후자를 재보험자(reinsurer) 또는 수재회사(受再會社; receiving office) 라고 한다. 출재는 권리를 양도한 것을 의미한다. 출재회사는 최초로 보험을 인수하고 인수계약책임의 일부 또는 전부를 다른 보험회사에게 이전시키는 회사이다. 즉 출재는 재보험을 이전하는 것이고 수재는 재보험을 이전받는 의미이다. 재보험자가 그 원수보험자로부터 인수한 위험의 일부를 다시 별도의 보험자에게 부보하는 것을 재재보험이라고 한다. 그 경우의 출재회사를 피재재보험자, 수재회사를 재재보험자라고 한다.

재보험은 보험자와 보험자의 관계가 수직적인 위험보상 구조를 가지고 있다. 재보험에서는 재보험자가 원수보험자에 대해서만 책임을 진다. 따라서 원수보험자가 원수피보험자에게 보상을 하지 않는 경우 원수피보험자가 직접 재보험자에게 보상청구를 할 수가 없다. 재보험에서 재보험자는 원수보험자가 부보한 위험에 대해서만 책임을 부담하는 것이고 원수보험자가 체결한 원수보험계약의 담보내용에 대해서 책임을 지는 것은 아니다.

제4절 손해 유형별 손해보상

1. 적하의 전손과 분손

1) 전손과 분손의 유형

해상보험에서 부보된 피보험이익은 소유이익이다. 그러므로 해상보험에서 보상대상이 되는 물적 손해는 소유이익의 전면적 삭감 혹은 부분적 삭감이라고 하는 형태로 나타난다. 전자를 전손, 후자를 분손이라고 한다.

전손에는 다음과 같은 것이다. 첫째, 화재에 의한 소실, 충돌, 폭발에 의한 완전 파괴, 폭풍에 의한 침몰 등과 같은 물리적 멸실이다. 둘째, 곡물류가 해수류에 의하여 식용으로 사용 불가능한 상태가 되는 물건 고유성질의 상실이다. 셋째, 나포 또는 몰수에 의하여 피보험자가 보험목적의 소유이익을 회복할 수 없는 상태인 회복불능의 상실이다.

분손에는 다음과 같은 것이다. 첫째, 화재에 의한 반소, 좌초에 의한 선저(船底) 파괴 등과 같은 물리적 손상이다. 둘째, 곡물류가 해수류에 의하여, 혹은 벌레에 의하여 상한 상태가 되어 버리는 물건 고유성질의 저하(低下)이다. 셋째, 보험목적의 일부를 회복할 수 없는 상실이다.

2) 전손과 분손의 구분

전손은 현실전손과 추정전손으로 구분된다. 현실전손은 물리적으로 보험목적물이 완전하게 멸실 손상된 전손상태이다. 추정전손은 회복이 불가능하여 회복을 하더라도 회복비용이 보험목적물의 가액을 초과하여 회복을 포기하는 경우 등과 같은 경우의 전손이다.

분손은 단독해손과 공동해손으로 구분된다. 단독해손은 피해자가 단독으로 부담하는 분손이다. 단독해손은 분손의 한 항목으로 보험목적물에 생긴 물적 손해 가운데 공동해손이 아닌 것을 의미한다. 공동해손은 선박과 적하가 공동으로 처한 위험을 해결하기 위하여 공동해손행위 과정 중에 발생한 공동해손 희생과 공동해손 비용손해로 구분되는 분손이다.

3) 전손과 분손의 보상원칙

(1) 기본원칙

해상보험에서는 전손과 분손을 구분하지 않고 직접 손해가 있으면 보상책임을 진다. 그러나 법률 또는 약관에 의하여 이 원칙의 적용이 면제될 수도 있다. 직접 손해 중 손해액이 일정액에 달하지 않는 소손해는 보상하지 않는다. 소손해 이외에도 특약에 의하여 단독해손, 공동해손의 쌍방, 혹은 단독해손만을 보상하지 않는 경우도 있다. 간접 손해는 보상하지 않는 것이 원칙이지만 손해방지비용, 손해조사비용, 책임이익의 손해에 해당하는 충돌손해배상료, 공동해손분담액 등은 보상을 한다.

(2) 해상사기의 배제

해상사기(maritime fraud)는 매도인, 매수인, 선주, 용선자, 선장, 보험자, 은행, 해상운송 중개인 혹은 그의 대리인과 같이 해상사업에 참여하는 일방의 당사자가 특정 해상사업에서 운송, 기타 금전적 의무를 이행함에 있어 다른 당사자로부터 불법적으로 금전 혹은 물품을 취득하는 행위이다. 매도인과 매수인이 해상운송계약을 체결하면서 해상운송 목적물에 대한 고지의무를 위반하여 발생시킬 수가 있다. 해상운송계약을 체결하면서 저가의 화물을 고가의 화물로 위장한다든가 위험화물을 일반화물로 위장하여 운송을 의뢰하고 해상보험계약을 체결한 이후에 고의적인 사고를 발생시켜 부당한 보상을 청구하는 행위도 해상사기에 해당한다. 해상운송과 관련한 사기는 직접 또는 간접적으로 해상보험과 연관되기 때문에 배제하는 것이 당연하다.

(3) 영국 해손정산인 협회의 활용

영국 해손정산인 협회(Association of Average Adjusters: AAA)는 해손정산인들이 해손정산 업무를 수행할 때에 공동의 이익을 추구하고, 해손정산 원칙을 적용하는 데에 통일을 기하려고 1869년에 영국에서 설립된 협회이다. 해손정산인(average adjusters)은 해상보험업계에서 오래 전부터 해손정산 경험을 쌓아 왔고 해손정산에 대한 전문지식이 풍부하여 해상보험금의 산정, 해손정산표의 준비, 해상손해의 해결, 공동해손 분담금 정산 등과 같은 고도의 숙련과 전문적인 지식을 요하는 기술적인 업무를 수행하고 있다.

4) 적하의 전손과 손해보상

(1) 전손의 손해보상액 결정

해상보험에서 보험사고가 발생하면 피보험자가 그 사실을 보험자에게 통지해야 보험자가 해상사고로 인한 손해를 조사하게 된다. 또한 보험자는 해상운송인이 조사하여 작성한 해난보고서를 근거로 피보험자와 관련한 보험사고 발생사실 관계를 조사한 후 손해액을 결정한다.

(2) 전손의 손해보상 방법

전손에 대한 손해보상 방법은 상황에 따라 다르다. 보험자가 보험금을 지급하기 전에 구조된 화물이 있는 경우에는 그 화물의 매각대금을 보험금액에서 공제하고 차액을 보상한다. 보험자가 보험금을 지급하기 전에 피보험자가 그 전손에 대하여 제3자로부터 손해보상금을 받았다면 그 금액을 보험금액에서 공제하고 차액을 보상한다.

면책위험에 의하여 분손을 입은 적하에 대한 수선, 또는 원상복구가 끝나지 않은 상태에서 전손이 되었다면 미복구분손액을 보험금액에서 공제한 차액을 보상한다. 그리고 희망이익이 적하보험과 함께 부보된 경우, 화물을 항해 중에 매각하여 희망이익에 전손이 발생한 경우에 매각금액이 화물의 보험가액을 초과하였다면 그 초과액은 희망이익에서 공제하고 보상한다.

(3) 전손 금액의 지급

보험자가 전손 금액을 보험금으로 지급하는 경우에는 운임이 고려되어야 한다. 운임은 선급과 후급이 가능한데 선급이 일반적이다. 운임을 후급으로 하는 경우에는 화물이 목적지에 도착하기 전에 전손이 발생하면 더 이상 운송을 할 필요가 없게 되어 운송계약자가 전손발생 이후에 대한 운임을 지급하지 않는 사태도 발생할 수 있다. 그래서 운송에서는 운송의 완결 여부에 관계없이 운임을 취득하도록 계약하는 것이 일반적이다. 만약 화물의 전손으로 화주가 운임을 지급하지 않으면 그 해당액만큼 보험금에서 공제하여 지급하게 된다. 왜냐하면 피보험자가 보험사고로 보험금도 받고 운임도 지급하지 않으면 이중으로 이득을 보게 되는 결과가 나타날 수도 있기 때문이다.

(4) 잔존물의 대위

전손이 되면 보험목적물의 위부 또는 전손금액 지급에 따라 잔존물 대위의 효과가 발생한다. 이때 보험자는 손해화물에 잔존하는 일체의 이익을 취득할 수 있다. 잔존물에 대한 소유권은 보험자의 재산권으로서 존중을 받게 된다. 보험자가 피보험자의 대위권 행사에 따라 발생한 잔존물의 권리를 취득하면 잔해철거의무, 잔존물 처리의무 등과 같은 법적인 부담 또는 경비가 발생하는 경제적 부담이 발생한다. 그래서 보험자는 대위에 의한 잔존물의 권리 취득에 대해서는 신중하게 판단하여 취득해야 한다. 그렇지 않으면 수익의 창출 또는 비용의 보전이라는 의사와는 관계없이 과다한 비용이 발생하는 요인이 될 수 있다. 그런데 보험자는 행정기관으로부터 잔존물을 이동하거나 유출하라는 명령 등이 있으면 그에 따르는 비용은 그 명령 주체에게 청구할 수 있다.

5) 적하의 분손과 손해보상

(1) 전부보험의 손해보상액 결정

전부보험인 경우 화물의 전부 또는 일부가 손상된 채 도달한 경우에는 1단위당 협정보험가액에 화물의 멸실 수를 곱한 금액이 손해보상액으로 된다. 피보험자가 손해보험계약을 체결하여 담보위험을 부보하기 직전부터 손해보상을 하기로 하였다면 손해발생 직전의 정상화물 시가에서 손해화물의 손상화물 가액을 공제한 잔액이 손해보상액이 된다.

그렇지만 보험가액불변의 원칙에 따라 손해발생 직전의 정상화물 시가를 보험가액으로 하는 것은 아니고 보험계약을 체결할 때에 협정한 보험가액을 원용하여 손해보상기준으로 한다. 정상화물 시가에 대한 손해액을 대비하여 손해율을 구하여 협정보험가액에 곱한 것을 손해보상액으로 한다. 전부보험의 경우 손해사정에 이용하는 계산방식은 영국 해상보험법을 근거로 하여 수식으로 나타낼 수 있다.

손해보상액(보험금)=I, 보험가액=V, 보험금액=S, 정상화물 시가=G, 손상화물 시가=D, 손해율=W 로 하여 수식으로 나타내면 다음과 같다.

$$W=(G-D)\div G, \quad I=S\times W$$

(2) 일부보험의 손해보상액 결정

일부보험의 경우에도 손해보상액은 다음과 같이 전부보험에 해당하는 공식을 응용하여 계산할 수 있다. 즉 일부보험 또는 전부보험에 관계없이 보험자가 손해보상액을 결정하는 경우에는 보험금액에 손해율을 곱하여 손해보상액을 산정하는 기초적인 방법을 사용하는 것이다.

I=V×[(G-D)/G]×[S÷V], I=S×[(G-D)÷D], W=(G-D)÷/G, I=S×W

(3) 양적 손해의 손해보상액 결정

화물이 항해 중에 분손을 입어 목적지에 도착한 경우 그 손해액의 계산은 복잡한 양상을 띠게 된다. 그런데 수량상의 손해, 즉 양적 손해의 보상액 계산은 간단하다. 화물의 일부 도난, 불착, 부족 등이나, 파손되어 전손이 된 경우 손해율을 근거로 한 계산방법은 두 가지가 있다.

① 화물 단위의 단가가 같은 경우의 양적 손해

I=S×[LQ(멸실부분수량)]÷[TQ(전체수량)

② 화물 단위의 단가가 다른 경우의 양적 손해

I=S×LIP(멸실부분의 송장가액)÷TP(전체의 송장가액)

(4) 질적 손해의 손해보상액 결정

화물이 품질상의 손해를 입은 질적 손해는 보험가액에서 손해를 입은 상태의 화물의 시장가격인 손상화물 가액을 공제한 잔액을 손해액으로 한다. 이 계산은 해상위험과 전혀 관계가 없는 시가변동의 영향에 의하여 작용하는 것으로 해상위험을 원용할 수가 없다. 질적 손해는 다른 시간과 장소에서의 가액을 비교함으로써 알 수 있다.

따라서 한 화물 또는 전부가 손상을 입어 도착한 경우의 질적 손해에 대해 화물 일부의 손해율을 계산하기도 한다. 그러나 전체의 손해율을 계산하여 손해보상액을 산출하는 방법이 주로 이용된다.

① 화물 일부가 손상된 경우의 질적 손해

I=손상부분 상당의 보험금액×W

② 화물 전부가 손상된 경우의 질적 손해

I=S×W

2. 구조화물의 손해보상

1) 구조화물의 의미

해상보험에서 선박이 항해사고로 인하여 중간항에서 보험목적물인 화물을 양륙하였으나 계반하는 선편을 수배할 수 없거나 계반할 수 있어도 계반비용이 화물의 가액을 초과하는 경우가 있다. 그리고 화물이 손상되어 계반한다고 하여도 화물이 목적지 도착하기 전에 품질이 저하되어 전손으로 될 가능성이 높은 경우도 있다. 이렇게 선박이 항해사고로 중간항에 기항하는 경우에 발생하는 입항비용, 항세, 항만 이용비용, 화물의 하역비용, 화물의 보관비용, 화물의 재선적비용, 본선의 수선 및 수리비용 등을 고려하면, 중간항에서 화물을 매각하는 것이 계반을 하여 목적지에 도착한 후에 화물을 매각하는 것보다 유리할 수 있다.

해상보험에서는 항해 중에 보험사고가 발생한 즉시 그 사실에 대한 통지가 선박회사로부터 직접 화주에게 전달되기 때문에 항해 중의 보험사고로 중간항에서 보험목적물인 화물을 매각 처분하는 경우에는 화주가 그 통지문에 보험증권, 상업송장, 선화증권 등을 첨부하여 보험자에게 제출해야 한다.

보험자는 손해를 입은 화물이 양륙된 항구에 소재하는 보험대리점 또는 보험지점에 보험사고가 발생하여 피보험자가 중간항에서 운송중인 화물을 중간항에서 매각 처분하겠다고 통보받은 사실을 연락하여 주고 중간항에서의 화물 매각에 대하여 선박회사측의 검정인과 협의를 하게 된다. 항구에 소재하는 보험대리점 또는 보험지점과 손상된 화물의 매각과 관련한 협의를 한 후, 선박회사측의 검정인은 매각처분의 결과에 대하여 검정보고서(surveyor report)를 작성하고, 보험자는 항구에 소재하는 보험대리점 또는 보험지점으로부터 송부받은 검정보고서를 근거로 하여 보험금을 지급한다.

2) 구조화물 거래와 손해보상액 결정

항해 중에 보험사고가 발생하여 중간항에서 화물을 처분하게 되면 총매각대금에서 매각비용, 구조료, 대리점 수수료 등을 공제한 순매각대금을 손상품의 시가로 하여 손해보상액을 계산한다. 즉 보험금은 보험가입금액에서 매각대금을 공제하고 지급하는 것이기 때문에 피보험자는 매각금을 취득한 것과 마찬가지가 되어 결과적으로는 보험가입금액의 전액을 받는 것과 같게 된다. 이렇게 총매각대금에서 매각비용, 구조료, 대리점 수수료 등을 공제하고 지급하는 방법을 구조물 차감계산방식이라고 한다.

손해보상액(보험금)=I, 보험가액=V, 보험금액=S, 손해액=L 로 하여 수식으로 나타내면 다음과 같다.

$$I=V\times[(V\text{-순매각대금})\div V]=V\text{-순매각대금}$$

그런데 구조화물을 중간항에서 매각하면 매우 한정된 환경하에서 처분하게 되어 보험보험자에게 불리한 일이 된다. 그러므로 목적지에 정상적인 상태로 도착한 경우와 같은 정황 아래 손해액을 계산해야 한다. 이때의 계산은 비례보상의 원칙이 적용된다.

$$I=L\times S\div V$$

3. 비용손해와 손해보상

1) 해난구조비용

(1) 해난구조비용의 의미

해난구조비용(salvage charges)은 선박이 긴급한 위험에 처하여 위협을 받고 있음에도 불구하고 자체능력으로는 그 상황을 벗어날 수 없어 제3자의 구조를 받고 그에 대한 대가로 지급하는 비용이다. 해난구조비용은 보험자가 피보험자를 대신하여 구조자에게 지불하게 된다. 해난구조는 선박이나 적하 등과 같은 재산이 해난에 조우한 경우 의무없이 구조하는 것을 조건으로 한다. 해난구조는 재산구조 효과가 있어야 하고, 구조의무가 없는 자가 이행해야 한다. 해난구조에는 침몰한 선박에 있는 재화가 멸실 또는 훼손될 위험이 높기 때문에 침몰한 선박에 있는 재화를 구조하는 것, 다른 선박을 위하여 또는 구조자가 활동을 할 수 있도록 해난선박을 이동시키는 등과 같은 간접구조도 포함된다. 그러나 해난이 발생한 때에 구조자와 해난선박과 구조계약이 체결되어 있거나 구조자가 해난선박과 구조에 관한 사법상의 의무가 있는 경우에는 해난구조가 아니다.

(2) 해난구조비의 보상

해난구조비는 해상운송계약이나 해상보험계약과 관계없이 해상법상 구조자가 보상받을 수 있는 비용이다. 보험증권에 어떤 명시규정이 있는 경우를 제외하고 담보위험이 발생한 경우, 그로 인한 손해를 방지하기 위하여 발생한 해난구조비는 보상받을 수 있다. 해난구조비는 해난구조자가 해난구조 행위의 요건을 성립시킨 경우에 청구권이 발생한다. 해난구조비에는 구조와 관련한 비용도 포함한다. 해난구조자가 구조행위를 하고 해난구조비를 청구하는 경우에는 구조행위가 자발적으로 이행되었음을 입증하는 것이 필요하다. 해난구조는 개인적으로 구조행위를 하는 것뿐만 아니라 구조행위를 위하여 개인적인 재산이 사용되거나 구조에 대한 부담과 위험이 증가하는 것이기 때문에 구조행위의 결과에 대한 해난구조비를 청구할 권리가 주어진다. 임의구조인 경우에는 구조행위가 실패한 경우에도 구조에 투입된 실비 및 구조상의 난이도 등을 고려하여 보수를 제공하게 된다. 계약구조인 경우에는 구조가 성공하였을 때에 한하여 구조비를 지급한다.

2) 손해방지비용

손해방지비용(sue & labour charge)은 피보험자나 그의 대리인이 손해방지 및 경감의무를 수행하기 위해서 지출한 비용이다. 보험자가 손해방지비용을 부담하는 것은 손해보상책임과 같은 보험자의 주된 의무는 아니다. 따라서 보험금의 지급의무에 관한 상법 및 보험계약의 규정에 의한 비용상환의무을 적용하지는 않는다. 손해방지의무는 피보험자에게 부과되는 것이지만 궁극적으로는 보험자를 위한 의무이기 때문에 손해방지를 위하여 지출한 비용은 당연히 보험자가 보상한다. 왜냐하면 보험자가 손해방지비용을 보상하는 것은 손해방지비용이 보험자가 부담할 보험사고에서 생긴 손해이며, 보험자도 손해방지비용의 정도에 따라 부담을 경감시킬 수 있기 때문이다.

이러한 손해방지비용은 보험자의 손해방지약관에 따라 보험자가 보험목적물의 손해 이외에 추가로 보상하는 비용이다. 그런데 손해방지비용을 별도로 보상하게 되면 보험계약에서 보험자가 보상해 주기로 한 최고의 보상금액, 즉 보험금액을 초과하여 보상하는 결과가 나올 수 있다. 보험자는 보험목적물에 대한 책임은 별개의 것이기 때문에 손해방지비용이 보험금액을 초과하더라도 지급하게 되며, 손해방지행위가 시도되었는데도 불구하고 전손이 발생하면 보험자는 보험목적물 자체의 손해액과 손해방지비용까지 피보험자에게 지급해야 한다.

3) 특별비용

특별비용(particular charges)은 단독해손에 포함되지 아니한다. 특별비용은 보험목적물의 안전 또는 보존을 위하여 피보험자에 의하여 또는 피보험자를 위하여 지출된 비용이다. 특별비용에는 공동해손 비용과 구조비용 이외의 비용은 포함하지 않는다. 다만 그와 같은 비용이 정당하게 지출된 경우에 지출되는 상황에 따라서 특별비용 또는 공동해손 비용손해로 보상될 수 있다.

특별비용은 손해방지비용과 거의 비슷한 성격을 갖고 있지만 손해방지비용과 차이가 있다. 특별비용에는 화물이 손해를 입고 양륙항에 도착한 경우 손해를 사정하는 과정 중에 발생하는 검사비용과 손해를 입은 화물을 판매하는 경우에 소요되는 판매비용 등과 같이 손해방지비용에 포함될 수 없는 순수한 비용이 포함되어 있다.

제 5 절 공동해손과 손해보상

1. 공동해손 희생손해

1) 적하의 공동해손 희생손해

(1) 적하의 투하

투하에 따른 손해와 잔존한 재화 사이의 분담액에 대한 기준을 정의내린 것은 1160년의 피사법전이다. 이를 볼 때 투하는 해상사업이 시작된 이래로 존재하였던 관습 중의 하나로 추정된다. 투하가 최초의 법정문제로 기록되어진 사건은 1385년 영국의 Edward 1세 때의 일이며, 투하에 관련된 선주의 권리를 다룬 것은 1801년의 The Gratitudine 사건 때이다. 그 당시의 투하에 대한 상관습은 선박 밖으로 투하된 적하를 운송하였던 선주가 구조된 재산에 대하여 공동해손의 분담금 청구권을 행사할 때에 손해를 입은 화주가 항변권을 가진다는 것이었다.

투하는 전항해사업을 위협하는 손해로부터 선박과 적하를 위험으로부터 보호하기 위하여 합리적으로 행해져야 한다. 투하로 발생한 손해라고 하여 모두 공동해손으로 인정되는 것은 아니고 그 적하가 인정된 상관습에 따라 운송 중에 있는 것이어야 한다. 즉 선박에 적재되어 운송 중이던 적하에만 적용한다. 투하의 량도 적정량을 유지하였을 때에만 공동해손이 된다.

항해 중에 고의로 좌초한 선박이 선박의 총중량을 경감시켜서 좌초에서 벗어나려고 할 때 적하를 투하한 경우에는 공동해손이 된다. 위험물을 운송하는 과정 중에 적하를 투하하였다면 그 위험물이 적법하게 선적된 경우에만 공동해손이다. 투하작업을 위하여 해치를 열었는데 해수가 침수하여 다른 적하에 누손을 입혔다면 공동해손이다. 따라서 천공을 하는 중에 입힌 적하의 손해, 배의 칸막이를 절단하다가 발생한 적하의 손해, 갑판의 해치를 닫다가 발생한 적하의 손해도 공동해손이 된다.

무역관습에 따라 갑판에 적재하여 운송되는 화물의 투하는 선주가 갑판 위와 갑판 아래에 적치된 화물의 화주로부터 얻는 권리이다. 갑판적인 경우에는 이를 명시해야 한다. 갑판적재가 된다는 사실을 화주가 모르는 상태에서 갑판적재가 된 후에 투하가 된 경우와 갑판 위에 적치되어 있던 물통 또는 물탱크 및 밧줄 등의 투하는 공동해손이 아니다. 갑판적재 화물의 투하는 그것이 별도의 약정에 의하여 정당화되거나 관습적인 운송이 아닌 한 공동해손으로 처리되지 않으나 다른 적하의 희생에 의하여 갑판적재 화물이 구조되었을 때는 다른 적하와 동일하게 공동해손 분담에 참여해야 한다.

화주가 위험물을 불안전한 상태로 선적하거나 위험물이라는 것을 선주에게 고지하지 않은 후에 발생되는 위험상황으로 인하여 투하가 이루어졌다면 공동해손이 아니다. 쌀이나 밀과 같은 산화물(撒貨物)이 선적되었는데 선창 내에 바닷물이나 빗물 등이 침수하여 양수기로 물을 퍼내던 중 쌀이나 밀 등이 물과 함께 휩쓸려 나간 경우에는 공동해손이다. 그런데 화재진압이나 선체의 균형을 유지하기 위하여 천공을 한 후 그 천공 사이로 산화물이 빠져나간 경우에는 공동해손이 아니다. 항해중인 선박이 나포를 당하여 나포한 자가 적하를 투하하거나 나포가 두려워 행하여진 투하 또는 적에게 강탈당하는 것이 두려워 투하를 한 경우에는 공동해손이 아니다. 선저에 구멍을 뚫는 행위를 천공(穿孔)이라고 한다.

(2) 화재진압과 적하손해

선내에 화재가 발생한 경우에 화재의 원인은 무엇이든 소화작업을 하던 중 물 또는 소화기구에 의하여 선박과 적하에 손상을 입은 경우를 제외하고 연기나 열 때문에 발생한 손해는 공동해손이 아니다

(3) 임의의 좌초와 적하손해

공동의 안전을 위하여 선박을 임의로 좌초를 시도하다가 선저에 손상이 생겨 적하에 누손이 발생한 경우나 임의로 좌초한 선박이 이초를 시도하기 위하여 적하를 보트나 부선에 환적하여 해안으로 운송 중에 침몰한 경우는 공동해손이다. 그러나 보트나 부선에 환적하여 목적항으로 운송하는 중에 보트나 부선이 침몰한 경우는 공동해손이 아니다.

선박이 적하의 투하없이 중량을 경감시켜 좌초에서 벗어나려면 적하를 양륙하고 이초를 한 후 재선적하거나 선박에 저장된 연료 혹은 선용품 중에서 일부를 투하해야 한다. 이때 적하의 양륙과 입고 그리고 재선적하는 중에 적하의 손해가 발생하였다면 공동해손이다.

(4) 선박의 항해불능과 적하의 매각

선주나 화주가 피난항에서 부채나 기타의 사정으로 인하여 선박이 항해를 계속할 수 없는 압류 상태에 있을 때, 선박을 풀어낼 목적으로 혹은 외국항구에서의 금리가 상승하여 자금을 확보하려는 목적으로 적하를 매각하거나 저당을 잡히는 경우는 공동해손이다. 단 적하를 매각하는 경우에는 공동의 이익과 안전이라는 명분을 충족시켜야 한다. 매각은 화주로부터 대부의 성격을 갖는 것이다.

(5) 선박의 불감항과 적하의 이동에 따른 손해

선박이 해난사고로 감항성을 잃게 되면 선장은 선박을 피난항으로 입항시킨 후 필요에 따라서는 적하를 양륙시키고 선박의 감항성 복구를 위한 조치를 취하게 된다. 이때 선박에서 적하를 양륙하여 부두에 집적하거나 창고 보관을 위하여 이동을 하는 경우에 발생하는 손해는 공동해손 행위의 직접적인 결과인 경우에만 공동해손이 된다. 승객의 수하물이나 소지품, 선장이나 선원의 소지품이 희생된 경우에는 공동해손이다. 송화인이 해상운송계약을 체결할 때에 선적될 화물에 대한 명세를 제대로 고지하지 않아 적하목록에 기재되지 않은 적하의 희생은 공동해손이 아니다. 3)

2) 선박의 공동해손 희생손해

(1) 선용품의 투하와 손해

선용품의 투하는 적하의 투하와 마찬가지로 공동해손으로 인정된다. 단 갑판 아래에 비치되어 있던 중 투하되는 것으로 한정된다. 왜냐하면 갑판 위에 통상적으로 비치하는 선용품을 인정하게 되면 이를 악용할 가능성이 높기 때문이다.

(2) 임의좌초와 손해

임의좌초는 공동의 위험을 회피하기 위하여 고의로 좌초를 하는 것으로 공동해손으로 인정된다. 임의좌초 후의 수리나 구조에 상관없이 위험지역을 벗어나기 위하여, 선박의 침몰을 막기 위하여 임의좌초를 할때 발생한 선박의 선체손상도 공동해손으로 인정된다. 그런데 선박이 위험에 처했음에도 불구하고 고의적으로 항해를 계속하다가 좌초를 한 경우에는 공동해손으로 인정되지 않는다.

(3) 이초와 손해

좌초가 되어 있는 선박을 부양시키기 위하여 추진기와 기관을 사용하던 중에 발생하는 기계 및 기관이 입은 손해는 공동해손으로 인정된다. 다만 정상적인 선박의 운항 중에 발생한 기관이나 기계의 손해는 예외이다.

(4) 비상진입과 손해

선박이 닻을 분실하거나 침수로 인하여 통상의 정박지에 정박하고 있는 것이 위험하다고 판단하여 선박과 부두에 손상이 발생할 것을 예견하고 도크로 전속 항진을 하다가 선박과 부두에 손상이 발생한 경우에는 공동해손으로 인정한다.

(5) 소화와 손해

선박에 화재가 발생하여 소화작업을 물에 의존하는 경우에는 대량주수에 의하여 선박의 경사를 초래하고 침전 또는 침몰위험이 발생하게 된다. 이와 같은 위험이 예상되는 경우에는 해변에 좌초시켜 소화작업을 하거나, 선저에 구멍을 뚫거나, 선박 바닥의 해치를 열어 해수를 주입하는 경우에 발생하는 손해는 공동해손으로 인정된다.

(6) 선체의 절단 손해

선체의 절단은 위험에 직면하여 공동의 안전을 위해 선체의 일부를 의도적으로 파괴하는 것으로 공동해손이다. 선체의 절단은 천공과는 차이가 있다. 선체의 절단은 선박의 중량을 감소시키기 위하여 선체에 부착된 기물 등을 떼어내는 것이다. 선박의 부속품, 설비물 등을 공동해손 행위에 의하여 원래의 목적 이외 용도로 사용하다가 발생된 손해는 공동해손이다. 통상적으로 사용되는 선박의 부속품이나 선박의 설비물 등에 발생한 손해는 비록 과도한 사용이 있더라도 공동해손이 아니다.

(7) 다른 선박의 파괴

선박이 위험을 벗어나기 위하여 다른 선박을 파괴한 경우에는 공동해손이다. 폭풍이 불어오는 상황에서 정박한 선박에 화재가 발생하여 불이 옮겨 붙을 가능성이 높은 경우에 선박에 구멍을 뚫어 화재를 소화하고 다른 선박을 구하였다면 공동해손이다. 자사의 선박을 구하기 위하여 화재가 발생한 다른 선박과 결박된 닻줄을 절단하였다면 공동해손이다.

3) 운임의 공동해손 희생

운임은 운송계약에 의거하여 화물을 운송하고 그 대가로 받는 보수이다. 즉 선주가 계약목적물을 목적지까지 운송하고 받을 수 있는 권리이다. 운임은 선주에게 있어서 위험의 대상이 아니다. 왜냐하면 운임은 해상운송계약에서 선급을 우선으로 하고 있기 때문이다. 그런데 해상운송계약에서 운임을 후급으로 결정한 상태에서 적하를 운송하는 중에 공동해손이 발생하여 피난항 등으로 입항하였는데 여러 가지 사정에 의하여 화주가 피난항에서 적하를 매도하였다면 선주는 중간 기착지부터 목적지까지의 운임을 받지 못하게 된다. 이러한 경우 항행을 하지 못한 중간항 부터의 잔여 항해구간에 대한 미수운임은 공동해손희생에 해당한다.

선박이 해상위험으로 발생한 선체손상으로 인하여 해상운송계약에 의해 운송을 책임지기로 하였던 적하를 목적항까지 운송할 수 없어서 긴급하게 수배한 타 선박으로 하여금 대송(代送)하게 한 경우에 환송(還送)을 위하여 지출되는 추가비용은 운임의 희생에 포함하여 공동해손이 된다. 항해중인 선박이 화재가 발생하여 피난항에 입항한 후 물로 소화를 하였는데 적하에 누손을 발생시키고 중량에 손실을 가져 와 일부를 피난항에서 양륙하였다면 공동해손이다.

2. 공동해손 비용손해

1) 구조비용

구조행위는 선박이 선체의 안전을 확보할 수 있는 장소에 도착하게 되면 의미가 없어진다. 예인을 하지 않으면 목적항에 도착할 수 없는 경우이거나 그 장소에 있게 되면 선박이 침몰하거나 선박 및 적하에 더 큰 손상이 발생할 가능성이 예상되는 때에 이루어지는 것이 구조행위이다.

구조비용에는 위험을 피하기 위하여 피보험자나 그 대리인 또는 보수를 받고 그들에 의하여 고용된 자가 행하는 구조의 성격을 띤 서비스의 비용은 포함하지 아니한다. 그와 같은 비용은, 공동해손의 성립요건을 구비하여 정당하게 지출된 경우에 지출되는 상황에 따라서 공동해손 비용손해로 보상될 수 있다.

2) 피난항 비용

피난항 비용(expenses at post of refuse)은 선박 운항 중 선체의 사고 또는 불가항력적인 사태를 맞아 피난항에 입항을 함으로서 발생하는 비용이다. 태풍을 조우하는 것과 같이 적하와 선박에 다가 온 공동의 위험을 피하기 위하여 가장 근접거리에 있는 항구로 대피하는 것을 의미한다. 별도의 피난항이라는 것은 존재하지 않는다. 피난항 비용으로는 항비, 도선료, 입항세, 재선적 비용, 재적부 비용, 출항비용, 정박비용 등이 있다.

항비는 항세, 등대료, 항만세, 부두사용료 등 기타 항구에서 발생하는 제비용을 의미한다. 도선료는 입항한 본선에서 도선사에게 지급하는 요금이다. 입항세는 피난항에 입항할 때에 해당 피난항에서 부과하는 세금이다. 정박비용은 피난항에서 정박기간 동안 항구를 사용한 몫으로 지급하는 비용이다. 재선적비용, 재적부비용은 피난항에서 적하를 취급하는 데에 소요되는 비용이다. 피난항의 시설 이용과 관련한 입거료, 상가료, 선박이동료, 선저 청소비 및 도장료 등도 소요된다.

3) 대체비용

대체비용(substituted expense)은 공동해손비용으로 공동해손 손해를 해결해야 하는데 우선 다른 명목으로 지출한 경우의 비용이다. 선박을 피난항에 입항시켰는데 다른 항구에서 수리를 하는 것이 더 저렴하다면 다른 항구로 예인하여 수리를 하는 것이 더 합리적일 수 있다. 이때 발생하는 예인비용이 대체비용인 것이다. 적하를 피난항에서 타 선박이나 육로를 경유하여 이송, 환적하는 경우에 발생하는 환적비용도 대체비용이다. 또한 소하기구 구입비용, 대선비용 등도 대체비용에 해당한다.

4) 자금조달비용

자금조달비용은 공동해손 비용을 지급해야 함에도 불구하고 자금이 부족하여 필요한 자금을 조달할 때 발생하는 비용이다. 공동해손으로 계상된 지급비용, 희생손해 및 인정액에 대하여는 공동해손 정산서의 작성일까지 연 7%의 이자를 공동해손비용으로 인정하며, 선장, 고급선원, 보통선원의 급료, 부양비, 항해 중에 조급한 것이 아닌 연료 및 용품 이외는 2%의 수수료가 공동해손으로 인정된다.

5) 정산비용

정산비용은 공동해손을 정산하는 데에 따라 발생하는 비용으로 관습적으로 공동해손비용으로 인정하고 있다. 정산비용은 공동해손이 발생한 이후에 공동해손으로 인정되어 화주와 선주가 부담해야 할 손해액에 대한 정산과정 중에 발생하는 비용이다. 그러므로 정산비용으로는 해난보고서 작성비용, 공동해손 손해 감정비용, 해손정산인의 보수, 해손정산인의 여비 및 통신비 등을 들 수 있다. 해난보고서(master's protest, sea report)는 선박의 해난사고나 인명사고와 같은 중대사고가 발생한 경우에 선장이 최초의 도착항 또는 정박항의 항만 당국에 제출하는 보고서를 말하며 해난보고서를 제출한 선장은 항만 당국에 그 증명을 청구할 수 있으며 이는 해상손해의 증명으로 활용된다. 공동해손 손해감정비용은 손해감정인이 공동해손 손해여부를 감정하는 데에 따르는 보수이다. 해손정산인의 보수와 여비 및 통신비 등은 해손정산인이 공동해손 정산업무를 수행하는 데에 따르는 보수와 활동비이다.

3. 공동해손의 정산

1) 공동해손의 정산책임

공동해손은 각국의 해운업자 또는 보험자 등이 중심이 된 관계 단체에 의하여 제정된 공동해손규칙(YAR)에 의하여 처리되고 있다. 공동해손의 정산은 공동해손 정산인(average adjuster)에게 처리를 의뢰하고 있다. 공동해손 정산의 의무는 선주에게 있기 때문에 정산인의 선정, 정산 후의 결제 등에 대하여 책임을 갖는다.

2) 공동해손의 정산 관련 서류

(1) 공동해손 선언통지장

공동해손 선언통지장(G.A. declaration letter)은 선박회사가 공동해손 발생사실을 각 수화인에게 통보하는 서류이다. 공동해손 선언통지장에는 공동해손의 발생사실과 그것에 수반된 공동해손 선언내용, 임명된 공동해손 정산인의 명칭과 주소 등을 기재한다.

(2) 공동해손 맹약서

공동해손 맹약서(average bond)는 공동해손이 생긴 경우 선주가 화주에게 화물을 인도함에 있어서 화주는 이후에 정산될 공동해손 분담금을 지급할 것이며, 공동해손과 관련하여 화물의 가액을 증명할 수 있는 서류를 요청하면 선주에게 모든 서류를 제출하여 공동해손 분담금을 정확하게 산출하도록 하겠다는 약속을 명시한 서류이다. 공동해손 맹약서에는 화물의 선화증권 번호, 화물의 명세, 수화인의 서명, 수화인의 서명 확인 등을 기재한다. 공동해손을 보증하는 보증서의 양식은 선주가 공동해손 정산인과 협의하여 결정한다. 공동해손의 보증에 필요한 모든 서류는 화물을 양륙하는 항구에 소재하는 선주의 대리점으로 송부해야 한다. 화주가 공동해손 맹약서에 서명만 하면 된다. 만약 해상보험에 부보되어 있는 경우라면 화주와 보험자가 공동으로 서명하면 된다. 공동해손 맹약서를 작성하는 것은 공동해손의 금액이 소액인 경우에 채택하는 보증방식이다.

(3) 적하가액 신고서

적하가액 신고서(cargo valuation paper, cargo valuation form)는 공동해손 분담가액을 결정하는데 참고로 하기 위하여 선박에 적재되어 있던 적하의 가액을 기재하여 신고하는 서류이다. 공동해손규칙(YAR)에서 규정하고 있는 공동해손 분담가액은 송장가액으로 되어 있기 때문에 적하가액 신고서에는 무역계약에 따라 수출을 이행하고 작성한 송장에 기재된 화물의 가격, 즉 송장가액을 기재하게 되어 있다. 그런데 선박회사 또는 공동해손 정산인이 적하가액 신고서 대신에 무역계약의 이행과 관련하여 작성한 송장만을 요구하는 일도 있다. 화주는 공동해손 정산인과의 교섭내용 및 공동해손 정산인이 통지한 내용 등을 보험자에 연락해야 한다.

(4) 공동해손 공탁금 영수증

공동해손 공탁금(G.A. deposit)은 선적화물에 대사고가 발생한 경우 또는 소규모 외국선주의 경우에는 선박회사가 송장가액의 몇 %를 지정해서 공탁할 것을 요구할 때 제공하는 금액이다. 공동해손공탁금을 제공하는 경우에는 공동해손 공탁금 영수증(G.A. deposit receipt)을 선박회사로부터 수령해야 한다. 공동해손 공탁금 영수증을 배서하여 보험자에 제출하면 보험자로부터 해당금액을 지급받을 수 있다.

(5) 공동해손 분담보증장

공동해손 분담보증장(underwriter G.A. guarantee)은 공동해손이 발생한 경우에 공동해손 공탁금을 제공하는 대신에 보험자가 작성하여 선박회사로부터 화물을 인도받을 수 있도록 한 서류이다.

보험자가 발행하는 공동해손 분담보증장에는 제한부 분담보증장과 무제한부 분담보증장이 있다. 제한부 분담보증장은 화물의 공동해손 분담가액이 보험가입금액을 초과하고 있는 경우에는 초과부분에 대한 공동해손 분담금을 공제해서 지불하겠다는 보증장이다. 무제한 분담보증장은 화물의 공동해손 분담가액이 보험가입금액을 초과하고 있는 경우에도 보험자는 보험가입금액과 관계없이 공동해손 분담금을 지불하겠다는 보증장이다. 선박회사는 무제한 분담보증장을 요구하지만 실제로는 한계점이 있기 때문에 무제한 분담보증장을 발행할 때는 화주가 실제로 분담하는 금액과 보험자가 보상하는 금액과의 차액을 화주가 보험자에게 지불하겠다는 각서를 확보하게 된다.

3) 공동해손의 정산절차

(1) 공동해손 발생과 선박회사의 사실 통지

공동해손은 해상운송에서 발생하는 고유한 사고이다. 공동해손이 발생하면 전통적으로 공동해손에 관한 요크 앤트워트 규칙(York-Antwerp Rules: YAR)을 적용한다.

선박회사는 공동해손이 발생한 경우 본선이 입항하기 전에 각 수화인에게 그 사실을 연락하고, 화물의 인도에 필요한 수속을 의뢰한다. 해상운송 중에 공동해손이 발생하면 선박회사는 수화인에게 공동해손의 발생사실을 통지하고 정산지의 지정, 정산인의 선정 등에 대하여 화주의 동의를 얻기 위하여 공동해손 계약서에 서명을 요구한다.

(2) 선박회사의 공동해손의 채권 보전

선박회사는 공동해손 채권을 보전하기 위하여 여러 가지 조치를 취하게 된다. 이에 따라 선박회사는 공동해손을 정산할 때의 공동해손 분담가액 결정의 참고자료로 삼기 위하여 적하가격 보고서, 선하증권, 상업송장, 공동해손 공탁금 지급 및 공동해손 보증장 등을 요구한다.

(3) 선박회사의 화물 인도

선박회사는 공동해손 정산과 관련한 관련서류를 제출받으면 수화인에게 화물인도지시서를 교부하고 수화인이 인수하도록 한다. 수화인은 화물의 인수수속이 지체되면 창고보관료 등과 같은 비용을 선박회사로부터 청구받게 되기 때문에 수화인은 즉시 인수해야 한다.

(4) 수화인의 적하의 손해 확인과 공동해손에 대한 보험금 청구

수화인은 공동해손이 선언되어 있는 선박에서 화물을 하역한 후에 손해여부를 확인한다. 자기 화물에 손해가 발생한 경우에는 검정기관에 검정을 의뢰하여 공동해손 손해인가 혹은 단독해손인가를 판정받아야 한다. 공동해손 검정은 화물에 공동해손 희생이 발생한 경우 선박회사측이 화물 전반에 대한 손해조사를 위하여 검정을 의뢰하는 것이다. 화물검정 또는 특수 검정은 화주가 별도의 검정기관에 검정을 의뢰하는 것이다.

검정기관의 검정 결과가 공동해손이던 단독해손이던 그 내용을 보험자에게 통보하여 손해의 정도를 조사하고 손해보상을 받는 절차를 거쳐야 한다. 공동해손인 경우 보험자는 공동해손에 대한 부담액을 화주에게 직접 보상하고 공동해손 정산서에 입각하여 공동해손 정산인으로부터 화주에게 보상한 금액을 회수하게 된다.

자기 화물에 손해가 발생하지 않은 경우에는 보험회사에 신청하여 공동해손 분담보증장을 발급 받고 공동해손 계약서, 적하가격 신고서 등을 선박회사에 제출하면 공동해손에 대한 모든 처리가 종료된다. 이때 화주가 보험금을 청구할 이유는 없다.

제 4 부

해상보험증권과 해상보험약관

10 chapter

해상보험증권

제1절 해상보험증권

1. 해상보험증권의 의의

해상보험증권(marine insurance policy)은 보험계약의 내용 및 조건인 해상보험약관이 기재되어 있는 증서를 의미한다. 즉 보험계약 당사자, 피보험자, 보험자, 피보험목적물, 담보위험, 면책위험, 보험가액, 부보금액, 위험의 시기(始期)와 종기(終期), 피보험자에 대한 손해보상의 약속 등 보험계약의 내용을 상세하게 기재하고 보험계약자의 요청에 따라 보험자가 서명하여 보험계약자에게 교부하는 증권이다. 실제적으로는 보험계약이 체결되면 보험계약자의 요청여부와는 상관없이 해상보험회사가 보험계약자에게 발행하는 것이 일반적이다. 해상보험증권은 무역계약의 이행 중에 대금결제와 관련하여 은행에 제출하는 선적서류의 하나로 중요서류이다. 국제무역대금 결제에서 선적서류로서 해상보험증권의 제출이 필요한 거래규칙은 운임·보험료포함 인도 거래규칙(CIF)이나 운송비·보험료지급 인도 거래규칙(CIP) 등이고 그 이외의 거래규칙에서는 선적서류로서 해상보험증권의 제출이 필요 없다.

2. 해상보험증권의 특성

해상보험증권은 보험계약 성립의 증거로서 보험자가 보험계약자의 청구에 따라 발급하여 교부하는 것이다. 해상험증권은 계약서도 유가증권도 아니고 단지 증거증권에 지나지 않지만, 보통 배서 및 인도에 의해 양도된다. 영국해상보험법(MIA)에 따르면 어떠한 제정법의 규정이 있는 경우를 제외하고, 해상보험계약은 본 법에 따라 해상보험증권에 구현되지 않는 한 증거로서 인정되지 않는다. 해상보험증권은 해상보험계약이 성립된 때 또는 그 후에 작성되고 발행될 수 있다.

3. 해상보험증권의 해석원칙

1) 수기문언의 우선 원칙

수기문언(handwritten wording) 우선의 원칙은 해상보험증권에서 동일한 보험목적물을 두고 각 약관의 내용이 서로 다른 경우에 육필로 직접 작성한 수기문언을 가장 우선하여 적용한다는 원칙이다. 해상보험증권에는 본문약관, 난외약관, 이탤릭서체약관, 협회특별약관, 스템프약관 등이 인쇄되어 있다. 그런데 보험계약자가 특별하게 육필로 직접 의사표시를 한 수기문언은 보험자와 약속한 사항을 별도로 기재한 것이기 때문에 기타의 인쇄된 약관보다 우선하여 적용한다는 것이다. 그래서 여러 가지의 보험 관련 약관이 존재하고 있을 때 약관의 적용 순위는 수기문언, 타자 문안, 인쇄문안, 특별약관이나 스템프약관, 난외약관(marginal clause), 본문약관 순서이다.

2) 당사자 의사 및 판례의 존중 원칙

당사자 의사 및 판례의 존중 원칙은 해상보험증권의 내용을 해석할 때는 보험계약 당사자의 의도가 무엇인가를 알아내어, 그 의도에 맞게 해석해야 하며 만약 보험계약 당사자의 의도를 규명할 때에 그 의도가 서로 일치하지 않는 경우에는 판례에 의존하여 해석을 해야 한다는 원칙이다.

3) 평이 · 통상 · 통속적 해석의 원칙

평이 · 통상 · 통속적 해석의 원칙은 해상보험증권의 각 약관이나 문언 그리고 조항들을 해석할 때에 학문적이거나 이론적으로 해석하는 것이 아니라 평이하게, 특수한 상황이 아닌 일반적인 상황에서 통상적으로, 보험과 관련한 사람이 생각할 수 있는 수준에 한정되는 것이 아니라 모든 사람들이 평소에 생각할 수 있는 통속적인 관점에서 해석해야 한다는 원칙이다. 해상보험이 해상사업상의 위험을 담보대상으로 하는 것이지만 손해의 발생에 대한 보상이라는 관점에서는 일반 손해보험과 크게 다를 것이 없기 때문에 평이 · 통상 · 통속적 해석의 원칙을 준수해야 한다.

4) 동종해석의 원칙

동종해석의 원칙(principle of the like or some kind)은 특정한 상황을 지칭하는 문언을 설명하기 위하여 사용되는 일반적인 문언은 특정한 상황을 지칭하는 문언의 의미와 동종인 것으로 해석한다는 원칙이다.

Lloyd's S.G. 보험증권의 위험약관에는 많은 위험을 열거하고 첨부사항으로 기타의 모든 위험을 기술하고 있는데 기타의 모든 위험은 그 앞에 열거된 위험과 전혀 다른 별개의 위험이 아니라, 그들 열거위험과 똑같은 성질의 것은 아니지만 똑같은 문언으로는 표기하기 곤란한 동종의 위험으로 해석해야 한다는 것이다. 한 위험을 놓고 그 의미를 표현함에 있어서 기술방법이 다르다 하더라도 같은 뜻으로 해석해야 한다는 것이다.

5) 문서작성자 불이익의 원칙

문서작성자 불이익의 원칙은 해상보험증권은 보험자가 일방적으로 작성하여 서명, 교부하는 것이기 때문에 애매모호한 문언이 있는 경우에 보험계약자에게 불리한 영향을 미치기 때문에 해상보험증권 작성자인 보험자가 불이익을 받도록 해석해야 한다는 원칙이다. 즉 보험계약자가 보험청약서를 작성할 때, 인쇄된 보험청약서의 문언이 애매모호하여 보험계약자의 의도와 다르게 부실고지가 되면 보험자의 책임이라는 것이다. 그런데 보험계약자가 보험청약서의 기재사항을 애매모호한 문언으로 기재하여 보험자에게 충분한 고지가 되지 못하는 부실고지가 된 경우에는 보험계약자의 책임이 된다.

6) 합리적 해석의 원칙

합리적 해석의 원칙은 보험증권의 해석이 합리적으로 이루어져야 한다는 원칙이다. 보험계약자나 보험자에게 일방적으로 불리하게 해석되어서는 안 된다. 따라서 합리적인 해석이라는 것은 해상보험증권 내용의 전체를 기준으로 하는 것을 의미하며 특정 용어의 기술적인 해석을 의미하는 것이 아니다.

제 2 절 로이즈 보험증권과 ILU 회사용 보험증권

1. 로이즈 보험증권의 의의

해상보험업계에서 사용하고 있는 해상보험증권은 영국 로이즈 보험증권과 런던보험자협회(ILU)의 회사용 보험증권이다. 로이즈 보험증권 양식은 1779년 영국의 로이즈에서 공식적으로 처음 사용한 보험증권이다. 이를 일반적으로 S. G. form 보험증권이라고 한다. 각국의 해상보험업계에서 로이즈 보험증권 약관에 대한 통일을 위한 시도가 없었기 때문에 약관에 대한 해석이 난해하다는 지적이 많았다. 그런데도 해상보험에 관한 관습과 판례를 중시하는 해상보험업계에서 로이즈 보험증권의 가치가 인정되어 계속 사용되어 왔다.

로이즈 보험증권의 내용이나 양식이 l 모태가 되어 수많은 특별약관들이 인쇄되어 사용되어 왔다. 오늘날 보험업계에서 사용하고 있는 증권은 표준 S. G. form 보험증권, 선박(또는 운임) 및 적하[Standard S. G. policy form, Hull(or freight) and Cargo], ILU 회사용 보험증권, 선박(또는 운임) 및 적하(The Ins titute of London Underwriter, Companies' combined policy, Hull and Cargo) 등이다. 이후 1982년부터는 ILU의 해상보험증권 신양식(New ILU marine poli cy form)과 Lloyd's의 해상보험증권 신양식(New Lloyd's marine policy form)이 사용되기 시작하였는데 로이즈 보험증권은 전면에 본문약관, 이탤릭서체약관, 난외약관 등이, 후면에 협회적하약관(ICC) 및 기타 특별약관 등이 인쇄되어 있다.

2. 로이즈 보험증권의 구성내용

1) 본문약관

(1) 보험계약 인증 문언

① 문언의 내용

Be It Known that ...	… 라는 사실을 인증한다.

② 문언의 설명

보험계약 인증 문언(insurance contract phrase)은 보험계약을 체결하였다는 사실을 인증한다는 문언이다. Be it known that … 라는 문언 뒤에는 피보험자, 대리인, 보험중개사 등의 성명을 기재한다. 계약당사자로 하여금 다음에 기재된 사항을 주지하도록 한다는 의미를 포함하고 있다.

(2) 양도 문언

① 문언의 내용

as well in ... own Name. as far and in the Name and Name of all and every other Person or Person to whom the same doth may. or shall appertain. in part or in all. doth make Assurance, and cause ... and every of them, to be insured	… 는 자기의 명의로서 또한 보험목적물의 일부 또는 전부가 귀속하는, 귀속할지도 모르는, 또는 장차 귀속하게 될 모든 사람을 위하여, 또는 모든 사람의 명의로 보험계약을 체결하며, … 및 상기의 모든 사람을 위하여 부보된 것으로 하며

② 문언의 설명

양도 문언(assignment phrase)은 보험목적물에 대한 소유권 또는 피보험이익의 일부가 귀속하는 자의 명의 또는 보험목적물의 귀속과 관련된 모든 사람의 명의로 보험계약이 체결된다는 것이다. 보험계약자는 보험목적물에 피보험이익을 가진 자이어야 한다는 것이다. 보험계약자가 보험계약을 체결할 때에 부보한 보험목적물이 이전되는 경우에는 보험증권도 양도된다는 사항을 명시한 문언이다. 그런데 적하보험증권의 양도는 자유롭지만 선박보험증권의 양도는 일정한 제약을 받는다.

(3) 소급 문언

① 문언의 내용

lost or not lost,	멸실의 여부를 불문하고,

② 문언의 설명

소급 문언(lost or not lost phrase)은 해상보험계약을 체결할 때 보험목적물의 멸실 여부를 불문하고 소급하여 계약을 체결한다는 사실을 명시한 문언이다. 소급 문언 약관의 내용을 보면 소급이라는 용어는 없이 멸실여부를 불문하고라는 문언만 규정되어 있다. 이것은 해상보험계약을 체결할 때에 소급보험을 대상으로 하는 경우에는 멸실여부를 불문하고 인수한다는 의미를 나타낸다.

(4) 위험개시 문언

① 문언의 내용

at and from	…에서 그리고 부터

② 문언의 설명

위험개시 문언(at and from phrase)보험자의 책임개시 시점을 명시한 것으로 계약개시 일자나 출발항을 기재하는 것이다. 적하보험증권에서는 선적항을 기재하고 선박보험증권에서는 출발항을 기재한다.

(5) 보험목적물 문언

① 문언의 내용

Upon any kinds of Goods and Merchandises, and also the Body, Tackle, Apparel, Ordance, Muntion, Artillery, Boat and other Furniture,	어떠한 종류의 화물, 상품 그리고 선체, 양륙기구, 선구, 병기, 군수품, 군용담요, 보트 및 기타 의장에 관하여

② 문언의 설명

보험목적물 문언(subject matter of insurance phrase)은 보험목적물이 화물, 상품, 선체, 양륙기구, 선구, 병기, 군수품, 군용담요, 보트 및 기타 의장 등임을 표시하는 문언이다.

(6) 선박명 문언

① 문언의 내용

of and in the good Ship or Vessel called the ...	…라고 불리는 적격한 선박에

② 문언의 설명

선박명 문언(named of ship phrase)은 화물을 운송할 선박명을 기재하는 문언이다. 선박명은 보험자의 보험인수 여부에 주는 중요한 정보이다. 양호한 선박이라는 것은 감항성을 갖춘 선박을 의미한다. 감항성을 갖춘 선박이라는 표현을 하지 않은 것은 적격하다는 의미가 감항성의 요건을 망라하여 갖춘 의미로 판단된다.

(7) 선장의 성명 문언

① 문언의 내용

where of Master under God, for this present Voyage, … or whosoever else shall go for Master in the said Ship, or by whatsoever other Name or Name the same Ship, or the Master thereof, is or shall be named or called;	본 항해에 대하여 …을 신의 보호아래 선장으로 하고, 본 선장은 장래 다른 선장으로 대체되어도 무방하며, 또한 본 선박 또는 그 선장은 다른 명칭으로 호칭되거나 또는 장래 호칭되어도 무방하다;

② 문언의 설명

선장의 성명 문언(named of master phrase)은 선장의 성명을 기재하는 문언이다. 범선시대에는 선박의 성능이 열악하였기 때문에 선장의 인격, 기량, 경험 등이 위험측정에 중요한 요소가 되었다. 이에 따라 선장의 이름을 쓸 필요가 있었지만 현재는 자동항법장치에 의한 항해로 선장명은 기재하지 않는다.

(8) 보험기간 문언

① 문언의 내용

beginning the Adventure upon the said Goods and Merchandises from the loading there of aboard the said Ship and so shall continue and endure during her Abode there, upon the said Ship, with all her Goods and Merchandises whatsoever, shall be arrived at ... and until the same be there discharged and safely landed;	상기 화물 및 상품에 대한 위험은 상기 선박에 선적될 때 개시되며, 선박의 정박중 계속되고, 화물 및 상품을 적재한 선박이 …항구에 도착할 때까지 계속되며, 그곳에서 하역하게 되고 안전하게 양륙될 때까지 계속된다;

② 문언의 설명

보험기간 문언(insurance period phrase)은 적하보험에서의 보험자 책임기간을 명시한 문언이다. 보험자의 책임은 선적항에서 양륙항까지이다. 선박보험에서는 보험자의 책임이 목적지에 도착한 후 안전하게 정박하기 위하여 닻을 내리고 24시간이 경과할 때까지로 하고 있다. 선박보험증권에서는 기간보험이면 보험기간이 기재되고 항해보험이면 출발항과 도착항을 기재한다.

(9) 기항정박 문언

① 문언의 내용

and it shall be lawful for the said Ship etc ...in this Voyage to proceed and the sail to and touch and stay at any Ports and Places whatsoever...without prejudice to this Insurance.	또한 본 선박은 어떠한 … 항구 또는 장소를 향하여, 항해, 발항, 기항 또는 정박하는 것은 합법적이며 본 보험의 효력에 아무런 영향을 미치지 않는다.

② 문언의 설명

기항정박 문언(touch and stay phrase)은 선박이 어떠한 항구를 향하여 항해를 시작하려고 발항하거나 목적항을 향하여 항해하는 중 중간 항구에 기항하거나 정박하는 것을 허용한다는 문언이다.

(10) 보험가액 문언

① 문언의 내용

The said Ship etc.. Goods and Merchandises, etc... for so much as concerns the Assured by Agreement between the Assured and Assurers in this Policy, are and shall be valued at ...	본 선박, 화물 및 상품은 본 보험증권에 있어서 피보험자와 보험조건의 합의에 의하여…금액으로 평가되고, 장차에도 동일한 금액으로 평가되는 것으로 한다.

② 문언의 설명

보험가액문언(insurable value phrase)은 화물이나 선박과 같은 보험목적물의 가액이 확정되지 않으면 손해가 발생하였을 때 분쟁이 발생하기 쉽기 때문에 이를 피하기 위하여 부보를 할 때 계약당사자 사이에 보험가액을 합의하고 이를 보험증권에 기재하여 놓도록 하는 문언이다. 보험가액을 기재하는 란이 공란인 경우에는 협정보험가액을 기재한다.

(11) 담보위험 문언

① 문언의 내용

Touching the Adventures and Perils which we the Assurers are contented to bear and do take upon us in this Voyage, they are, of the Seas, Men-of- War, Fire, Enemies, Pirates, Rovers, Thives, Jettisons, Letters of Mart and Countermart, Surprisals, Taking at Sea, Arrests, Restraints and Detainments of all Kings, Princes and People, of what Nation, Condition, or Quality so ever, Barratary of the Master and Mariners, and of all other Perils, Losses, and Misfortunes that have or shall come to the Hurt, Detriment, or Damage of the said Goods and Merchandises, and Ship etc.. or any Part there of;	본 보험자가 본 항해에 있어 담보할 것을 약속하는 해상사업 및 위험은 다음과 같다. 즉 해상고유의 위험, 군함, 화재, 외적, 해적, 표도, 강도, 투하, 포획면허장 및 보복포획면허장, 습격, 해상탈취, 국적, 상황 또는 성질의 여하를 불문하고 모든 국왕, 군주 및 국민의 강류, 억지 및 억류, 선장 및 선원의 악행, 상기화물, 상품 및 선박 또는 기타에 대하여 혹은 그들 일부에 대하여 파손, 훼손 또는 손상을 발생하게 하거나 또는 발생하게 할 기타 일체의 위험, 멸실 및 불행으로 한다;

② 문언의 설명

담보위험 문언(perils phrase)은 보험자의 담보위험을 열거한 문언이다.

(12) 손해방지 문언

① 문언의 내용

and in case of ant Loss or Misfortune, it shall be lawful to the Assured, their factors, Servants and Assigns, to sue, labour, and travel for, in and about the Defence, Safeguard and Recovery of Goods and Merchandises and Ship etc... or any Part there of, without Prejudice to this insurance; to the charges whereof we, the Assurers will contribute, each one according to the Rate and Quantity of his Sum herein Assured.	또한 손해 혹은 재난이 발생한 경우에 피보험자, 그 대리인, 사용인 및 양수인이 본 화물 및 상품 그리고 선박 등의 전부 또는 일부를 방비, 보호 및 회복하기 위한 조치를 추구하고 노력하며 사고장소를 답사하는 것은 합법적이며, 본 보험의 효력에 영향을 미치지 않는다. 이에 따른 비용은 보험자가 인수금액의 비율과 금액에 따라 각자 부담한다.

② 문언의 설명

손해방지 문언(sue and labour phrase)은 보험사고가 발생하였을 때 피보험자 또는 그의 대리인이 손해의 방지를 위하여 합리적인 조치를 취할 것을 규정한 문언이다. 보험사고가 발생한 경우 피보험자, 대리인, 사용인 또는 수화인이 화물, 상품 그리고 선박의 전부 또는 일부에 발생한 손해의 확산을 방지하거나 대비해야 한다는 것이다. 그리고 보험목적물을 보호하거나 원상으로의 회복을 위하여 최대한 노력을 해야 한다는 것이다.

13) 포기유보 문언

① 문언의 내용

And it is especially declared and agreed that no acts of the Insurer or Insured in recovering, saving, or preparing the property insured, shall be considered as a waiver of acceptance of abandonment.	부보재산을 회복, 구조 혹은 보존하기 위하여 보험자와 피보험자가 취하는 어떠한 조치도 그것이 위부의 포기나 혹은 수락으로 간주되지 않을 것을 특별히 선언하고 약속한다.

② 문언의 설명

포기유보 문언(waiver phrase)은 피보험자가 피보험목적물의 회복, 구조 또는 보존을 위하여 필요한 조치를 취했다고 해서 이를 위부철회의 의사표시로 간주하지 않으며 반대로 보험자가 필요한 조치를 취했다고 해서 위부의 수락으로 간주하지 않는다는 문언이다.

(14) 보험증권 효력 문언

① 문언의 내용

And it is agreed by su, the Insurers, that this Writing or Policy of Assurance shall be of as much Force and Effect as the surest Writing or Policy of Assurance herefore made in Lombard street, or in the Royal Exchange, or elsewhere in London.	그리고 이 보험의 서면 또는 보험증권은 롬바르트가 왕립거래소 또는 런던에서 작성된 가장 확실한 서면 혹은 보험증권과 동일한 효력을 갖는 것으로 본 보험자가 동의한다.

② 문언의 설명

보험증권 효력문언(force and effect phrase)은 본 증권이 런던에서 작성된 확실한 보험의 서면 또는 증권과 동일한 효력을 가진다는 것을 명시한 문언이다.

(15) 구속 문언

① 문언의 내용

And so we, the Assurers, are contented, and do here by promise and bind ourselves, each one for his own Part, our Heirs, Executors, and Goods to the Assured, their Executors, Administrators, and Assigns, for the true Performance to the Premises,	본 보험자는 피보험자와 그의 유언집행인, 관리인 및 양수인에 대하여 약속을 진정하게 이행하기 위하여 각각 해당부서에 대하여 본 보험자 자신과 그 상속인, 유언집행인 및 재산을 구속하는 데에 이의없이 만족하고 확약하며,

② 문언의 설명

구속 문언(binding phrase)은 보험자가 보험증권에 규정하고 있는 각종 약속내용을 책임지고 이행하겠다는 의사표시를 명시한 문언이다.

(16) 약인 문언

① 문언의 내용

confessing ourselves paid the Consideration due unto us for this Assurance by the Assured, at and after the rate of...	이 보험에 관해서 피보험자는 …의 비율로 보험료를 지불하였음을 본 보험자는 인정하고

② 문언의 설명

약인 문언(consideration phrase)은 피보험자의 약인인 보험료를 납부함으로써 보험자가 위험을 담보하는 반대급부가 약속되는 사실을 명시한 문언이다.

(17) 선서 문언

① 문언의 내용

IN WITNESS whereof we, the Assurers, have subscribed our Names and Sums assured in LONDON.	상기 보험증권의 증거로서 본 보험자가 런던에서 본사의 명의와 부보금액을 기재하였다는 사실을 확인한다.

② 문언의 설명

선서 문언(attestation phrase)은 보험자가 보험계약 체결의 증거로 보험증권에 기명하여 발행함으로써 책임을 진다는 사항을 명시한 문언이다.

(18) 면책비율 문언

① 문언의 내용

N.B. – Corn, Fish, Salt, Fruit, Flour, and Seed are warranted free from Average, unless general, or the Ship be stranded; Sugar, Tobacco, Hemp, Flax, Hides and Skins are warranted free from Average, under Five Pounds per cent: and all other Goods, also the ship and Freight, are warranted free from	주의 – 공동해손 혹은 선박이 좌초하는 경우를 제외하고 곡류, 어류, 소금, 과실, 곡분 혹은 종자의 분손에 대하여 일체 담보하지 않으며, 사탕, 연초, 대마, 아마 및 피혁에 대해서는 5% 미만, 그리고 기타 모든 화물

Average under Three Pounds per cent, unless general, or the Ship be stranded.	또는 선박 및 운임에 대해서는 3% 미만의 해손을 담보하지 아니한다.

② 문언의 설명

면책비율 문언(memorandum phrase)은 보험자가 보험금 정산비용에도 미치지 못하는 일정비율 미만의 소손해에 대해서는 담보하지 않는다고 명시한 문언이다.

2) 이탤릭서체약관

(1) 포획 · 나포 부담보 문언

① 문언의 내용

1. Warranted free of capture, seizure, arrest, restraint or detainment, and the consequences thereof or any attempt thereat; also the cosequences of hostilities or warlike operations, whether there be a declaration of war or not; but this warranty shall not exclude collision, contact with any fixed or floating object(other than a mine or torpedo), stranding, heavy weather or fire unless caused directly (and independently of the nature of the voyage of or service which the vessel con- cerned or, in the case of a collision, any other vessel involved therein, is performing) by a hostile act by or a against a belligerent power; and for the purpose of this war- ranty"power"include any authority maintaining naval, military or air forces in asso- ciation with a power. Further warranted free from the consequences of civil war, revo- lution, rebellion, insurrection, or civil strife arising there-from, or piracy.	1. 포획, 나포, 강류, 억류 또는 억제와 그 결과 혹은 이상의 행위를 하려고 기도한 위험 그리고 선전포고의 유무를 불문하고 적대행위 혹은 군사작전의 결과를 담보하지 아니한다. 그러나 이상의 면책조건상에서 교전국의 적대행위 혹은 교전국에 대한 적대행위에 직접적으로 기인하여(그리고 선박의 운항 또는 취항내용의 성질과는 상관없이) 생긴 경우를 제외하고 선박의 충돌, 고장 또는 부동장애물(기뢰 혹은 어뢰 제외)과의 접촉, 좌초, 악천후 혹은 화재를 면책하려는 것은 아니다. 그리고 본 면책조건상으로 국가라 하는 것은 특정국가와 관련하여 해군, 육군 혹은 공군을 보유하고 있는 모든 정권을 포함한다. 또한 내란 , 혁명, 모반, 반란 또는 그러한 사태로부터 발생하는 국내의 소요 혹은 해적의 결과를 책임지지 않는 것을 조건으로 한다.

② 문언의 설명

포획 · 나포 부담보문언(free from capture and seizure phrase)은 포획, 나포, 강류, 억류 또는 억제와 그 결과 혹은 이상의 행위를 하려고 기도한 위험 그리고 선전포고의 유무를 불문하고 적대행위 혹은 군사작전의 결과를 담보하지 않는다는 사항을 규정한 문언이다. 포획 · 나포 부담보문언은 보험자의 면책위험에 대한 사항을 명시한 것이다.

(2) 동맹파업 · 소요 · 폭동 부담보 문언

① 문언의 내용

2. Warranted free of loss or damage caused by strikes, locked-out workman, or persons taking part in labour disturbances, riots or civil com- motions.	2. 동맹파업자, 직장폐쇄노동자 또는 노동쟁의, 폭동 또는 소요에 가담한 자로 인하여 발생한 멸실 또는 손상을 담보하지 않는다.

② 문언의 설명

동맹파업 · 소요 · 폭동 부담보 문언(free from strikes, riots and civil commotions phrase)은 본문약관에 열거된 동맹파업 · 소요 · 폭동위험을 보험자가 면책하는 소극적 목적을 가지고 있다.

(3) 항해중단 부담보 문언

① 문언의 내용

This Policy is warranted free of any claim based upon loss of, or frustration of, the insured voayge or advanture caused by arrest restraints and detainments of Kings Princes Peoples Usurpers or persons attempting to usurp power.	국왕 군주, 인민, 정권을 장악한 자 또는 정권을 장악하려고 기도한 자의 강류, 억지 및 억류로 인하여 발생하는 부보항해 또는 해상사업의 멸실 혹은 중단에 기인한 어떠한 클레임도 담보하지 않는다.

② 문언의 설명

항해중단 부담보문언(frustration phrase)은 국왕, 군주, 인민, 국권탈취자 또는 국권을 탈취하려고 기도하는 자의 강류, 억지 또는 억류에 의해서 발생한 피보험항해 또는 항해사업의 중지 또는 중단에 기인하는 일체의 손해를 담보하지 않는다고 명시한 문언이다.

3) 난외약관

(1) 협회위험약물 문언

협회위험약물 문언(institute dangerous drugs phrase)은 무허가 약물 또는 불법적으로 아편 등을 운송할 때에 발생하는 손해를 면책사항으로 명시하여 본문약관을 제한하거나 보충하는 역할을 하는 난외약관(marginal clause)이다.

(2) 교사 문언

교사 문언(grounding phrase)은 본문약관에서 해상고유의 위험인 좌초나 교사는 담보하지만 특정수역에서의 통상적인 교사나 좌초는 담보하지 않는 문제를 해결하기 위하여 이에 직접 기인하는 손해만은 보험자가 보상할 것을 명시하여 함으로써 본문약관을 제한하거나 보충하는 역할을 하는 난외약관이다.

(3) 타보험 문언

타보험 문언(other insurance phrase)은 보험손해가 발생하였을 경우 해상보험계약이 없었다면 화재보험이나 다른 보험에 부보되었을 것으로 여겨지는 손해는 담보하지 않는다고 명시함으로써 본문약관을 제한하거나 보충하는 역할을 하는 난외약관이다.

(4) 손해통지 문언

손해통지 문언(claim notice phrase)은 손해가 발생한 경우에 피보험자가 지켜야 할 처리절차를 명시함으로써 본문약관을 제한하거나 보충하는 역할을 하는 난외약관이다.

(5) 인지첨부 문언

인지첨부 문언(stamp phrase)은 외국에서 발행되고 영국에서 보험금이 지급되는 모든 보험증권 또는 보험증명서는 이를 수령한 영국에서 수령한 날로부터 10일 이내에 소정의 수입인지를 첨부해야 한다는 사항을 명시함으로써 본문약관을 제한하거나 보충하는 역할을 하는 난외약관이다.

3. ILU 회사용 보험증권

로이즈 보험자들과는 달리 회사형태의 보험자들은 로이즈 보험증권을 사용하지 않고 ILU에서 제정한 회사용 보험증권(companies' combined policy)을 사용하여 왔다. ILU 회사용 보험증권은 선박용과 적하용으로 구분되어 있지만 그 내용은 로이즈 보험증권과 실질적으로 동일하다. ILU 회사용 보험증권은 선박용은 백색으로, 적하용은 청색으로 되어 있다. 그동안 우리나라도 ILU 회사용 보험증권을 그대로 사용하여 왔다.

제 3 절 신해상보험증권

1. 신해상보험증권의 의의

신해상보험증권(New Lloyd's Marine Policy Form)은 런던 보험자협회(ILU)와 로이즈 보험자가 국제연합무역개발회의(UNCTAD)에서 발표한 해상보험에 관한 보고서에 따라 1981년 7월 1일에 발표한 표준 해상보험증권이다. 우리나라는 1983년 3월 1일부터 구해상보험증권과 함께 사용하고 있다.

신해상보험증권에서는 로이즈 보험증권에서 명시하고 있는 위험약관을 포함한 대부분의 약관을 제외시키고 나머지의 약관 내용도 협회적하약관과 중복되지 않도록 기술하고 있다. 즉 신해상보험증권에서는 증권의 내용에서 담보위험 등과 같은 보험조건에 관한 규정을 제외시키고, 보험조건과 관련한 사항은 협회적하약관에 의하여 약정하도록 하고 있다. 이에 따라 신해상보험증권은 로이즈 보험증권보다는 그 양식이 단순화되었다.

2. 신해상보험증권의 특징

1) 본문약관의 간소화

신해상보험증권은 본문약관과 명세표(明細表: schedule)로 구성되어 있다. 신해상보험증권의 본문약관은 해상보험계약의 내용을 입증할 수 있는 약관인 준거법약관, 타보험약관, 약인약관 및 선서약관 등으로 구성되어 있다.

신해상보험증권에서는 로이즈 보험증권에서 명시하고 있던 대부분의 약관을 없애고 보험계약을 법적으로 입증하고, 다른 보험증권과의 관계, 보험계약의 존속이 이루어지는 근거, 보험자의 담보약속 등을 규정한 중요사항만을 남겨 놓고 이외에 해상보험계약 체결과 연관하여 해상위험을 인수하는 데에 필요한 일부의 내용에 대해서는 협회적하약관에 별도로 규정함으로써 로이즈 보험증권의 양식보다는 매우 단순한 양식으로 변화하였다.

2) 명세표의 도입

명세표(schedule)는 화물보험증권 상단부분에 계약의 내용, 즉 보험계약자, 선박명, 출항예정일, 보험목적물, 보험조건, 보험가액 및 기타 중요사항을 별도로 명기하고 있는 표를 의미한다. 우리나라의 해상보험업계에서는 해상보험증권의 전면에 기재하고 후면에 약관을 첨부하도록 하고 있다.

3) 명료한 규정

신해상보험증권에서 기술하고 있는 담보위험과 면책위험에 대한 내용은 해석상의 오해가 발생하지 않도록 평이하고 명료하게 규정되어 있다.

3. 신해상보험증권의 구성 내용

1) 본문약관

(1) 준거법 문언

① 문언의 내용

Notwithstanding anything contained herein or attached hereto to the contrary, this insurance is understood and agreed to be subject to English law and practice only as to liability for and settlement of any and all claims.	본 보험증권의 규정 또는 첨부된 어떠한 반대규정에도 불구하고, 이 보험은 어떠한 모든 보상청구에 대한 책임과 결제에 대해서 영국의 법률과 관습을 따를 것을 합의한다.

② 문언의 설명

준거법 문언(governing law phrase)은 해상보험계약을 체결한 후 이 보험계약에 의하여 손해배상청구나 결제가 필요한 경우에는 영국의 법률과 관례를 따르도록 한다는 내용의 문언이다. 해상보험사고와 관련한 문제의 해결 기준을 제시한 문언이다. 이 문언은 손해배상청구와 관련한 사항에 적용하는 것이기 때문에 우리나라에서는 해상보험계약의 체결, 보험료의 납부, 보험에 관한 사항의 고지, 보험계약의 해지, 보험자의 책임 등과 같은 사항에 대해서는 상법 중 보험편을 적용하고 있다.

(2) 타보험 문언

① 문언의 내용

This insurance does not cover any loss or damage to the property which at the time of the happening of such loss or damage is insured by or would but for the existence of this Policy be insured by any fire or other insurance policy or policies except in respect of any excess beyond the amount which would have been payable under the fire or other insurance policy or policies had this insurance not been effected.	피보험재산의 멸실 또는 손상이 발생한 때에 그것이 화재보험증권 또는 기타의 보험증권으로 부보되어 있는 경우, 또는 본 보험증권이 없었다면, 화재보험증권 또는 기타의 보험증권에 의하여 부보되었을 경우에는 본 보험은 그러한 피보험재산의 일체의 멸실 또는 손상을 담보하지 아니한다. 단 본 보험에 부보되어 있다면 화재보험증권 또는 기타 보험증권에서 지급되었을 금액을 초과한 금액에 대해서는 본 보험에서 지급한다.

② 문언의 설명

타보험 문언(other insurance phrase)은 해상보험계약을 체결한 후 보험손해가 발생한 경우 화재보험이나 타보험증권과 중복되었다면, 화재보험이나 타보험증권으로 먼저 보상하고 잔액이 있다면 본 보험증권으로 보상한다는 취지이다.

해상보험에서는 보험의 담보범위를 확장하여 생산지 창고로부터 선적항까지, 양륙항으로부터 최종창고까지 화재보험에 부보하는 경우도 있다. 해상보험과 화재보험이 중복되어 부보되어 있는 경우에는 중복된 부분에 대해서는 해상보험에는 부보하지 않은 것으로 간주하여 화재보험에 의해서만 보상하고 잔액 부분만을 해상보험으로 보상한다는 것이다.

(3) 약인 문언

① 문언의 내용

We, ...Co., Ltd. hereby agree, in consideration of the payment to us by or on behalf of the Assured of the premium as arranged, to insure against loss damage liability or expense to the extent and in the manner herein provided.	당 …보험주식회사는 피보험자 또는 그 대리인이 정해진 보험료를 당사에 지급함으로써 피보험목적물의 멸실, 손상, 책임 또는 비용을 본 증권에서 규정된 비율과 방법으로 보상할 것을 합의한다.

② 문언의 설명

약인 문언(consideration phrase)은 해상보험계약을 체결하면 보험자가 피보험자로부터 보험료를 받는 대가로 피보험목적물에 대한 경제적 손해를 보상한다는 약속의 원인에 관한 사항을 규정한 문언이다.

해상보험계약의 효력은 보험자가 손해를 보상하는 대가로서 피보험자가 보험자에게 보험료를 지급함으로써 발생한다. 그리고 보험계약이 성립되었다고 하더라도 피보험자가 보험료를 지급해야 보험의 효력이 발생하며, 보험료를 지급하기 전에는 보험계약은 무효가 된다. 그러므로 이 약인약관의 문언이 의미하는 것은 보험료의 대가가 무엇인가를 분명하게 나타내는 것으로 보험료 납부에 대한 대가가 무엇인가를 설명하는 확인서와 같은 것이다. 그래서 약인문언에서는 약인의 당사자만이 약인의 이행을 주장할 수 있다는 근거를 제시하여 해상보험계약의 효력을 명시하고 있는 것이다.

(4) 선서 문언

① 문언의 내용

In witness whereof, I the Undersigned of...Co., Ltd. on behalf of the said Company have sub- scribed My Name in the place specified as above to the policies, the issued numbers thereof being specified as above, of the same tenor and date, one of which being accomplished, the others to be void, as of the date specified as above.	이에 본인, 즉…보험주식회사의 아래 서명자는 동 회사를 대신하여 상기장소에서 동일문언 및 일자의 보험증권에 서명하였음. 이 보험증권 중 1통에 대하여 손해 보상의무가 이행되었을 때에는 남은 보험증권은 그 효력을 상실하는 것으로 한다.

② 문언의 설명

선서문언(attestation phrase)은 보험계약체결의 증빙으로 보험자를 대표하여 그 책임자가 서명함을 선언하고 또한 보험증권이 두 통 발행된 경우에 이 중 어느 하나로 보상청구가 이루어지면 다른 한 통은 그 효력을 상실한다는 선언에 대한 사항을 규정한 문언이다.

2) 명세표

명세표(schedule)는 해상보험계약의 내용인 선박명, 출항예정일, 피보험목적물, 담보조건 등을 별도로 기재한 것이다. 로이즈 보험증권에서는 본문의 약관을 중심으로 계약이 체결되기 때문에 보험계약의 내용이 보험약관으로 규정되어 있다. 그러나 신해상보험증권에서는 선박명, 출항예정일, 보험목적물, 보험조건, 담보조건, 기타 중요한 사항 등과 같은 보험계약의 내용을 별도의 명세표에 기재하고 있다. 명세표는 이 해상보험증권이 어떠한 순서에 입각하여 적용될 것인가에 대한 지침이라고 할 수 있다.

4. 신해상보험증권의 기재사항

1) 보험에 관한 사항

(1) 보험자

'Insurer'란에는 보험자, 즉 보험회사(insurance company)의 명칭과 주소, 전화번호 등을 기재한다. ① THE HONG DONG FIRE & MARINE INSURANCE CO., LTD., Address: 239, Samsung-Dong, Sungbuk-Ku, Seoul, Korea. K.P.O. BOX 239, Telephone : 777-7777, 777-6666 Cable: HDRFIRE SEOUL Telex : H77777이 이에 해당한다.

(2) 보험증권 번호

'Policy No.'란에는 보험회사가 발행한 보험증권의 번호를 기재한다. ② 05-5-A-5923209가 이에 해당한다.

(3) 보험증권 발행일자

'Date' 란에는 보험회사가 발행한 보험증권의 발행일자, 보험에 부보한 일자를 기재한다. ③ SEP. 20, 2001가 이에 해당한다.

(4) 피보험자

'Assured(s), etc.'란에는 피보험자 또는 보험계약자를 기재한다. ④ PEACE COSMETICS CO., LTD가 이에 해당한다.

(5) 보험목적물

'Subject-matter Insured'란에는 적하보험에 부보한 보험목적물, 즉 상품의 명세를 기재한다. ⑤ 5,500PCS OF COSMETICS AND 9,000PCS OF SALES PROMOTIONAL METERIALS가 이에 해당한다.

(6) 보험목적물 참조번호

'Ref. No.'란에는 적하보험에 부보한 보험목적물에 관련된 참조번호를 기재한다. ⑥ Ref. No. D/A NO.INT-PPG-004/DA, INVOICE NO. 99-5284A가 이에 해당한다.

(7) 보험목적물의 화인과 수량

'Marks and Numbers' 란에는 적하보험에 부보한 보험목적물의 화인과 수량을 기재한다. ⑦'as per Invoice No. specifi ed above' 가 이에 해당한다. 즉 D/A NO. INT-PPG- 005/DA INVOICE NO. 99-0920A에 기재된 대로 처리한다는 의미이다.

(8) 부보조건

'Conditions and Warranties' 란에는 적하보험계약을 체결할 때에 합의한 부보조건을 기재한다. ⑧ INSTITUTE CARGO CLAUSE(A), INSTITUTE WAR CLA USE(CAR -GO), INSTITUTE STRIKES CLAUSE(CARGO) AS ATTA- CHED. CLAIMS PAY-ABLE IN CICAGO, U.S.A. INCURRENCY OF THE DRAFTS. Subject to the following clauses as per back hereof Institute Cargo Clauses specified above On-Deck Clause Institute Replacement Clause (applying to machinery) Institute Classification가 이에 해당한다.

(9) 부보금액

'Amount insured hereunder'란에는 적하보험계약을 체결할 때에 합의한 보험부보금액을 기재한다. ⑨ USD 99,000.00(USD 90,000.00×110.00%) 가 이에 해당한다.

(10) 부보통화

'Amount insured hereunder' 란에는 보험통화를 기재한다. ⑩ USD 99,000.00(USD 90,000.00×110.00%) 가 이에 해당한다.

(11) 보험계약 체결장소

'Place and Date singed in' 란에는 보험계약 체결장소를 기재한다. ⑪ SEOUL, KOREA 가 이에 해당한다.

(12) 보험서류 통수

'Numbers of Policies issued' 란에는 보험자가 발행한 보험서류의 종류와 통수를 기재한다. ⑫ 2, 즉 2통이 이에 해당한다.

2) 선적에 관한 사항

(1) 내국운송인

'Local Vessel or Conveyance' 란에는 연안 선박 및 운송용구와 관련한 내국운송인을 기재한다. ⑬ HANSUNG TRANSHIPPING CO.,가 이에 해당한다. 화물을 적출하는 장소와 원양해운을 하기 위한 선적항이 다른 경우에는 적출하는 장소로부터 원양해운을 하기 위한 선적항까지의 운송화물에 대하여 부보를 할 때에 기재한다.

(2) 최초 적재장소

'Form(interior port or place of loading)' 란에는 최초의 적재장소를 기재한다. 양식의 ⑭ CHOUNG JU가 이에 해당한다.

(3) 선박명

'Ship or Vessel' 란에는 선박명을 기재한다. ⑮ CALLED THE ARIRANG EXPRESS K.64/333가 이에 해당한다.

(4) 도착항

'arrived at' 란에는 도착항을 기재한다. ⑯ SAN FRANCISCO, U.S.A. 가 이에 해당한다.

(5) 환적

'transhipped at'란에는 환적사항을 기재한다. ⑰이지만 본 증권에서는 이에 대한 해당사항이 없기 때문에 공란으로 하고 있다

3) 보험청구에 관한 사항

(1) 보험청구 제기자 및 장소

'Claim, if any, payable at/in' 란에는 클레임 제기자 및 장소를 기재한다. ⑱ DOOY CO., MMIH CO., EMRENBERGSTRASSE, 28, D-311, 50 CICAGO, U.S.A.. TEL : (777)2218916 FAX : (777)2206883 TX : 222951 GHCOS 가 이에 해당한다.

(2) 보험청구 검정 주체

'Survey should be approved by' 란에는 보험청구 검정 주체를 기재한다. ⑲SAME AS ABOVE가 이에 해당한다. DOOY CO., MMIH CO., EMRENBERGSTRASSE, 28, D-311, 50 CICAGO, U.S.A.. TEL:(040)221891/6 FAX:(40)2206883 TX:222951 GHCOS이다.

(3) 보험청구 검정인에 대한 지시사항

'INSTRUCTIONS FOR SURVEY' 란에는 보험청구 검정인(檢定人)에 대한 지시사항을 기재한다. ⑳ In the event of loss or damage which may involve a claim under this insurance, immediate notice of such loss or damage should be given to and a Survey Report obtained from this Company's Office or Agents Specified in this Policy or Certificate.가 이에 해당한다.

(4) 보험청구 제기서류

'DOCUMENTATION OF CLAIMS' 란에는 클레임을 제기할 때 필요한 서류를 기재한다. ㉑의 내용이 이에 해당한다.

4) 보험계약에 관한 준수사항

(1) 계약준수사항

'☞ In the event of loss or damage…'란에는 계약준수사항을 기재한다. ㉒의 내용이 이에 해당한다.

(2) 중요사항

'IMPORTANT' 란에는 보험계약과 관련한 중요사항을 기재한다. PROCEDURE IN THE EVENT OF LOSS OR DAMAGE FOR WHICH UNDERWRITERS MAY BE LIABLE LIABILITY OF CARRIERS, BAILEES OR OTHER THIRD PARTIES과 ㉓의 내용이 이에 해당한다.

(3) 서명

'AUTHORIZED SIGNATURE' 에는 보험자가 서명한다. ㉔ HONG, DONG 이다.

〈서식 10-1〉 해상보험증권 기재의 예

THE HANSUNG FIRE & MARINE INSURANCE CO., LTD.

Address: 239, Samsun-Dong, Sungbuk-Ku, Seoul, Korea. K.P.O. BOX 239

Telephone : 777-7777, 777-6666 Cable : HSFIRE SEOUL Telex : H77777 ①

Policy No. 05-5-A-5923209 ②	Date: SEP. 20, 2001 ③	Assured(s), etc. LASIW COSMETICS CO., LTD ④

Claim, if any, payable at/in ⑱ DOOY CO., MMIH CO., EMRENBERGSTRASSE, 28, D-311, 50 CICAGO, U.S.A., TEL : (777)2218916 FAX : (777)2206883 TX : 222951 GHCOS		Ref. No D/A NO. INT-PPG-005/DA ⑥⑦ INVOICE NO. 99-0920A Amount insured hereunder USD99,000.00(USD90,000.00 X 110.00%) ⑨⑩
Survey should be approved by : SAME AS ABOVE ⑲		Conditions and Warranties ⑧ INSTITUTE CARGO CLAUSE(A), INSTITUTE WAR CLAUSE(CARGO), INSTITUTE STRIKES CLAUSE(CARGO) AS ATTACHED. CLAIMS PAYABLE IN CICAGO,U.S.A. INCURRENCY OF THE DRAFTS. Subject to the following clauses as per back hereof Institute Cargo Clauses specified above On-Deck Clause Institue Replacement Clause(applying to machinery) Institue Classification Clause
Local Vessel or Conveyance HANSUNGH TRANSHIPMENT CO., ⑬	Form(interior port or place of loading) CHOUNG JU ⑭	
Ship or Vessel CALLED THE ARIRANG EXPRESS K.64/333 ⑮	Sailing on or about SEP. 25, 2001	
at and from BUSAN, KOREA	transhipped at ⑰	
arrived at SAN FRANCISCO, U.S.A. ⑯	thence to	
Subject-matter Insured 5,500PCS OF COSMETICS AND 9,000PCS OF SALES PROMOTIONAL METERIALS ⑤ Marks and Numbers as per Invoice No. specified above ⑦		

Place and Date singed in SEOUL, KOREA ⑪

IMPORTANT ㉓

PROCEDURE IN THE EVENT OF LOSS OR DAMAGE FOR WHICH UNDERWRITERS MAY BE LIABLE LIABILITY OF CARRIERS, BAILEES OR OTHER THIRD PARTIES

It is the duty of the Assured their Agents, in all cases, to take such measures as may be reasonable for the purpose of averting or minimizing a loss and to ensure that all rights against Carriers, Bailees or other third parties are properly preserved and exercised. In particular, the Assured or their Agents are required :

1. To claim immediately on the Carriers, Port Authorities or other Bailees for any missing packages.
2. In no circumstances, except under written protest, to give clean receipts where goods are in doubtful condition.
3. When delivery is made by Container, to ensure that the Container and its seals are examined immediately by their responsible official.
   If the Container is delivered damaged or with seals broken or missing or with seals other than as stated in the shipping documents, to clause the delivery receipt accordingly and retain all defective or irregular seals for subsequent identification.
4. To apply immediately for survey by Carriers' or other Bailees' Representatives if any loss or damage be apparent and claim on the Carriers or other Bailees for any actual loss or damage found at such survey.
5. To give notice in writing to the Carriers or other Bailees within 3 days of delivery if the loss or damage was not apparent at the time of taking delivery.

NOTE : The Consignees or their Agents are recommended to make themselves familiar with the
Regulations of the Port Authorities at the port of discharge.

INSTRUCTIONS FOR SURVEY ⑳

In the event of loss or damage which may involve a claim under this insurance, immediate notice of such loss or damage should be given to and a Survey Report obtained from this Company's Offic or Agents Specificed in this Policy or Cartificate.

DOCUMENTATION OF CLAIMS ㉑

To enable claims to be dealt with promptly, the Assured or their Agents are advised to submit all available supporting documents without delay, including when applicable :

1. Original policy or certificate of insurance.
2. Original or certified copy of shipping invoices, together with shipping specification and/or weight notes.
3. Original or certified copy of Bill of Lading and/or other contract of carriage.
4. Survey report or other documentary evidence to show the extent of the loss or damage.
5. Landing account and weight notes at of discharge and final destination.
6. Correspondence exchanged with the Carriers and other Parties regarding their liability of the loss or damage.

Numbers of Policies issued 2 ⑫

☞ In the event of loss or damage arising under this Policy, no claims will be admitted unless a survey has been held with the approval of this Company's office or Agents specified in this policy ㉒

Notwithstanding anything contained herein or attached hereto to the contrary, this insurance is understood and agreed to be subject to English law and practice only as to liability for and settlement of any and all claims.

This insurance does not cover any loss or damage to the property which at the time of the happening of such loss or damage in insured by or would but for the existence of this Policy be insured by any fire or other insurance policy or policies except in respect of any excess beyond the amount which would have been payable under the fire or other insurance policy or policies had this insurance not been effected.

We, ( ) Hereby agree, in consideration of the payment to us by or on behalf of the Assured of the premium as arranged, to insure against loss damage liability or expense to the extent and in the manner herein provided.

In witness whereof, I the Undersigned of ( ) on behalf of the said Company have subscribed My Name in the place specified as above to the policies, the issued numbers thereof being specified as above, of the same tenor and date, one of which being accomplished, the others to be void, as of the date specified as above.

For ( )

THE HANSUNG FIRE & MARINE INSURANCE CO., LTD.

HONG, DONG

AUTHORIZED SIGNATURE ㉔

11 chapter

해상보험약관

제 1 절 해상보험약관의 본질

1. 해상보험약관의 의의

해상보험약관은 보험계약 당사자가 준수해야 할 보험계약과 관련한 책임과 의무에 관한 사항을 명시한 것이다. 보험자가 보험계약과 관련한 공통된 표준사항을 정하여 놓고 해상보험계약을 체결할 때에 보험계약자에게 제시하게 된다. 해상보험약관은 해상보험증권 이면에 명시되어 있는데 보험자가 담보하는 범위에 대한 내용이 대부분이다.

해상보험계약을 체결할 때에 보험계약체결에 대한 내용은 보험계약 당사자의 합의에 의하여 결정하는 계약자유의 원칙이 적용된다. 그런데 보험자는 다수의 보험계약자를 상대로 보험계약을 체결할 때마다 일일이 보험계약의 내용을 결정하고 합의할 수는 없다. 모든 보험계약 각각에 대하여 보험계약의 내용을 결정하고 합의하면 보험자로서는 상당한 시간과 비용이 필요하게 된다. 또한 동일한 보험목적물에 대하여 다양한 보험약관이 존재하면 보험사고가 발생하였을 때에 보상기준이 불분명하여 보험금 지급에 혼란이 발생할 수 있다.

그래서 해상보험약관은 해상보험계약을 체결할 때에 보험자와 보험계약자가 서로 협의하여 기재 또는 명시하는 것이 아니라 보험계약업무의 효율성을 제고시키기 위하여 보험자가 이미 자체에서 작성하여 인쇄한 정형화된 해상보험약관 중에서 보험계약자가 보험목적물에 적합한 해상보험약관을 선택하거나 수락 하는 조건으로 해상보험계약이 체결되는 형식을 취하고 있다.

2. 해상보험약관의 유형

1) 보통보험약관

보통보험약관(general clause)은 보험계약을 체결할 때에 보험에 가입하는 데에 따르는 내용을 일반화시키고 계약절차를 간소화하기 위하여 보험자가 일방적으로 보험계약과 관련한 표준적 사항을 규정하여 명시한 약관이다. 즉 보통보험약관은 보험계약을 체결할 때에 보험계약자가 선택하여 결정할 수 것이 아니라 보험계약 체결과 관련한 일반적 사항에 대한 준수원칙을 제시한 것이다. 그래서 보통보험약관은 보험계약을 체결할 때에 보험계약자가 그 내용을 이해하고 그 약관에 따라 계약을 체결하겠다는 의사표시를 반영하는 것이 아니기 때문에 보험계약자가 특별히 반대의 의사표시를 하지 않는 한 그대로 보험계약에 반영된다.

2) 특별보험약관

특별보험약관(special clause)은 보험계약을 체결할 때에 보험계약자의 선택권이 보장되어 있는 약관이다. 특별보험약관은 보험계약을 체결할 때에 보험계약 체결 당사자가 상호합의에 의하여 보험의 담보범위를 조절할 수 있도록 명시한 약관이다. 즉 특별보험약관은 보통보험약관의 내용을 보완 또는 수정한 것으로 개개의 해상보험계약에서 특약을 할 때에 적용한다. 보통보험약관과 특별보험약관이 병용되고 있는 경우 특별보험약관이 보통보험약관에 우선하여 적용된다. 특별보험약관으로는 런던보험자협회(ILU)가 담보범위를 확장한 협회전쟁약관(institute war clause), 협회동맹파업·소요·폭동약관(institute strike, riots and civil commotions clause)과 협회도난·발하·불착약관(institute theft, pilfera ge and non-delivery clause) 등을 들 수 있다.

제 2 절 협회적하약관 2009의 유형

1. 협회적하약관 2009

1) 협회적하약관 2009의 의의

(1) 협회적하약관 2009의 제정

협회적하약관은 런던보험자 협회(ILU)와 로이즈 보험자 협회가 공동으로 제정한 약관이다. 협회적하약관은 해상보험계약을 체결하는 경우에 적용하는데 보험증권의 특별약관이 되기 때문에 보험증권의 본문약관과 다를 경우에는 협회적하약관이 우선한다.

협회적하약관은 전위험담보(A/R) 약관, 분손담보(WA) 약관, 단독해손부담보(FPA) 약관 등으로 구분된다. 보험자들은 이 3가지 약관을 적하보험계약의 기본약관으로 사용하여 오다가 1958년과 1963년에 개정하고 1982년에 협회적하약관을 제정하였다. 이에 따라 1963년에 개정된 협회적하약관을 구협회적하약관이라 하고 1982년에 제정한 협회적하약관을 신협회적하약관으로 구분하여 사용하다가 2009년에 협회적하약관의 일부를 개정하여 사용하고 있다. 그래서 2009년에 개정한 협회적하약관을 협회적하약관(ICC) 2009라고 한다.

협회적하약관(ICC) 2009에는 보험목적물로 부보하려는 화물의 유형에 따라 다양한 보험약관이 존재한다. 그 중에서 ICC 2009(A), ICC 2009(B), ICC 2009(C)는 기본약관인데 각각 19개의 약관을 명시하고 있다. ICC 2009(A), (B), (C)는 담보위험(risks covered), 면책조항(exclusions), 보험기간(duration), 보험금 청구(claims), 보험이익(benefit of insurance), 손해경감(minimizing losses), 지연의 방지(avoidance of delay), 법률 및 관례(law and practice) 등으로 구성되었다.

ICC 2009(A), (B), (C)는 제1조 위험약관, 제4조 일반면책약관 및 제6조 전쟁면책약관을 제외하고는 그 내용이 서로 동일하다. 즉 제6조 전쟁면책약관을 보면 ICC 2009(A)에는 해적행위 제외(piracy except)라는 용어가 있으나 ICC 2009(B)와 ICC 2009(C)에는 이 용어가 없다.

(2) ICC 2009(A), ICC 2009(B), ICC 2009(C)의 비교

① ICC 2009(A)

ICC 2009(A)는 전위험담보(A/R) 약관에 상응하는 것으로 보험자의 일반면책사항, 운송선박의 불감항성, 전쟁 및 파업에 따른 위험을 제외한 모든 위험으로부터 발생한 손해를 보험자가 보상하는 조건이다. 전위험담보(A/R) 약관과 ICC 2009(A)는 포괄책임주의를 채택하고 있다. 포괄책임주의는 보험자가 제외시킨 위험 이외에는 보험목적물에 발생하는 모든 위험을 담보하는 방식으로 ICC 2009(A), ICC 2009(B), ICC 2009(C) 중 담보범위가 가장 광범위하기 때문에 보험료가 가장 비싸다.

② ICC 2009(B)

ICC 2009(B)는 분손담보(WA) 약관에 상응하는 것으로 ICC 2009(C)의 담보위험에 지진, 화산의 분화, 낙뢰와 상당한 인과관계가 있는 보험목적물의 멸실 및 손상, 갑판유실로 인한 보험목적물의 멸실 및 손상, 본선과 기타 운송용구에의 해수, 호수, 강물의 침수로 인한 보험목적물의 멸실 및 손상, 선적 또는 양화작업 중의 포장단위당 전손 등과 같은 위험이 추가된다. 분손담보(WA) 약관과 ICC 2009(B)는 열거책임주의를 채택하고 있다. 열거책임주의는 보험자가 부담하는 위험을 보험증권에 구체적으로 열거하고 그 위험만을 담보하는 방식이다. 그래서 열거책임주의에서 보험계약자가 보험증권에 열거되지 않은 위험에 대하여 보험의 보호를 받기 위해서는 특약을 해야 한다. 열거책임주의에서는 피보험자측이 사전에 예상하지 못한 위험으로서 보험증권에 열거되지 않은 위험이 발생하면 그 위험은 당연히 피보험자가 부담하게 된다.

③ ICC 2009(C)

ICC 2009(C)는 단독해손부담보(FPA) 약관에 상응하는 것으로 단독해손은 보상하지 않는다는 취지를 규정하고 있다. ICC 2009(C)는 화재 또는 폭발, 본선 또는 부선의 좌초, 침몰, 전복, 육상 운송용구의 전복 또는 탈선, 본선, 부선 또는 운송용구와 물 이외의 다른 물체와의 충돌 또는 접촉, 피난항에서의 화물의 하역, 공동해손 희생손해, 화물의 투하 등과 같은 손해를 보상하는 조건이다. ICC 2009(C)의 면책위험은 일반면책위험과 선박 등의 불감항성에 따른 위험, 전쟁위험, 공동파업위험이 포함된다. 단독해손부담보(FPA) 약관과 ICC 2009(C)는 열거책임주의를 채택하고 있다.

2) 협회적하약관 2009의 구성

(1) 제1조 담보위험약관

① ICC 2009(A)의 담보위험약관

㉠ 약관의 내용

Risk covered 1. This insurance covers all risks of loss of or damage to the subject-matter insured except as excluded by the provisions of Clauses 4, 5, 6 and 7 below.	담보위험 1. 이 보험은 다음의 제4조, 제5조, 제6조 및 제7조의 규정에 의하여 배제된 위험을 제외하고 보험목적물의 멸실 또는 손상에 관한 모든 위험을 담보한다.

㉡ 약관의 설명

ICC 2009(A)의 담보위험약관(risk covered clause)은 일반면책약관, 불감항·부적합면책약관, 전쟁위험면책약관, 동맹파업면책약관에서 규정된 사유를 제외하고 보험목적물에 발생한 모든 위험을 담보한다는 내용이다.

② ICC 2009(B)의 담보위험약관

㉠ 약관의 내용

Risk covered	담보위험
1. This insurance covers, except as excluded by the provisions of Clauses 4, 5, 6 and 7 below,	1. 이 보험은 다음의 제4조, 제5조, 제6조 및 제7조의 규정에 의하여 배제된 위험을 제외하고 다음의 위험을 담보한다.
1.1 loss of or damage to the subject-matter insured reasonably attributable to	1.1 다음의 사유에 합리적으로 기인하는 보험목적물의 멸실 또는 손상
1.1.1 fire or explosion	1.1.1 화재 또는 폭발
1.1.2 vessel or craft being stranded grounded sunk or capsized	1.1.2 본선 또는 부선의 좌초, 교사, 침몰 또는 전복
1.1.3 overturning or derailment of land conveyance	1.1.3 육상운송용구의 전복 또는 탈선
1.1.4 collision or contact of vessel craft or conveyance with any external object other than water	1.1.4 본선, 부선 또는 운송용구와 물 이외의 타물과의 충돌 또는 접촉
1.1.5 discharge of cargo at a port of distress,	1.1.5 피난항에서의 하역
1.1.6 earthquake volcanic eruption or lighting	1.1.6 지진, 화산의 분화 또는 낙뢰

1.2 loss of or damage to the subject-matter insured caused by 1.2.1 general average sacrifice 1.2.2 jettison or washing overboard 1.2.3 entry of sea lake or river water into vessel craft hold conveyance container or place of storage, 1.3 total loss of any package lost overboard or dropped whilst loading on to, or unloa- ding from, vessel.	1.2 다음의 사유에 기인하는 보험목적물의 멸실 또는 손상 1.2.1 공동해손희생 1.2.2 투하 또는 갑판유실 1.2.3 본선, 부선, 선창, 운송용구, 컨테이너, 또는 보관장소에 해수, 호수 또는 하천수의 침수 1.3 본선으로의 선적 또는 하역작업 중에 바다로의 낙하 또는 갑판상에 추락한 포장단위 전손

㉡ 약관의 설명

ICC 2009(B)의 담보위험약관(risk covered clause)에서는 일반면책약관, 불감항·부적합면책약관, 전쟁위험면책약관, 동맹파업면책약관에서 배제된 위험을 제외하고 담보위험약관에서 정한 사유에 합리적으로 기인하는 보험목적물의 멸실 또는 손상에 관한 위험을 담보한다. ICC 2009 (B)의 담보위험약관의 내용은 ICC 2009(A)에서 규정에서 제외한 사항 이외의 원인으로 발생하는 보험목적물의 멸실 또는 손상에 관한 모든 위험을 담보하는 것과는 차이가 있다.

ICC 2009(B)에서 규정한 담보위험은 첫째, 상당인과관계에 의하여 발생된 보험목적의 멸실 또는 손상, 둘째, 담보위험을 근인으로 하여 발생된 보험목적의 멸실 또는 손상, 추락손, 셋째, 보험목적물의 멸실 또는 손상을 제공하는 위험 등이다. 이와 같이 ICC 2009(B)의 담보위험약관에서는 각 담보위험의 유형에 해당하는 위험의 종류를 열거하고 있다.

ICC 2009(B)에서 보험목적물의 멸실 또는 손상에 상당인과관계를 갖는 것으로 열거된 위험은 첫째 화재 또는 폭발, 둘째 본선 또는 부선의 좌초, 교사, 침몰 또는 전복, 셋째 육상운송용구의 전복 또는 탈선, 넷째 본선, 부선 또는 운송용구와 물 이외의 타물과의 충돌 또는 접촉, 다섯째 피난항에서의 하역, 여섯째 지진, 화산의 분화 또는 낙뢰 등이다.

ICC 2009(B)에서 보험목적물의 멸실, 손상의 근인으로 열거된 위험은, 첫째 공동해손희생, 둘째 투하 또는 갑판유실, 셋째 본선, 부선, 선창, 운송용구, 컨테이너, 또는 보관장소에 해수, 호수 또는 하천수의 유입 등이다.

ICC 2009(B)에서 보험목적물의 멸실 또는 손상을 제공하는 위험으로는 본선으로의 선적 또는 하역작업 중에 바다에 떨어지거나 갑판에 추락한 포장 1단위당의 전손 등이다.

③ ICC 2009(C)의 담보위험약관

㉠ 약관의 내용

Risk covered	담보위험
1. This insurance covers, except as excluded by the provisions of Clauses 4,5,6 and 7 below.	1. 이 보험은 다음의 제4조, 제5조, 제6조 및 제7조의 규정에 의하여 배제된 위험을 제외하고 다음의 위험을 담보한다.
1.1 loss of or damage to the subject-matter Insured reasonably attributable to	1.1 다음의 사유에 합리적으로 기인하는 보험의 목적의 멸실 또는 손상
1.1.1 fire or explosion	1.1.1 화재 또는 폭발
1.1.2 vessel or craft being stranded grounded sunk or capsized	1.1.2 본선 또는 부선의 좌초, 교사, 침몰 또는 전복
1.1.3 overturning or derailment of land conveyance	1.1.3 육상운송용구의 전복 또는 탈선
1.1.4 collision or contact of vessel craft or conveyance with any external object other than water	1.1.4 본선, 부선 또는 운송용구와 물 이외의 타물과의 충돌 또는 접촉
1.1.5 discharge of cargo at a port of dis- tress,	1.1.5 피난항에서의 하역
1.2 loss of or damage to the subject-matter insured caused by	1.2 다음의 사유에 기인하는 보험목적물의 멸실 또는 손상
1.2.1 general average sacrifice	1.2.1 공동해손희생
1.2.2 jettison	1.2.2 투하

㉡ 약관의 설명

ICC 2009(C)의 담보위험약관(risk covered clause)에서는 일반면책약관, 불감항·부적합면책약관, 전쟁위험면책약관, 동맹파업면책약관에서 배제된 위험을 제외하고 담보위험약관에서 정한 사유에 합리적으로 기인하는 보험목적물의 멸실 또는 손상에 관한 위험을 담보한다. ICC 2009(C)의 담보위험약관의 내용은 ICC 2009(A)에서 규정에서 제외한 사항을 제외하고 발생하는 보험목적물의 멸실 또는 손상에 관한 모든 위험을 담보하는 것과는 차이가 있다. 또한 ICC 2009(B)의 담보위험약관의 내용과도 담보범위에 대한 차이가 있다. 이것은 ICC 2009(A)는 포괄적 열거주의를, ICC 2009(B)의 담보위험약관과 ICC 2009(C)의 담보위험약관은 열거주의를 따르는 데에 기인한 것이다. 이를 통하여 ICC 2009(A), ICC 2009(B), ICC 2009(C) 사이의 담보범위도 비교해 볼 수 있다.

ICC 2009(C)에서는 담보위험을 두 가지 유형으로 구분하고 있다. 첫째, 상당인과관계에 의하여 발생된 보험목적의 멸실 또는 손상, 둘째, 담보위험을 근인으로 하여 발생된 보험목적의 멸실 또는 손상 등으로 규정하고 있다. 이와 같이 ICC 2009(C)의 담보위험약관에서는 각 담보위험의 유형에 해당하는 위험의 종류를 열거하고 있다.

ICC 2009(C)에서 보험목적의 멸실 또는 손상에 상당인과관계를 갖는 것으로 규정한 위험은 다음과 같다. 첫째, 화재 또는 폭발, 둘째 본선 또는 부선의 좌초, 교사, 침몰 또는 전복, 셋째 육상운송용구의 전복 또는 탈선, 넷째 본선, 부선 또는 운송용구와 물 이외의 타 물과의 충돌 또는 접촉, 피난항에서의 양륙 등에 관련하여 발생하는 멸실 또는 손상 등이다. 그런데 ICC 2009(B)에서 담보하던 지진, 화산의 분화 또는 낙뢰 의한 멸실 또는 손상 등에 대해서는 ICC 2009(C)에서는 담보하지 않는다.

ICC 2009(C)에서 보험목적의 멸실, 손상의 근인으로 규정한 위험은 공동해손희생, 투하 등이다. 이러한 위험은 ICC 2009(B)에서 담보하는 것과 같이 담보하지만 ICC 2009(B)에서 보험목적의 멸실 또는 손상에 상당인과관계를 갖는 것으로 규정한 위험인 갑판유실, 본선, 부선, 선창, 운송용구, 컨테이너 또는 보관장소에 해수, 호수 또는 하천수의 유입 등으로 인하여 발생한 보험목적물의 멸실 또는 손상에 대해서는 ICC 2009(C)에서 담보하지 않는다.

(2) 제2조 공동해손약관

① 약관의 내용

2. This insurance covers general average and salvage charges, adjusted or determined according to the contract of carriage and/or the governing law and practice, incurred to avoid or in connection with the avoidance of loss from any cause except those excluded in Clauses 4, 5, 6 and 7 below.	2. 이 보험은 하기 제4조, 제5조, 제6조 및 제7조에서 제외한 원인 이외의 원인에 의한 손실을 피하기 위하여 또는 피하는 것과 관련하여 발생한 공동해손 및 구조비를 담보한다. 공동해손 및 구조비의 정산 및 결정은 해상운송계약 및/또는 준거법 및 관례에 따른다.

② 약관의 설명

ICC 2009(A), (B), (C)의 공동해손약관(general average provisions)은 서로 동일한 내용인데 공동해손이 발생한 경우 공동해손행위에 따르는 손해보상에 관한 상황을 규정하고 있다. 즉 일반면책약관, 불감항·부적합면책약관, 전쟁위험면책약관, 동맹파업면책약관 또는 이 보험의 기타 약관에서의 사유를 제외하고 적하와 선박의 공동위험을 회피하거나 그와 관련하여 발생한 보험목적물의 멸실 또는 손상에 대해서는 해상운송계약을 비롯하여 강행적인 법률이나 관습에 따라 정산한다. 이와 관련하여 결정된 공동해손과 구조비를 보상한다.

(3) 제3조 쌍방과실충돌약관

① 약관의 내용

3. This insurance indemnifies the Assured, in respect of any risk insured herein, against liability incurred under any Both to Blame Collision Clause in the contract of carriage In the event of any claim by carriers under the said Clause, the Assured agree to notify the insurers who shall have the right, at their own cost and expense, to defend the Assured against such claim.	3. 이 보험은, 피보험자가 이 보험의 일체의 담보위험에 관하여, 운송계약상의 쌍방과실충돌약관에 의해 부담하는 책임액을 보상한다. 상기 약관에 의거 운송인으로부터 청구를 받았을 경우, 피보험자는 그 취지를 보험자에게 통지할 것을 약속한다. 보험자는 자기의 비용으로 운송인의 청구에 대하여 피보험자를 보호할 권리를 갖는다.

② 약관의 설명

ICC 2009(A), (B), (C)의 쌍방과실충돌약관(both to blame collision provisions)은 동일한 내용인데 손해의 범위를 확대하여 쌍방과실충돌에 따른 피보험자의 부담액 가운데 이 보험증권에 따라 보상받을 수 있는 사항에 관하여 규정하고 있다. 즉 선박의 쌍방과실충돌 해상사고가 발생하여 적하에 손해가 발생한 경우 피보험자는 보험자에게 구상을 하고 보험자가 선박회사에 대하여 구상권을 행사하도록 하는 것이다. 또한 피보험자가 해상운송계약서의 쌍방과실충돌약관에 따라 선주로부터 배상청구를 받은 경우에는 그러한 배상청구에 대하여 보험자에게 통고할 것을 약정하고 보험자는 자신의 비용부담으로 보상함으로써 피보험자를 보호한다는 것이다.

(4) 제4조 일반면책약관

① ICC 2009(A)의 일반면책약관

㉠ 약관의 내용

EXCLUSIONS	면책위험
4. 4. In no case shall this insurance cover	4. 어떠한 경우에도 이 보험은 다음의 손해를 담보하지 아니한다.
4.1 loss damage or expense attributable to wilful misconduct of the Assured	4.1 피보험자의 고의의 불법행위에 기인하는 멸실, 손상 또는 비용
4.2 ordinary leakage, ordinary loss in weight or volume, or ordinary wear and tear of the subject-matter insured	4.2 보험목적물의 통상적인 누손, 통상적인 중량손 또는 용적손 또는 자연소모
4.3 loss damage or expense caused by insuffi ciency or unsuitability of packing or prepara	4.3 이 보험의 대상이 되는 운송에서 통상 발생하는 사고에 견딜 수 있도록 보험목적물의

tion of the subject-matter insured to withstand the ordinary incidents of the insured transit where such packing or preparation is carried out by the Assured or their employees or prior to the attachment of this insurance(for the purpose of these Clauses "packing" shall be deemed to include stowage in a container and "employees" shall not include independent contractors)	포장 또는 준비를 완전하고 적절하게 하지 않음으로 인하여 발생한 멸실, 손상 또는 비용. 다만 그러한 포장 또는 준비가 피보험자 또는 사용인에 의해 실행되거나 이 보험의 개시 전에 실행되는 경우에 한한다(이 약관에 있어서 "포장"에는 컨테이너에 적부하는 것을 포함하고, "사용인"에는 독립계약자를 포함하지 아니한다)
4.4 loss damage or expense caused by inherent vice or nature of the subject-matter insured	4.4 보험목적물의 고유의 하자 또는 성질로 인하여 발생한 멸실, 손상 또는 비용
4.5 loss damage or expense caused by delay, even though the delay be caused by a risk insured against(except expenses payable under Clause 2 above).	4.5 지연이 피보험위험으로 인하여 발생된 경우에도, 지연으로 인하여 발생한 멸실, 손상 또는 비용(상기 제2조에 의해 지급하는 비용은 제외한다)
4.6 loss damage or expense caused by insolvency or financial default of the owners managers charterers or operators of the vessel where, at the time of loading of the subject-matter insured on board the vessel, the Assured are aware, or in the ordinary course of business should be aware, that such insolvency or financial default could prevent the normal prosecution of the voyage. This exclusion shall not apply where the contract of insurance has been assigned to the party claiming hereunder who has bought or agreed to buy the subject-matter insured in good faith under a binding contract.	4.6 본선의 소유자, 관리자, 용선자 또는 운항자의 파산 또는 재정상의 궁핍으로 인한 멸실, 손상 또는 비용. 다만 보험목적물을 본선에 적재할 때 피보험자가 그러한 파산 또는 재정상의 궁핍이 그 항해의 정상적인 수행을 방해할 수 있다는 사실을 알고 있었거나 또는 통상의 업무상 당연히 알고 있었을 경우에 한한다. 이 면책규정은, 구속력 있는 계약에 따라, 선의로 보험목적물을 구입한 자 또는 구입하는 것에 동의한 자에, 보험 계약이 양도되어, 그 자가 이 보험에 의하여 보험금을 청구하는 경우에는 적용되지 아니한다.
4.7 loss damage or expense directly or indirectly caused by or arising from the use of any weapon or device employing atomic or nuclear fission and/or fusion or other like reaction or radioactive force or matter.	4.7 원자력 또는 핵의 분열 및/또는 융합 또는 기타 이와 유사한 반응 또는 방사능이나 방사성물질을 응용한 무기 또는 장치의 사용으로 인하여 직접 또는 간접적으로 발생한 멸실, 손상 또는 비용.

㉡ 약관의 설명

ICC 2009(A)의 일반면책약관(general exclusion provisions)에서는 보험자가 어떠한 경우에도 책임을 부담하지 않는 손해를 규정하고 있다. 면책사항에 대해서는 어느 특수한 원인에 국한하지 않고 해상사고로 발생할 수 있는 전반적인 내용을 명시하고 있다. ICC 2009(A)의 일반면책약관에서는 일반면책위험의 유형을 일곱 가지로 구분하여 규정하고 있는데 그 내용은 다음과 같다.

첫째, 피보험자의 고의의 불법행위에 기인하는 멸실, 손상 또는 비용이다.

둘째, 보험목적물의 통상적인 누손, 통상적인 중량손 또는 용적손, 또는 자연소모이다.

셋째, 보험목적물의 포장, 또는 준비의 불완전, 또는 부적절에 기인하여 발생한 멸실, 손상 또는 비용이다. 그러한 포장 또는 준비가 피보험자 또는 사용인에 의하여 실행되거나 이 보험의 개시 전에 실행되는 경우에 한한다. 여기에서 포장의 의미는 컨테이너에 적부하는 것을 포함하고, 사용인에는 독립계약자를 포함하지 아니한다.

넷째, 보험목적물의 고유의 하자 또는 성실에 기인하여 발생한 멸실, 손상 또는 비용이다.

다섯째, 지연이 피보험위험에 기인하여 발생하더라도 지연에 근인하여 발생한 멸실, 손상 또는 공동해손에 의하여 지급되는 비용을 배제한 비용이다.

여섯째, 본선의 소유자, 관리자, 용선자 또는 운항자의 파산 또는 재정상의 궁핍으로 인한 멸실, 손상 또는 비용이다. 다만 보험목적물을 본선에 적재할 때 피보험자가 그러한 파산 또는 재정상의 궁핍이 그 항해의 정상적인 수행을 방해할 수 있다는 사실 또는 통상의 업무상 당연히 알고 있었을 경우에 한한다. 이 면책규정은, 구속력 있는 계약에 따라, 선의로 보험목적물을 구입한 자 또는 구입하는 것에 동의한 자에, 보험계약이 양도되어, 그 자가 이 보험에 의하여 보험금을 청구하는 경우에는 적용되지 아니한다.

일곱째 원자력 또는 핵의 분열을 비롯한 융합 또는 기타 이와 유사한 반응 또는 방사능이나 방사성물질을 응용한 무기 또는 장치의 사용으로 인하여 직접 또는 간접적으로 발생한 멸실, 손상 또는 비용이다.

② ICC 2009(B)와 ICC 2009(C)의 일반면책약관

㉠ 약관의 내용

4. In no case shall this insurance cover	4. 어떠한 경우에도 이 보험은 다음의 손해를 담보하지 아니한다.
4.1 loss damage or expense attributable to willful misconduct of the Assured	4.1 피보험자의 고의의 불법행위에 기인하는 멸실, 손상 또는 비용
4.2 ordinary leakage, ordinary loss in weight or volume, or ordinary wear and tear of the subject-matter insured	4.2 보험목적물의 통상적인 누손, 통상적인 중량손 또는 용적손, 또는 자연소모
4.3 loss damage or expense caused by insufficiency or unsuitability of packing or preparation of the subject-matter insured (for the purpose of these Clauses 4.3 'packing' shall be deemed to include stowage in a container and 'employees' shall not include independent contractors)	4.3 보험목적물의 포장 또는 준비의 불완전 또는 부적절에 기인하여 발생한 멸실, 손상 또는 비용(본 조 제4조 제3항에서 '포장'이란 컨테이너에 적부하는 것을 포함하고, '사용인'에는 독립계약자를 포함하지 아니한다)

4.4 loss damage or expense caused by inherent vice or nature of the subject-matter insured	4.4 보험목적물의 고유의 하자 또는 성질에 기인하여 발생한 멸실, 손상 또는 비용
4.5 loss damage or expense caused by delay, even though the delay be caused by a risk insured against (except expenses payable under Clause 2 above)	4.5 지연이 피보험위험에 기인하여 발생한 경우라도, 그 지연에 근인하여 발생한 멸실, 손상 또는 비용 (다만 위의 제2조에 따라 지급되는 비용은 제외한다)
4.6 loss damage or expense caused by insolvency or financial default of the owners managers charterers or operators of the vessel where, at the time of loading of the subject-matter insured on board the vessel, the Assured are aware, or in the ordinary course of business should be aware, that such insolvency or financial default could prevent the normal prosecution of the voyage This exclusion shall not apply where the contract of insurance has been assigned to the party claiming hereunder who has bought or agreed to buy the subject-matter insured in good faith under a binding contract	4.6 본선의 소유자, 관리자, 용선자 또는 운항자의 파산 또는 재정상의 궁핍으로 인한 멸실, 손상 또는 비용. 다만 보험목적물을 본선에 적재할 때 피보험자가 그러한 파산 또는 재정상의 궁핍이 그 항해의 정상적인 수행을 방해할 수 있다는 사실을 알고 있었거나 또는 통상의 업무상 당연히 알고 있었을 경우에 한한다. 이 면책규정은, 구속력 있는 계약에 따라, 선의로 보험목적물을 구입한 자 또는 구입하는 것에 동의한 자에, 보험계약이 양도되어, 그 자가 이 보험에 의해 보험금을 청구하는 경우에는 적용되지 아니한다.
4.7 deliberate damage to or deliberate destruction of the subject-matter insured or any part thereof by the wrongful act of any person or persons	4.7 보험목적물 또는 그 일부에 대한 어떠한 자 또는 자들의 불법행위에 의한 고의적인 손상 또는 고의적인 파괴
4.8 loss damage or expense directly or indirectly caused by or arising from the use of any weapon of war employing atomic or nuclear fission and/or fusion or other like reaction or radioactive force or matter.	4.8 원자력 또는 핵의 분열 및/또는 융합 또는 기타 이와 유사한 반응 또는 방사능이나 방사성물질을 응용한 무기 또는 장치의 사용으로 인하여 직접 또는 간접적으로 발생한 멸실ㆍ손상 또는 비용.

㉡ 약관의 설명

ICC 2009(B)와 ICC 2009(C)의 일반면책약관(general exclusion clause)에서는 ICC 2009(B)와 ICC 2009(C)의 담보위험약관에서 책임지지 않는다고 명시한 일반면책위험의 유형을 여덟 가지로 구분하여 규정하고 있다.

ICC 2009(B)와 ICC 2009(C)의 일반면책약관에 명시한 규정과 ICC 2009(A)의 일반면책약관에 명시한 규정에는 차이가 있다. 그리고 ICC 2009(B)와 ICC 2009(C)의 일반면책약관에 규정한 내용도 서로 다르다. ICC 2009(B)의 일반면책약관에서는 보험목적물 또는 그 일부에 대한 어떠한 자 또는 어떠한 자들의 불법행위에 의한 고의적인 손상 또는 고의적인 파괴를 면책으로 한다는 규정이 있지만 ICC 2009(C)의 일반면책약관에는 그 내용이 없다.

(5) 제5조 불감항 · 부적합면책약관

① 약관의 내용

5. 5.1 In no case shall this insurance cover loss damage or expense arising from	5 5.1 어떠한 경우에도 이 보험은 다음 사유로부터 생긴 멸실, 손상 또는 비용을 담보하지 아니한다.
5.1.1 unseaworthiness of vessel or craft or unfitness of vessel or craft for the safe carriage of the subject-matter insured, where the Assured are privy to such unseaworthiness or unfitness, at the time the subject-matter insured is loaded therein	5.1.1 선박 또는 부선의 불감항, 또는 보험의 목적의 안전운송을 위한 선박 또는 부선의 부적합. 다만 보험목적물을 적재할 때에 피보험자가 그와 같은 불감항 또는 부적합을 알고 있을 경우에 한한다.
5.1.2 unfitness of container or conveyance for the safe carriage of the subject-matter insured, where loading therein or thereon is carried out prior to atta chment of this insurance or by the Assured or their employees and they are privy to such unfitness at the time of loading.	5.1.2 보험목적물의 안전운송을 위한 컨테이너 또는 운송용구의 부적합. 다만 그 적재가 이 보험의 개시 전에 실행되는 경우 또는 피보험자 또는 그 사용인에 의해 실행되고 또한 그들이 적재할 때에 그러한 부적합을 알고 있을 경우에 한한다.
5.2 Exclusion 5.1.1 above shall not apply where the contract of insurance has been assigned to the party claiming here under who has bought or agreed to buy the subject-matter insured in good faith under a binding contract.	5.2 상기 5.1.1 면책규정은, 구속력 있는 계약하에서, 선의로 보험목적물을 구입한 자 또는 구매하는 것에 동의한 자에, 이 보험계약이 양도되어, 그 자가 이 보험에 의해 보험금을 청구하는 경우에는 적용되지 아니한다.
5.3 The Insurers waive any breach of the implied warranties of seaworthiness of the ship and fitness of the ship to carry the subject-matter insured to destination.	5.3 보험자는 선박의 감항 및 보험목적물을 목적지로 운송하기 위한 선박의 적합에 대한 묵시담보의 위반에 대하여 보험자의 권리를 포기한다.

② 약관의 설명

ICC 2009(A), (B), (C)의 불감항 · 부적합면책약관(unseaworthiness and unfitness exclu- sion clause)은 서로 동일한 내용이다. 감항이나 적합이라는 것은 선박이 항해를 안전하게 수행하는 데에 선원이나 속구, 선창 등이 문제가 없다는 의미이다. 보험목적물을 적재할 때에 선박 또는 부선의 불감항, 또는 안전운송을 위한 선박 또는 부선의 부적합한 사실, 적재가 이 보험의 개시 전에 실행되는 경우 또는 피보험자 또는 그 사용인에 의해 실행되고 또한 그들이 적재를 할 때에 안전운송을 위한 컨테이너 또는 운송용구의 부적합한 사실을 피보험자가 인지하고 있었다면 보험자가 책임을 부담하지 않는다는 내용이다.

ICC 2009(A), (B), (C)의 불감항·부적합면책약관에 규정된 면책규정은, 구속력 있는 계약에서, 선의로 보험목적물을 구입한 자 또는 구매하는 것에 동의한 자에, 이 보험계약이 양도되어, 그 자가 이 보험에 의해 보험금을 청구하는 경우에는 적용되지 아니한다. 불감항·부적합면책약관에서 보험자는 선박의 감항 및 보험목적물을 목적지로 운송하기 위한 선박의 적합에 대한 묵시담보의 위반에 대하여 보험자의 권리를 포기한다는 내용을 규정하고 있다.

(6) 제6조 전쟁위험면책약관

① ICC 2009(A)의 전쟁위험면책약관

㉠ 약관의 내용

6. In no case shall this insurance cover loss damage or expense caused by	6. 어떠한 경우에도 이 보험은 다음의 위험에 기인하여 발생한 멸실, 손상 또는 비용을 담보하지 아니한다.
6.1 war, civil war, revolution, rebellion, insurrection, or civil strife arising therefrom, or any hostile act by or against a belligerent power	6.1 전쟁, 내란, 혁명, 반역, 반란, 또는 이로 인하여 발생하는 국내투쟁, 또는 교전국에 의하거나 또는 교전국에 대하여 가해진 일체의 적대행위
6.2 capture seizure arrest restraint or detainment (piracy excepted), and the consequences thereof or any attempt thereat	6.2 포획, 나포, 강류, 억지 또는 억류 (해적위험은 제외함), 또는 이러한 행위의 결과 또는 이러한 행위의 기도
6.3 derelict mines torpedoes bombs or other derelict weapons of war.	6.3 유기된 기뢰, 어뢰, 폭탄, 또는 기타의 유기된 전쟁병기.

㉡ 약관의 설명

ICC 2009(A)의 전쟁위험면책약관(war exclusion clause)에서는 보험자가 어떠한 경우에도 책임을 부담하지 않는 전쟁위험에 의한 손해를 규정하고 있다. ICC 2009(A)의 전쟁위험면책약관에서는 보험자가 전쟁위험에 대하여 면책되는 사유를 피보험자가 명확하게 이해하기 쉽도록 규정하고 있다. ICC 2009(A)의 전쟁위험면책약관에서 전쟁이라는 개념을 규정하였다. 그동안 사용하던 보험약관에서는 군사적 행동의 결과 또는 적대행위로 표현하여 전쟁이라는 개념과 구분하기가 모호하였던 점을 명확하게 함으로써 보험약관의 해석에 혼란이 없도록 하였다. 그리고 ICC 2009(A)의 전쟁위험면책약관에서는 포획, 나포, 강류, 억지 또는 억류 등과 같은 위험으로 인한 손해는 부담하지 않는 것으로 한다. 다만 억류에 해적위험에 의한 억류는 포함하지 않는다.

② ICC 2009(B)와 ICC 2009(C)의 전쟁위험면책약관

㉠ 약관의 내용

6. In no case shall this insurance cover loss damage or expense caused by 6.1 war civil war revolution rebellion insurrection, or civil strife arising there from, or any hostile act by or against a belligerent power 6.2 capture seizure arrest restraint or detainment, and the consequences thereof or any attempt thereat 6.3 derelict mines torpedoes bombs or other derelict weapons of war.	6. 어떠한 경우에도 이 보험은 다음의 위험에 기인하여 발생한 멸실, 손상 또는 비용을 담보하지 아니한다. 6.1 전쟁, 내란, 혁명, 반역, 반란, 또는 이로 인하여 발생하는 국내투쟁, 또는 교전국에 의하거나 또는 교전국에 대하여 가해진 일체의 적대행위 6.2 포획, 나포, 강류, 억지 또는 억류, 또는 이러한 행위의 결과 또는 이러한 행위의 기도 6.3 유기된 기뢰, 어뢰, 폭탄, 또는 기타의 유기된 전쟁병기.

㉡ 약관의 설명

ICC 2009(B), (C)의 전쟁위험면책약관(war exclusion clause)에서는 보험자가 어떠한 경우에도 전쟁위험에 기인하여 발생한 멸실, 손상 또는 비용을 버상하지 않는다고 규정하면서 전쟁위험의 유형을 규정하고 있다. ICC 2009(B), (C)의 전쟁위험면책약관에서는 ICC 2009(A)의 전쟁위험면책약관에서 규정하였던 해적위험이라는 용어를 완전히 삭제되었다.

(7) 제7조 동맹파업위험면책약관

① 약관의 내용

7. In no case shall this insurance cover loss damage or expense 7.1 caused by strikers, locked-out workmen, or persons taking part in labour disturbances, riots or civil commotions 7.2 resulting from strikes, lock-outs, labour disturbances, riots or civil commotions 7.3 caused by any act of terrorism being an act of any person acting on behalf of, or in connection with, any organisation which carries out activities directed towards the overthrowing or influencing, by force or violence, of any government whether or not legally constituted 7.4 caused by any person acting from a political, ideological or religious motive.	7. 어떠한 경우에도 이 보험은 다음의 멸실, 손상 또는 비용을 담보하지 아니한다. 7.1 동맹파업자, 직장폐쇄를 당한 노동자 또는 노동분쟁, 소요 또는 폭동에 가담한 자에 의하여 발생한 것 7.2 동맹파업, 직장폐쇄, 노동분쟁, 소요 또는 폭동의 결과로 생긴 것 7.3 일체의 테러행위, 즉 합법적 또는 불법적으로 설립된 일체의 정부를, 무력 또는 폭력으로, 전복 또는 영향력을 미치기 위하여 행동하는 조직을 대신하여 또는 그 조직과 연대하여 행동하는 자의 행위에 의한 것 7.4 정치적, 사상적 또는 종교적 동기에 의하여 행동하는 자에 의하여 발생한 것

② 약관의 설명

ICC 2009(A), (B), (C)의 동맹파업위험 면책약관(strikes exclusion clause)은 동일한 내용인데 손해가 면책위험을 근인으로 하여 발생한 경우에 면책된다는 내용을 규정하고 있다. 동맹파업위험 면책약관에서는 다음과 같은 면책위험을 규정하고 있다. 첫째 동맹파업자, 직장폐쇄노동자 또는 노동쟁의, 소요 또는 폭동에 가담한 자에 기인하여 발생한 것, 둘째 동맹파업, 직장폐쇄, 노동쟁의, 소요, 또는 폭동의 결과로 발생한 것, 셋째 일체의 테러행위, 즉 합법적 또는 불법적으로 설립된 일체의 정부를, 무력 또는 폭력으로, 전복 또는 영향력을 미치기 위하여 행동하는 조직을 대신하여 또는 그 조직과 연대하여 행동하는 자의 행위에 의한 것, 넷째 정치적, 사상적 또는 종교적 동기에 의하여 행동하는 자에 의하여 발생한 것 등이다.

(8) 제8조 운송약관

① 약관의 내용

ICC 2009(A), (B), (C)의 운송약관(transit clause)은 동일한 내용인데 보험기간의 시기(始期)와 종기(終期)에 대하여 규정한 약관이다.

② 약관의 설명

㉠ 보험의 시기

Transit	운 송
8. 8.1 Subject to Clause 11 below, this insurance attaches from the time the subject-matter insured is first moved in the warehouse or at the place of storage (at the place named in the contract of insurance) for the purpose of the imme diate loading into or onto the carrying vehicle or other conveyance for the co mmencement of transit, continues duri ng the ordinary course of transit and ter minates either	8. 8.1 하기 약관 제11조를 조건으로 하여, 이 보험은 운송개시를 위해 운송 차량 또는 기타 운송용구에 보험목적물을 곧바로 적재할 목적으로(이 보험계약에 명시된 장소의) 창고 또는 보관장소에서 보험목적물이 최초로 움직인 때에 개시되고, 통상의 운송과정 중에 계속되며,

운송약관에서 보험은 운송개시를 위하여 운송 차량 또는 기타 운송용구에 보험목적물을 곧바로 적재할 목적으로 이 보험계약에 명시된 장소의 창고 또는 보관장소에서 보험목적물이 최초로 움직인 때에 개시되고, 통상의 운송과정 중에 계속된다.

따라서 창고에서 운송수단에 적재를 하는 중에 발생한 손해에 대해서는 보험자가 책임을 지지 않는다. 그런데 컨테이너에 적재를 하기 위하여 컨테이너 터미널로 운송하는 경우에는 운송이 개시된 것으로 간주한다. 통상적인 운송방법이라는 것은 목적지까지 최단거리의 관습적인 운송방법을 의미한다. 즉 목적지까지 이동하는 과정 중에 발생하는 선박 등에 적재하기 위하여 대기하거나 세관의 검열을 위하여 대기하는 기간도 보험기간에 포함된다. 그러나 항구에서 화물을 보관하기 위하여 창고에 입고하는 것은 보험기간에 포함되지 않는다. 목적항에 도착하였으나 하역작업이 불가능하여 부선을 사용하여 하역하는 경우는 통상적인 운송과정에 포함된다.

㉡ 보험의 종기(終期)

8.1.1 on completion of unloading from the carrying vehicle or other conveyance in or at the final warehouse or place of storage at the destination named in the contract of insurance,	8.1.1 보험계약에 기재된 목적지의 최종창고 또는 보관장소에서, 운송 차량 또는 기타 운송용구로부터 양륙이 완료된 때
8.1.2 on completion of unloading from the carrying vehicle or other conveyance in or at any other warehouse or place of storage, whether prior to or at the destination named in contract of insurance, which the Assured or their employees elect to use either for storage other than in the ordinary course of transit or for allocation or distribution, or	8.1.2 보험계약에 기재된 목적지로 가는 도중이든 목적지든 불문하고, 피보험자 또는 그 사용인이 통상의 운송과정상의 보관 이외의 보관을 위해, 또는 할당 또는 분배를 위하여 사용하고자 선택한 기타의 창고 또는 보관장소에서, 운송 차량 또는 기타 운송용구로부터 양륙이 완료된 때, 또는
8.1.3 when the Assured or their employees elect to use any carrying vehicle or other conveyance or any container for storage other than in the ordinary course of transit or	8.1.3 피보험자 또는 그 사용인이 통상의 운송과정이 아닌 보관을 목적으로, 운송 차량 또는 기타 운송용구 또는 컨테이너를 사용하고자 선택한 때, 또는
8.1.4 on the expiry of 60 days after completion of discharge overside of the subject-matter insured from the oversea vessel at the final port of discharge, whichever shall first occur.	8.1.4 최종 양륙항에서 외항선으로부터 보험의 목적의 양륙을 완료 한 후 60일이 경과한 때 중 어느 것이든 먼저 발생한 때에 종료된다.

㉮ 하역 후 최종 목적지에서의 인도

적하를 양륙한 후 해상보험증권에 기재된 목적지의 수화인의 , 또는 기타의 최종 창고나 보관장소에서 운송 차량 또는 기타 운송용구로부터 양륙이 완료된 때에 보험기간은 종료된다.

㉯ 중간지점에서의 인도

보험계약에 기재된 목적지로 가는 도중이든 목적지든 불문하고, 피보험자 또는 그 사용인이 통상의 운송과정상의 보관 이외의 보관을 위하여, 또는 할당 또는 분배를 위하여 사용하고자 선택한 기타의 창고 또는 보관장소에서, 운송차량 또는 기타 운송용구로부터 양륙이 완료된 때에 보험기간은 종료된다.

㉰ 보관목적의 운송수단 선택

피보험자 또는 그 사용인이 통상의 운송과정이 아닌 보관을 목적으로, 운송 차량 또는 기타 운송용구 또는 컨테이너를 사용하고자 선택한 때에 보험기간은 종료된다. 운송 목적이 아닌 이동에 연관된 수단을 선택하는 것을 의미한다.

㉱ 하역 후 60일 경과

최종 양륙항에서 외항선으로부터 보험목적물의 양륙을 완료 한 후 60일이 경과한 때에도 보험기간은 종료된다. 결국 보험기간은 하역 후 최종목적지에서의 인도, 중간지점에서의 인도, 보관목적의 운송수단 선택, 하역 후 60일 경과 중에서 어느 것이든 먼저 발생한 때에 종료된다.

ⓒ 위험의 변경

8.2 If, after discharge overside from the oversea vessel at the final port of discharge, but prior to termination of this insurance, the subject-matter insured is to be forwarded to a destination other than that to which it is insured, this insurance, whilst remaining subject to termination as provided in Clauses 8.1.1 to 8.1.4, shall not extend beyond the time the subject-matter insured is first moved for the purpose of the commencement of transit to such other destination.	8.2 최종 양륙항에서 외항선으로부터 양륙 후, 그러나 이 보험이 종료되기 전에 보험목적물이 부보된 목적지 이외의 장소로 계속 운송되는 경우, 이 보험은 약관 8.1.1.에서 8.1.4에 규정된 보험종료규정에 따라 계속되나, 보험의 목적이 그러한 목적지로 운송개시를 위해 최초로 움직인 때에 종료된다.
8.3 This insurance shall remain in force (subject to termination as provided for in Clauses 8.1.1 to 8.1.4 above and to the provisions of Clause 9 below) during delay beyond the control of the Assured, any deviation, forced discharge, reshipment or transshipment and during any variation of the adventure arising from the exercise of a liberty granted to carriers under the contract of carriage.	8.3 이 보험은 피보험자가 좌우할 수 없는 지연ㆍ일체의 이로ㆍ부득이한 양륙ㆍ재선적ㆍ환적 및 운송계약상 운송인에게 부여된 자유재량권의 행사로부터 생기는 위험의 변경기간 중 (상기 약관 8.1.1에서 8.1.4까지에 규정된 보험종료규정 및 하기 제9조의 규정에 따라)유효하게 계속된다.

㉮ 하역 후 목적지의 변경

최종 양륙항에서 외항선으로부터의 하역 후, 이 보험기간의 종료 전에 보험에 부보된 화물이 목적지 이외의 장소로 운송되는 경우에는 보험기간이 종료된다. 비록 부보된 보험목적의 하역 후 60일이 경과하지 않았다고 하더라도 목적지가 변경되면 위험변경이 되기 때문에 새로운 목적지로 운송이 개시될 때 보험기간은 종료된다.

㉯ 피보험자의 통제불능 위험

보험은 보험종료의 규정 및 운송계약종료약관 규정에 따라 피보험자가 통제할 수 없는 지연, 일체의 이로, 불가피한 하역, 재선적, 환적 및 해상운송계약상 선주 또는 용선자에게 부여된 자유재량권의 행사로부터 발생하는 위험의 변경기간 중에는 유효하게 계속된다.

(9) 제9조 운송계약종료약관

① 약관의 내용

9. If owing to circumstances beyond the control of the Assured either the contract of carriage is terminated at a port or place other than the destination named therein or the transit is otherwise terminated before unloading of the subject-matter insured as provided for in Clause 8 above, then this insurance shall also terminate unless prompt notice is given to the Insurers and continuation of cover is requested when this insurance shall remain in force, subject to an additional premium if required by the Insurers, either	9. 피보험자가 좌우할 수 없는 사정에 의하여 운송계약이 그 계약서에 기재된 목적지 이외의 항구 또는 지역에서 종료되거나 또는 기타의 사정으로 제8조에 규정된 보험목적물의 양륙 이전에 운송이 종료될 경우에는 이 보험도 또한 종료된다. 다만 (피보험자가) 지체없이 그 취지를 보험자에게 통지하고 담보의 계속을 요청할 경우에 보험자의 청구가 있으면 추가보험료를 지급하는 조건으로, 이 보험은
9.1 until the subject-matter insured is sold and delivered at such port or place, or, unless otherwise specially agreed, until the expiry of 60 days after arrival of the subject-matter insured at such port or place, whichever shall first occur, or	9.1 보험목적물이 상기 항구 또는 지역에서 매각된 후 인도될 때 또는 별도의 합의가 없는 한, 그러한 항구 또는 지역에 보험의 목적의 도착 후 60일이 경과될 때 중 어느 한 쪽이 먼저 생길 때까지 또는
9.2 if the subject-matter insured is forwarded within the said period of 60 days (or any agreed extension thereof) to the destination named in the contract of insurance or to any other destination, until terminated in accordance with the provisions of Clause 8 above.	9.2 만약 보험목적물이 상기 60일의 기간(또는 합의하에 60일의 기간을 연장한 기간) 내에 보험계약에 기재된 목적지 또는 기타의 목적지로 계속 운반될 경우에는 상기 제8조의 규정에 따라 보험이 종료될 때까지 유효하게 존속된다.

② 약관의 설명

ICC 2009(A), (B), (C)의 운송계약종료약관(termination of contract of carriage clause)은 동일한 내용인데 운송업자의 과실이 없이 항해가 중단하여 중간항에서 피보험화물을 하역하는 경우에 발생하는 운송계약종료와 관련하여 파생하는 손해에 대한 사항을 규정하고 있다.

피보험자가 통제할 수 없는 사정에 의하여 운송계약이 그 계약서에 기재된 목적지 이외의 항구 또는 장소에서 종료되거나 또는 화물의 하역 후 60일이 경과하면 담보가 종료된다. 다만 보험자에게 담보의 계속을 요망하는 취지를 즉시 통고하고 보험자에게 추가보험료를 지급하는 것을 조건으로 담보가 유효하게 계속된다.

그리고 피보험자가 피보험화물을 중간항구나 장소에서 매각하기로 결정하면 화물이 중간항구에서 매입자에게 인도되거나, 그러한 항구 또는 장소에서 피보험화물이 도착한 후 60일이 경과하면 어느 것이든 먼저 발생한 때 보험기간은 종료된다.

그런데 피보험자가 보험증권에 기재된 목적지 또는 기타의 어떠한 목적지로 계속 운송되기를 바란다면 보험자와 합의를 해야 하고, 화물이 다른 목적지에서 인도되는 경우에는 운송약관의 적용을 받아 보험기간은 종료된다.

(10) 제10조 항해변경약관

① 약관의 내용

10.10.1 Where, after attachment of this insurance, the destination is changed by the Assured, this must be notified promptly to insurers for rates and terms to be agreed. Should a loss occur prior to such agreement being obtained cover may be provided but only if cover would have been available at a reasonable commercial market rate on reasonable market terms.	10. 10.1 이 보험의 개시 후 목적지가 피보험자에 의하여 변경된 경우에는 즉시 그 취지를 보험자에게 통지하고, 보험요율과 보험조건을 협정해야 한다. 그러한 협정 전에 손해가 발생한 경우에는 영리를 목적으로 하는 보험시장에서 타당하다고 생각되는 보험조건 및 보험요율에 의한 담보를 받을 수 있는 때에 한하여 담보한다.
10.2 Where the subject-matter insured commences the transit contemplated by this insurance (in accordance with Clause 8.1), but, without the knowledge of the Assured or their employees the ship sails for another destination, this insurance will nevertheless be deemed to have attached at commencement of such transit.	10.2 보험목적물이 이 보험(약관 제8.1조에 따라)에서 예상된 운송을 개시하였지만, 피보험자 또는 그들의 사용인이 알지 못하고 선박이 다른 목적지로 향하는 경우에도 이 보험은 그러한 운송의 개시시에 개시한 것으로 간주된다

② 약관의 설명

ICC 2009(A), (B), (C)의 항해변경약관(change of voyage clause)은 동일한 내용인데 보험의 개시 후 목적지가 피보험자에 의하여 변경된 경우에는 지체없이 그 취지를 보험자에게 통지하고, 보험요율과 보험조건을 협정해야 한다. 그러한 협정 전에 손해가 발생한 경우에는 영리보험시장에서 타당하다고 생각되는 보험조건 및 보험요율에 의한 담보를 받을 수 있는 때에 한하여 담보한다.

그리고 보험목적물이 이 보험의 운송약관에 따라서 예상된 운송을 개시하였지만, 피보험자 또는 그들의 사용인이 알지 못하고 선박이 다른 목적지로 향하는 경우에도 이 보험은 그러한 운송을 개시할 때에 개시한 것으로 간주된다.

(11) 제11조 피보험이익약관

① 약관의 내용

Claim	보험금청구
11. 11.1 In order to recover under this insurance the Assured must have an insurable interest in the subject-matter insured at the time of the loss.	11. 11.1 이 보험에서 보상을 받기 위해서는 피보험자가 손해가 발생하였을 때에 보험의 목적에 대한 피보험이익을 갖고 있어야 한다.
11.2 Subject to Clause 11.1 above, the Assured shall be entitled to recover for insured loss occurring during the period covered by this insurance, notwithstanding that the loss occurred before the contract of insurance was concluded, unless the Assured were aware of the loss and the insurers were not.	11.2 상기 11.1의 규정을 조건으로 하여, 피보험손해가 보험계약체결 이전에 발생한 경우에도 피보험자가 그 손해의 발생사실을 알고 보험자가 몰랐을 경우를 제외하고는 피보험자는 이 보험의 담보기간 중에 생긴 피보험손해에 대하여 보상을 받을 권리가 있다.

② 약관의 설명

ICC 2009(A), (B), (C)의 피보험이익약관(insurable interest clause)은 동일한 내용인데 보험사고가 발생하면 피보험자는 피보험목적물에 대하여 피보험이익을 가지고 있다는 것을 증명해야 하는데, 이를 입증하지 못하면 보험금청구를 하지 못한다는 사항을 규정하고 있다. 그리고 보험의 담보기간 중에 발생하는 손해는 그 손해가 보험계약의 체결 이전에 발생한 것이라도 피보험자가 알고 있지 못하였다면 보험자는 보상을 해야 한다.

(12) 제12조 계반비용약관

① 약관의 내용

12. Where, as a result of the operation of a risk covered by this insurance, the insured transit is terminated at a port or place other than that to which the subject-matter insured is covered under this insurance, the insurers will reimburse the Assured for any extra charges properly and reasonably incurred in unloading storing and forwarding the subject-matter insured to the destination to which it is insured.	12. 이 보험은 담보위험이 발생한 결과, 피보험 운송이 이 보험에서 담보되는 보험목적물의 목적지 이외의 항구 또는 지역에서 종료될 경우에 보험자는 보험목적물을 양륙ㆍ보관하고, 부보된 목적지로 계속 운반함에 따라 적절하고 합리적으로 발생한 추가비용을 피보험자에게 보상한다.
This Clause 12, which does not apply to general average or salvage charges, shall be subject to the exclusions contained in Clauses 4, 5, 6 and 7 above, and shall not include charges arising from the fault negligence insolvency or financial default of the Assured or their employees.	이 제12조는 공동해손 또는 구조비에는 적용되지 아니하고, 상기 제4조, 제5조, 제6조 및 제7조에 규정된 면책약관의 적용을 받으며, 또한 피보험자 또는 그 사용인의 과실ㆍ태만ㆍ지급불능ㆍ재정상의 궁핍으로부터 생긴 비용을 포함하지 아니한다.

② 약관의 설명

ICC 2009(A), (B), (C)의 계반비용약관(forwarding charges clause)은 동일한 내용인데 보험목적물의 운송 중에 보험에서 담보되는 위험이 발생하여 이 보험에서 부보되는 보험목적물의 목적지 이외의 항구 또는 장소에서 운송이 종료되는 경우가 있다. 이 때 보험목적물의 이해관계자는 보험목적물을 양륙하여 보관하거나 운송수단을 수배하여 최종 목적지까지 운송하려고 한다. 따라서 피보험자가 보험목적물을 보험증권에 기재된 목적지까지 운송하기 위하여 합리적으로 지출하였다면 보험자는 그 추가비용을 보상한다.

계반비용약관은 공동해손 또는 구조비에는 적용되지 아니하고 일반면책약관, 불감항ㆍ부적합 면책약관, 전쟁위험면책약관, 동맹파업위험면책약관 등의 적용을 받는다. 그런데 피보험자 또는 그 사용인의 과실, 태만, 지불불능, 또는 재정상의 채무불이행으로부터 야기된 비용을 포함하지 아니한다. 즉 계반비용은 보험약관에서 담보하고 있는 위험에 근인하여 발생된 보험사고로 항해가 중간항에서 종료되는 경우에 발생하는 계반비용만을 보상하는 것이다. 공동해손손해와 구조비는 공동해손정산에 의하여 보상을 받게 된다. 계반비용으로는 양륙비, 통신비, 입회비, 검정료, 공매비용 등이 포함된다.

(13) 제13조 추정전손약관

① 약관의 내용

13. No claim for Constructive Total Loss shall be recoverable hereunder unless the subject-matter insured is reasonably abandoned either on account of its actual total loss appearing to be unavoidable or because the cost of recovering, reconditioning and forwarding the subject-matter insured to the destination to which it is insured would exceed its value on arrival.	13 추정전손에 대한 보험금 청구는 보험의 목적의 현실전손이 불가피하다고 생각될 때, 또는 보험목적물을 회복시켜 거기에 손질을 하고 그것을 담보목적지까지 계속 운반하는데 소요되는 비용이 그 목적지에 도착했을 때의 보험목적물의 가액을 초과할 것 같기 때문에 보험목적물이 정당하게 포기되지 않는 한, 이 보험증권에서는 보상되지 않는다.

② 약관의 설명

ICC 2009(A), (B), (C)의 추정전손약관(constructive total loss clause)은 동일한 내용인데 추정전손이 발생하여 위부를 청구하는 경우에 이에 합당한 보상을 한다는 내용을 규정하고 있다. 추정전손이 발생한 경우 피보험자가 소유권을 포기한다는 위부의사를 통지하고 보험자가 승인하면 위부가 성립한다. 추정전손은 보험목적물의 현실전손이 불가피하여 소유권을 포기한 경우, 보험목적물에 대한 정상회복 비용, 수선 또는 수리비용, 보험목적물의 계반비용 등이 보험가액을 초과하는 경우 등이다.

(14) 제14조 증액약관

① 약관의 내용

14.14.1 If any increased Value insurance is effected by the Assured on the subject-matter insured under this insurance the agreed value of the subject-matter insured shall be deemed to be increased to the total amount insured under this insurance and all Increased Value insurances covering the loss, and liability under this insurance shall be in such proportion as the sum insured under this insurance bears to such total amount insured.	14. 14.1 이 보험의 보험목적물에 대하여 피보험자가 증액보험을 부보한 경우에는 이 보험목적물의 협정보험가액은 이 보험 및 이와 동일한 손해를 담보하는 모든 증액보험의 총보험금액으로 증가된 것으로 간주되며, 이 보험에서의 보상책임은 총보험금액에 대한 이 보험의 보험금액의 비율로 부담할 것이다.
In the event of claim the Assured shall provide the Insurers with evidence of the amounts insured under all other insurances.	보험금을 청구할 때에 피보험자는 모든 타보험의 보험금액을 증명할 수 있는 서류를 보험자에게 제출해야 한다.

14.2 Where this insurance is on Increased Value the following clause shall apply: The agreed value of the subject matter insured shall be deemed to be equal to the total amount insured under the primary insurance and all Increased Value insurances covering the loss and effected on the subject-matter insured by the Assured, and liability under this insurance shall be in such proportion as the sum insured under this insurance bears to such total amount insured.	14.2 이 보험이 증액보험일 경우에는 다음 약관을 적용한다. 이 보험목적물의 협정보험가액은 원보험 및 피보험자에 의하여 그 보험목적물에 대해 부보되어 동일한 손해를 담보하는 모든 증액보험의 총보험금액과 동액으로 간주되며, 이 보험에서의 보상책임은 총보험금액에 대한 이 보험의 보험금액의 비율로서 부담하게 된다.
In the event of claim the Assured shall provide the Insurers with evidence of the amounts insured under all other insurances.	보험금을 청구할 때에는 피보험자는 모든 타 보험의 보험금액을 증명할 수 있는 서류를 보험자에게 제출해야 한다.

② 약관의 설명

ICC 2009(A), (B), (C)의 증액약관(increased value clause)은 동일한 내용인데 동일한 보험목적물에 대하여 두 개의 상이한 보험금액으로 보험증권이 발행되는 경우를 규제하기 위한 약관이다.

보험목적물에 대하여 피보험자가 별도의 증액보험에 부보한 경우에는, 그 보험목적물의 협정보험가액은 이 보험 및 이와 동일한 손해를 담보하는 모든 증액보험의 총보험금액으로 증가된 것으로 간주한다. 증액보험에서의 보상책임은 증액보험의 보험금액이 총보험금액에서 차지하는 비율로 부담하게 된다.

이 보험이 증액보험일 경우에는 보험목적물의 협정가액은 원보험 및 피보험자가 그 적하에 대하여 부보한 동일한 손해를 담보하는 모든 증액보험의 총보험금액과 동액인 것으로 간주한다. 증액보험에서의 보상책임은 증액보험의 보험금액이 총보험금액에서 차지하는 비율로 부담하게 된다.

증액약관에서는 원보험금액이 손해보험을 대상으로 하는 것과 이익보험을 대상으로 하는 것을 규정하고 있다. 즉 적하보험에서 적하의 물적 손해에 대하여 기본증권으로 담보하고 증액보험증권으로 운임 및 관세를 담보하는 경우이다. 또한 선박보험에서 선체에 대하여 기본증권으로 담보하고 선박의 증액분에 대하여 증액보험증권으로 담보하는 경우도 해당된다. 이러한 경우 손해가 발생하였을 경우에는 기본증권과 증액보험증권의 보험금액을 합산하여 비례적으로 손해액을 부담하게 된다.

(15) 제15조 보험이익 불공여약관

① 약관의 내용

15. This insurance 15.1 covers the Assured which includes the person claiming indemnity either as the person by or on whose behalf the contract of insurance was effected or as an assignee, 15.2 shall not extend to or otherwise benefit the carrier or other bailee.	15. 이 보험은 15.1 이 보험계약을 체결하거나 또는 자기를 위해 체결된 자로서, 또는 양수인으로서 보험금을 청구하는 자를 포함하는 피보험자를 대상으로 한다. 15.2 확장 또는 기타 방법에 의해 운송인 또는 기타 수탁자에게 유리하게 이용되어서는 안된다.

② 약관의 설명

ICC 2009(A), (B), (C)의 보험이익 불공여약관(benefit of insurance clause)은 서로 동일한 내용이다. 보험계약자가 해상운송계약서에 보험계약에 따라 보상받는 손해에 대해 운송회사가 보상하지 않는다는 약관을 삽입하면 보험자가 대위권을 행사하지 못하게 되어 운송인 또는 기타의 수탁자가 보험으로 이익을 받게 된다. 이러한 이익을 받지 못하도록 규정한 것이 보험이익 불공여약관이다. 보험이익 불공여약관은 보험계약을 체결하거나 또는 자기를 위하여 체결한 자로서, 또는 양수인으로서 보험금을 청구하는 자를 포함하는 피보험자를 대상으로 적용한다. 보험이익 불공여약관에 따라 보험이익은 확장 또는 기타 방법에 의하여 운송인 또는 기타 수탁자에게 유리하게 이용되어서는 안된다.

(16) 제16조 피보험자 의무약관

① 약관의 내용

16. It is the duty of the Assured and their employees and agents in respect of loss recoverable hereunder 16.1 to take such measures as may be reasonable for the purpose of averting or minimising such loss, and 16.2 to ensure that all rights against carriers, bailees or other third parties are properly preserved and exercised, and the Insurers will, in addition to any loss recoverable hereunder, reimburse the Assured for any charges properly and reasonably incurred in pursuance of these duties.	16. 이 보험에서 보상하는 손해에 관하여 다음 사항을 이행하는 것은 피보험자, 그 사용인 및 대리인의 의무이다. 16.1 손해를 방지하거나 경감시키기 위해 합리적인 조치를 강구하는 것, 그리고 16.2 운송인, 수탁자 기타 제3자에 대한 일체의 권리가 적절히 보존되고 행사되도록 확보해 놓는 것. 그리고 보험자는 이 보험에서 보상하는 손해에 더하여 상기 의무를 수행함에 있어 적절하고 합리적으로 발생한 비용을 피보험자에게 보상한다.

② 약관의 설명

ICC 2009(A), (B), (C)의 피보험자 의무약관(duty of assured clause)은 손해가 발생한 경우에 피보험자가 취해야 할 행동에 관하여 규정한 약관이다. 피보험자와 그 사용인 및 대리인은 해상사고가 발생한 경우에 손해의 방지 또는 경감을 위하여 합리적인 조치를 취해야 한다. 그리고 운송인이나 수탁자 또는 기타의 제3자에 대한 일체의 권리가 적절히 보전되고 행사되도록 확보해야 한다. 단 보험자는 이 보험에서 보상하는 손해에 추가하여 이러한 의무를 수행하는 데 적절히 합리적으로 발생된 일체의 비용을 피보험자에게 보상한다. 이때 발생한 비용은 보험금을 초과하여도 보험자가 보상을 한다.

(17) 제17조 포기유보약관

① 약관의 내용

17. Measures taken by the Assured or the Insurers with the object of saving, protecting or recovering the subject-matter insured shall not be considered as a waiver or acceptance of abandonment or otherwise prejudice the right of either party	17. 보험목적물을 구조, 보호 또는 회복하기 위한 피보험자 또는 보험자의 조치는 위부의 포기 또는 승인으로 간주되지 아니하며, 또한 각 당사자의 권리를 침해하지도 아니한다.

② 약관의 설명

ICC 2009(A), (B), (C)의 포기유보약관(waiver clause)은 손해의 경감과 관련한 약관이다. 포기라는 단어에 의하여 오해가 발생할 수 있는데, 실제는 포기하지 않는 것으로 판단하라는 의미의 약관이다. 즉 해상사고가 발생하였을 때 피보험자 또는 보험자가 보험목적물을 구조하거나, 보호하거나 또는 회복하기 위하여 취하는 조치가 위부를 포기하거나 승인하였기 때문에 취하는 행위가 아니라는 것이다. 단지 손해의 경감을 위해 취하는 피보험자의 당연한 행위이기 때문에 각 당사자의 권리를 침해하지 않는다는 것이다.

(18) 제18조 신속조치약관

① 약관의 내용

18. It is a condition of this insurance that the Assured shall act with reasonable despatch in all circumstances within their control.	18. 피보험자는 자기가 조치할 수 있는 모든 여건하에서 상당히 신속하게 행동하는 것이 이 보험의 조건이다

② 약관의 설명

ICC 2009(A), (B), (C)의 신속조치약관(reasonable despatch clause)은 지연의 회피와 관련한 약관이다. 보험계약이 체결된 이후에 보험사고가 발생하였다면 보험자는 보험사고가 발생한 여건 속에서 신속하게 조치를 취해야 한다는 것이다. 신속조치의 의미에는 보험사고가 발생하였을 때에 보험사고 사실의 통지, 보험사고의 원인 규명에 대한 조치, 보험사고의 확산방지 등을 위한 조치 등이 포함된 것으로 간주해야 한다.

(19) 제19조 영국법 및 관습약관

① 약관의 내용

English law and practice. 19. This insurance is subject to English law and practice.	영국법 및 관습 19. 이 보험은 영국의 법률 및 관습에 준거하는 것으로 한다.

② 약관의 설명

ICC 2009(A), (B), (C)의 영국법 및 관습약관(English law and practice clause)은 동일한 내용인데 보험증권의 해석에 있어서 영국법 및 관습을 준거해야 한다는 약관이다. 이에 따라 우리나라에서 발행되는 영문해상보험증권은 보험계약에 따르는 제반조치를 제외하고는 영국의 법률 및 관례에 따른다.

- 유의사항

NOTE — Where a continuation of cover is requested under Clause 9, or a change of destination is notified under Clause 10, there is an obligation to give prompt notice to the Insurers and the right to such cover is dependent upon compliance with this obligation.	유의사항 — 약관 제9조에 의해 담보의 계속이 요청되거나, 또는 약관 제10조에 의해 항해의 변경이 통지되는 경우, 지체없이 그 취지를 보험자에게 통지할 의무가 있으며, 계속담보를 받을 수 있는 권리는 이 의무의 이행 여부에 달려 있다.

ICC 2009(A), (B), (C)의 유의사항에서는 피보험자가 유의해야 할 내용을 서로 동일하게 규정하고 있다. 보험계약자는 이 보험의 제9조 운송계약종료약관에 의하여 담보의 계속이 요청되거나, 또는 제10조 항해변경약관에 의하여 항해의 변경이 통지되는 경우, 즉시 그 취지를 보험자에게 통지할 의무가 있으며, 계속 담보를 받을 수 있는 권리는 이러한 의무를 이행하였을 경우에만 인정된다.

2. 협회전쟁약관(적하) 2009

1) 협회전쟁약관(적하) 2009의 의의

협회전쟁약관(적하) 2009는 적하보험의 담보위험에서 제외되는 전쟁위험에 의한 손해를 부보하는 경우에 첨부하는 약관이다. 협회전쟁약관(적하) 2009 [Institute War Clauses (Cargo) 2009; IWC(Cargo) 2009]은 담보위험약관, 공동해손약관, 일반면책약관, 불감항·부적합면책약관, 운송약관, 운송계약종료약관, 항해변경약관, 피보험이익약관, 증액약관, 보험이익 불공여약관, 피보험자 의무약관, 포기유보약관, 신속조치약관, 영국법 및 관습약관 등 14개조로 구성되어 있는데 2009년에 협회적하약관(ICC)이 개정됨에 따라 협회전쟁약관(적하) [IWC(Cargo) 2009]의 내용도 일부분 개정되었다.

협회전쟁약관(적하) 2009[IWC(Cargo) 2009]의 상당부분은 협회적하약관인 ICC 2009(A), (B), (C)의 규정과 동일한 내용으로 되어 있다. 그래서 해상보험계약을 체결하는 경우 협회적하약관 2009인 ICC 2009(A), (B), (C)의 전쟁위험면책약관에서 면책위험으로 규정한 사항을 협회전쟁약관(적하) 2009[IWC (Cargo) 2009]에서는 담보위험으로 규정하고 있기 때문에 협회전쟁약관(적하) 2009[IWC(Cargo) 2009]을 독립적인 약관으로 사용하여 적하보험에 부보할 수 있다. 즉 구협회적하약관에 입각하여 보험계약을 체결할 때 전쟁위험을 담보하려면 구협회전쟁약관을 첨부하였으나 협회적하약관 2009(ICC 2009)를 사용할 때는 별도의 약관을 첨부하지 않고 협회전쟁약관(적하) 2009[IWC(Cargo) 2009]를 독립적인 보험증권으로 사용하면 된다.

협회전쟁약관(적하) 2009[IWC(Cargo) 2009]이외에 적하보험에서 전쟁위험과 관련한 약관으로는 협회항공화물(항공운송 포함)전쟁약관, 협회항공화물(우편물우송포함)전쟁약관, 우편물우송보험의 협회전쟁약관 등이 있다. 협회항공화물(항공운송 포함)전쟁약관 [Institute War Clauses(Cargo)(including on carriage by air)]은 항공편으로 계속 운송을 하는 경우에 적용되는 약관이다. 협회항공화물(우편물우송 제외)전쟁약관[Institute War Clauses(Air Cargo) (excluding sendings by post)]은 항공화물에 적용되는 약관이다. 우편물우송보험의 협회전쟁약관(Institute War Clauses for the insurance of sendings by post)은 우편물에 적용되는 약관이다.

2) 협회전쟁약관(적하) 2009의 구성

(1) 제1조 담보위험약관

① 약관의 내용

RISKS COVERED 1. This insurance covers, except as excluded by the provisions of Clauses 3 and 4 below loss or damage to the subject-matter insured caused by 1.1 war civil war revolution rebellion insurrection or civil strike arising therefrom. or any hostile act by or against a belli- gerent power 1.2 capture seizure arrest restraint or detainment, arising from risks covered under 1.1 above, and the consequences thereof or any attempt thereat 1.3 derelict mines torpedoes bombs or other derelict weapons of war.	담보위험 1. 이 보험은 다음 위험으로 인한 보험목적물의 멸실 또는 손상을 담보한다. 다만 하기 제3조, 제4조, 규정에 의해 제외되는 위험은 그러하지 아니하다. 1.1 전쟁, 내란, 혁명, 모반, 반란 또는 이로 인하여 발생한 국내투쟁, 교전국에 의하여 또는 교전국에 대하여 행하여진 적대행위 1.2 상기 1.1에서 담보되는 위험으로 인한 포획, 나포 강류, 억지 또는 억류 및 그러한 행위의 결과, 또는 그러한 행위의 기도 1.3 유기된 기뢰 또는 어뢰, 폭탄, 또는 기타의 유기된 전쟁무기

② 약관의 설명

IWC(Cargo) 2009의 담보위험약관(risk covered clause)은 ICC 2009(A), (B), (C)에서 각각 규정되어 있는 제6조 전쟁위험면책약관에 의하여 담보받지 못하는 전쟁위험에 의한 보험목적물의 멸실, 손상에 대해 보상한다는 내용을 명시하고 있다. 그래서 IWC(Cargo) 2009에서는 일반면책약관과 불감항 · 부적합면책약관에 명시된 사유가 아니면 전쟁위험으로 인한 손해는 담보한다는 내용을 규정하고 있다.

(2) 제2조 공동해손약관

① 약관의 내용

2. This insurance covers general average and salvage charges, adjusted or determined according to the contract of affreightment and/or the govering law and practice, in- curred to avoid or in connection with the avoidance of loss from a risk covered under these clauses.	2. 이 보험은 협회적하전쟁약관에서 담보되는 위험으로 인하여 발생되는 손해를 회피하기 위하 여, 또는 회피와 관련하여 지급된 것으로서 운송계약 및/또는 준거법과 관습에 따라 정산되거나 결정된 공동해손과 구조비를 보상한다.

② 약관의 설명

IWC(Cargo) 2009의 공동해손약관(general average clause)에서는 공동해손행위에 따르는 손해보상에 관한 내용을 규정하고 있다. 그 내용은 ICC 2009(A), (B), (C)의 제2조 공동해손약관에서 설명한 것과 동일하다.

(3) 제3조 일반면책약관

① 약관의 내용

EXCLUSIONS	면책위험
3 In no case shall this insurance cover	3. 어떠한 경우에도 이 보험은 다음의 손해를 담보하지 아니한다.
3.1 loss damage or expense attributable to wilful misconduct of the Assured	3.1 피보험자의 고의의 불법행위에 기인하는 멸실, 손상 또는 비용
3.2 ordinary leakage, ordinary loss in weight or volume, or ordinary wear and tear or the subject-matter insured	3.2 보험목적물의 통상적인 누손, 통상적인 중량손 또는 용적손 또는 자연소모
3.3 loss damage or expense caused by insufficiency or unsuitability or packing of preparation of the subject-matter insured to withstand the ordinary incidents of the insured transit where such packing or preparation is carried out by the Assured or their employees or prior to the attachment of this insurance (for the purpose of these Clauses "packing" shall be deemed to include stowage in a container and "employees" shall not include independent contractors)	3.3 이 보험의 대상이 되는 운송에서 통상 발생하는 사고에 견딜 수 있도록 보험목적물의 포장 또는 준비를 완전하고 적절하게 하지 않음으로 인하여 발생한 멸실·손상 또는 비용. 다만 그러한 포장 또는 준비가 피보험자 또는 사용인에 의해 실행되거나 이 보험의 개시 전에 실행되는 경우에 한한다(이 약관에 있어서 '포장'에는 컨테이너에 적부하는 것을 포함하고, '사용인'에는 독립계약자를 포함하지 아니한다)
3.4 loss damage or expense caused by inherent vice or nature of the subject-matter insured	3.4 보험목적물의 고유의 하자, 또는 성실에 기인하여 발생한 멸실, 손상 또는 비용
3.5 loss damage or expense caused by delay, even though the delay be caused by a risk insured against(except expenses payable under Clause 2 above)	3.5 지연이 피보험위험에 기인하여 발생한 경우라도, 그 지연에 근인(近因)하여 발생한 멸실, 손상 또는 비용(다만 위의 2에 따라 지급되는 비용은 제외한다)
3.6 loss damage or expense caused by insolvency or financial default of the owners managers charterers or operators of the vessel where, at the time of loading of the subject-matter insured on board the vessel, the Assured are aware, or in the ordinary course of business should be aware, that such insolvency or financial default could prevent the normal prosecution of the voyage	3.6 본선의 소유자·관리자·용선자 또는 운항자의 파산 또는 재정상의 궁핍으로 인한 멸실·손상 또는 비용. 다만 보험의 목적을 본선에 적재할 때 피보험자가 그러한 파산 또는 재정상의 궁핍이 그 항해의 정상적인 수행을 방해할 수 있다는 사실을 알고 있었거나 또는 통상의 업무상 당연히 알고 있었을 경우에 한한다.

This exclusion shall not apply where the contract of insurance has been assigned to the party claiming hereunder who has bought or agreed to buy the subject-matter insured in good faith under a binding contract	이 면책규정은, 구속력 있는 계약에 따라, 선의로 보험목적물을 구입한 자 또는 구입하는 것에 동의한 자에, 보험계약이 양도되어, 그 자가 이 보험에 의해 보험금을 청구하는 경우에는 적용되지 아니한다.
3.7 any claim based upon loss of or frustration of the voyage or adventure	3.7 항해 또는 해상운송의 상실 또는 중단에 의한 일체의 보상청구
3.8 loss damage or expense directly or indirectly caused by arising from any hostile use of any weapon or war employing atomic or nuclear fission and/or fusion or other like reaction or radioactive force or matter.	3.8 원자력 또는 핵의 분열 및/또는 융합 또는 기타 이와 유사한 반응, 또는 방사능이나 방사성의 물질을 응용한 무기의 적대적 사용으로 인하여 직접 또는 간접적으로 발생한 멸실, 손상 또는 비용.

② 약관의 설명

IWC(Cargo) 2009의 일반면책약관(general exclusion clause)에서는 보험자가 면책으로 하고 있는 위험을 열거하고 있다. 직접 또는 간접적으로 발생하는 손해 등과 같이 보험자가 면책으로 하고 있는 위험을 8가지로 구분하여 구체적으로 명시하고 있다. 그 내용은 ICC 2009(A), (B), (C)의 제4조 일반면책약관에서 설명한 것과 거의 동일하다.

(4) 제4조 불감항 · 부적합면책약관

IWC(Cargo) 2009의 불감항 · 부적합면책약관(unseaworthiness and unfitness exclusion clause)에서는 선박의 불감항과 적하의 부적합이 인지되었음에도 불구하고 피보험자가 적하를 본선에 선적하는 경우에는 면책된다는 사항을 규정하고 있다. 그 내용은 ICC 2009(A), (B), (C)의 제5조 불감항 · 부적합면책약관에서 설명한 것과 같다.

(5) 제5조 운송약관

① 약관의 내용

IWC(Cargo) 2009의 운송약관(transit clause)은 보험기간의 시기(始期)와 종기(終期)에 대하여 규정한 약관이다. 운송약관에서는 기존의 협회적하약관에는 명시하지 않았던 피난항에서의 양륙이라는 사항을 새로 도입하여 중간항에서의 환적과 동일하게 취급하고 있으며, 피보험자가 추가보험료를 납부하는 조건을 전제로 담보를 계속하는 조치를 취하고 있다. 그리고 중간항에서, 피난항에서의 항공기에 의한 계반사항을 규정하였다.

② 약관의 설명

㉠ 보험의 시기와 종기의 기본원칙

DURATION 5. 5.1. This Insurance 5.1.1 attaches only as the subject－matter insured and as to any part as that part is loaded on an oversea vessel, and 5.1.2 terminates, subject to 5.2 and 5.3 below, either as the subject-matter insured and as to any part as that part is discharged from an oversea vessel at the final port or place or discharge, or on expiry of 15 days counting from midnight of the day or arrival or the vessel at the final port or place of dis charge whichever shall first occur;	보험기간 5. 5.1 이 보험은 5.1.1 보험목적물이, 또 보험목적물의 일부에 대하여는 그 일부가 외항선에 적재된 때에 그 효력이 개시되고, 또 5.1.2 다음 5.2 및 5.3 약관의 경우 보험목적물이, 또 보험목적물의 일부에 대하여는 그 일부가 최종 양륙항 또는 양륙장소에서 외항선으로부터 양륙된 때 또는 최종 양륙항 또는 장소에 도착한 날의 자정으로부터 기산하여 15일을 경과한 때 중 어느 한쪽이 먼저 발생한 때에 종료한다.

IWC(Cargo) 2009의 운송약관에서 전쟁위험은 보험목적물이 해상에 있는 동안에 발생한 경우에만 보험자가 담보한다. 운송약관에서 보험의 시기는 보험목적물 또는 그 일부가 외항선에 적재될 때이다. 운송약관에서 보험의 종기는 보험목적물의 일부에 대하여는 그 일부가 최종 양륙항 또는 양륙장소에서 외항선으로부터 양륙된 때 또는 최종 양륙항 또는 장소에 도착한 날의 자정으로부터 기산하여 15일을 경과한 때 중 어느 한쪽이 먼저 발생하면 보험은 종료한다.

㉡ 보험목적물의 양륙 없이 출항

nevertheless, subject to prompt notice to the Insurers and to an additional premium, such insurance 5.1.3 reattaches when, without having discharged the subject-matter insured at the final port or place of discharge the vessel sails therefrom, and 5.1.4 terminates, subject to 5.2 and 5.3 below, either as the subject-matter insured and at to any part as that part is thereafter discharged from the vessel at the final (or substituted) bort or place or discharge, or on expiry of 15 days counting from mid- night of the day or re-arrival of the vessel at the final port or place of discharge or arrival or the vessel at a substituted port or place of discharge, whichever shall first occur.	위의 규정에 불구하고 지체없이 보험자에게 통지하고 또 추가보험료를 지급하는 조건으로 이 보험은 5.1.3 최종 양륙항 또는 장소에서 보험목적물을 양륙하지 않고 외항선이 거기에서 출항한 때 다시 효력이 개시되고, 또 5.1.4 다음 5.2 및 5.3에 따라 보험목적물이, 또 보험목적물의 일부에 대하여는 그 일부가 최종 양륙(또는 그와 대체된)항 또는 장소에서 외항선으로부터 양륙된 때 또는 외항선이 최종 양륙항 또는 장소에 다시 도착한 날 또는 대체(代替) 양륙항 또는 장소에 도착한 날의 자정으로부터 기산하여 15일을 경과한 때 중 빠른 때에 종료한다.

IWC(Cargo) 2009의 운송약관에서 보험목적물을 최종 양륙항 또는 장소에서 양륙하지 않고 출항하는 경우에는 바로 보험자에게 통지하고, 추가보험료를 지급하는 조건으로 외항선이나 항공기가 출항하면 보험은 재개시한다.

ⓒ 환적

5.2 If during the insured voyage the oversea vessel arrives at an intermediate port or place to discharge the subject-matter insured for on-carriage by oversea vessel or by aircraft or the subject-matter insured is discharged from the vessel at a port or place of refuse, then, subject to 5.3 below and to an additional premium if required, this insurance continues until the expiry of 15 days counting from midnight of the day of arrival of the vessel at such port or place, but thereafter reattaches as the subject-matter insured and as to any part as that part is loaded on an on-carrying oversea vessel or aircraft. During the period of 15 days the insurance remains in force after discharge only whilst the subject-matter insured and as to any part as that part is at such port or place. If the subject-matter insured is on carried within the said period of 15 days or if the insurance reattaches as provided in this Clause 5.2	5.2 피보험항해 중 외항선이 보험목적물을 양륙하여 다른 외항선이나 항공기로 계속 운반할 목적으로 중간항구 또는 장소에 도착한 경우, 또는 화물이 피난항 또는 피난장소에서 양륙된 경우에는 다음 5.3의 규정과 보험자가 요구하는 경우에는 추가 보험료를 지급하는 조건으로 이 보험은 그러한 항구 또는 장소에 원래의 외항선이 도착한 날의 자정부터 기산하여 15일을 경과한 때까지 계속되나 그 후 보험목적물이 또는 그 일부에 대하여는 그 해당 부분이 계속 운반할 외항선 또는 항공기에 적재될 때 다시 효력을 발생한다. 위 15일 기간 중 이 보험은 양륙 후 보험목적물이 또는 그 일부에 대하여는 그 해당 부분이 그러한 항구 또는 장소에 있는 동안에 한하여 유효하게 존속된다. 화물이 상기 15일 이내에 계반되거나 또는 이 보험이 5.2의 규정에 따라 다시 효력을 발생한다면
5.2.1 where the on-carriage is by oversea vessel this insurance continues subject to the terms or these clauses, or	5.2.1 외항선에 의한 계반인 경우에는 이 약관의 조건에 따라 계속되며, 또는
5.2.2 where the on-carriage is by aircraft, the current Institute War Clauses (Air Cargo; excluding sendings by Post) shall be deemed to form part of this insurance and shall apply to the on-carriage by air.	5.2.2 항공기에 의한 계반인 경우에는 현행 협회전쟁약관(항공화물; 우편물 제외)이 이 보험의 일부를 구성하는 것으로 간주될 것이며, 항공기에 의한 계반에 적용된다.

IWC(Cargo) 2009의 운송약관에서 피보험항해 중 외항선이 보험목적물을 양륙하여 다른 외항선이나 항공기로 계속 운반할 목적으로 중간항구 또는 장소에 도착한 경우, 또는 화물이 피난항 또는 피난장소에서 양륙된 경우에는 보험자에게 추가보험료를 지급하는 조건으로 이 보험은 그러한 항구 또는 장소에 원래의 외항선이 도착한 날의 자정부터 기산하여 15일을 경과한 때까지 계속된다. 보험목적물이 또는 그 일부에 대하여는 그 해당부분이 계속 운반할 외항선 또는 항공기에 적재될 때 다시 효력을 발생한다.

㉣ 목적지 이탈

5.3 If the voyage in the contract of carriage is terminated at a port or place other than the destination agreed therein, such port or place shall be deemed the final port or discharge and such insurance terminates in accordance with 5.1.2.If the subject-matter insured is subsequently reshipped to the original or any other destination, then provided notice given to the Underwriter before the commencement of such subject to an additional premium, such insurance reattaches	5.3 운송계약상의 항해가 계약서에 정해진 목적지 이외의 항구 또는 장소에서 종료될 경우, 그 항구 또는 장소가 최종 양륙항으로 간주되며, 이 보험은 51.2의 규정에 따라 종료한다. 그 후 보험목적물이 원래의 목적지 또는 다른 목적지로 재선적되는 경우에는 그와 같은 계속운송의 개시 전에 보험자에게 통지하고, 추가보험료를 지급하는 조건으로 이 보험은 다음 시점부터 다시 효력이 발생한다.
5.3.1 in the case of the subject-matter insured having been discharged, as the subject- matter insured and as to any part as that part is loaded on the on-carrying vessel for the voyage,	5.3.1 보험목적물이 양륙되었을 경우에는 보험목적물이 또는 그 일부에 대하여는 그 해당부분 이 항해를 위하여 계반외항선에 적재된 때,
5.3.2 in the case of the subject-matter not having been discharged, when the vessel sails from such deemed final port or discharge; thereafter this insurance terminates in accordance with 5.1.4.	5.3.2 보험목적물이 양륙되지 아니하였을 경우에는 선박이 최종 양륙항으로 간주된 곳으로 부터 출항한 때 그 후 이 보험은 5.1.4의 규정에 따라 종료된다.

IWC(Cargo) 2009의 운송약관에서 운송계약상의 항해가 계약서에 정해진 목적지 이외의 항구 또는 장소에서 종료될 경우 보험은 종료한다. 즉 그 항구 또는 장소가 최종 양륙항으로 간주되어 보험은 종료한다. 보험목적물이, 또 보험목적물의 일부에 대하여는 그 일부가 최종 양륙항 또는 양륙장소에서 외항선으로부터 양륙된 때 또는 최종 양륙항 또는 장소에 도착한 날의 자정으로부터 기산하여 15일을 경과한 때 중 어느 한쪽이 먼저 발생한 때에 종료한다. 그 후 보험목적물이 원래의 목적지 또는 다른 목적지로 운송하기 위하여 재선적되는 경우에는 그와 같은 계속운송을 개시하기 전에 보험자에게 통지하고, 추가보험료를 지급하는 조건으로 이 보험은 다시 효력이 발생한다. 보험목적물이 양륙되었을 경우에는 보험목적물이 또는 그 일부에 대하여는 그 해당부분 이 항해를 위하여 계반외항선에 적재된 때 보험이 종료한다. 보험목적물이 양륙되지 아니한 경우에는 선박이 최종 양륙항으로 간주된 곳으로부터 출항한 때 종료한다. 즉 보험목적물이, 또 보험목적물의 일부에 대하여는 그 일부가 최종 양륙 또는 그와 대체된 항 또는 장소에서 외항선으로부터 양륙된 때 또는 외항선이 최종 양륙항 또는 장소에 다시 도착한 날 또는 대체 양륙항 또는 장소에 도착한 날의 자정으로부터 기산하여 15일을 경과한 때 중 빠른 때에 종료한다.

㉤ 하역 후 부선에 있는 보험목적물의 시간제한

5.4 The insurance against the risks of mines and derelict torpedoes. floating or submerged, is extended whilst the subject-matter insured or any part thereof is on craft whilst in transit to or from the oversea vessel, but in no case beyond the expiry or 60 days after discharge from the oversea vessel unless otherwise especially agreed by the Insurers.	5.4 부유(浮游) 또는 수중에 잠겨 있는 기뢰 및 유기된 어뢰의 위험에 대한 보험은 보험목적물, 또는 보험목적물의 일부가 외항선으로 또는 외항선으로부터 부선으로 운송되는 동안에도 연장 담보된다. 그러나 보험자의 별도의 승낙이 없는 한, 어떠한 경우에도 외항선으로부터 보험목적물의 양륙 완료 후 60일을 초과하지 아니한다.

IWC(Cargo) 2009의 운송약관에서 보험목적물이 최종 양륙항이나 목적지에 도착하여 외항선에 있는 동안에는 15일간의 보험기간이 계속되지만 외항선에서 하역한 후 부선에 있는 동안에는 60일의 보험기간이 계속된다. 부선위험은 외항선에서 양륙항까지 또는 선적항에서 외항선까지 적용한다.

㉥ 운송중의 이로

5.5 Subject to prompt notice to Insurers, and to an additional premium if required this insurance shall remain in force within the provisions of these Clauses during any deviation, or any variation or the adventure arising from the exercise of a liberty granted to carriers under the contract of carriage.	5.5 즉시 보험자에게 통지하고 또 추가보험료를 지급하는 조건으로 이 보험은 일체의 이로 또는 일체의 이로, 불가피한 하역, 재선적, 환적 및 해상운송계약상 운송인에게 부여된 자유재량권의 행사로부터 발생하는 위험의 변경기간 중에는 유효하게 계속된다.

IWC(Cargo) 2009의 운송약관에서 보험은 이로와 같은 해상운송계약상 운송인에게 부여된 자유재량권의 행사로부터 발생하는 위험의 변경이 있는 경우 지체없이 보험자에게 통지하고 또 추가보험료를 지급하는 조건으로 담보가 계속된다.

㉦ 기타 유의사항

(For the purpose or Clause 5 "arrival" shall be deemed to mean that the vessel is anchored, moored or otherwise secured at a berth or place within the harbour Authority area. If such a berth or place is not available, arrival is deemed to have occurred when the vessel first anchors, moors or otherwise secures either at or off the intended port or place of discharge "oversea vessel" shall be deemed to mean a vessel carrying the subject-matter from one port or place to another where such voyage involves a sea passage by that vessel)	(제5조의 적용상 "도착"이라는 것은 선박이 항만당국 관할구역 내의 정박묘지 또는 장소의 묘박, 계류 또는 기타의 방법으로 안정하게 고정되는 것을 의미한다. 그와 같은 정박묘지 또는 장소를 이용할 수 없는 경우, 도착은 선박이 예정된 양륙항 또는 양륙장소에서 또는 그 밖에서 제일 먼저 묘박, 계류 또는 기타의 방법으로 안전하게 고정될 때 발생된 것으로 한다. "외항선"이라는 것은 어느 항구 또는 장소로부터 다른 항구 또는 장소로 보험목적물을 해상운송하는 선박을 의미한다.

IWC(Cargo) 2009의 운송약관에서 도착이라는 용어는 선박이 항만당국 관할구역 내의 정박묘지 또는 그 장소에서의 묘박, 계류, 또는 기타의 방법으로 안정하게 고정되는 것을 의미한다. 투묘(投錨)는 배를 정박시키기 위하여 닻을 내리는 행위이다. 정박묘지는 선박이 정박하여 투묘할 수 있는 장소이다. 묘박은 투묘를 하여 선박이 정박하는 것이다. 외항선이라는 용어는 어느 항구 또는 장소로부터 다른 항구 또는 장소로 보험목적물을 해상운송하는 선박을 의미한다.

(6) 제6조 항해변경약관

IWC(Cargo) 2009의 항해변경약관(change of voyage clause)에서는 보험이 개시된 후에 피보험자에 의하여 목적지가 변경되는 경우에는 위험의 변경이 발생한 것이기 때문에 보험자의 책임이 종료된다는 것을 규정한 약관이다. 그래서 피보험자가 보험자에게 그 추가 담보에 대한 취지를 즉시 통고하고 추가보험료를 지급하면 담보가 계속된다는 것이다. 즉

보험담보를 계속하려면 추가적인 보험료의 납부를 보험자에게 약속시켜야 가능하다는 것이다. 이외의 자세한 내용은 ICC 2009(A), (B), (C)의 제10조 항해변경약관에서 설명한 것과 같다.

(7) 제7조 우선약관

① 약관의 내용

7. Anything contained in this contract which is inconsistent with Clause 3.7, 3.8 or 5 shall, to the extent or such inconsistency be null and void.	7. 이 계약서에 기재된 사항 중에서 3.7, 3.8, 또는 5의 약관이 우선 적용되며, 또는 이 규정에 저촉되는 보험계약에 관한 규정은 그 저촉되는 범위 내에서 모두 무효로 한다.

② 약관의 설명

IWC(Cargo) 2009의 우선약관(priority clause)은 제3조 제7항 항해중단 등 면책약관, 제3조 제8항 원자핵무기면책약관 또는 제5조 운송약관이 우선 적용되며, 이들 약관에 저촉되는 당해 보험계약에 관한 규정은 그 저촉되는 범위 내에서 모두 무효가 된다는 것이다. 피보험자가 동일한 보험목적물을 대상으로 복수의 보험계약을 체결한 경우에 적용하는 보험약관의 우선순위를 규정한 약관이다. ICC 2009(A), (B), (C)와 ISC(Cargo) 2009에서는 우선약관 규정이 없다.

(8) 제8조 피보험이익약관

IWC(Cargo) 2009의 피보험이익약관(insurable interest clause)은 보험사고가 발생한 경우 피보험자는 보험목적물에 대하여 피보험이익을 가지고 있다는 것을 증명해야 보험금을 청구할 수 있다는 사항을 규정하고 있다. 그 내용은 ICC 2009(A), (B), (C)의 제11조 피보험이익약관에서 설명한 것과 같다.

(9) 제9조 증액약관

IWC(Cargo) 2009의 증액약관(increased value clause)은 동일한 피보험목적물에 대하여 두 개의 상이한 보험금액으로 보험증권이 발행되는 경우를 규제하기 위한 약관이다. 그 내용은 ICC 2009(A), (B), (C)의 제14조 증액약관에서 설명한 것과 같다.

(10) 제10조 보험이익 불공여약관

IWC(Cargo) 2009의 보험이익 불공여약관(benefit of insurance clause)은 보험의 이익이 악용되는 것을 방지하기 위한 약관이다. 그 내용은 ICC 2009(A), (B), (C)의 제15조 보험이익 불공여약관에서 설명한 것과 같다.

(11) 제11조 피보험자 의무약관

IWC(Cargo) 2009의 피보험자 의무약관(duty of assured clause)은 손해가 발생한 경우에 피보험자가 취해야 할 행동에 관하여 규정한 약관이다. 그 내용은 ICC 2009(A), (B), (C)의 제16조 피보험자 의무약관에서 설명한 것과 같다.

(12) 제12조 포기유보약관

IWC(Cargo) 2009의 포기유보약관(waiver clause)은 손해방지조치가 보험금의 청구를 포기하는 행위가 아니라는 약관이다. 그 내용은 ICC 2009(A), (B), (C)의 제17조 포기유보약관에서 설명한 것과 같다.

(13) 제13조 신속조치약관

IWC(Cargo) 2009의 신속조치약관(reasonable despatch clause)은 보험사고가 발생하였을 경우에 보험자에게 신속하게 통지하여 손해를 수습하라는 약관이다. 그 내용은 ICC 2009(A), (B), (C)의 제18조 신속조치약관에서 설명한 것과 같다.

(14) 제14조 영국법 및 관습약관

IWC(Cargo) 2009의 영국법 및 관습약관(English law and practice clause)은 보험증권의 해석에 있어서 영국법 및 관습을 준거해야 한다는 약관이다. ICC 2009(A), (B), (C)의 제19조 영국법 및 관습약관에서 설명한 것과 같이 보험계약체결과 관련한 사항은 우리나라의 상법을, 보험사고가 발생하여 손해사정과 관련된 사항을 처리하는 경우에는 영국법 및 관습을 준수해야 한다.

- 유의사항

IWC(Cargo) 2009의 유의사항에 관한 내용은 ICC 2009(A), (B), (C)의 유의사항에서 설명한 것과 같다.

3. 협회동맹파업약관(적하) 2009

1) 협회동맹파업약관(적하) 2009의 의의

협회동맹파업약관(적하) 2009[(Institute Strikes Clauses(Cargo); 이하 ISC(Cargo) 2009라 한다]는 담보위험약관, 공동해손약관, 일반면책약관, 불감항·부적합면책약관, 운송약관, 운송계약종료약관, 항해변경약관, 피보험이익약관, 증액약관, 보험이익 불공여약관, 피보험자 의무약관, 포기유보약관, 신속조치약관, 영국법 및 관습약관 등 14개조로 구성되어 있다.

협회동맹파업약관(적하) 2009[ISC(Cargo) 2009]의 상당부분은 협회적하약관 2009인 ICC (A), (B), (C)의 규정과 동일한 내용으로 되어 있다. 그래서 해상보험계약을 체결하는 경우 협회적하약관 2009인 ICC 2009 (A), (B), (C)의 동맹파업위험면책약관에서 면책위험으로 규정한 사항을 협회동맹파업약관(적하) 2009[ISC(Cargo) 2009]에서는 담보위험으로 규정하고 있기 때문에 협회동맹파업약관(적하) 2009[ISC(Cargo) 2009]을 별도 약관으로 사용하여 적하보험에 부보할 수 있다. 즉 구협회적하약관을 대상으로 보험계약을 체결할 때 동맹파업위험을 담보하려면 구협회동맹파업·소요·구폭동약관을 첨부하였으나 협회적하약관 2009(ICC)을 사용할 때는 별도의 약관을 첨부하지 않고 협회동맹파업약관(적하) 2009 [ISC(Cargo) 2009]를 독립적인 보험증권으로 사용하면 된다.

2) 협회동맹파업약관(적하) 2009의 구성

(1) 제1조 담보위험약관

① 약관의 내용

1. This insurance covers, except as excluded by the provisions of clauses 3 and 4 below loss or damage to the subject-matter insured caused by 1.1 strikers, locked-out workmen, or persons taking part in labour disturbances, riots or civil commotions 1.2 any act of terrorism being an act of any person acting on behalf of, or in connection with, any organisation which carries out activities directed towards the overthrowing or influencing, by force or violence, of any government whether or not legally constituted 1.3 any person acting from a political, ideological or religious motive.	1. 이 보험은 다음 위험으로 인한 보험목적물의 멸실 또는 손상을 담보한다. 다만 하기 제3조, 제4조, 규정에 의해 제외되는 위험은 그러하지 아니하다. 1.1 동맹파업자, 직장폐쇄를 당한 노동자 또는 노동분쟁, 소요 또는 폭동에 가담한 자에 의하여 발생한 것 1.2 일체의 테러행위, 즉 합법적 또는 불법적으로 설립된 일체의 정부를, 무력 또는 폭력으로, 전복 또는 영향력을 미치기 위하여 행동하는 조직을 대신하여 또는 그 조직과 연대하여 행동하는 자의 행위에 의한 것 1.3 정치적, 사상적 또는 종교적 동기에 의하여 행동하는 자에 의하여 발생한 것

② 약관의 설명

ISC(Cargo) 2009의 담보위험약관(risk covered clause)은 ICC 2009(A), (B), (C)의 제7조 동맹파업위험면책약관에서 면책되고 있는 동맹파업위험을 담보위험으로 규정한 약관이다. 그렇지만 ISC(Cargo) 2009의 담보위험약관에서도 일반면책약관과 불감항・부적합면책약관에서 제외하는 위험을 담보를 하지 않는다고 규정하고 있다.

ISC(Cargo) 2009의 담보위험약관에서는 다음과 같은 위험을 담보한다고 규정하고 있다.

첫째, 동맹파업자, 직장폐쇄를 당한 노동자 또는 노동분쟁, 소요 또는 폭동에 가담한 자에 의하여 발생한 보험목적물의 멸실 또는 손상을 담보한다. 둘째, 일체의 테러행위, 즉 합법적 또는 불법적으로 설립된 일체의 정부를, 무력 또는 폭력으로, 전복 또는 영향력을 미치기 위하여 행동하는 조직을 대신하여 또는 그 조직과 연대하여 행동하는 자의 행위에 의한 보험목적물의 멸실 또는 손상을 담보한다.

셋째, 정치적, 사상적 또는 종교적 동기에 의하여 행동하는 자에 의하여 발생한 보험목적물의 멸실 또는 손상을 담보한다.

(2) 제2조 공동해손약관

ISC(Cargo) 2009의 공동해손약관(general average clause)은 보험사고가 발생한 경우에 공동해손규칙(YAR)에 따라 정산된다는 내용을 규정한 약관이다. 그 내용은 ICC 2009(A), (B), (C)및 IWC(Cargo) 2009의 제2조 공동해손약관에서 설명한 것과 같다.

(3) 제3조 일반면책약관

① 약관의 내용

EXCLUSIONS	면책위험
3. In no case shall this insurance cover	3. 어떠한 경우에도 이 보험은 다음의 손해를 담보하지 아니한다.
3.1 loss damage or expense attributable to wilful misconduct or the Assured	3.1 피보험자의 고의의 불법행위에 기인하는 멸실, 손상 또는 비용
3.2 ordinary leakage, ordinary loss in weight or volume, or ordinary wear and tear or the subject-matter insured	3.2 보험목적물의 통상적인 누손, 통상적인 중량손 또는 용적손, 또는 자연소모.
3.3 loss damage or expense caused by insufficiency or unsuitability or packing or preparation of the subject-matter insured to withstand the ordinary incidents of the insured transit where such packing or preparation is carried out by the Assured or their employees or prior to the attachment of this insurance (for the purpose or this Clause 3.3 'packing' shall be deemed to include stowage in a container and "employees" shall not include independent contractors)	3.3 이 보험의 대상이 되는 운송에서 통상 발생하는 사고에 견딜 수 있도록 보험목적물의 포장 또는 준비를 완전하고 적절하게 하지 않음으로 인하여 발생한 멸실,손상 또는 비용. 다만 그러한 포장 또는 준비가 피보험자 또는 사용인에 의해 실행되거나 이 보험의 개시 전에 실행되는 경우에 한한다(이 약관에 있어서 "포장"에는 컨테이너에 적부하는 것을 포함하고, "사용인"에는 독립계약자를 포함하지 아니한다)
3.4 loss damage or expense caused by inherent vice or nature of the subject- matter insured	3.4 보험목적물의 고유의 하자 또는 성실에 기인하여 발생한 멸실, 손상 또는 비용
3.5 loss damage or expense proximately caused by delay, even though the delay be caused by a risk insured against(except expenses payable under Clause 2 above)	3.5 지연이 피보험위험에 기인하여 발생한 경우라도, 그 지연에 근인하여 발생한 멸실·손상 또 는 비용(다만 위의 제2조에 따라 지급되는 비용은 제외함)
3.6 loss damage or expense arising from insolvency or financial default of the owners managers charterers or operators of the vessel where, at the time of loading of the subject-matter insured on board the vessel, the Assured are aware, or in the ordinary course of business should be aware, that such insolvency or financial	3.6 본선의 소유자, 관리자, 용선자 또는 운항자의 파산 또는 재정상의 궁핍으로 인한 멸실, 손상 또는 비용. 다만 보험목적물을 본선에 적재할 때 피보험자가 그러한 파산 또는 재정상의 궁핍이 그 항해의 정상적인 수행을 방해할 수 있다는 사실을 알고 있었거나 또는 통상의 업무상 당연히 알고 있었을 경우에 한한다.

default could prevent the normal prosecution of the voyage This exclusion shall not apply where the contract of insurance has been assigned to the party claiming hereunder who has bought or agreed to buy the subject-matter insured in good faith under a binding contract	이 면책규정은, 구속력 있는 계약에 따라, 선의로 보험목적물을 구입한 자 또는 구입하는 것에 동의한 자에, 보험계약이 양도되어, 그 자가 이 보험에 의해 보험금을 청구하는 경우에는 적용되지 아니한다.
3.7 loss damage or expense arising from the absence shortage or withholding of labour of any description whatsoever resulting from any strike, locked-out labour disturbances, riots or civil commotion	3.7 동맹파업, 직장폐쇄, 노동분쟁, 소요, 또는 폭동기간 중 모든 종류의 노동력의 결핍, 부족 또는 공급방해로 발생한 멸실, 손상 또는 비용
3.8 any claim based upon loss of or frustration or the voyage or adventure	3.8 항해 또는 해상운송의 상실 또는 중단에 의한 일체의 보상청구
3.9 loss damage or expense directly or indirectly caused by or arising from any hostile use of any weapon or device employing atomic or nuclear fission and/or fusion or other like reaction or radioactive force or matter	3.9 원자력 또는 핵의 분열 및/또는 융합 또는 기타 이와 유사한 반응 또는 방사능이나 방사성의 물질을 응용한 무기의 사용으로 인하여 직접 또는 간접적으로 발생한 멸실, 손상 또는 비용
3.10 loss damage or expense caused by war civil war revolution rebellion insurrection, or civil strike arising therefrom, or any hostile act by or against a belligerent power.	3.10 전쟁, 내란, 혁명, 반역, 반란, 또는 이로 인하여 발생하는 국내투쟁, 또는 교전국에 의하거나 또는 교전국에 대하여 가해진 일체의 적대행위로 인하여 멸실이나 손상 또는 비용.

② 약관의 설명

ISC(Cargo) 2009의 일반면책약관은 ICC 2009(A)와 IWC(Cargo) 2009의 제3조 일반면책약관의 설명 내용과 거의 동일하다. ISC(Cargo) 2009의 일반면책약관에서 추가되는 내용은 다음과 같다.

ISC(Cargo) 2009의 일반면책약관에서 보험자는 보험목적물에 대한 포장 또는 준비가 피보험자 또는 사용인에 의해 실행되거나 이 보험의 개시 전에 실행되는 경우에 한하여 이 보험의 대상이 되는 운송 과정 중에 통상적으로 발생하는 사고에 견딜 수 있도록 보험목적물의 포장 또는 준비를 완전하고 적절하게 하지 않아서 보험목적물에 발생한 멸실, 손상 또는 비용은 면책이이라는 것을 명시하고 있다. ISC(Cargo) 2009의 일반면책약관에서 "포장"에는 컨테이너에 적부하는 것을 포함하고 있다. 이것은 컨네이너를 하나의 운송용기로 해석하여 명시한 정의이다. 예를 들어 차량을 컨테이너에 적입하여 운송을 하는 경우에는 컨테이너 자체가 포장이 되기 때문이다. 그리고 "사용인"에는 독립적으로 보험계약을 체결한 자를 포함하지 않고 있다.

ISC(Cargo) 2009의 일반면책약관에서는 보험목적물을 본선에 적재할 때 피보험자가 파산 또는 재정상의 궁핍이 그 항해의 정상적인 수행을 방해할 수 있다는 사실을 알고 있었거나 또는 통상의 업무상 당연히 알고 있었을 경우에 한하여 본선의 소유자, 관리자, 용선자 또는 운항자의 파산 또는 재정상의 궁핍으로 인한 멸실, 손상 또는 비용 등을 면책으로 규정하고 있다.

ISC(Cargo) 2009의 일반면책약관에서는 동맹파업, 직장폐쇄, 노동분쟁, 소요, 또는 폭동 기간 중 모든 종류의 노동력의 결핍, 부족 또는 공급방해로 발생한 멸실, 손상 또는 비용 등을 면책으로 규정하고 있다. ISC(Cargo) 2009의 일반면책약관에서는 항해 또는 해상운송의 상실 또는 중단에 의한 일체의 보상청구 등을 면책으로 규정하고 있다.

ISC(Cargo) 2009의 일반면책약관에서는 전쟁, 내란, 혁명, 반역, 반란, 또는 이로 인하여 발생하는 국내투쟁, 또는 교전국에 의하거나 또는 교전국에 대하여 가해진 일체의 적대행위로 인하여 멸실이나 손상 또는 비용 등을 면책으로 규정하고 있다.

(4) 제4조 불감항 · 부적합면책약관

ISC(Cargo) 2009의 불감항·부적합면책약관(unseaworthiness and unfitness exclusion clause)에서는 선박의 불감항과 적하의 부적합이 인지되었음에도 불구하고 피보험자가 적하를 본선에 선적하는 경우, 면책된다는 사항을 규정하고 있다. 그 내용은 ICC 2009(A), (B), (C)의 제5조 불감항·부적합면책약관에서 설명한 것과 같다.

(5) 제5조 운송약관

ISC(Cargo) 2009의 운송약관(transit clause)은 보험기간의 시기(始期)와 종기(終期)에 대하여 규정한 약관이다. 그 내용은 ICC 2009(A), (B), (C)의 제8조 운송약관에서 설명한 것과 같다.

(6) 제6조 운송계약종료약관

ISC(Cargo) 2009의 운송계약종료약관(termination of contract of carriage clause)은 보험기간과 관련된 약관이다. 그 내용은 ICC 2009(A), (B), (C)의 제9조 운송계약종료약관에서 설명한 것과 같다.

(7) 제7조 항해변경약관

ISC(Cargo) 2009의 항해변경약관(change of voyage clause)은 항해변경이 된경우에 위험변경이 되어 보험자의 보험기간이 종료한다는 약관이다. 그 내용은 ICC 2009(A), (B), (C)의 제10조 항해변경약관에서 설명한 것과 같다.

(8) 제8조 피보험이익약관

ISC(Cargo) 2009의 피보험이익약관(insurable interest clause)은 보험사고가 발생한 경우 피보험이익이 존재해야 보상을 받을 수 있다는 보험금청구와 관련한 약관이다. 그 내용은 ICC 2009(A), (B), (C)의 제11조 항해변경약관에서 설명한 것과 같다.

(9) 제9조 증액약관

ISC(Cargo) 2009의 증액약관(increased value clause)은 보험계약자가 보험계약을 체결할 때에 부보한 보험목적물을 타보험에 부보하여 중복보험이 된 보험사고가 발생하여 보험금을 청구하는 경우에는 이를 감안하여 보상한다는 보험금청구와 관련한 약관이다. 그 내용은 ICC 2009(A), (B), (C)의 제14조 증액약관에서 설명한 것과 같다.

(10) 제10조 보험이익 불공여약관

ISC(Cargo) 2009의 보험이익 불공여약관(benefit of insurance clause)은 보험의 이익이 악용되는 것을 방지하기 위한 약관이다. 그 내용은 ICC 2009(A), (B), (C)의 제15조 보험이익 불공여약관에서 설명한 것과 같다.

(11) 제11조 피보험자 의무약관

ISC(Cargo) 2009의 피보험자 의무약관(duty of assured clause)은 손해의 경감을 위하여 피보험자가 취해야 할 조치에 관한 사항을 규정한 약관이다. 그 내용은 ICC 2009(A), (B), (C)의 제16조 피보험자 의무약관에서 설명한 것과 같다.

(12) 제12조 포기유보약관

ISC(Cargo) 2009의 포기유보약관(waiver clause)은 손해의 경감조치가 피보험이익을 포기한다는 의사표시가 아니라는 약관이다. 그 내용은 ICC 2009 (A), (B), (C)의 제17조 포기유보약관에서 설명한 것과 내용과 같다.

(13) 제13조 신속조치약관

ISC(Cargo) 2009의 신속조치약관(reasonable despatch clause)은 지연의 회피와 관련한 약관이다. 그 내용은 ICC 2009(A), (B), (C)의 제13조 신속조치약관에서 설명한 것과 같다.

14) 제14조 영국법 및 관습약관

ISC(Cargo) 2009의 영국법 및 관습약관(English law and practice clause)은 보험증권의 해석에 있어서 영국법 및 관습을 준거해야 한다는 약관이다. 그 내용은 ICC 2009(A), (B), (C)의 제19조 영국법 및 관습약관에서 설명한 것과 같다.

- 유의사항

ISC(Cargo) 2009의 유의사항에 관한 내용은 ICC 2009(A), (B), (C)의 유의사항에서 설명한 것과 같다.

4. 동업자약관

1) 동업자약관의 의미

협회적하약관(Institute Cargo Clause)은 일반적인 화물에 무차별하게 적용되는 기본적인 성격의 적하보험약관이다. 즉 협회적하약관은 런던 보험자협회(ILU)의 기술약관위원회에서 제정하고 공표한 표준적하약관이다. 따라서 협회적하약관은 보험자의 입장을 옹호하는 보험약관이라 할 수 있다.

동업자약관(Trade Clauses) 또는 동업자조합약관(Trade Association Clauses)은 특정화물을 취급하는 화주로 구성된 영국의 특정화물별 동업자조합이 런던 보험자협회(ILU) 등과 협의하여 제정한 약관이다. 즉 동업자약관은 특정화물을 취급하는 보험자의 입장을 옹호하는 보험약관이라고 할 수 있다. 즉 동업자약관은 특정화물의 특성과 관련한 위험을 담보하는 약관이기 때문에 특정화물을 취급하는 화주의 주장을 우선으로 한다는 의미는 아니다. 화주는 수많은 종류의 화물을 취급하게 된다. 해상보험계약을 체결할 때에도 그 화물의 특성에 맞는 적하약관을 선택하여 부보할 수가 있도록 한 것이 동업자 약관이다.

2) 동업자약관의 유형

(1) 협회상품동업자약관

협회상품동업자약관(institute commodity trades clauses: ICTC)은 코코아(cocoa), 커피(coffee), 면화(cotton), 산적(撒積)되지 않은 유지류(fat not in bulk) 및 유류(oils not in bulk), 피혁류(hides), 가죽제품(skins and leather), 금속류(metal s), 유지종자(oil seeds), 설탕(sugar)[원당(craw) 및 정제당(refined)] 및 차(tea)에 적용되는 화물약관이다.

(2) 협회유류 · 종자 · 유지류조합연맹약관

협회유류 · 종자 · 유지류조합연맹약관[(institute FOSFA(the federation do oil, seeds and fats association) trades clauses: IFTC)]은 불특정 보험자와 유류 · 종자 · 유지류동업자협회 사이에 유류 · 종자 · 유지류 등을 대상으로 보험사고에 의한 손해를 보상하기로 합의한 보험약관이다.

(3) 협회목재동업자연맹약관

1986년 협회목재동업자연맹약관(institute timber trade federation clauses: ITTFC)은 목재제품이 아닌 통나무(logs)나 판재(planks) 등과 같은 원목(raw timber)을 대상으로 하는 화물보험약관이다.

(4) 협회냉동육약관

협회냉동육약관(institute frozen meat clauses: IFMC)은 협회적하약관의 기본 체제에 맞추어 런던보험자협회(ILU)가 1986년에 냉동육을 보험목적물로 하여 보험에 부보할 수 있도록 공표한 약관이다. 협회냉동육약관에는 냉동육 및 냉동육 취급과 관련된 보험목적물을 대상으로 협회냉동육약관(A)[IFMC(A)], 협회냉동육약관(A)-연속 24시간 이상 냉동기계 고장위험 담보[IFMC(A)-24hours breakdown], 협회냉동육약관(C)-연속 24시간 이상 냉동기계 고장위험 담보[IFMC(C)-24hours breakdown], 협회냉동파업약관(냉동육)(ISC, frozen meat) 그리고 협회냉동육약관(A)에만 첨부하여 사용하기 위한 국제육류동업자조합 냉동육확장약관(international meat trade association frozen meat extension clause) 등 모두 다섯 가지 냉동육약관을 적용할 수 있다.

(5) 협회살적유류약관

협회살적유류약관(協會撒積油類約款; institute bulk oil clauses: IBOC)은 1983년에 협회동맹파업약관(살적유류)[ISC(bulk oil)]과 함께 제정되었다. 협회살적유류약관이 제정되기 전에는 살적으로 운송되는 유류에 대하여 S.G. 보험증권에 사용되는 영국의 표준약관이 없어서 미국에서 1962년에 제정한 살적유류약관을 주로 이용하였다. 살적으로 운송되지 않는 유류에는 협회상품동업자약관(ICTC)이 사용되고 살적으로 운송되는 유류에 대하여 협회살적유류약관(IBOC)이 사용된다. 대부분의 동업자약관들이 상품동업자약관을 기초로 하고 있지만, 협회살적유류약관(IBOC)은 ICC 2009(B)와 ICC 2009(C)를 기초로 한다.

(6) 협회황마약관

협회황마약관(institute jute clauses: IJC)은 황마뿐만 아니라 천연섬유, 이조, 합성섬유 등 모든 형태의 섬유질 화물에 대한 위험을 보험에 부보하기 위하여 런던 섬유질 화물동업자조합과 런던 보험자협회(ILU)가 상호 합의하여 제정한 것이다.

(7) 협회천연고무약관

적하보험증권에 첨부하여 사용되는 협회천연고무약관(institute natural rubber clauses: INRC)은 액체유액(liquid latex)을 제외한 가공하지 않은 천연고무에 대한 위험을 보험에 부보하기 위하여 런던 고무동업자조합과 런던 보험자협회(ILU)가 상호 합의하여 1984년에 제정한 약관이다.

(8) 협회석탄약관

협회석탄약관[institute coal clauses(coal): ICC(coal)]은 석탄화물에 대한 위험을 보험에 부보하기 위하여 런던 석탄동업자조합과 런던 보험자협회(ILU)가 상호 합의하여 1982년 제정한 약관이다.

(9) 협회컨테이너약관

협회컨테이너약관[institute container clauses(container): ICC(container)]은 화물의 운송에 사용되는 컨테이너 자체를 부보하는 경우에 첨부한다. 협회컨테이너약관은 담보범위에 따라 기간(전위험)약관[time(All Risks)]과 기간(전손·공동해손·구조료·손해방지비용)약관[time(total loss, general average, salvage charges, sue and labour)] 등으로 구분된다.

5. 부가위험 및 특정화물에 관한 약관

1) 협회 도난 · 발하 · 불착약관(보험가액)

협회 도난·발하·불착약관(보험가액)[institute theft, pilferage and non-delivery (insured value) clause]은 단독해손부담보(FPA) 약관 또는 분손담보(WA) 약관을 기본조건으로 하고 보험목적물에 발생하는 도난, 발하, 불착 등과 같은 위험을 담보하는 경우에 첨부하는 약관이다. 도난에 대해서는 보험기간 종료 후 10일 이내에 손해통지를 하는 손해 및 포장단위의 불착위험을 담보한다.

2) 냉동기관약관

냉동기관약관(refrigerating machinery clause)은 적하가 선박의 냉동실에 보관되어 있는 동안에 냉동기의 고장이나 파열 등과 같은 원인으로 발생한 손해를 담보할 때 첨부하는 약관이다.

3) 생동물약관(B)

생동물약관(B)[livestock clause(B)]은 생동물을 운송하는 중에 생동물이 사망하는 위험을 보험에 부보할 때에 첨부하는 약관이다. 생동물약관(B)에서는 검역소에서 30일 한도로 담보되며, 최종 목적지의 수화인에게 인도될 때까지, 그리고 도착 후 7일 동안의 사망위험까지 담보된다.

4) 기계류수리 특별약관

기계류수리 특별약관(special replacement clause)은 기계류의 수리와 관련한 위험을 보험에 부보할 때에 첨부하는 약관이다. 기계류의 일부가 손상된 경우 그 부분의 재수리비용을 한도로 보상한다. 기계류의 수리비에 운임 및 재조립비용이 필요한 경우에 이것을 가산한 금액을 한도로 보상한다. 기계류의 손상부분에 대한 대체를 위하여 신제품을 구입하는 중에 관세를 지급한 때는 화물의 관세금액이 보험가입 금액에 포함되는 경우에 한하여 보상한다.

5) 원산지 손해약관

원산지 손해약관(country damage clause)은 원산지에서 면화를 선적항에서 선적하기 전에 야적하거나 습지에 보관하여 수분을 흡수하여 발생하는 위험을 보험에 부보할 때에 첨부하는 약관이다. 원산지 손해약관은 면화 특유의 위험이 발생한 시점과 장소가 불분명한 경우를 대비하여 첨부하는 약관이다. 따라서 원산지의 선적항에서 선적 대기 중 또는 선적할 때에 홍수, 해일, 고조(高潮: influx of rising water) 등의 유입 또는 호우 등으로 인하여 발생한 멸실 또는 손상 등과 같이 원인이 명백한 손해는 보상하지 않는다.

6. 특수 피보험이익에 관한 약관

1) 상표약관

상표약관(label clause)은 캔 통조림, 병 통조림, 술 등과 같이 상표를 붙인 경우 그 상표의 훼손위험을 담보하는 경우에 첨부하는 약관이다. 상표가 부착된 화물에서 상표가 손상된 경우 상표의 원상회복에 필요한 비용과 상표 및 상표 재부착 비용만을 보상하는 보험약관이다. 그래서 상표약관에 따르면 상표가 부착된 화물의 용기 내에 있는 내용의 손상과는 상관이 없다.

2) 관세약관

관세약관(custom duty clause)은 보험목적물에 대한 자체의 보험과 별개로 보험목적물에 대하여 이미 납부한 수입관세를 보험에 부보하는 경우에 첨부하는 약관이다. 수입관세를 납부한 보험목적물에 분손이 발생한 경우에는 보험계약을 체결할 때에 약정한 수입관세의 분손을 보상한다. 또 수입관세를 납부한 보험목적물에 전손이 발생한 경우에는 보험계약을 체결할 때에 약정한 수입관세의 전손을 보상한다. 보험가입금액이 보험목적물에 부과되는 수입관세액을 초과하는 경우에는 실제의 손해금액이 보상한도가 되고, 미달하는 경우에는 손해금액에 보험가입금액에 대한 수입관세액의 비율을 곱해서 산출한 금액이 보상한도가 된다.

3) 미필인도보험약관

미필인도보험약관(contingency insurance clause)은 본선 인도 거래규칙(FOB) 또는 운임포함 인도 거래규칙(CFR)을 활용하는 수출계약에서 매도인이 인도하고 매수인이 인수하는 사이의 공백 기간에 적하에 발생할 수 있는 위험을 부보할 때에 첨부하는 약관이다. 무역거래에서 매도인이 보험목적물을 선적하였으나 매수인이 선적서류를 인수하지 않고 대금지급을 지연시키는 경우에 보험목적물에 대한 위험은 갑판 위에 선적한 때로 소급하여 매도인에게 책임을 부담시키기 때문에 매도인은 갑판 위에 선적된 이후 매수인의 인수 이전까지 완전히 무보험상태가 된다. 이러한 경우의 위험을 고려하여 매도인이 갑판 위에 선적할 때에 부보하는 것이 미필인도보험이다.

4) 갑판적약관

갑판적약관(on-deck clause)은 화주가 보험목적물을 갑판에 적재하는 데에 따른 위험을 부보할 때에 첨부하는 약관이다. 적하보험에서는 통상 부보된 화물이 선창 내에 적재되는 것을 전제로 하기 때문에 갑판적이 되면 이에 대한 위험을 대비해야 한다. 갑판적약관이 첨부되면 화물을 갑판에 적재한 경우, 선주 혹은 용선자가 자유재량권 행사에 의한 것인지의 여부와 관계없이 보험계약을 체결한 시점부터 위험을 담보하는 조건으로 부보해야 한다.

5) 미필운임보험약관

미필운임보험약관(contingency freight insurance clause)은 보험목적물이 도착하지 않았음에도 불구하고 운임을 지급해야 하는 위험을 부보할 때에 첨부하는 약관이다. 무역업자가 운임후지급조건의 운송계약에서 화물에 손해가 발생한 경우에 보험목적물이 전부 도착하지 않거나 일부만 도착한 경우에 화주는 적하의 손해와 상관없이 운임 전액을 운송인에게 지불해야 한다. 화주의 입장에서는 운송이 완전하게 이루어지지 않았으면 운임을 지급하지 않는 것이 당연하고 운임을 지급하면 금전적으로 손해를 보았다고 판단한다. 따라서 보험자가 이러한 미필운임위험을 인수하여 화주가 지급한 운임 중에서 화물의 손해비율에 해당하는 운임을 보상하는 것이 미필운임보험이다.

5) 본선 인도 거래규칙 위험개시약관

본선 인도 거래규칙 위험개시약관(FOB attachment clause)은 본선 인도 거래규칙(FOB), 또는 운임포함 인도 거래규칙(CFR)을 사용하는 수입계약에서 수입에 따르는 위험을 부보하는 경우에 첨부하는 약관이다. 본선인도 가격조건 위험개시약관의 보험에서는 매도인이 화물을 선적항의 본선 갑판 위에 적재한 이후부터 위험담보가 개시된다. 매도인이 매수인과 무역계약을 체결할 때 화물이 본선 갑판 위에 적재한 이후 매수인이 위험을 부담하도록 하였다면 본선인도 거래규칙 위험개시약관의 보험계약을 체결한 시점부터 담보하는 조건으로 부보해야 한다.

6) 국제전시 일괄담보특별약관

국제전시 일괄담보특별약관(special clause for international exhibition)은 그림 등을 국제전시하는 경우에 국제전시와 관련한 일체의 위험에 대하여 부보할 때 첨부하는 약관이다. 국제전시 일괄담보특별약관보험에서는 예술품을 국제전시하는 기간 중에 발생할 수도 있는 도난, 파손, 멸실, 화재에 의한 소실 등과 같은 위험을 담보한다.

7) 수입통관 거부위험담보 특별약관

수입통관 거부위험담보 특별약관(rejection clause)은 식품류 등의 무역에서 통관이 거부될 수 있는 위험을 부보할 때 첨부하는 약관이다. 수입국 정부 또는 대행기관의 품질검사에서 수입불합격 판정을 받아 수입통관이 거부되는 경우에 발생하는 경제적 손실을 보상하여 주는 특별약관이다.

8) 공동보험약관

공동보험약관(co-insurance clause)은 복수의 보험자가 각자의 분담액을 근거하여 각각 하나의 보험증권으로 인수하는 공동보험의 경우에 첨부하는 약관이다. 공동보험에서 보험증권은 대표되는 하나의 보험자가 발행하고 나머지 각각의 보험자가 독립해서 기재된 분담액에 대하여 보상책임을 부담한다. 그런데 해외에서 보상청구가 있을 경우에는 대표되는 보험자가 공동보험자 모두를 대신하여 이를 처리한다.

7. 확장담보에 관한 약관

1) 내륙운송확장 담보조건

내륙운송확장 담보조건(inland transit extension: ITE)은 적하보험의 운송약관에서 보험기간이 창고간(warehouse to warehouse)조건이기 때문에 적하보험약관에서 항구간(port to port)조건 또는 공항간(airport to airport)조건을 사용하는 국가에서는 보험목적물을 양륙항이나 도착공항으로부터 내륙에 위치한 매수인의 창고 또는 보관하려는 장소까지 내륙운송을 하는 중에 발생하는 위험을 부보할 수가 없다. 그래서 이러한 위험을 부보하는 데에 내륙운송확장 담보조건(ITE)을 활용할 수 있다.

2) 내륙보관 확장담보조건

내륙보관 확장담보조건(inland storage extension: ISE)은 화물이 통상의 운송과정 중에 보험사고가 발생하여 항해가 중단되어 중간항의 창고에서 보관하는 경우 위험변경으로 보험자의 책임이 종료하기 때문에 ICC 2009(A), (B), (C)의 운송약관에 명시된 하역완료 후 60일까지 보험자의 담보기간을 연장할 때에 추가보험료를 납부하고 사용하는 조건이다.

중간항의 창고에서 화물을 장기간 장치해야 하거나, 원매자를 찾기 위하여 60일을 초과하여 화물을 보관해야 할 필요가 있는 경우에 대한 위험을 담보할 때에 사용하는 조건이다.

제 5 부

선박보험과 무역보험

12
chapter

선박보험과 P&I 보험

제 1 절 선박보험

1. 선박보험의 의의

선박보험(hull insurance)은 선박을 이용하여 해상사업을 영위하는 자가 외부의 우연한 사고의 결과로 인하여 입게 되는 선체의 물적 손해 또는 보험사고로 인하여 선체에 발생하는 비용손해와 다른 선박과 충돌하였을 때 발생하는 상대방에 대한 법적 배상책임 및 운임과 불가동 손실을 담보하는 보험이다. 즉 선박소유자의 소유선박에 대한 피보험이익을 대상으로 하는 보험이다.

선박보험에서는 ILU가 제정한 협회기간약관(선박)[Institute Time Clause(Hulls): ITC(Hulls)]을 기본으로 하여 각종 특별약관을 첨부한다. 그런데 선박보험에서는 제3자에 대한 배상책임은 담보하지 않기 때문에 선주가 제3자에 대한 배상책임을 부보하기 위해서는 선주배상책임 상호보험(Protection and Indem nity Insurance: P&I 보험)에 부보해야 한다.

2. 선박보험의 조건

1) TLO SC/SL

TLO SC/SL(total loss only salvage charge and sue and labour: 전손, 구조비 및 손해방지비용 포함 담보조건: TLO SC/SL)은 선체보험조건 중 보상범위가 가장 좁은 조건으로 국내 연안을 운항하는 예인선이나 여객선에 대해 주로 많이 적용된다. TLO SC/SL에서는 "ITC(Hulls) total loss only including salvage charge and sue and labour[(협회기간약관(선박) 전손 · 구조료 · 손해방지비용]" 약관을 사용하며 추정전손을 포함한 전손, 구조비, 손해방지비용만을 제한하여 담보하는 조건이다.

TLO SC/SL 약관으로 충돌손해 배상책임을 담보하는 조항이 포함되어 있지 않기 때문에 충돌손해 배상책임을 추가로 담보할 때는 충돌책임 및 자매선약관을 첨부한다. 선박에 따라 일정액의 소손해 공제금액을 설정하기도 하며 선급이 없는 선박, 선령이 20년 초과된 노후선박에 대해서는 이 조건으로만 인수하고 있다.

2) FPL unless etc.

① ITC(Hulls) FPL unless etc.

FPL unless etc(fr ee particular loss unless etc: 제한적 분손담보조건; 이하 FPL unless etc.라 한다)은 국제적으로 사용하고 있는 조건이 아니고 국내의 선박보험업계에서만 존재하는 보험조건이라는 특성이 있다. ITC(Hulls) FPL unless etc.에서 unless etc.의 의미는 침몰(sinking), 좌초(stranded), 화재(burnt), 폭발(explosion), 충돌(collision), 즉 SSBC 및 물 등으로 인한 소해는 해당하지만 그 이외의 얼음을 포함한 다른 물체와의 접촉으로 인하여 발생된 손해는 제외한다는 의미이다. 따라서 ITC(Hulls) FPL unless etc.에서는 SSBC 등과 같은 위험을 근인으로 하여 선박에 발생된 손해에 대해서는 전손은 물론이고 분손 및 공동해손 손해까지도 보상한다. 그래서 ITC(Hulls) FPL unless etc.을 제한적 분손담보조건이라고 한다. 선박에 분손을 발생시키는 위험 중에는 불가항력에 해당하는 악천후(heavy weather)가 있다. 악천후에 의한 손해는 거대하고, 보험자로서도 좌우할 수 없는 위험이기 때문에 담보에는 제한이 따르게 된다.

② FPL unless etc. 3/4 RDC

FPL unless etc. 3/4 RDC조건은 ITC(Hulls)을 사용하기 때문에 제8조에 규정하고 있는 3/4 충돌손해 배상책임담보약관(3/4 Running Down clause: RDC)을 적용한다. FPL unless etc. 3/4 RDC조건에서 보험요율을 산정할 때에는 이를 표기하고 있다. 그러나 해상보험증권에 규정된 명세서에는 별도로 명시할 필요가 없다.

보험계약자가 선박보험계약을 체결할 때에 FPL unless etc. 3/4 RDC조건에 대하여 담보를 원하지 않을 경우에는 보험요율의 견적을 의뢰하면서 명세서에 "excluding RDC" 혹은 "ITC(Hulls, but excluding collision liability)"라는 문구를 반드시 포함시켜야 한다. 또한 보험계약자가 선박보험계약을 체결할 때에 4/4 RDC로 부보하려고 한다면 명세서에 "but clauses 8 amended to including four-fourths(4/4) of collision liabilities)"라는 문구를 반드시 포함시켜야 한다.

3) ITC(Hulls) 조건

ITC(Hulls)는 선박에서 발생되는 대부분의 위험을 담보하기 때문에 선박보험의 A/R 조건이라고도 한다. ITC(Hulls) 제6조 담보위험약관에 의하여 보험자가 보상하는 손해는 전손, 단독해손, 공동해손 분담금, 충돌손해 배상금의 3/4, 손해방지비용 등이다. ITC(Hulls) 제6조 담보위험약관에 의하여 보상하지 아니하는 손해는 충돌손해 배상금의 1/4, 전손 및 추정전손을 제외한 1 사고 당 소손해 공제액, 피보험선박의 자연소모, 피보험자의 고의적 나태로 인한 손해 등이다.

4) 충돌상대선 및 화물의 물적 손해배상책임

ITC(Hulls) 제8조 충돌손해 배상책임약관(collision liability or running down clause)에 의하면 선박의 충돌시 충돌배상책임액의 3/4를 한도로 선체보험과는 별도로 보상한다. 선박보험계약을 체결할 때에 기본조건을 TLO조건으로 한 경우를 제외하고, FPL 조건과 ITC(Hulls)에서는 보험증권에 명기된 보험금액을 초과하지 않는 범위 내에서 충돌에 따른 법적 배상책임을 3/4 만큼 담보한다. 또한 TLO SC/SL 조건에서도 기본보험조건에서 3/4 RDC 대신에 추가보험료를 납부하고 4/4 RDC 조건으로 확장하여 담보할 수 있으며, 이는 보험증권에 명기된 보험금액 전액(4/4)을 한도로 보상책임을 확장 담보한다.

5) 공제액조건

공제액(deductible)은 전손과 전손사고가 발생하였을 때 지출된 손해방지비용과 좌초 후에 지출하는 선저검사비용을 제외하고 단독해손 수리비, 손해방지비용, 공동해손 희생으로 인한 수선비, 공동해손 분담금, 구조비, 충돌손해 배상금 등과 같은 비용에 대하여 적용한다. 과거에는 소손해공제제도(fran- chise)를 적용하였으나 현재는 공제액제도를 채택하여 사용하고 있다.

6) 부가보험조건

(1) 해지환급조건

해지환급조건(cancelling returns only; CRO)은 선박보험에서 보험계약을 해지하는 경우에만 미경과 보험료를 환급하고, 휴항환급 보험료는 지급하지 않는 조건이다. 해지환급조건의 보험증권에서 미경과 보험료를 환급하였다면 해지환급조건 삭제(delete)라는 스탬프를 날인한다. 계선운송 중에 발생하는 위험을 계선보험에 부보하는 경우에는 해지환급조건이 필요가 없다. 해지환급조건으로 선박보험에 가입하는 경우에는 해지환급조건이 없는 경우에 비하여 상대적으로 보험료가 저렴하다. 따라서 해상보험자가 다른 해상보험자와 보험요율을 경쟁하는 경우에 보험계약자가 해지환급조건을 적절하게 활용하면 보험계약을 유리한 조건으로 체결할 수 있다. 휴항환급 인정지역이 아닌 항구를 모항으로 하는 선박을 보험목적물로 선박보험계약을 체결할 때에는 해지환급조건을 부가하여 부보해야 한다.

(2) 기계류 손상 추가공제액 조건

기계류 손상 추가공제액조건(institute machinery damage additional deduct ible; MDAD)조건은 ITC(Hulls)에 일반적으로 첨부하여 사용하는 약관이다. ITC(Hulls)의 제6조 위험약관에 규정한 사유로 선박에 발생하는 위험이나 기계류 공간에서 화재 또는 폭발 등과 같은 위험으로 인하여 발생하는 손해를 대비하여 기계류 손상 추가공제액조건(MDAD)을 첨부하면 보상받는다. 기계류 손상 추가공제액조건(MDAD)을 첨부하여도 피보험자, 선주 또는 선박관리자가 상당한 주의를 결여하고 있었던 결과로 멸실 또는 손상이 생긴 경우에는 그러하지 아니하다.

3. 선박보험의 유형

1) 선체에 대한 물적 위험 담보보험

(1) 선체 및 기관보험

선체 및 기관보험(hull & machinery insurance)은 선체 그 자체, 모든 선박자재, 의장선구, 기관과 항해용구 및 기타 비품을 피보험목적물로 하여 보험기간 중에 담보위험에 근인하여 발생된 피보험선박의 물적 손해 및 비용손해와 충돌사고가 발생한 경우 지급하는 법적 충돌배상책임을 보상하는 보험이다.

(2) 선박 건조보험

선박 건조보험(builder's risk insurance)은 선박의 건조에서부터 진수 또는 선박의 시운전 및 인도에 이르기까지의 과정에서 발생하는 제반 육상위험 및 해상위험을 담보함으로써 선박건조자의 경제적 손실을 보전하기 위한 보험이다. 선박 건조보험의 계약대상이 되는 보험목적물은 건조중인 선박은 물론이고, 그 선박에 이용될 것으로 확인되어 있는 기자재를 포함한다. 건조 중인 선박과 선박의 가액에 포함되는 장치 및 기자재는 보관되어 있는 장소가 조선소는 물론이고 조선소 이외의 장소에서 제작하거나 보관 중인 것도 포함할 수 있다.

(3) 선박 항해보험

선박 항해보험에서는 협회항해보험약관(선박)(institute voyage clause-hulls)을 적용한다. 선박의 항해에 따르는 위험을 부보하기 위하여 항해보험계약을 체결하는 경우는, 첫째 선박의 매매나 건조선박의 인도에 따른 항해(delivery voyage), 둘째 자력으로 항해를 할 능력이 없는 부선(dumb barge) 또는 작업 중인 선박 등의 예인항해(towing voyage), 셋째 특수 해상작업선박의 작업장소를 이동하는 항해, 넷째 고철선박을 해체하기 위한 항해(break-up voyage) 등이 있다. 선박 항해보험을 체결할 때는 항해거리, 항로, 계절, 예인선의 성능 등을 위험측정의 중요한 요소로 한다. 공인기관에 의한 사전검사를 실시하여 출항할 때에 감항성을 인정받아야 한다는 조건을 보험증권에 명시한다.

(4) 선박 전쟁위험보험

선박 전쟁위험보험(war risk insurance-hulls)은 ITC(Hulls)에서 면책으로 하는 전쟁위험을 부보할 때 활용하는 보험이다. 그러나 선박전쟁위험보험도 현재 교전중인 지역이나 전쟁다발지역에서의 전쟁위험은 담보하지 않는다.

(5) 선박 계선위험보험

선체보험의 위험은 항해도중의 위험과 계선도중의 위험으로 구분될 수 있다. 계선위험은 항해위험에 비하여 사고발생의 가능성이 적다. 따라서 선박이 일정 항구 또는 일정한 안전지역에서 휴항하는 경우나 준설선과 같이 안전한 특정해역에서만 작업하는 경우에는 특별히 계선위험보험(port risk insu- rance)에 가입하는 것이 일반적이다.

2) 선체와 관련한 비용 담보보험

(1) 선비 및 증액보험

선비 및 증액보험(disbursement & increased value insurance)은 선박보험에서 손해방지비용, 구조료와 공동해손분담금 등은 선박의 시장가액을 기준으로 보상하기 때문에 보험가입금액이 정상시장가액보다 낮으면 정당한 보상을 받을 수 없게 되어 선체보험가입금액과 정상시장가액의 차액을 보상받기 위하여 활용하는 보험이다.

(2) 선박 불가동손실보험

선박 불가동손실보험(loss of earning and/or charter hire insurance)은 선박이 선체보험증권에서 담보하는 위험에 기인한 손상의 결과 가동불능의 상태가 되는 경우에 선주나 운항관리자에게 발생하는 예상이익의 손실을 보상하는 보험이다.

(3) 운임보험

운임보험(freight insurance)은 선박이 해상사고로 인하여 항해를 중단하거나 포기하는 경우에 그 사고가 발생하지 않았더라면 취득하였을 운임의 손실을 보상하는 보험이다. 운임이 목적항에서 지급되는 후불운임의 경우에는 운임에 대한 피보험이익이 선주에게 있다. 따라서 선주가 운임보험에 가입하면 선박의 사고로 손상을 입은 화물의 화주가 운임을 지불하지 않는 운임손실위험에 대비할 수 있게 되는 것이다.

제2절 P&I 보험

1. P&I 보험과 P&I 클럽

1) P&I 보험의 의의

P&I 보험(protection and indemnity insurance)은 선박회사의 배상책임보험이다. P&I에서 P(protection; 보호)는 주로 선박의 운항에 관련하여 제3자에게 발생시킨 손해에 대한 책임과 선원에 대한 고용주로서의 선주책임을 의미한다. P&I에서 I(indemnity; 배상)는 적하에 대한 화물운송인으로서의 화주에 대한 배상책임을 의미한다. P&I 보험은 선박보험과 함께 선박회사에 있어서 중요한 해상보험이다. 선박보험은 선박이라는 피보험 목적물을 대상으로 한 보험이다. P&I 보험은 선박회사가 조합원이 되는 상호보험제도의 형태로서 조합원의 손해를 보상하는 보험이다.

2) P&I 클럽

해상운송 중 적하보험에 부보한 화물이 불감항성 또는 화물을 취급할 때의 부주의를 원인으로 손해가 발생하는 경우 선주가 책임을 부담해야 한다. 이에 따라 적하보험자는 화주에게 보험금을 지급하고 선주에게 대위권을 행사하게 된다. 그런데 선주가 단독으로 그 금액을 부담하기는 어렵기 때문에 손해배상액을 확보하기 위하여 선주가 P&I 클럽(protection & indemnity club : 선주배상책임상호조합)에 가입하게 된다. P&I 클럽이란 주로 선주의 제3자에 대한 손해배상책임을 담보하는 일종의 선주상호공제조합으로서 비영리단체이다. 선주가 P&I 클럽에 가입되어 있으면 P&I 클럽이 선주가 화주에서 보상해야 하는 손해배상액을 보상하여 준다. 따라서 선주는 P&I 클럽에 가입함으로써 화주 및 적하보험자로부터 제기된 손해배상청구를 쉽게 해결할 수 있다. P&I 클럽은 미국, 일본, 스칸디나비아 클럽들은 주로 자국선 위주이고 전세계 선주를 상대하는 것은 영국클럽이다. 우리나라에는 아직 P&I 클럽이 설립되지 않고 있어 우리나라 선박들은 대부분 영국클럽 중에서도 3대 클럽인 U.K. club, London club 및 Britannia club 등에 가입하고 있다.

2. P&I 보험의 위험부담

1) P&I 보험의 위험부담조건

P&I 보험에서 보상받기 위한 손해는 보험기간 중에 발생한 것이어야 한다. P&I 클럽의 영업년도는 매년 2월 20일부터 다음해 2월 20일까지이기 때문에 P&I 보험의 보험기간도 이에 준하여 결정해야 한다. P&I 클럽에 가입하는 시기가 영업기간 중간이 되는 경우에도 다음해 2월 20일이 보험기간의 종료시기가 되도록 계약하고 있다.

P&I 클럽에서 부담하는 배상은 P&I 클럽과 별도의 합의가 없는 한 P&I 회원은 배상책임을 먼저 이행하거나 비용을 지출한 후에 그 결과를 제시하고 P&I 클럽에 보상청구를 해야 한다. 만약 배상을 하도록 한 사고가 제3자에게 책임이 있는 것이면 그를 상대로 구상권을 행사해야 한다. 따라서 P&I 회원이 P&I 클럽의 동의를 받지 않고 구상권을 포기하거나 면제해 주었을 때는 P&I 클럽이 보상을 거부하게 된다. P&I 클럽과 관련된 소송이나 분쟁의 처리를 위한 준거법은 영국해상보험법(MIA)이다.

2) P&I 보험의 위험부담원칙

P&I 보험에서는 책임손해만을 부보대상으로 하고 계약서에 명시된 사항으로 한정한다. 왜냐하면 P&I 보험이 배상책임을 보상하는 것이지만 모든 일반적인 배상책임까지 대상으로 할 수는 없기 때문이다. 따라서 P&I 보험에서는 부담할 책임을 선별하여 열거하고 열거된 사항에 대해서만 책임을 부담한다.

P&I 보험에서는 선박의 운항과 관련하여 직접 발생한 손해만을 보상한다. 따라서 선주의 일반영업과 관련하여 발생한 손해는 보상하지 않는다. 또한 특정선박에 승선하지 않고 육상에서 대기하고 있는 선원·선주가 보유한 모든 시설물은 특약이 없으면 보상하지 않는다. 선적대기 중인 화물의 손해도 보상에서 제외된다. 선적하기 이전 창고보관 중에 발생한 책임은 조건부로 담보한다.

P&I 보험에서 담보하는 책임은 법적 책임에 한정된다. 법적 책임은 소유저의 재산을 상대로 집행이 가능한 책임이다. 책임의 유형은 계약책임과 불법행위책임으로 구분할 수 있다. P&I 보험에서는 계약책임과 불법행위책임을 구분하지 않고 담보한다. P&I 보험에서는 P&I 회원의 체결한 계약을 근거로 P&I 회원의 책임을 담보한다..

3) P&I 보험의 담보위험

(1) 화주에 대한 책임

귀책사유가 되는 화물의 손상이 적하보험에서 담보되는 것이라면 화주는 적하보험에서 보상받고 적하보험자는 구상권을 대위취득하여 선주에게 보상액을 청구하여 회수하게 된다. 이러한 선주의 화주에 대한 책임은 선주가 P&I 클럽에 가입함으로 해결할 수 있다.

(2) 충돌상대선 및 그 적하에 대한 책임

선박이 다른 선박과 충돌하였을 경우에는 상대선과 그 적하에 대한 책임 중 3/4은 선박보험에서 나머지 1/4은 P&I 보험에서 보상된다. P&I 보험에서는 충돌손해 배상책임의 1/4 밖에 보상하지 않지만 충돌사고가 발생하면 상대선박에 지급보증장을 발급하여 주고 변호사를 선임하는 등 선주를 위하여 제반문제를 주도적으로 처리하여 준다. 선박보험에서 보상되는 상대방 손해는 상대선의 선체손해, 불가동손실 및 그 적하의 손해에 한정된다. 인적손해, 유탁 및 오염손해, 난파물 제거비용 등은 선박보험 충돌손해 배상책임약관에서 면책사항이기 때문에 전액 P&I 보험에서만 보상된다. 충돌상대선의 적하에 대한 책임은 쌍방과실 충돌사고의 경우 상대방 선주는 그 배상금을 자신의 손해에 포함시켜 본선 선주에게 청구하게 된다. 이에 따라 본선 선주는 자신의 과실비율에 해당하는 부분을 상대방 선주에게 배상해 주게 되게 된다. 결국 본선 선주는 자기의 화주에게 직접 보상하는 결과를 초래하게 된다. 항해과실에 의한 화물손상에 대해서는 운송인이 면책이기 때문에 이와 같은 모순을 시정하기 위하여 선주는 선화증권에 쌍방과실 충돌약관(both to blame collision clause)을 삽입하여 상대방 선박을 통하여 간접적으로 배상한 금액을 자신의 화주에게 청구하게 한다. 그리고 화주가 반납한 배상금은 적하보험자가 보상하게 된다.

(3) 제3자 및 선원에 대한 책임

본선과 상대선박의 인적 손해에 대한 책임, 본선 적하에 대한 책임, 부두시설물, 부두노동자 등 제3자에 대한 대인대물책임, 난파물 제거책임, 유탁에 관한 책임이 있는데 이들 위험은 모두 P&I 보험에 담보할 수 있다. 제3자에는 하역인부, 도선사, 내방객 등이 포함된다.

4) P&I 보험의 면책위험

(1) 방사성 물질과 핵 위험

P&I 보험에서는 방사성 물질과 핵 위험으로부터 직접 또는 간접으로 기인하여 발생한 멸실 또는 손상은 면책된다. 방사성 물질과 핵 위험의 유형은 다음과 같다. 첫째, 핵 원료의 연소 후 남은 재 또는 핵 원료에서 발생한 방사능오염이나 이온화현상 등이다. 둘째, 폭발성 핵 물질 혹은 핵 분자의 방사성, 유독성, 폭발성 혹은 다른 위험성 등이다. 셋째, 화물로 운송되는 방사성 제품의 방사성, 유독성, 폭발성 혹은 다른 위험성 등이다.

(2) 전쟁위험

P&I 보험에서는 전쟁위험에 기인한 손해는 책임에서 제외한다. 첫째, 포획, 나포, 강류, 억지, 억류 및 이러한 사항의 결과 또는 그러한 행위기도 등이다. 둘째, 선전포고의 유무를 불문하고 적대행위 또는 군사적 행위의 결과, 그러나 교전국에 의하여 또는 교전국에 대하여 행하여진 적대행위로 인하여 직접적으로 발생한 손해 등이다. 셋째, 내란, 혁명, 모반, 반란 또는 이로 인하여 발생하는 국내투쟁의 결과 또는 해적행위에 의한 손해 등이다.

(3) 기타

동맹파업, 소요의 행위에 참여한 자에 의한 손해, 악의로 발생시킨 손해에 대해서도 면책이다.

13 chapter

무역보험

제1절 무역보험의 본질

1. 무역보험의 의의

1) 무역보험의 의의

무역보험은 세계무역기구(WTO)체제에서도 용인되고 있는데 수출을 지원하는 수단으로 1920년대부터 도입되어 70여개 국가에서 운영 중이다. 무역보험은 국가 기관 등이 수출거래를 진흥시키기 위하여 수출보험이라는 명칭으로 시작되었다. 이후 시대적인 변천에 따라 무역보험으로 개칭하여 사용하고 있다.

이에 따라 무역업자가 무역거래에서 발생하는 위험을 보험에 부보할 수 없게 되면 무역거래가 위축되어 무역을 진흥시키기가 어렵게 된다. 금융기관에서도 무역업자에게 과감하게 신용이나 금융을 제공할 수 없게 된다. 이러한 문제점을 해결하기 위하여 개발된 보험이 무역보험이다. 무역보험은 통상의 보험에서 취급하지 않는 비상위험, 신용위험, 기업위험 등을 담보함으로써 무역업자의 불안을 제거하고 무역거래를 보장하여 무역진흥을 도모하는 비영리 정책보험이다.

2) 무역보험의 특성

(1) 정부주도의 보험

무역보험은 국가에 따라서는 다르지만 일반적으로 정부가 직접 운영하거나 공기업체가 대행하기도 하고, 또는 민간기업에 위임시켜 운영하기도 한다. 우리나라에서는 정부가 직접 또는 간접적으로 무역보험의 운영에 관여하고 있다. 왜냐하면 민간 보험자들이 무역보험을 운영하면 수출지원이라는 무역정책적 효과를 거두기가 매우 어렵기 때문이다.

예를 들어 무역업자를 지원하기 위한 신용조사 업무를 이행하기 위해서는 대규모의 해외신용조사 기구를 설립하거나 정비해야 하는데 이러한 경우에는 거액의 자본투자가 필요하게 된다. 그리고 민간 보험자들의 운영목적이나 운영체계 측면에서 볼 때 이는 실행하기 어려운 대상이다. 비록 민간 보험자들이 무역보험을 운영한다고 하여도 이윤추구를 위하여 과다한 보험요율을 책정하는 경우에는 무역상품의 원가에 직접적 상승요인으로 작용하여 수출업자들에게 부담을 주고 결과적으로는 무역진흥에 지장을 주게 되는 것이다. 따라서 정부가 무역보험 운영에 직접 또는 간접적으로 관여하게 되는 것인데, 현재 우리나라에서는 한국무역보험공사가 무역보험 업무를 전담한다.

(2) 비영리 정책보험

민간보험자는 보험경영의 목표가 이윤추구에 있기 때문에 인수하는 담보범위가 제한될 수밖에 없다. 비상위험과 신용위험 그리고 기업위험 등을 위험빈도라는 측면에서 보면 그 빈도를 통계적으로 측정하기가 불가능한 위험이고, 위험강도라는 측면에서 보면 한번 발생하였다고 가정하면 무역업자는 물론 위험을 인수한 민간보험자도 대책을 강구할 수 없을 정도의 거대한 불가항력적인 위험이다. 민간보험자는 이러한 위험들을 인수하지 못하고, 무역업자로서도 이러한 위험에 처하게 되면 무역활동을 원활하게 진행할 수 없게 되어 국가적으로 경제적 손실이 크게 된다. 그래서 경제정책적인 차원에서 정부 또는 위탁받은 기관이 위험의 빈도나 위험의 강도라는 측면에서 불가항력적인 거대한 위험을 보험으로 인수하여 무역을 진흥시키고 국민경제의 발전에 기여하기 위하여 비영리로 무역보험을 운영하는 것이다.

2. 무역보험의 기능

1) 무역거래 불안 제거

수출업자가 선적준비를 완료하였는데 수입국에서 정변이 발생하거나, 수입업자가 파산하여 수출을 못하게 되는 경우에는 막대한 피해를 보게 된다. 수입업자가 선급금을 지급하였으나 수출국에서 정변이 발생하거나, 수출업자가 파산하여 수입을 못하게 되는 경우에 선급금을 회수하지 못하는 경우에도 막대한 피해를 보게 된다. 무역보험은 이러한 위험을 담보함으로써 무역업자의 불안을 제거하고 무역을 증대시키는 역할을 한다.

2) 무역거래 경쟁력 제고

무역거래에 대한 경쟁력은 무역상품의 원가와 관계가 깊다. 무역거래에서 발생하는 위험을 제거하는데 필요한 비용인 보험료도 중요한 요소가 된다. 더욱이 무역거래에서 발생빈도가 높은 무역불능위험이나 무역대금 회수불능위험을 부보해야 하는 무역업자에게 무역보험의 저렴한 보험료는 무역거래의 경쟁력을 향상시키는 역할을 하게 된다.

3) 금융기능 보완

무역기업이 무역보험으로 이러한 위험을 보전할 수 있기 때문에 자금확보의 부담감을 감소시킬 수 있다. 또한 수출 또는 수입준비를 하는 과정에서 금융기관으로부터 신용을 제공받을 수 있기 때문에 자금의 유동성을 높일 수 있게 된다. 금융기관의 경우에는 무역보험에 부보한 무역기업이 수출 또는 수입금융을 받는다면 신용자금 회수에 대한 위험이 없기 때문에 무역신용 제공에 대한 부담을 경감시킬 수 있게 된다.

4) 신용정보 제공

무역보험공사에서는 무역업자의 신용상태와 무역국의 정치, 경제 등 제반환경에 관한 조사활동을 하게 된다. 신용조사의 결과는 무역업자가 수출 또는 수입 불능위험이나 수출대금 또는 선급금 회수불능위험을 예방하는데 도움을 준다. 무역상대국에 관한 신용정보를 무역업자에게 제공하여 활용할 수 있도록 하여 무역을 확대하는 데에 기여하게 된다.

3. 무역보험의 담보위험

1) 비상위험

비상위험(political risk)은 수입국에서의 수입금지나 제한조치, 환거래의 제한조치, 전쟁, 내란, 파업 등과 같은 비상사태가 발생하여 수출업자가 화물을 준비는 하였으나 선적을 하지 못하거나 수출을 하였더라도 대금을 회수하지 못하게 되어 발생하는 위험이다. 수입업자의 경우에는 동일한 사유로 선급금을 회수하지 못하는 위험이다.

2) 신용위험

신용위험(commercial risk, credit risk)은 수입업자의 계약 파기 또는 수입업자의 파산 등으로 수출업자가 화물을 준비는 하였으나 선적을 하지 못하거나 수출을 하였더라도 대금을 회수하지 못하는 수출불능위험 및 수출대금 회수불능위험을 의미한다. 그리고 수입업자의 재정상태 악화로 대금지급지연의 위험 등 당연히 이행해야 할 채무를 이행하지 않거나 그 이행을 태만히 하여 발생되는 위험을 의미한다. 신용위험은 수입업자의 귀책사유로 발생된 위험인데 수입업자가 계약상품의 인수를 거절하는 행위 등으로 발생하는 위험이다. 수입업자의 신용위험에 해당하는 것으로는 수입업자가 무역계약을 체결하고 선급한 대금에 관하여 수출업자가 무역계약을 이행하지 않는 경우에 발생하는 선급금 회수불능위험이다.

3) 기업위험

기업위험(management risk, business risk)은 기업에서 무역목표를 계획하고 그 목표달성을 위하여 무역계획을 실행하는 과정 중에 차질이 발생하여 본래의 무역목표를 달성하지 못하여 무역업자, 해외투자자 등이 입게 되는 위험이다. 외국환은행이 무역업자에게 무역금융을 지원하였거나 신용보증 등을 하였으나 무역업자, 해외투자자 등으로부터 무역금융을 하였던 자금을 회수하지 못하게 되거나 보증에 따른 금융부담 책임 등도 기업위험이다.

4) 환율 변동위험

환율 변동위험(exchange rate floating risk)은 무역계약 시점과 무역대금결제 시점에서 발생하는 환율 변동으로 무역업자의 무역대금에 발생하는 위험이다. 무역보험에서 운영하는 환율 변동의 위험 폭은 한국무역보험공사에서 제시하는 환율과 실제 결제시점의 환율의 폭으로 한다. 수출업자는 수출계약을 체결할 때의 수출화물에 대한 가격에 대하여 대금을 받을 때에 환율이 인상되면 이익이 발생하지만 환율이 하락하면 손해가 발생한다. 수입업자는 수입계약을 체결할 때에 수입화물에 대한 가격에 대하여 대금을 지급할 때에 환율이 인상되면 손해가 발생하지만 환율이 인하되면 이익이 발생한다.

5) 이자율 변동위험

이자율 변동위험(interest rate floating risk)은 금융기관이 고정금리부로 대출한 후에 차주로부터 받은 이자금액과 변동금리로 대출받았을 때의 이자금액 차액에 대한 위험이다. 즉 금융기관이 무역업자에게 무역금융을 하는 경우에 그 자금을 외부기관에서 변동금리로 대출을 받아 무역업자에게 고정금리로 대출을 하게 되면 이자율의 차이가 발생한다. 즉 변동금리로 이자를 지급해야 하는 금융기관이 무역업자로부터 변동금리보다 낮은 고정금리로 이자를 받게 되면 이자손실이 발생하게 된다. 이것이 이자율 변동위험이다.

제 2 절 우리나라의 무역보험

1. 우리나라의 무역보험 태동

우리나라는 1969년 2월 18일부터는 정부가 운영주체가 되고 그 업무는 대한재보험공사와 한국수출입은행에 위탁하는 정부대행 체제로 운영되어 왔으며 1992년에 한국수출보험공사가 설립되었다. 무역보험의 개념이 도입되면서 수출보험법은 무역보험법으로, 한국수출보험공사는 한국무역보험공사로 개칭하게 되었다.

2. 우리나라의 무역보험 종목

1) 수출보험 종목

(1) 단기 수출보험

단기 수출보험(short term export insurance)은 수출대금의 결제기간이 2년 이내인 수출거래를 대상으로 하는 수출보험상품이다. 단기 수출보험은 선적 전 수출불능위험과 선적 후 수출대금 회수불능위험으로 인하여 발생한 손실을 보상한다. 선적 전 수출불능위험은 수출업자가 수출계약을 체결한 후에 수입국에서 발생한 비상위험 또는 수입업자의 파산, 대금지급거절 등과 같은 신용위험이 발생하여 준비한 상품을 수출하지 못하는 위험이다. 수출대금 회수불능위험은 수출 이후에 수입국에서 발생한 비상위험 또는 수입업자의 파산 등과 같은 신용위험이 발생하여 수출대금을 받을 수 없는 위험이다. 단기수출보험과중장기 수출보험의 차이는 부보기간에 대한 기준으로 분류하는 방법이고 실제의 담보사항에 있어서는 동일한 수출보험 상품으로 보면 된다.

(2) 중소기업Plus+보험

중소기업Plus+보험(small and medium business plus+ insurance)은 보험계약자인 수출기업이 연간 보상한도에 대한 보험료를 납부하고 수출기업의 전체 수출거래를 대상으로 위험별 책임금액을 설정하여 보험계약자가 선택한 담보위험으로 손실이 발생할 때 책임금액 범위 내에서 손실을 보상하는 무역보험상품이다. 중소기업Plus+보험은 수출기업의 전체 수출거래를 대상으로 위험별 책임금액을 설정하여 운영되지만 단기 수출보험은 개별적인 수출거래 건별로 보험계약이 체결되는 된다는 점에서 차이가 있다.

(3) 수출신용보증

수출신용보증(export credit bank guarantee)은 수출업자와 수입업자의 거래에 대하여 보증할 수 있는 보증한도를 사전에 책정하고 신용보증한도 내에서 보증관계를 성립시키는 무역보험상품이다. 수출신용보증은 선적 전 수출신용보증과 선적 후 신용보증으로 구분된다.

(4) 수출 환변동보험

수출 환변동보험(export exchange floating insurance)은 수출대금 결제기간이 1년 이상인 선박, 차량, 플랜트 등 자본재를 수출할 때 입찰시점과 실제 대금결제시점 사이에 발생하는 환율변동에 따른 손실을 보전하여 주는 무역보험상품이다. 수출기업은 자본재 수출거래에 있어 입찰시점 이후 발생할 수 있는 환위험을 제거할 수 있기 때문에 확정된 수출입찰가격을 제시함으로써 보다 안정적인 수출이익을 획득할 수 있게 된다.

(5) 신뢰성보험

신뢰성보험(confidence insurance)은 국내 부품소재산업의 경쟁력을 제고하고 부품소재에 대한 해외의존도의 심화를 개선하기 위하여 도입된 무역보험상품이다. 신뢰성보험은 부품소재 전문기업이 생산, 판매, 제조한 제조물이 제3자에게 양도된 후에 그 제조물에 결함이 발생하여 부품소재기업이 부담해야 하는 법률상 배상책임을 담보하는 무역보험상품이다. 신뢰성이란 부품, 소재의 품질, 성능 등이 일정한 조건하에서 일정한 기간에 요구되는 수준을 갖추고 있는 것을 의미한다.

(6) 수출보증보험

수출보증보험(export bond insurance)은 금융기관이 해외공사계약 또는 수출계약 등과 관련하여 보증서(bond)를 발급한 경우에 보증상대방으로부터 보증이행 청구를 받아 이를 이행함으로써 발생하는 손실을 보상하는 무역보험상품이다. 수출업자나 해외건설업자로서는 보증서의 조달이 용이하기 때문에 수출경쟁력이나 해외건설수출 경쟁력을 제고시킬 수 있다. 수출보증보험은 금융기관용 수출보증보험과 수출업자용 수출보증보험 등으로 구분된다.

(7) 중장기 수출보험

중장기 수출보험(medium/long term export credit insurance)은 수출대금의 결제시기가 2년을 초과하는 거래를 대상으로 한다. 중장기 수출보험은 과거의 중장기 연불수출보험, 수출대금 금융보험 및 일반 수출보험을 통합한 무역보험상품이다. 중장기 수출보험은 수출계약금이 거액이고, 수출거래결제가 장기간에 걸쳐 일어나는 선박이나 플랜트 등과 같은 자본재 거래를 중심으로 이용되고 있다.

(8) 해외마케팅보험

해외마케팅보험(foreign marketing insurance)은 수출기업이 해외시장개척을 위하여 해외마케팅비용을 지출하였으나, 해외마케팅활동을 전개한 후의 효과가 그 계획보다 현저하게 저조하여 해외마케팅에 지출한 비용을 회수하지 못하는 경우에 그 손해를 보상하는 무역보험상품이다.

(9) 해외사업 금융보험

해외사업 금융보험(foreign business financial insurance)은 국내외의 금융기관이 외국인에게 수출을 증진하거나 외화획득에 기여하는 효과가 있을 것으로 예상되는 해외사업에 필요한 자금을 상환기간 2년 초과 조건으로 공여하는 금융계약을 체결한 후에 위험의 발생으로 인하여 대출원리금을 회수하지 못하여 국내외의 금융기관이 입게 되는 손실을 보상하는 무역보험상품이다.

(10) 해외공사보험

해외공사보험(overseas constructional works insurance)은 해외건설공사 또는 해외건설용역을 제공한 후 비상위험 또는 신용위험으로 인하여 해외공사 대금을 회수할 수 없게 되거나 해외건설공사를 할 수 없게 되어 발생하는 손실을 보상하는 무역보험상품이다.

(11) 해외투자보험

해외투자보험(overseas investment insurance)은 투자자들이 개발도상국, 후진국, 자원보유국 등을 대상으로 해외투자활동을 적극적으로 추진할 수 있도록 지원하는 무역보험상품이다.

(12) 해외자원 개발펀드보험

해외자원 개발펀드보험(overseas exploitation of resources fund insurance)은 해외자원 개발펀드가 해외자원 개발사업에 투자되어 투자수용국가의 전쟁, 수용, 송금제한 등과 같은 비상위험과 투자 상대방의 파산, 해당 자원의 가격변동 등과 같은 사업위험을 포함한 신용위험으로 손실이 발생하는 경우 손실액의 일부를 보상하는 무역보험상품이다.

(13) 이자율 변동보험

이자율 변동보험(interest rate floating insurance)은 외국환은행이 고정금리로 수출금융을 대출하고 대출에 필요한 자금은 금융시장에서 변동금리로 차입하는 경우 외국환은행의 고정금리인 대출금리와 변동금리인 차입금리 사이의 격차를 한국무역보험공사가 보전 또는 환수하여 외국환은행의 이자율 변동위험을 담보하여 주는 무역보험상품이다.

(14) 농수산물 수출보험

농수산물 수출보험(agro-fishery export insurance)은 UR 이후 농수산물시장개방에 대응하기 위하여 도입된 무역보험상품이다. 농수산물 수출보험은 수출농가 육성과 농수산물의 해외수출기반 확보를 목표로 하고 있다.

(15) 농수산물 패키지보험

농수산물 패키지보험(agro-fishery insurance)은 농수산물의 수출에 관련된 전위험(all-risk)을 담보하는 무역보험상품이다.

(16) 지식서비스 수출보험

지식서비스 수출보험(intellectual property service insurance)은 국내 수출업체가 정보통신, 문화 컨텐츠, 기술, 엔지니어링 등과 같은 지식서비스를 수출하고 이에 따른 지출비용이나 가동사용료(running royalty), 즉 확인대가를 회수 하지 못함으로써 입게 되는 손실을 보상하는 무역보험상품이다. 가동사용료, 즉 확인대가라는 것은 이미 작업이 진행된 단계별 또는 수출완료 후 대가로 확정된 금액을 의미한다. 결국 가동사용료, 즉 확인대가라는 것은 지식서비스를 제공받고 이를 사용 또는 확인한 우에 지급하는 대가이다.

(17) 문화 수출보험

문화 수출보험(culture export isurance)은 금융기관을 포함한 투자자가 개별적으로 영화의 제작에 필요한 총 소요자금을 투자 또는 대출하였으나 투자원금 또는 대출원리금을 회수하지 못하여 입게 되는 손실을 보상하는 무역보험상품이다. 문화 수출보험에서는 투자자가 자기책임부담금이내의 손실을 우선충당 후 이를 초과하는 손실에 대하여 보상한다.

(18) 탄소종합보험

탄소종합보험(carbon insurance warp)은 탄소배출권사업과 관련한 투자, 금융, 보증 등에서 발생하는 손실을 종합적으로 보증하는 무역보험상품이다. 탄소배출권사업은 친환경 기술 등을 사용하여 감축한 온실가스 배출량만큼 탄소배출권을 확보하여 배출권거래시장에서 매매할 수 있는 사업을 의미한다. 탄소배출사업은 환경과 깊은 관계를 가지기 때문에 제약을 받게 된다. 탄소배출권사업은 UN기후변화협약(united nations frame-work convention on climate change : UNFCCC)로부터 탄소배출권사업 등록(registration)과 탄소배출권 발행(issuance)이 되어야 탄소배출권 획득과 매매가 가능하다.

(19) 원자재가격 변동보험

원자재가격 변동보험(raw material price floating insurance)은 수출기업이 수출용 원자재 구매에 따른 가격변동위험을 최소화하여 구매가격을 안정화할 수 있도록 지원하는 무역보험상품이다. 원자재가격 변동보험은 한국무역보험공사의 신용으로 선물시장에서 헷지를 하기 때문에 선물회사에서 요구하는 보증금이 면제되고 시중에 비해 저렴한 가격으로 보험상품을 이용할 수 있으며 원자재의 소량까지도 취급한다.

(20) 수입업자 신용조사 서비스

수입업자 신용조사 서비스(importer credit investigate service)는 한국무역보험공사가 해외지사 및 전 세계 신용조사기관과 연계하여 해외소재 기업의 회사개요, 재무제표 등의 신용조사를 실시한 후 의뢰인에게 정보를 제공하는 서비스이다. 수입업자 신용조사 서비스의 신용조사 방법은 사이버 수출보험을 통하여 수출기업의 신청에 따라 공사의 해외지사, 해외신용조사 전문기관 등으로부터 수입업자 신용조사 보고서를 입수한 후 의뢰자에게 조사결과를 제공하는 방법을 사용한다.

(21) 해외미수채권 추심대행 서비스

해외미수채권 추심대행 서비스(foreign outstanding bond collection agency service)는 수출 또는 기타 대외거래와 관련하여 발생한 해외미수채권에 대하여 한국무역보험공사가 해외네트워크를 통하여 채권회수를 대행하는 서비스이다. 해외미수채권 추심대행 서비스를 이용하는 업체는 미수채권을 보유하고 있는 수출업체, 은행 등이다.

2) 수입보험 종목

(1) 수입보험

수입보험(import insurance) 중 수입업자용은 국내기업이 선급금 지급조건 수입거래에서 비상위험 또는 신용위험으로 인해 선급금을 회수할 수 없게 되는 경우에 발생하는 손실을 보상하는 무역보험상품이다. 수입보험 중 금융기관용은 금융기관이 주요자원 등의 수입에 필요한 자금을 수입기업에 대출 즉 지급보증을 한 후 대출금을 회수할 수 없게 되는 경우에 발생하는 손실을 보상하는 무역보험상품이다.

(2) 수입 환변동보험

수입 환변동보험(import exchange floating insurance)은 수출 환변동보험과는 반대구조로 결제시점의 환율이 보험에 가입할 때에 보장하는 환율보다 오르게 되면, 즉 원화가 약세가 되면 환차손을 보상받고, 반대로 내리게 되면, 즉 원화가 강세가 되면 환차익을 납부하는 무역보험상품이다.

3. 우리나라의 사이버 무역보험

사이버 무역보험(cyber export insurance)은 수출업자가 수입업자의 신용조사를 의뢰하는 단계부터 무역보험의 부보에 이르는 단계까지 처리할 수 있는 통합서비스 체제를 의미한다. 사이버 무역보험의 대상은 수입업자 신용조사 의뢰, 단기 수출보험에 대한 청약, 통지, 회, 선적 전 수탁보증 및 은행고객 보증과 같은 수출신용 보증, 은행고객에 대한 수탁보증업무, 선적 후 수출신용보증의 통지 및 조회, 환변동보험의 청약, 조회, 통지 등이다.

사이버 무역보험의 이용을 위해서는 회원사 및 사용자 가입을 신청하여 승인을 받아야 한다. 회원사의 가입이 승인되면 회원업체의 담당자별 개별적인 사용자 가입을 신청해야 하는데 최초 사용자는 마스터 사용자로 지정된다. 최초의 사용자가 등록을 할 때에는 한국무역보험공사에서 마스터 대표지정 신청서의 접수와 함께 승인이 이루어진다. 그 외의 사용자가 등록을 할 때에는 마스터 사용자를 통하여 한국무역보험공사를 경유하지 않고 직접 승인된다.

제6부

수출입실무와 보험

14
chapter

인코텀스 2020과 보험부보

제 1 절　인코텀스 2020의 개요

1. 인코텀스 2020의 의의

각국에서 사용하는 무역거래규칙은 자국 중심의 해석과 기준을 적용하였기 때문에 무역거래에서 분쟁이 빈번하게 발생하였다. 이러한 문제점을 해결하기 위하여 국제적으로 통일된 무역거래규칙을 모색하게 되었다. 국제상업회의소(International Chamber of Commerce: ICC)에서는 1936년에 정형무역거래조건의 해석에 관한 ICC규칙(ICC Official Rules for the Interpretation of Trade Terms)을 제정하고 공표하였다. 무역업계에서는 이를 국제무역거래조건의 해석에 관한 국제규칙(International Rules for the Interpretation of Trade Terms), 즉 인코텀스(Incoterms)라 통칭하여 왔다. 1953년 이후, 여러 차례의 개정을 거쳐 현재는 인코텀스 2020(Incoterms® 2020) 사용하고 있다.

2. 인코텀즈 2020의 기능

인코텀스는 강제력을 갖는 것은 아니며 국제상업회의소에서 마련한 여러 무역거래조건의 국제적인 해석기준에 불과하다. 즉 인코텀스는 각국에서 공식적으로 채택하거나 법률에 의하여 적용되는 것이 아니고, 오직 매매당사자들의 선택에 의하여 임의로 적용되는 것이다.

3. 인코텀스 2020의 구성

인코텀스 2020의 무역거래규칙은 총 11개로 구성되어 있다. 11개의 거래규칙은 전 운송방식 전용 거래규칙(Rules for any mode or modes of transport)과 해상 및 내수로 운송방식 전용 거래규칙(Rules for sea and inland waterway transport)으로 구분된다.

전 운송방식 전용 거래규칙은 EXW, FCA, CPT, CIP, DAP, DPU, DDP 7가지이다. 전 운송방식 전용 거래규칙은 어떤 운송수단도 가능한 규칙으로, 선택된 운송수단 각각을 이용할 수 있으며 하나 또는 그 이상의 운송수단이 적용되든지 관계없다. 해상운송수단이 전혀 없는 경우에도 사용가능하다. 그러나 이들 규칙들은 운송의 일부를 위해 선박이 사용되는 경우에도 이들 규칙들을 사용할 수 있다.

해상 및 내수로 운송방식 전용 거래규칙은 FAS, FOB, CFR, CIF 4가지이다. 해상 및 내수로 운송방식 전용 거래규칙은 물품이 배송되는 지점과 매수인에게 운반되는 장소가 둘 다 항구이다. 그래서 해상 및 내수로 조건의 표제가 붙어있는 규칙들이다.

인코텀스 2020에서는 매도인과 매수인 사이의 거래 가격 산정에 있어서 비용부담과 관련하여 계약을 체결할 때마다 일일이 정하는 것이 복잡하고 분쟁이 발생할 가능성이 높아서 인코텀스 2020에서는 비용부담과 위험의 이전시기를 핵심 내용으로 거래규칙에 따라 매매당사자의 의무를 10개 항목의 표제로 분류하여 매도인의 의무사항 10개 항목과 매수인의 의무사항 10개 항목을 서로 대칭시켜 규정하고 있다. 매도인의 의무는 A1에서 A10까지, 매수인의 의무는 B1에서 B10 까지 규정하고 있다.

〈표 14-1〉 인코텀스 2020의 거래규칙 구성

<table>
<tr><th colspan="2" rowspan="2">인코텀스 2020 거래규칙</th><th colspan="3">구분기준</th></tr>
<tr><th>인도·인수 형태</th><th>인도·인수 장소</th><th>표현방식</th></tr>
<tr><td rowspan="7">Rules for any mode or modes of transport
(전 운송방식 전용 거래규칙)</td><td>EXW(ex-works: 작업장 인도 거래규칙)</td><td rowspan="9">현실적 거래규칙</td><td rowspan="4">선적지 거래규칙</td><td rowspan="2">지정장소 거래규칙</td></tr>
<tr><td>FCA(free carrier: 운송인 인도 거래규칙)</td></tr>
<tr><td>CPT(carriage paid to: 운송비지급 인도 거래규칙)</td><td rowspan="2">특수비용 포함 거래규칙</td></tr>
<tr><td>CIP(carriage and insurance paid to: 운송비·보험료지급 인도 거래규칙)</td></tr>
<tr><td>DAP(delivered at place)l: 도착장소 인도 거래규칙)</td><td rowspan="3">양륙지 거래규칙</td><td rowspan="4">지정장소 거래규칙</td></tr>
<tr><td>DPU(Delivered at Place Unloaded) 도착지 양륙 인도 거래규칙)</td></tr>
<tr><td>DDP(delivered duty paid: 관세지급 반입 인도 거래규칙)</td></tr>
<tr><td rowspan="4">Rules for sea and inland waterway transport
(해상 및 내수로 운송방식 전용 거래규칙)</td><td>FAS(free alongside ship: 선측 인도 거래규칙)</td><td rowspan="4">선적지 거래규칙</td></tr>
<tr><td>FOB(free on board: 본선 인도 거래규칙)</td><td rowspan="3">특수비용 포함 거래규칙</td></tr>
<tr><td>CFR(cost and freight: 운임포함 인도 거래규칙)</td><td rowspan="2">상징적 거래규칙</td></tr>
<tr><td>CIF(cost, insurance and freight: 운임·보험료포함 인도 거래규칙)</td></tr>
</table>

매도인의 의무(A. Seller's obligation)는 A1. 매도인의 일반적 의무(General obligation of the seller), A2. 인도(Delivery), A3. 위험의 이전(Transfer of risks), A4. 운송(Carriage), A5. 보험(Insurance), A6. 인도/운송서류(Delivery/transport document) A7. 수출/수입통관(Export/import clearance), A8, 검사, 포장, 화인(Checking-packing-marking), A9. 비용의 분배(Allocation of costs), A10. 통지(Notice) 등이다. 매수인의 의무(B. Buyer's obligation)는 B1. 매수인의 일반적 의무(General obligation of the buyer), B2. 인도의 수령(Taking delivery), B3. 위험의 이전(Transfer of risks), B4. 운송(Carriage), B5. 보험(Insurance), B6. 인도/운송서류(Delivery/transport document), B7.수출/수입통관(Export/import clearance), B8, 검사, 포장, 화인(Checking-packing-marking), B9. 비용의 분담(Allocation of costs), B10. 통지(Notice) 등이다. 비용의 분담은 전체 수출에 소요되는 비용 중 어느 부분까지 매도인이 부담하고 그 이후의 비용은 매수인이 부담할 것인가에 대한 내용이며 위험의 이전은 전체 수출과정에서 당해 수출물품에 대한 위험을 어느 부분까지 매도인이 부담하고 그 이후부터는 매수인이 부담할 것인가에 대한 내용이다.

제 2 절 인코텀스 2020의 규정과 위험의 이전

1. 인코텀스 2020의 규정

1) 인코텀스 2020의 규정사항

인코텀스 2020에서는 매도인과 매수인 사이에 의무관계, 즉 물품의 운송과 보험에 대한 의무, 선적서류 제공의무 및 수출 또는 수입허가 취득 의무 등이 규정되어 있다. 위험의 이전과 관련하여 매도인이 언제, 어디서 물품을 인도하고 그로 인해 위험이 매도인에게서 매수인에게 언제, 어디서 이전되는가에 대해 규정하고 있다. 비용의 이전과 관련하여 운송비용, 보험비용, 포장비용, 적재 및 양하비용 등 관련 비용에 대한 부담이 매도인에게 있는가 또는 매수인에게 있는가에 대해 규정하고 있다. 그런데 매매계약의 존부, 매매물품의 성질과 형태, 대금지급 관련 사항, 매매계약 위반에 따른 구제수단, 의무위반에 대한 분쟁해결방법 등, 그리고 매매물품에 대한 소유권 이전에 대한 사항은 규정되어 있지 않다.

2) 인코텀스 2020의 개정사항

(1) 일반적 사항

① 사용자를 위한 설명문 명시

인코텀스 2010에서 개별 규칙의 첫머리에 있던 사용지침(Guidance Note)이 인코텀스 2020에서는 사용자를 위한 설명문(Explanatory Notes for Users)이 되었다. 이 설명문은 각 규칙이 어떤 경우에 사용되고, 위험은 언제 이전하며, 매매당사자 사이에 비용은 어떻게 분담하는가 등에 대해 인코텀스 2020의 각 규칙의 기초를 설명한다. 설명문은 첫째, 사용자들이 거래에 적합한 인코텀스 규칙을 정확하고 효율적으로 찾도록 돕는 것, 둘째, 인코텀스 2020이 적용되는 분쟁이나 계약에 관하여 결정을 내리거나 조언하는 사람들에게 해석이 필요한 사항에 관한 지침을 제공하는 것이다. 물론 인코텀스 2020 규칙 전반을 관통하는 보다 기초적인 쟁점들에 관한 지침은 서문(Introduction)을 참조할 수 있다.

② 매도인과 매수인의 의무규정 정리

인코텀스 2020에서는 11개의 인도 거래규칙별로 매도인(A1-A10)과 매수인의 의무(B1-B10)에 대하여 10개항씩 규정하고 있다. 인코텀스 2020 Incoterms에서는 기존의 인코텀스 2010에서 명시하였던 순서를 바꾸고 내용을 정리하여 개정하였다. 비용과 관련하여 A9/B9 비용분담(Allocation of costs)에서 매도인과 매수인의 비용 부담 내용을 모두 열거하여 사용자들에게 비용에 관한 일람표(one-stop list)를 제공하도록 개정되었다.

③ 보안 관련 요건 추가

인코텀스 2010에서는 에서는 보안 관련 우려가 확산된 후 첫 개정으로, 보안 관련 요건을 A2/B2 인도/인도수령(Delivery/taking delivery)내지 A10/B10 통지(Notices)에 걸쳐 삽입하였다. 그러나 보안 관련 우려가 어느 정도 국제운송 등의 관행에 정착됨에 따라서 인코텀스 2020에서는 보안 관련 의무를 명시적으로 A4/B4 운송(Carriage)에서는 운송 관련 보안 요건 준수의무, A7/B7 수출/수입통관(Export/import clearance)에서는 수출을 위한 보안 통관 관련 규정 등을 추가하였으며 관련 비용도 A9/B9 비용분담(Allocation of costs)에 명시하도록 하였다.

(2) 개별 규칙에서의 의무변경 사항

① 도착지 양하 인도 거래규칙(DPU) 신설

인코텀스 2020에서는 터미널 인도 거래규칙(DAT)을 도착지 양하 인도 거래규칙(DPU)로 변경하였다. 이것은 물품의 인도가 매매당사자가 합의한 인도 장소는 터미널뿐만 아니라 어떤 장소에서도 가능하다는 현실을 반영하여 터미널 인도 거래규칙(DAT)를 삭제하고 도착지 양하 인도 거래규칙(DPU)으로 변경한 것이다.

그리고 도착장소 인도 거래규칙(DAP)이 인코텀스 2020에서 명시한 개별 규칙 순서상 터미널 인도 거래규칙(DAT)이 삭제된 위치에 도착장소 인도 거래규칙(DAP)을 명시하고 도착지 양하 인도 거래규칙(DPU)을 그 다음의 순서에 명시하였다.

도착장소 인도 거래규칙(DAP)과 도착지 양하 인도 거래규칙(DPU)의 궁극적 차이점은 물품이 목적지에 도착한 후 운송수단으로부터 양하할 의무가 도착장소 인도 거래규칙(DAP)에서는 없으나 도착지 양하 인도 거래규칙(DPU)에서는 매도인에게 양하의무가 있다는 점이다.

② 운송인 인도 거래규칙(FCA)의 매수인 선적서류 제공의무 부과

인코텀스 2020 운송인 인도 거래규칙(FCA) A6/B6. 인도/운송서류(Delivery/transport document)에서는 매수인과 매도인은 매수인이 선적 후에 선적선하증권을 매도인에게 발행하도록 그의 운송인에게 지시할 것을 합의할 수 있다. 이에 따라 무역계약을 체결할 때에 매도인과 매수인 사이에 선적서류 제공에 대한 합의가 있으면 수출업자인 매도인은 무역대금 결제와 관련한 절차에 따라 은행들을 경유하여 매수인에게 선적 선하증권을 제공할 의무가 있다.

③ 운송비 · 보험료 포함 인도 거래규칙(CIP)의 담보범위 확대

인코텀스 2010에서는 운임·보험료포함 인도 거래규칙(CIF)과 운송비 · 보험료 포함 인도 거래규칙(CIP) 모두 보험과 관련하여 매도인의 최소담보제공 의무를 규정하고 있었다. 그런데 인코텀스 2020에서 운임·보험료포함 인도 거래규칙(CIF)은 협회적하약관 단독해손부담보조건(FPA)이나 ICC (C)조건[(ICC 2009 (C)]과 같은 최소담보조건으로 부보하도록 하고 있다. 그런데 운송비 · 보험료 포함 인도 거래규칙(CIP)에서는 협회적하약관 전위험담보조건(All Risks)이나 ICC (A)조건과 같은 최대담보조건으로 부보할 수 있도록 매도인의 의무를 강화하였다. 매도인과 매수인은 합의에 따라 부보조건을 증가 또는 감소시킬 수 있다.

④ 매수인 자신의 운송수단에 의한 운송 허용

인코텀스 2010에서는 물품이 매도인에게서 매수인에게 운송되어야 하는 경우 매도인 또는 매수인이 운송을 위하여 제3자 운송인(third-party carrier)이 물품을 운송하는 것을 전제로 하였다.

그러나 인코텀스 2020에서는 물품이 매도인에게서 매수인으로 운송될 때 상황에 따라서 제3자 운송인의 개입이 전혀 없이 매도인이나 매수인이 자신의 운송수단을 통해 운송할 수 있도록 규정하고 있다.

인코텀스 2020에서는 운송인 인도 거래규칙(FCA), 도착장소 인도 거래규칙(DAP), 도착지 양하 인도 거래규칙(DPU), 관세지급 반입 인도 거래규칙(DDP) 등에서는 운송계약을 체결하도록 허용하는 것 외에도 단순히 필요한 운송을 마련하는 것, 즉 매수인 자신의 운송수단으로 스스로 운송하는 경우를 허용하고 있다.

⑤ 조달의 개념 확대

인코텀스 2010의 해상운송과 내수로 운송에 적용되는 선측 인도 거래규칙(FAS) 본선 인도 거래규칙(FOB), 운임포함 인도 거래규칙(CFR), 운임·보험료포함 인도 거래규칙(CIF)에 처음으로 1차 산품의 연속매매를 전제로 한 "조달(procure)하여 인도한 때"라는 개념이 도입되었다. 그러나 모든 운송에 적용가능한 조건에서는 그와 같은 내용이 없었다.

인코텀스 2020개정에서는 운송인 인도 거래규칙(FCA), 운송비지급 인도 거래규칙(CPT), 운송비·보험료지급 인도 거래규칙(CIP), 도착장소 인도 거래규칙(DAP), 도착지 양하 인도 거래규칙(DPU), 관세지급 반입 인도 거래규칙(DDP) 등 에도 "조달(procure)하여 인도한 때"라는 개념을 확대하여 사용하게 되었다.

2. 인코텀스 2020의 거래규칙과 위험의 이전

1) 전 운송방식 전용 거래규칙과 위험의 이전

(1) 작업장 인도 거래규칙 [Ex Works(insert named place of delivery): EXW]

EXW 거래규칙은 합의된 기일이나 합의된 기간 내에 매도인이 자신의 영업장 구내 또는 기타 작업장, 공장, 창고 등과 같은 지정장소에서 물품을 매수인의 처분하에 인도한 때 위험이 매도인에게서 매수인에게 이전된다. 이 때 대부분 매수인에게 직접 인도되는 것이 아니라 매수인이 의뢰한 운송인에게 인도하게 된다.

(2) 운송인 인도 거래규칙 [Free Carrier(insert named place of delivery): FCA]

FCA 거래규칙은 매도인이 물품을 합의된 기일이나 합의된 기간 내에 자신의 영업장 구내 또는 기타 지정장소에서 매수인이 지정한 운송인이나 제3자에게 인도한 때 위험과 비용이 함께 매도인에게서 매수인에게 이전된다. FCA 거래규칙에서 위험의 이전과 관련한 지정장소를 명확하게 할 필요가 있다. FCA 거래규칙에서 지정장소가 구체적으로 매도인의 영업장 구내인 경우에는 물품이 매수인이 제공한 운송수단에 적재되는 때에 이전된다. 지정장소가 구체적이지 않은, 기타의 장소이면 물품이 매도인의 운송수단에 실린 채 양하 준비된 상태로 매수인이 지정한 운송인이나 제3자의 처분하에 놓인 때 이전된다.

(3) 운송비지급 인도 거래규칙[Carriage Paid to(insert named place of destination): CPT]

CPT 거래규칙은 위험과 비용이 상이하게 분기된다. 합의된 기일이나 합의된 기간 내에 매도인이 선적지의 합의된 장소(당사자간에 이러한 장소의 합의가 있는 경우)에서 물품을 자신이 지정한 운송인에게 인도한 때 또는 그렇게 인도된 물품을 조달하여 인도한 때 위험이 이전된다. 그러나 비용은 매도인이 양륙지의 지정된 장소로 이동하는 주 운임까지 추가로 부담하게 되며 매수인은 주 운송구간의 보험료 및 그 이후에 발생하는 비용을 부담하게 된다. 따라서 위험은 선적지에서 이전되지만 비용은 목적지의 지정된 장소까지 확대되어 이전하게 된다.

(4) 운송비 · 보험료지급 인도 거래규칙[Carriage and Insurance Paid to(insert named place of destination): CIP]

CIP 거래규칙은 위험과 비용이 상이하게 분기된다. 위험의 분기는 합의된 기일이나 합의된 기간내에 당사자 사이에 이러한 장소의 합의가 있는 경우, 매도인이 선적지의 합의된 장소에서 물품을 자신이 지정한 운송인에게 인도한 때 또는 그렇게 인도된 물품을 조달하여 인도한 때 이전된다. 그러나 비용은 매도인이 양륙지의 지정된 장소로 이동하는 주운임과 보험료까지 추가로 부담하게 되며 매수인은 그 이후에 발생하는 비용을 부담하게 된다. 따라서 위험은 선적지에서 이전되지만 비용은 목적지의 지정된 장소까지 확대되어 이전하게 된다.

CIP 거래규칙은 매도인이 물품을 출하지에서 합의된 장소에서 자신이 지정한 운송업자 또는 기타 당사자에게 수출통관된 물품을 인도하고 그 물품을 지정목적지까지 운송하기 위한 통상의 운송경로와 관습적인 방법에 따라 운송계약을 체결하고 운송비를 지급한 CPT 거래규칙에 운송도중에 발생할 수 있는 위험을 대비하여 적하보험계약을 체결하여 보험료를 지급하는 것을 매도인에게 추가시키는 거래규칙이다. 매도인은 운송 중의 물품의 멸실 또는 손상의 위험에 대해서 보험을 수배해야 한다. 매수인은 물품을 인수한 이후에 발생하는 모든 위험과 추가비용을 부담해야 한다. CIP 거래규칙을 사용하는 경우에는 CIP 용어 뒤에 지정목적지를 표시하여 사용한다. 매도인은 물품의 수출통관을 이행해야 한다.

(5) 도착장소 인도 거래규칙 [Delivered at Place(insert named place of destination): DAP]

DAP 거래규칙은 합의된 기일이나 합의된 기간 내에 물품이 지정 도착장소에서 또는 그 지정 도착장소 내의 합의된 지점이 있는 때에는 그 지점에서 도착운송수단에 실린 채 양하 준비된 상태로 매수인이 임의처분할 수 있도록 놓이는 때에 매도인에게서 매수인에게 위험이 이전되며 비용도 같이 분기되나 수입통관 관련 비용은 매수인이 부담한다.

(6) 도착지 양하 인도 거래규칙[Delivered at Place Unloaded(insert named place of destination): DPU]

DPU 거래규칙은 매매계약 당사자 사이에 합의된 기일이나 합의된 기간내에 물품이 지정도착지에서 도착운송수단으로부터 양하한 상태로 물품을 매수인이 임의처분할 수 있도록 놓아지는 때에 위험과 비용이 함께 분기된다.

(7) 관세지급반입 거래규칙 [Delivered Duty Paid(insert named place of destination): DDP]

DDP 거래규칙은 합의된 기일이나 합의된 기간내에 지정목적지에서 또는 그 지정목적지 내의 합의된 지점이 있는 때에는 그 지점에서 수입통관된 물품을 도착운송수단에 실린 채 양하준비된 상태로 매수인의 임의처분하에 놓이는 때 위험과 비용이 함께 분기된다.

2) 해상 및 내수로 운송방식 전용 거래규칙과 위험의 이전

(1) 선측 인도 거래규칙 [Free Alongside Ship(insert port of shipment): FAS]

FAS 거래규칙은 물품이 지정선적항에서 매수인에 의하여 지정된 본선의 선측, 항구에 접안이 곤란하여 외항에 정박하는 경우에는 바지선으로 선측에 접근하여 놓이는 때 또는 그렇게 인도된 물품을 조달하여 인도한 때에 위험과 비용이 함께 매도인에게서 매수인에게 이전된다. FAS 거래규칙에서 논의의 쟁점을 항상 선측에 대한 의미이다. 선박에 장치된 양하기가 닿을 수 있는 거리를 선측으로 한다. 그래서 선측이라고 하는 경우에는 선박이 물품을 선적하기 위하여 정박하고 있는 위치가 우선 고려하여 판단하는 것이 일반적이다.

(2) 본선 인도 거래규칙 [Free on Board(insert named port of shipment): FOB]

FOB 거래규칙은 물품을 지정선적항에서 매수인에 의하여 지정된 본선에 적재하여 인도하거나 이미 그렇게 인도된 물품을 조달하여 인도한 때 위험과 비용이 함께 매도인에게서 매수인에게 이전된다.

(3) 운임포함 인도 거래규칙 [Cost and Freight(insert named port of destination): CFR]

CFR 거래규칙은 위험과 비용이 상이하게 분기된다. 즉, 물품을 선적지에서 본선에 적재함으로써 또는 그렇게 인도된 물품을 조달함으로써 인도한 때 위험이 매도인에게서 매수인에게 이전된다. 그러나 비용은 목적항까지의 주 운송비인 해상운송비용을 매도인이 추가로 부담하게 된다. 물론 보험료를 포함한 그 이후에 발생하는 비용은 매수인이 부담한다. 따라서 위험은 선적지에서 매수인에게 이전되지만 비용은 목적항까지 확대되어 이전하게 된다.

(4) 운임 · 보험료포함 인도 거래규칙 [Cost, Insurance and Freight(insert named port of destination):CIF]

CIF 거래규칙은 물품을 본선에 적재함으로써 또는 그렇게 인도된 물품을 조달함으로써 인도한 때에 위험이 매도인에게서 매수인에게 이전된다. 매도인이 매매계약상 합의된 물품에 대한 인도의무를 완료하기 이전에 매수인에게 위험이 이전되는 경우가 있다. 이러한 경우는 첫째, 매수인이 매도인에게 물품을 인도시킬 의무를 불이행한 경우이다. 즉 매수인이 매도인의 물품인도와 관련한 제반 지시사항을 이행하지 않아 어떠한 조치도 할 수 없게 만드는 때이다. 매도인이 물품의 인도를 하려고 해도 어느 장소에서 누구에게 어떻게 인도하고 인수할 것인가에 대한 지시를 하지 않는 경우이다. 둘째, 매도인이 매매계약상 합의된 물품에 대한 인도의무를 완료하려고 하여도 매수인이 물품을 인수하지 않는 때이다. 매수인이 인수를 하지 않는 경우에는 매매계약상의 물품의 보관과 관련하여 창고관료 등과 같은 비용이 증가하고 위험도 증가하는 문제가 발생한다

매매계약상 매수인이 결정권한을 갖는 경우 선적시기 또는 지정 목적항에서 물품을 인수할 지점을 통지해야 한다. 매수인이 매도인에게 인수와 관련한 적절한 통지를 하지 않은 경우에 발생하는 비용을 부담해야 한다.

〈표 14-2〉 인코텀스 2020의 거래규칙과 위험의 분기점

거래규칙		위험의 분기점
전운송방식 전용 거래규칙	EXW	매도인이 매매당사자 사이에 합의된 기일이나 합의된 기간 내에 자신의 영업장 구내 또는 기타 작업장, 공장, 창고 등과 같은 지정장소에서 물품을 매수인이 임의로 처분할 수 있는 상태로 인도한 때, 대부분 매수인에게 직접 인도되는 것이 아니라 매수인이 의뢰한 운송인에게 인도되는 것이 일반적임
	FCA	매도인이 물품을 매매당사자 사이에 합의된 기일이나 합의된 기간 내에 자신의 영업장구내 또는 기타 지정장소에서 매수인이 지정한 운송인이나 제3자에게 인도한 때, 또는 그렇게 인도된 물품을 조달하여 인도한 때 보다 구체적으로 지정장소가 매도인의 영업장구내인 경우는 물품이 매수인이 제공한 운송수단에 적재되는 때, 기타의 경우는 물품이 매도인의 운송수단에 실린 채 양하할 준비가 된 상태로 매수인이 지정한 운송인이나 제3자의 처분하에 놓인 때
	CPT	매도인이 매매당사자 사이에 합의된 기일이나 합의된 기간 내에, 당사자 사이에 이러한 장소의 합의가 있는 경우에는 합의된 장소에서 물품을 자신이 지정한 운송인이나 제3자에게 인도한 때, 또는 그렇게 인도된 물품을 조달하여 인도한 때
	CIP	매도인이 매매당사자 사이에 합의된 기일이나 합의된 기간 내에, 당사자 사이에 이러한 장소의 합의가 있는 경우 합의된 장소에서 물품을 자신이 지정한 운송인이나 제3자에게 인도한 때, 또는 그렇게 인도된 물품을 조달하여 인도한 때
	DAP	매도인이 매매당사자 사이에 합의된 기일이나 합의된 기간 내에 물품이 지정목적지에서 또는 그 지정목적지내의 합의된 지점이 있는 때에는 그 지점에서 도착운송수단에 실린 채 양하할 준비가 된 상태로 매수인이 임의로 처분할 수 있는 상태로 놓이는 때, 또는 그렇게 인도된 물품을 조달하여 인도한 때
	DPU	매도인이 매매당사자 사이에 합의된 기일이나 합의된 기간 내에 물품이 지정목적지에서 또는 그 지정목적지내의 합의된 지점이 있는 때에는 그 지점에서 도착운송수단으로부터 양하할 준비가 된 상태로 물품을 매수인이 임의로 처분할 수 있는 상태로 둘 때, 또는 그렇게 인도된 물품을 조달하여 인도한 때
	DDP	매도인이 매매당사자 사이에 합의된 기일이나 합의된 기간 내에 지정목적지에서 또는 그 지정목적지내의 합의된 지점이 있는 때에는 그 지점에서 수입통관된 물품을 도착운송수단에 실린 채 양하할 준비가 된 상태로 매수인이 임의로 처분할 수 있는 상태로 놓이는 때, 또는 그렇게 인도된 물품을 조달하여 인도한 때
해상및내수로 방식 전용거래규칙	FAS	매도인이 물품을 지정선적항에서 매수인이 지정한 본선의 선측에 놓이는 때 또는 그렇게 인도된 물품을 조달하여 인도한 때
	FOB	매도인이 물품을 지정선적항에서 매수인에 의하여 지정된 본선에 적재하여 인도하거나 이미 그렇게 인도된 물품을 조달하여 인도한 때
	CFR	매도인이 물품을 본선에 적재함으로써 또는 그렇게 인도된 물품을 조달함으로써 인도한 때
	CIF	매도인이 물품을 본선에 적재함으로써 또는 그렇게 인도된 물품을 조달함으로써 인도한 때

3. 인코텀스 2020의 거래규칙과 보험부보

1) 보험부보를 명시한 규칙

(1) 운송비 · 보험료지급 인도 거래규칙(CIP)

인코텀스 2020의 11개 거래규칙에서 보험부보와 관련한 내용을 명시한 거래규칙은 운송비·보험료지급 인도 거래규칙(CIP)과 운임·보험료포함 인도 거래규칙(CIF)이다.

운송비·보험료지급 인도 거래규칙(CIP)의 경우 매도인은 매수인을 위하여 보험계약을 체결할 때에 로이즈 시장협회(Lloyd's Market Ass- ociation: LMA)와 런던 국제보험인수협회(International Underwriting Association of London: IUA)가 제정한 협회적하약관 2009(C)[Institute Cargo Clause(C) 2009: ICC 2009(C)] 또는 이와 유사한 약관상의 최저담보조건으로 부보하도록 하여 왔으나 인코텀스 2020에서는 협회적하약관 2009(A)[Institute Cargo Clause(A) 2009: ICC 2009(A)] 또는 이와 유사한 약관상의 최고담보조건으로 부보할 수 있도록 하였다.

그래서 매수인이 LMA와 IUA가 제정한 협회적하약관(A)[Institute Cargo Clause(A): ICC(A)], 협회적하약관(B)[Institute Cargo Clause(B): ICC(B)], 협회전쟁약관(Institute War Clauses: IWC) 그리고 협회동맹파업약관(Institute Strike Clauses: ISC) 또는 이와 유사한 약관으로 부보를 요구하는 경우에는 매도인이 할 수 있는한 매수인의 비용, 즉 매수인이 보험료를 부담하는 조건으로 보험을 수배해야 한다. 즉 매매계약 당사자 사이에 보험부보에 대한 합의가 있는 경우에는 보험부보를 요청하는 매수인이 보험부보에 따르는 비용을 부담하는 조건으로 그 상대방인 매도인이 보험부보와 관련한 정보의 제공, 서류의 제공 등에 대한 협조를 하면 된다.

운송비·보험료지급 인도 거래규칙(CIP)의 보험부보에서 보험기간은 물품의 출하지에서 운송업자에게 인도한 때로부터 최소한 지정목적지까지이어야 한다. 운송비·보험료지급 인도 거래규칙(CIP)에서 보험부보금액은 송장가격의 예상이익 10%를 포함한 110% 한도까지인데 무역계약상의 통화단위로 보험에 부보해야 한다.

(2) 운임 · 보험료포함 인도 거래규칙(CIF)

운임·보험료포함 인도 거래규칙(CIF)의 경우 매도인은 매수인을 위하여 보험계약을 체결할 때에 로이즈 시장협회(Lloyd's Market Association: LMA)와 런던 국제보험인수협회(International Underwriting Association of London: IUA)가 제정한 협회적하약관 2009(C)[Institute Cargo Clause(C) 2009: ICC 2009(C)] 또는 이와 유사한 약관상의 최저담보조건으로 부보해야 한다. 운임·보험료포함 인도 거래규칙(CIF)에서 매도인은 협회적하약관 2009(C)이나 그와 유사한 약관에 따른 제한적인 담보조건으로 부보해야 한다. 보험부보와 관련하여 담보범위를 확장하거나 축소시키려는 경우에는 매수인이 매도인과 명시적으로 그렇게 합의하든지 아니면 스스로 추가보험 계약을 체결해야 한다.

운송비·보험료지급 인도 거래규칙(CIP)의 보험부보에서 보험기간은 물품의 출하지에서 운송업자에게 인도한 때로부터 최소한 지정목적지까지이어야 한다. 운송비·보험료지급 인도 거래규칙(CIP)에서 보험부보금액은 송장가격의 예상이익 10%를 포함한 110% 한도까지인데 무역계약상의 통화단위로 보험에 부보해야 한다.

이때의 보험기간은 물품의 출하지에서 운송업자에게 인도한 때로부터 최소한 지정목적지까지이다. 부보금액은 송장가격의 110% 한도까지인데 무역계약상의 통화단위로 보험에 부보해야 한다.

2) 보험부보를 명시하지 않은 규칙

인코텀스 2020의 11개 거래규칙에서 보험부보와 관련한 내용을 명시하지 않은 거래규칙은 운송비·보험료지급 인도 거래규칙(CIP)과 운임·보험료포함 인도 거래규칙(CIF) 이외의 9개이다. 보험부보를 명시하지 않은 9개의 규칙의 경우에는 매매계약 당사자 중 위험의 분기점과 관련하여 필요성을 가지는 측이 보험에 부보를 해야 한다.

운송비·보험료지급 인도 거래규칙(CIP)과 운임·보험료포함 인도 거래규칙(CIF)에서 매도인이 부보를 한다고 하더라도 매수인이 부보범위에 대해 만족하지 못하여 위험에 대한 대비책으로 담보범위를 확장하려는 경우에는 자신의 비용으로 추가 보험에 부보해야 한다. 그러므로 운송비·보험료지급 인도 거래규칙(CIP)과 운임·보험료포함 인도 거래규칙(CIF)에서 보험부보는 가장 기본적인 내용임을 인지해야 한다. 운송비·보험료지급 인도 거래규칙(CIP)에서 담보범위를 확장하였지만 추가보험의 부보는 마찬가지이다.

15 chapter

무역대금결제와 보험서류

제 1 절 무역대금결제와 선적서류

1. 무역대금결제

무역대금결제는 수출업자와 수입업자 사이의 거래 물품에 대한 대금결제이다. 무역거래가 2국 사이의 거래이기 때문에 다양한 대금결제 유형이 존재한다. 무역대금결제는 수출업자의 수출대금결제와 수입업자의 수입대금결제의 의미를 포함한다. 수출업자의 입장에서는 수출대금의 결제로서 선적서류를 준비하여 외국환은행에 환어음과 함께 매입을 의뢰하는 행위로 나타난다. 수입업자의 입장에서는 수입대금을 결제함으로써 선적서류를 입수하여 수입물품을 인수하는 행위로 나타난다. 수출업자의 무역대금결제는 수출업자로서는 무역실무의 최종적인 단계에 해당한다. 따라서 수출업자로서는 가장 중요한 단계이기도 하다. 수출업자의 무역대금결제가 원활하게 되기 위해서는 무엇보다도 수출한 물품에 대하여 수입업자로부터 아무런 손해배상문제가 제기되지 않아야 한다.

2. 선적서류

1) 기본서류

(1) 선하증권

선하증권(bill of lading: B/L)은 선박회사와 송하인과의 해상운송계약에 의하여 선박회사가 물품을 수령 또는 선적한 경우 송하인의 요청에 의하여 해상운송인이 작성하여 교부한 증권이다. 수출업자는 본선에 물품을 선적하고 본선수취증을 받아 선박회사에 제출하여 선하증권을 발행 받는다. 따라서 선하증권은 운송물품의 수취증이라는 성격을 갖는다.

또한 선하증권은 운송인이 물품을 운송계약조건에 따라 목적항까지 운송하고 선하증권의 정당한 소지인에게 증권과 상환으로 당해 물품을 인도할 것을 약속한 유가증권인 동시에 권리증권이다. 따라서 선하증권은 수출업자가 신용장조건에 의한 수출대금결제를 받는 데에 중요한 서류가 된다.

(2) 상업송장

상업송장(commercial invoice)은 수출업자가 작성하여 수입업자에게 발송하는 물품의 명세서이며 대금청구서 및 물품의 계산서이다. 상업송장의 법적 형식은 존재하지 않으나 관습적으로 사용하는 형식이 존재한다. 상업송장은 선적송장(shipping invoice)과 견적송장(pro-forma invoice)으로 구분된다. 선적서류의 매입을 의뢰할 때에 수출업자가 직접작성하는 중요한 서류이다.

(3) 보험서류

보험서류는 보험계약을 체결하였을 때 보험자가 발행하는 서류이다. 보험서류에는 보험증권(insurance policy), 보험증명서(certificate of insurance), 보험각서(cover note) 등이 있다. 보험서류는 수출업자가 신용장에 의한 거래를 하였을 때 신용장조건에 일치하는 선적서류의 매입을 의뢰하는 경우 은행에 제출하는 기본서류이다. 신용장통일규칙에서 규정하고 있는 보험서류는 보험증권과 보험증명서 등으로 되어 있다.

2) 부속서류

(1) 포장명세서

포장명세서(packing list)는 선적물품의 포장방법, 각 포장단위별 내용명세, 순중량, 총중량, 용적 등을 명시한 것이다. 포장명세서는 포장, 운송, 통관상의 편의를 위하여 수출업자가 작성하여 수입업자 앞으로 송부한다. 따라서 수출업자가 작성하는 서류는 상업송장과 포장명세서가 된다. 포장명세서는 물품의 포장방법, 단위포장당의 개수 등이 상업송장만으로 파악하기 어렵기 때문에 발행하게 된다.

(2) 원산지증명서

원산지증명서(certificate of origin)는 당해 물품이 확실히 그 수출국에서 생산 또는 제조되었다는 사실을 증명하는 공문서이다. 일반적인 원산지증명서는 특정한 수입물품에 대하여 유리한 세율의 적용을 받으려고 할 때 특정한 국가나 지역이 원산지라는 것을 증명하는 서류이다. 원산지증명서의 발급기관은 대한상공회의소이다. 각 지역의 상공회의소에서도 발급한다.

(3) 검사증명서

검사증명서(inspection certificate)는 수출물품에 대하여 권위있는 검사기관이나 수입업자가 지정한 자의 검사에 합격하였음을 증명하는 서류이다. 검사증명서는 수출업자의 부정을 방지할 목적으로 요구하는 경우가 많다.

(4) 용적증명서 및 중량증명서

용적증명서 및 중량증명서(certificate and list of measurement and/or weight)는 물품의 용적 및 중량에 대한 증명서이다. 선적지에서 공인검량업자가 발행한다.

(5) 위생증명서

위생증명서(certificate of health)는 물품에 대한 위생상태를 점검한 증명서이다. 동물의 수출입에 활용되는 증명서이다. 즉 위생증명서는 축산품, 육류 등에 대해서 병균에 오염되지 않았다는 것을 증명하는 서류이다.

제 2 절 보험서류

1. 보험서류의 의의와 종류

1) 보험서류의 의의

보험서류는 보험증권, 보험증명서, 보험각서 등을 의미하는 것으로, 보험계약의 체결을 입증하는 서류이기도 하지만 신용장에 의한 무역대금결제에서 요구되는 서류이기도 하다. 무역대금결제과정에서 활용되는 신용장에서는 보험서류에 대하여 다양한 문언을 사용하고 있다.

무역계약을 이행할 때에 채택한 본선 인도 거래규칙(FOB)이나 선측 인도 거래규칙(FAS)인 경우는 매수인이 필요에 따라 보험에 부보하기 때문에 매도인이 보험서류를 제공할 필요가 없다. 그렇지만 운임·보험료포함 인도 거래규칙(CIF)이나 운송비·보험료지급 인도 거래규칙(CIP) 등과 같은 경우에는 보험계약 체결의무가 매도인에게 있기 때문에 보험계약체결의 증거로 보험서류를 제공할 필요가 있다. 또한 무역대금결제에 석적서류로 첨부할 필요가 있다.

2) 보험서류의 종류

(1) 보험증권

보험증권(insurance policy)은 보험자가 보험목적물의 위험을 부보하는 보험계약을 체결하고 보험계약자의 요청에 따라 교부하는 증권이다. 이론상으로는 보험계약을 체결하였다는 증거로 보험계약자가 요청하는 경우 보험자가 보험계약자에게 발급하는 서류이다. 그러나 보험실무에서는 보험자가 보험증권을 보험계약자의 요청 여부를 불문하고 발행하여 교부하는 것이 일반적이다. 보험증권은 보험자가 사전에 인쇄를 하여 놓고 사용하기 때문에 보험자마다 보험증권의 양식이 다르다. 보험증권은 유가증권은 아니며 단지 증거증권인데, 통상 배서나 인도에 의하여 양도된다.

(2) 보험증명서

보험증명서(insurance certificate)는 수출업자가 동일한 물품이나 동일한 대상으로 거래를 계속 반복적으로 하는 경우에는 수출할 때마다 보험계약을 체결하고 그 때마다 보험증권을 발행받는다면 보험계약체결 업무가 반복되어 인력적으로, 시간적으로 비효율적이 되기 쉽다. 또한 매번 보험계약을 별도로 체결하는 경우에는 보험에 부보하는 과정에 따르는 비용도 과도하게 지출될 가능성이 있다. 그러므로 수출업체에서는 보험계약체결과 관련한 비용 등을 절감하기 위하여 기업이 일정기간의 보험가입 예상물동량을 추산하여 보험자와 포괄보험계약을 체결한 후, 실제로 보험목적물을 보험에 부보할 때마다 보험자로부터 포괄보험계약에 의거하여 보험계약을 체결했다는 증거로 받는 보험서류이다. 즉 보험자가 보험계약을 체결하고 보험증권을 발행하는 데에 장기간이 소요되는 경우에 보험계약을 체결하였다는 증거로 발행하는 서류이기도 하다.

(3) 보험각서

보험각서(insurance cover note)는 보험계약자가 보험중개업자(insurance broker)에게 의뢰하여 보험계약을 체결할 때에 보험중개업자가 발급하여 주는 각서이다. 그러므로 보험각서는 보험계약이 확실하게 체결되었다는 증빙서류가 아니다. 보험설계사와 보험계약을 체결하는 경우 보험설계사가 보험료를 수취하고 편익을 취한 후, 보험자에게 통보하지 않은 경우 보험자로부터 보험증권이 발부되지 않기 때문에 보험계약자는 보험증권을 수령할 수 없다. 그러므로 보험각서는 보험서류가 아니다.

2. 보험서류의 수리요건

1) 보험서류의 발행자

보험서류의 발행자는 일반적으로 보험자, 보험대리점, 보험중개인 등이다. 그래서 보험서류에는 보험자 또는 그 대리인이 발행하였다는 사실과 서명이 있어야 한다. 신용장에 별도의 명시가 없는 한 보험중개사가 발행한 부보각서는 수리되지 않는다. 포괄예정보험인 경우에는 포괄예정보험에 부보하였다는 사실을 근거로 보험자, 개인보험자 또는 그들의 대리인이 서명한 보험증명서 등은 수리한다.

2) 보험서류의 발행 통수

보험서류는 일반적으로 2통의 원본으로 발행되는데 신용장에 별도의 규정이 없는 한 반드시 그 전통이 제시되어야 한다. 그 가운데 1통으로 보험채무가 이행되면 나머지는 무효가 된다.

3) 보험서류의 부보일자

신용장 발행은행은 신용장에 별도의 명시가 없는 한, 물품을 본선적재, 발송 또는 수탁한 선적일자보다 늦은 일자의 보험서류는 이를 거절한다. 이것은 보험업자가 수출물품의 실제의 본선 적재일자, 수탁일자 또는 발송일자와 보험계약을 체결한 부보일자 사이의 위험부담 공백을 없애려는 목적이다. 그러나 부보일자가 늦은 보험서류라 하더라도 선적일 이전에 발행된 예정 보험증권에 의한 경우, 보험에 부보한 일자는 늦었지만 보험서류에 선적일과 같은 날 또는 그전 일자의 부보일자를 기재하여 보험회사가 담보한다는 표시가 있는 경우, 보험회사가 선적할 때부터 위험을 담보한다는 소급약관이 명시되어 있는 경우에는 부보일자와 관계없이 무조건 수리한다.

4) 보험서류의 부보금액

운임·보험료포함 인도 거래규칙(CIF) 또는 운송비·보험료지급 인도 거래규칙(CIP)에서는 보험부보 금액을 송장가격의 110%로 하도록 명시하고 있다. 손해보험에서 초과보험은 인정되지 않는데 적하보험에서 송장가격의 110%를 인정하는 것은 희망이익 10%에 대해 관습적으로 인정하기 때문이다. 적하보험에서만 유일하게 인정하는 것이다. 신용장거래에서는 송장가격을 확정할 수 있다면 송장가격의 110%로, 만약 송장가격을 확정하지 못하였다면, 발행은행은 신용장에 의거 매입한 금액의 110%, 또는 상업송장 총액의 110% 중 큰 금액을 최저금액으로 인정한다.

5) 보험서류의 보험기간

외국환은행은 보험기간과 관련하여 창고간약관(warehouse to warehouse) 조건으로 기재되어 있는 경우에는 수리한다.

6) 보험서류의 부보통화

보험서류에 명시된 부보통화는 신용장에 명시된 통화와 일치해야 한다. 보험서류와 신용장에 표시된 통화가 서로 다르면 운임·보험료포함 인도 거래규칙(CIF)에 의해 계약가격의 110%를 보상받더라도 환율에 따라 신용장 금액과 차이가 발생하는 등, 통화가치의 변화에 따른 문제가 발생한다. 그래서 신용장 발행은행은 보험서류에 기재된 부보통화가 신용장에 표시된 환어음의 표시통화와 동일한 화폐가 아니면 수리를 거절한다.

7) 보험서류의 부보범위

운임·보험료포함 인도 거래규칙(CIF) 또는 운송비·보험료지급 인도 거래규칙(CIP)에서 부보범위는 최소한 단독해손부담보(FPA) 약관 또는 ICC 2009(C)이어야 한다. 보험에 부보된 부보범위에 대해서는 명확한 보험전문용어로 신용장에 표기해야 한다. 신용장에서는 보험부보를 할 때의 담보위험에 대하여 통상의 위험(usual risk)이나 관습적 위험(customary risks) 등과 같은 용어를 사용하지 않는다. 이러한 용어가 사용된 경우, 발행은행은 부보범위와는 상관없이 보험서류를 제시된 대로 수리하게 된다. 외국환은행은 보험증권에 면책비율을 적용한다는 명시조항이 있는 경우에는 수리한다.

8) 보험서류의 보험금 지급지 표시

외국환은행은 보험증권에 보험금 지급지가 표시되어 있는 경우에는 수리한다.

16
chapter

보험부보와 보험범죄

제 1 절 보험부보와 무역업자

1. 보험부보와 수출업자

운임·보험료포함 인도 거래규칙(CIF)이나 매도인이 보험에 부보할 때는 인코텀스 2020에 규정된 분손부담보 조건(FPA) 또는 ICC 2009(C)로 부보하면 되고 운송비·보험료지급 인도 거래규칙(CIP)에서는 전위험담보 조건(A/R) 또는 ICC 2009(A)로 부보할 수 있다. 그런데 매수인이 운송의 지연에 의한 손해나, 물품의 가격하락에 의한 손해 등과 같이 적하보험에서는 면책이 되고 있는 손해를 보상받기 위해 보험부보를 요구하는 경우가 있다. 이때는 매수인이 위험과 비용을 부담하는 조건인 경우에만 보험부보를 협조할 수 있다. 그러므로 매도인은 매수인이 무리한 보험부보를 요구하지 않도록 매매계약을 체결할 때에 충분히 협의를 하는 것이 바람직하다.

2. 보험부보와 수입업자

1) 개별예정보험계약의 활용

개별예정보험계약(provisional insurance)은 매매계약을 체결한 이후 물품의 적재와 관련된 선박명 등과 같은 사항은 결정하지 않은 채 보험계약을 체결하는 가보험계약이다. 보험계약자가 개별예정보험계약을 체결하면 보험자는 개별예정보험증권(provisional policy)을 발행하여 보험계약자에게 교부한다.

매수인이 적하보험에 부보해야 하는 본선 인도 거래규칙(FOB)과 운임포함 인도 거래규칙(CFR) 등을 적용하는 경우에는 위험개시 전에 부보해야 한다. 위험개시 전에 보험부보를 하려고 해도 물품의 수량, 보험가입금액, 적재선박 등과 같이 보험계약 체결에 필요한 내용이 결정되지 않으면 매수인은 매도인으로부터 보험부보에 필요한 보험정보를 통지를 받을 때까지 보험부보를 할 수 없다. 또한 매수인이 매도인으로부터 보험계약 체결에 필요한 보험정보를 통지받았더라도 물품이 위험이 분기점을 통과한 이후이면 위험의 분기점과 보험정보를 수령한 시점 사이는 무보험 상태가 된다. 이러한 무보험 상태를 피하기 위하여 고안된 것이 개별예정 보험이다.

운임·보험료포함 인도 거래규칙(CIF)에서 매도인은 기본적인 담보범위를 조건으로 보험계약을 체결하므로 별도로 보험에 부보할 필요가 없다. 보험사고가 발생하면 매수인은 매도인으로부터 양도받은 보험증권으로 보험금을 청구하게 된다. 매도인이 보험계약을 체결할 의무가 있지만 보험부보를 할 때에 보험자의 선택, 담보위험과 보상범위, 보험기간, 보험가입금액 등과 관련하여 필요한 경우 매수인에게 그 의사를 전달하고 협조를 받아야 한다.

운임·보험료포함 인도 거래규칙(CIF) 매수인이 구체적인 지시를 하지 않아 매도인으로부터 양도받은 보험증권에 보험계약의 이행에 영향을 수 있는 내용이 발견되었다면 매수인의 비용으로 보험계약 내용에 대한 변경 수속을 해야 한다. 만약 보험계약 내용에 대한 변경수속을 취하기 전에 손해가 발생하였다면 보험금을 받을 수가 없게 된다. 그러므로 매도인과 매수인은 유의하여 보험부보에 대한 합의를 해야 한다.

2) 포괄예정보험계약의 활용

포괄예정보험계약(open contract)은 무역업자가 장기간에 걸쳐 동일한 물품을 동일한 상대방과 계속적으로 무역을 할 때마다 보험계약을 체결하게 되면 시간과 비용의 활용이 비효율적으로 되기 때문에 물품의 종류, 운송구간, 운송용구, 보험가액 및 보험가입금액의 산정기준, 보험조건, 보험요율, 그 밖의 사항을 포괄적으로 예정하여 체결하는 보험계약이다. 보험계약자가 포괄예정보험계약을 체결하면 보험자가 포괄예정보험증권(open policy)을 발행하여 보험계약자에게 교부한다.

포괄예정보험계약에서 보험계약자는 그 결정의 범위에 속하는 모든 선적에 대하여 보험계약을 체결할 것을 약속하고 선적을 할 때마다 또는 일정기간마다 물품의 명세 등 필요한 사항을 보험자에게 통지한다. 포괄예정보험계약에서는 통지해야 할 사항이 누락되거나 지연되어도 그것이 보험계약자의 고의 또는 중대한 과실에 의하지 않은 것이 입증되면, 보험자가 손해를 보상한다. 반대로 통지된 사항에서 누락되어 있던 물품이 무사고로 도착하였다면 보험계약자는 반드시 통지하고 해당되는 정도의 보험료를 납부해야 한다. 포괄예정보험은 보험계약자에게는 매우 편리한 제도이지만 성실한 고지가 전제되어야 한다.

제 2 절 보험범죄와 대응

1. 보험범죄의 유형

1) 의장침몰

의장침몰(艤裝沈沒; suspicious sinking)은 선박의 선구(船具)나 기계를 선박가액을 초과하여 부보한 선박을 고의로 침몰시켜 보험자에게 선박가액 이상의 보험금을 청구하거나, 선박 소유자가 물품을 절도하여 매각처분한 후 이를 은폐하기 위하여 고의적으로 침몰을 시키거나, 부보되어 있는 선박을 새로 도장하거나 시설물을 변조한 후 새로운 선명과 국적으로 위장하는 경우이다.

즉 의장침몰은 선박에 고의적으로 피해를 발생시키는 것으로 선박의 침몰사실을 은폐하거나 위장하는 것과는 다르다. 보험자와 피보험자로서는 선박이 실제로 침몰할 상황에 있었는지, 혹은 침몰을 하지 않아도 될 상황인데도 침몰을 좌시한 것인지를 확실하게 판별할 수 없기 때문에 의장침몰에 대한 판단기준이 중요하게 된다.

2) 방화

방화(arson)는 조직적이고도 계획적으로 자행하여 우연한 사고를 위장하는 것이기 때문에 화재와 본질적으로 다르다. 선박에 대한 방화가 해상에서 발생하면 소화작업을 하는데에 취약한 환경이 될 수밖에 없다. 이러한 경우 선박에서 화재가 발생하면 소화작업의 어려움으로 화재진압을 하지 못하여 침몰로 연결되는 경우가 많다. 선령이 이미 한계치를 넘어 폐선에 가까워진 선박에 방화하여 침몰시킨 후 보험금을 사취하려는 범죄행위가 이에 해당한다.

3) 보험사기

(1) 해상보험 사기

해상보험과 관련하여 발생하는 보험사기는 보험계약자가 보험가액, 보험목적물에 대한 고지의무를 고의적으로 위반하여 보험으로 이득을 취하려는 행위이다. 또한 보험사기는 보험금을 부당 청구하여 사취하려는 자뿐만 아니라 이를 조사하는 자가 동조하여 손해범위의 조작, 손해내용의 조작 등을 통하여 보험금을 부당하게 청구하여 이득을 취하려는 행위 등도 포함된다.

(2) 무역보험 사기

무역보험제도의 기능을 악용하여 발생하는 무역보험 사기는 역선택을 악용하는 범죄행위이다. 역선택이라는 것은 이미 설명한 것과 같이 평균 내지 평균보다 높은 양질위험을 선택하지 않고 평균보다 낮은 악성위험을 선택하여 보험계약을 요구하는 것을 의미한다. 수출업자가 수출을 위장하고 범죄 동조자인 수입업자로 하여금 파산을 위장시켜 수출보험금을 사취하려는 범죄행위가 무역보험 사기에 해당한다.

2. 보험범죄의 대응책

1) 양질의 위험 선택

보험계약자는 물품의 운송 중에 발생할 가능성이 높은 위험의 강도와 빈도를 측정하고 분석하여, 위험이 발생한 경우에 그로 인한 손해를 최대한 보전할 수 있는 보험조건이 무엇인가를 비교한 후에 최적의 보험조건을 선택해야 한다. 보험자는 위험발생률이 낮은 양질의 위험을 인수하도록 해야 한다. 보험범죄의 발생률이 높은 지역을 항해하는 선박이나 적하에 대해서는 보험요율을 높이거나 피보험목적물에 대한 조사 및 보험계약자에 대한 재무상태 등을 조사하는 것도 범죄를 예방할 수 있는 방법이다.

2) 양질의 선박회사 선택

선주, 운항관리자 또는 용선자 등이 고의적으로 파산을 하면 운송 중인 물품에 대한 손해보상을 받지 못하게 된다. 또한 선주가 고의적으로 위험지역을 항행하다가 나포 또는 압류를 당하여 화주에게 손해를 발생시키는 경우도 있다. 따라서 선주나 용선자의 재정상태 등을 사전에 철저히 조사하여 보험범죄를 예방해야 한다.

3) 포장 및 위험물에 대한 조사 철저

보험자는 포장이 불량하여 물품에 손해가 발생한 경우 보상하지 않는다. 그러나 보험계약자가 보험범죄를 계획하여 고의로 포장을 불충분하게 한 후 보험사고를 유발하여 보험금을 청구하는 경우가 있다. 그러므로 운송계약상의 조건과 보험부보를 할 때의 물품상태를 점검하는 것이 필요하다. 또한 위험물을 선적하고 부보하는 경우에도 유사한 보험범죄가 발생할 가능성이 있기 때문에 이를 검증하는 절차를 두어야 할 것이다.

4) 무역보험 규정의 엄격 적용

무역보험제도의 설립취지를 악용하는 보험범죄가 발생하는 것은 무역보험계약자에 대한 신용조사 등이 미흡한 결과가 많다. 따라서 무역업체에 대한 신용조사를 철저하게 하여 무역보험과 관련한 범죄를 예방해야 한다.

참고문헌

권　오, 보험론, 형지사, 2010.
신수식, 한국보험사, 무역경영사, 1974.
심종석, 무역보험론, 삼영사, 2018.
한상현, 국제무역보험론, 두남출판사, 2018.
이시환, 무역보험론, 대왕사, 1986.
한국수출보험공사, 수출보험제도해설 제1권, 2009.
______________, 수출보험제도해설 제2권, 2009.

加藤有作, 「海上被保險利益論」(改訂), 新紀元社, 新紀元社, 1952.
________, 海上保險新講, 春秋社, 1962,
________, 「火災保險論」, 新紀元社, 1950,
葛城照三, 講案 海上保險契約論(新版), 稻田大學出版部, 1966.
廣海孝一, 保險論, 中央經濟社, 1985.
龜井利明, マリン○リスクマネシメントと保險制度, 千倉書房, 1982.
________, リスク・マネジメントの理論と實務, ダイセモント社, 1980.
________, 編著, 貨物海上保險の實務, タイヤモソト社, 1977.
________ 編, 改正保險總論, 法律文化社, 1978.
________, 保險總論, 同文館, 1987
今村　有, 保險論, 福岡商大平和台研究所, 1955.
大林良一, 保險總論, 春秋社, 1973.
大林忠夫, 保險法, 有斐閣, 1957.
姊崎義史, 石名坂邦昭, 大城裕二, 武田久二, 講案 保險總論, 法律文化社, 1984,
木村榮一, ロイス保險生成史, 海文堂, 1980.
________, 海上保險, 千倉書房, 1978.
星野良樹, 保險學 概論, 同文館, 1980.
園乾治, 危險と保險, 文雅堂, 1978.
勝呂　弘, 海上保險(改訂新版), 春秋社, 1955.
中村統太郞, 損害保險の知識, 日本經濟新聞社, 1981.
保險每日新聞社, 貨物保險の査定實務, 1986.
加藤由作, "火災保險における因果關係とにおける因果關係", 「保險學雜誌」(第 389號, 日本保險學會, 1955.
木村榮一, "海上保險における因果關係の動向," 「損害保險研究」(第30卷 第4號), 1968,

Arnould A.S., General Insurance Principles, Revised ed.,University Press of America, 1983.
Athearn J.L., Risk and Insurance, Meredith Corporation, 1969.
Baglins Norman A., Risk Management in American Multinational and International Corperation, University Microfilms International, 1974.

Bickelhaupt, D.L., General Insurance, 11th ed., Richard Irwin, 1983.
Denenberg H. S., Insurance, Government and Social Policy, 2nd ed., Richard Irwin, 1961.
Denenberg Herbert S., et al., Risk and Insurance, 2nd ed., Prentice Hall, 1974.
Dorfman Mark S., Introduction to Insurance, Prentice-Hall, 1978.
Elliott, C. M. & Vaughan E.J., Fundamentals of Risk and Insurance, John Wiley & Sons, 1972.
Greene M. R., Risk and Insurance, 2nd ed., South Western Publishing Company, 1968.
___________, & Trieschmann., Risk & Insurance, 6th ed., South Western Publishing Co., 1984.
Gustavson Robert & S. G., *Life Insurance Theory and Practice*, 3rd ed., Business Publications Inc., 1984.
Head Williams C.A., & Glendenning G.L., Principles of Risk Management and Insurance, American Institute for Property Liability Underwriters, 1978.
Head George L., Risk Management Process, Risk and Insurance Management Society, Inc., 1978.
Huebner S.S. ,Black Kenneth , Jr. & Cline Robert S., Property and Liability Insurance, 2nd ed, Prentice-Hall, Inc., 1976.
Kenney Roger, Fundamentals of Fire and Casualty Insurance Strength, Kenney Insurance Studies, 1957.
Kulp C. A. and Hall J. W. , Casualty Insurance, 4th ed., The Ronald Press Company, 1968.
Mehr R. I. & Cammack Emerson, Principles of Insurance, 7th ed. Richard Irwin, 1980.
_____________, Principles of Insurance, 4th ed., Richard Irwin, 1966.
_____________, Fundamentals of Insurance, 2nd ed., Irwin, 1986.
Mowbray A.H., Blanchard R.H. and Williams, Jr. C.A., Insurance, 6th ed., McGraw-Hill Book Company, New York, 1969.
Rosenbloom Jerry S., A Case Study in Risk Management Appleton-Century Crofts, New York, 1972.
Templeman, F. & Greenacre C.T., Marine Insurance, Its Principles & Practice, London, 1984.
Vaughan Emnett, J. Fundamentals of Risk and Insurance, 3rd ed., John Willey & Sons, 1982.
Williams C.A. & Heins R.M., Risk Management and Insurance, 3rd ed., McGraw-Hill Book Co., 1976.
___, The Uniform Customs and Practice for Documentary Credits, 2007 Revision ICC Publication No. 600, 2007.
___, Incoterms® 2020, 2019.
___, Incoterms® 2020 Pocket Guide,
___, ICC Model Contract - International Sale (Manufactured Goods), 2020

http://www.connectyou.com
http://www.cyberdongbu.co.kr
http://www.inslink.com
http://www.insunet.co.kr
http://www.insumall.co.kr
http://www.insurance.co.kr
http://www.insuremarket.com
http://www.insureme.com

http://www.insure.net
http://www.insweb.com
http://www.iregent.com
http://www.irmcentral.com
http://www.keic.or.kr
http://www.kli.co.kr
http://www.kr.gobizkorea.com
http://www.law.go.kr
http://www.metalland.co.kr
http://www.nhic.co.kr
http://www.ofmi.or.kr
http://www.rightquote.com
http://www.samsungfire.com
http://www.the.or.kr
http://www.tywell.com
http://tradegoods.com

[저자 약력]

[약력]
- 경제학박사(일본 마츠야마대)
- 한국무역학회 부회장
- 한일경상학회 부회장
- 한국관세학회 부회장
- 한국무역상무학회 부회장
- Matsuyama University 객원연구원
- University of Puset Sound(UPS) 방문교수
- 제주대학교 객원교수
- 경제 · 인문사회연구회 평가위원
- 산업통상자원부 무역위원회(KTC)전문가
- 문화체육관광부 전문경력관 채용 심사위원
- 기획재정부 제도운영위원회 평가위원
- 기획재정부 세제발전심의위원회 심의위원
- 관세청 특허심사위원회 심사위원
- 보세사 전형 출제위원
- 경기일보 집필진
- (현) 한성대학교 사회과학대학 무역학과 부교수

[저서]
- 무역실무테크닉90/물류개론/국제무역의 이해/글로벌무역문화론/무역시뮬레이션 등

[논문]
- A Study on Export Competitiveness between Korea and Japan in the ASEAN Maket
- A Study on the Regeneration and Development of Shipbuilding Industry through I-Shipping Strategy
- Empirical Analysis on Causation among Service FDI, Service Trade and Economic Growth: Evidence from Korea
- A Study on the Growth Rate Volatility in Regional Logistics Industry of Korea 외 다수

국제무역보험

2020년 8월 15일 초판인쇄
2020년 8월 20일 초판발행

저 자 홍 승 린
발행인 유 성 열
발행처 **청 목 출 판 사**
서울특별시 영등포구 신길로 40길 20
전화 (02) 833-6091 · 849-6157
FAX (02) 849-0817
등록 제318-2005-000030호

파본은 바꾸어 드립니다. 값 22,000원

http : //www.chongmok.co.kr

ISBN 979-11-5908-044-9

※ 저자와의 협의하에 인지는 생략합니다.